中国科学院知识创新工程重要方向项目(KZCX3-SW-353)

2007 中国区域发展报告

——中部地区发展的基础、态势与战略方向

刘卫东　刘彦随　金凤君　
陈　田　于秀波　陆大道　等著

商务印书馆
2008年·北京

图书在版编目(CIP)数据

2007中国区域发展报告:中部地区发展的基础、态势与战略方向/刘卫东等著. —北京:商务印书馆,2008
(中国区域发展报告)
ISBN 978-7-100-05897-1

Ⅰ.2… Ⅱ.刘… Ⅲ.区域发展-研究报告-中国-2007 Ⅳ.F127

中国版本图书馆CIP数据核字(2008)第093647号

所有权利保留。
未经许可,不得以任何方式使用。

2007中国区域发展报告

刘卫东 刘彦随 金凤君 等著
陈 田 于秀波 陆大道

商 务 印 书 馆 出 版
(北京王府井大街36号 邮政编码100710)
商 务 印 书 馆 发 行
北京瑞古冠中印刷厂印刷
ISBN 978-7-100-05897-1

2008年7月第1版	开本787×1092 1/16
2008年7月北京第1次印刷	印张19½

定价:60.00元

中国科学院知识创新工程重要方向项目（KZCX3-SW-353）

中部地区发展的资源环境基础及其空间格局研究

项目组

项目组组长：刘卫东

项目组成员：刘彦随　金凤君　陈　田　吴绍洪　刘　毅　于秀波
　　　　　　郭腾云　刘　慧　刘盛和　马　丽　张晓平　胡智勇
　　　　　　戴尔阜　王成金　尹云鹤

特邀成员：刘　勇（国务院发展研究中心）
　　　　　侯西勇（中国科学院烟台海岸带可持续发展研究所）
　　　　　李　宪（北京信息科技大学）

《2007 中国区域发展报告》执笔人

刘卫东　刘彦随　金凤君　陈　田　于秀波　陆大道　吴绍洪
郭腾云　刘　勇　刘　慧　马　丽　张晓平　刘　毅　戴尔阜
胡智勇　侯西勇　王成金　尹云鹤　彭留英　李　宪　杨勤业

目 录

序一 ······ 1
序二 ······ 1
观点摘要 ······ 1
第一章　绪论 ······ 1
第二章　资源环境基础 ······ 9
　第一节　自然环境基本特征及区域分异规律 ······ 10
　第二节　水土资源基本特征及利用中存在的问题 ······ 26
　第三节　自然环境变化趋势、对策与建议 ······ 33
　参考文献 ······ 38
第三章　总体发展态势 ······ 40
　第一节　中部地区的优势地位 ······ 40
　第二节　经济社会发展态势 ······ 43
　第三节　存在的主要问题 ······ 59
　第四节　对策建议 ······ 64
　参考文献 ······ 65
第四章　产业发展现状与战略方向 ······ 66
　第一节　产业发展过程的简要回顾 ······ 66
　第二节　"十五"期间中部各省产业结构变化特点 ······ 72
　第三节　"十五"期间中部各省产业发展政策的实施效果 ······ 78
　第四节　中部地区产业发展的战略方向 ······ 82
　第五节　政策措施建议 ······ 87
　参考文献 ······ 88
　附表 ······ 90
第五章　农业发展的基础与战略方向 ······ 101
　第一节　农业生产现状特点与问题 ······ 102
　第二节　农业综合生产能力评估 ······ 109
　第三节　农业发展面临的主要问题 ······ 114
　第四节　农业发展功能定位与战略 ······ 117
　第五节　农业与农村发展的政策建议 ······ 121
　参考文献 ······ 125

第六章 能源原材料工业发展态势与方向 … 127
- 第一节 能源工业发展态势与方向 … 127
- 第二节 原材料工业发展态势与方向 … 137
- 参考文献 … 153

第七章 人口与城镇化发展 … 154
- 第一节 人口与城镇化发展特征及面临的问题 … 154
- 第二节 影响人口与城镇发展格局变化的因素分析 … 158
- 第三节 人口与城镇发展格局变化趋势 … 161
- 第四节 人口与城镇化发展战略 … 164
- 参考文献 … 167

第八章 空间重组的战略方向 … 168
- 第一节 空间格局的现状特征 … 168
- 第二节 中心城市及其空间联系分析 … 178
- 第三节 空间重组的战略方向 … 186
- 第四节 促进中部地区空间结构调整的举措 … 193
- 参考文献 … 195

第九章 主要人口—产业集聚区 … 196
- 第一节 构建人口—产业集聚区的战略意义 … 196
- 第二节 主要人口—产业集聚区的基本特征 … 202
- 第三节 集聚区的战略定位与发展方向 … 214
- 参考文献 … 222

第十章 基础设施发展态势与战略方向 … 223
- 第一节 基础设施现状格局及特征 … 223
- 第二节 基础设施体系存在的问题 … 236
- 第三节 基础设施发展态势 … 242
- 第四节 基础设施建设的战略方向 … 246
- 第五节 结论与建议 … 253
- 参考文献 … 256

第十一章 重大生态与环境问题 … 257
- 第一节 环境污染与治理 … 257
- 第二节 水土流失与治理 … 271
- 第三节 长江中游湿地保护与管理 … 282
- 第四节 结论与建议 … 288
- 参考文献 … 290

后记 … 292

序 一

研究中国区域发展问题,编制《中国区域发展报告》,是中国科学院经济地理学和城市地理学等领域学者的长期任务。《中国区域发展报告》的编制是从20世纪90年代中期开始的,每一期报告都根据国家发展及其区域发展的主要趋势和问题,确定一个主题。这个主题可以是关于国家区域发展的某一个方面或者领域,也可能是国家的某一个区域的发展。《2007中国区域发展报告》的主题是关于我国中部地区的发展。

我们编制的《中国区域发展报告》并不是经济地理学和区域经济学的理论著作,也不是这方面的专著,而是向政府和社会提交的关于区域发展方针、政策的实施以及区域发展态势的评价和建议的报告。

随着我国经济高速增长和社会主义市场经济的逐步建立,区域发展问题特别是区域经济发展问题成为各级党和政府决策的核心问题之一,也成为社会和学术界所关注的重大实际问题和理论问题。在地理学界、经济学界都认识到区域发展研究的极端重要性,纷纷投入到这个领域中来的时候,了解这其中的科学问题和实践问题是非常重要的。

近年来,我国许多方面的人士都在研究区域问题和区域经济发展问题。不管什么人也都可以谈论区域经济发展问题。其中有许多不了解区域经济的人士,也发表诸多区域经济发展战略、区域发展规划及理论问题的文章。但是,真正的分析、评价、建议需要学者们做实质性的工作。也就是说,区域发展领域的深入研究工作需要由学者做,这是学者们的责任。

无论区域经济学者或者经济地理学者,都非常重视区域发展不平衡问题。在面对这个重大的理论问题和实际问题时,学者们既要具有坚实的理论知识,也要有丰富的关于国内外发展的实践知识。如何看待中国区域发展的不平衡?在我国这样幅员辽阔且各地区发展基础和发展潜力差异巨大的国家,从区域发展不平衡到较为平衡的发展,需要经历什么样的过程?半个世纪以来,中国区域发展的实践非常丰富。认真体察和总结这些经验,对于回答这两个重大范畴的问题是很有帮助的。

我们强烈地感到,我国研究区域发展问题的有关学科如经济地理学、城市地理学和区域经济学等的学者都需要学习理论著作,了解我们学科理论思想的发展前沿,提高对实际区域问题的分析能力。十多年来,我国在经济地理学、区域经济学、区域发展研究、产业集群研究、城市体系及大都市区研究、区域可持续发展研究等等方面,已经出版了大量的著作。我们处在经济全球化、信息化及中国经济高速增长的大背景下,剧烈的社会经济变革使全球的和国家的以及区域的发展问题层出不穷。我们应该适应时代发展的客观需要。区域发展领域的各个学科发展的空间极为广阔。

编制《中国区域发展报告》是中国科学院知识创新工程的方向之一,旨在长期研究积累基础上,连续跟踪全国及各地区经济和社会发展决策和态势,做出相应的评价和提出建议。期望能够满足国家和地区政府决策部门的需要,并向社会和教学、科研单位提供有用的分析资料。十年来,我们的《中国区域发展报告》已经出版了六期(含这一期)。现在看来,在各方面的大力支持下,算是基本达到了当初的愿望。六份《中国区域发展报告》都编写了简要报告。简要报告都经中国科学院路甬祥院长或分管副院长签发报送到国务院,得到了国务院领导的批示和许多部门的好评,部分分析观点和建议在国家制定科学的区域发展政策过程中得到了采纳和实施。

编制《中国区域发展报告》得到科技部社会发展司(原国家科委社会发展司)的长期支持。科技部刘燕华副部长和中国 21 世纪议程管理中心的领导都对这项工作十分重视,给予了很多的指导。同时还得到过国家自然科学基金委员会重点基金的资金支持。这项工作得到了国家发展和改革委员会(原发展计划委员会)地区经济司、国务院西部开发办公室综合规划组、国家计委宏观经济研究院地区经济研究所领导的支持,他们在指导思想和编写要求等方面给了我们指导,对于保证我们报告的质量,使之符合政府决策和社会的需要方面起到了重要的作用。

在这里,我们课题组全体研究人员向支持、帮助我们开展区域发展理论和实践问题研究、编制《中国区域发展报告》工作的机构、领导同志和科学家再次表示衷心的感谢!

陆大道

中国科学院院士、中国地理学会理事长

2008 年 3 月

序　二

抓住机遇，扎实推进中部地区崛起

中部地区地处我国内陆腹地，自然、文化和旅游资源丰富，是全国最大的商品粮基地，也是重要的能源、原材料和装备制造业基地，已经形成了冶金、机械、汽车、轻工、水力发电等比较齐全的产业基础。中部地区还有雄厚的科技教育基础。中部地区的区位优势与资源综合优势，不仅为自身的发展奠定了基础，也为东部加快发展和西部大开发深入推进创造了条件。因此，实施促进中部地区崛起战略，对于形成东中西优势互补、良性互动、共同发展的格局，从而对于加快推进国家现代化，全面建设小康社会具有重要意义。

促进中部地区崛起，既具有千载难逢的机遇，也面临着不可回避的挑战。未来5到10年将是中部地区崛起的重要历史机遇期，一是党的十七大对区域协调发展做出新的部署，区域发展总体战略正在全面推进，促进中部地区崛起的政策措施逐步落实；二是国民经济持续高速增长使我国巨大的市场潜力正逐步转化为现实的市场容量，中部地区发展有着巨大的承载空间；三是经过多年的大规模基础设施建设和持续的体制创新，区域经济交流成本大大降低，中部地区开放合作的环境条件大为改善；四是东部沿海加快产业升级以及与国际经济融合对接，中部地区正处于迎接产业转移、加快产业升级的重要时期；五是中部地区工业化与城市化互相促进，经济规模效应与聚集辐射作用将进一步显现。在这样的大背景下，中部地区将更好地发挥自然资源丰富、生态环境好、劳动力和土地资源成本低而交通辐射能力强的优势，从而加快崛起的步伐。中部地区崛起面临的制约因素主要表现在：一是农业稳定发展和农民持续增收的基础薄弱，农村发展严重滞后；二是产业发展水平较低，经济结构调整任务繁重；三是经济增长方式粗放，自主创新能力较弱；四是人口就业压力较大，生态环境承载能力不强；五是对外开放水平还不够高，影响发展的体制机制性障碍依然较多。若这些制约因素在一定时期内得不到明显缓解，则中部地区就会错过良好机遇，崛起的进程就会大大延迟。

当前，中部地区的发展正处于关键时期，必须从区域协调发展的全局和中部地区的实际出发，认真贯彻国家促进中部地区崛起的各项战略部署，着力解决制约中部地区崛起的一些重大问题。

第一，切实把握促进中部地区崛起政策体系的战略重心，巩固加强中部地区整体发展基础。中央关于促进中部地区崛起的政策体系的重心，是支持中部地区推进"三个基地、一个枢纽"建设，即努力把中部地区建设成为全国重要的粮食生产基地、能源原材料基地、现代装备制造及高新技术产业基地以及联接东西、纵贯南北的全国重要的综合交通运输枢纽。这是基于全局发展和中部地区实际,做出的科学决策。"三个基地,一个枢纽"建设,既是促进中部地区崛起的核心任务,也是实现中部地区崛起的基本支撑。因此,要紧扣于它,贯彻各项政策措施,推进各项具体工作。加大对粮食生产的支持力度,提高粮食单产水平,与此同时,加强农业基础设施建设,推进农业结构调整和产业化经营,培育农产品精深加工基地。稳步推进大型煤矿基地和火电、水电、生物质能发电和风电等电源项目建设,加快建设综合开发利用基地和精品原材料基地。依托骨干企业,以发展清洁高效发电技术设备、高压输电设备、大型矿山开采设备等为重点,建设具有自主创新能力的现代装备制造基地。加快发展新型产业,通过实施高技术产业化专项工程进一步促进光电子、电子元器件等高技术产业规模化、产业化。继续实施综合交通运输体系规划,积极推进区际联系通道、煤运通道等重大铁路项目建设,加快国家公路运输站场建设,新建、改建和迁建部分机场,构建中部地区四通八达的交通体系。

第二,以落实"两个比照"政策为契机,大力推进重点地区加快发展。进一步加快条件较好地区的开发开放,充分发挥其辐射、影响、带动和支持作用,扶持、援助、推动欠发达地区加快发展,尽快改善其生产生活条件,是推动区域协调发展、促进中部崛起的两个关键。在促进中部崛起战略中,国家提出比照振兴东北等老工业基地有关政策支持中部地区老工业基地振兴和资源型城市转型,比照西部大开发政策加大对贫困地区扶持力度,这"两个比照"为推进条件较好地区和欠发达地区加快发展创造了良好的政策环境。目前,"两个比照"的具体政策已经颁行,中部地区应以贯彻实施"两个比照"政策为契机,进一步健全和完善政策体系,着力推动重点地区发展。要以振兴中部地区老工业基地和推进资源型城市转型为基础,推进城市群发展,培育若干联系紧密、带动力强、辐射作用大的经济圈和经济带;与此同时,加大对革命老区、民族地区、边疆地区和贫困地区发展的扶持力度,着力解决生产生活中面临的突出困难,加快实现公共服务均等化。

第三,深入推进改革开放,不断消除制约中部地区崛起的体制性障碍。改革开放是推进中部地区崛起的强大动力和有力保障,要把推进改革开放放到促进中部地区崛起工作的突出重要位置。要围绕增强经济活力和自主创新能力,继续调整所有制结构,深化国有企业改革;要围绕充分发挥市场机制基础性作用和推进市场一体化,继续推进价格体制改革,加强现代市场体系建设;要围绕实现科学发展、协调发展,推进行政管理体制改革,完善财政、税收制度;要围绕促进公平正义,构建和谐社会,推进劳动就业、收入分配和社会保障体制改革,深化教育、文化和卫生体制改革;要充分用好武汉城市圈和长株潭城市群建立"两型"社会综合配套改革试验的有利条件,着力对关系中部地区经济社会发展全局的重大体制实现突破;要进一步扩大对内对外开放,更好地承接东部地区和国际产业的转移。

促进中部地区崛起,还需要做好两个方面的工作。一是做好相关规划。规划是引导和促进发展的重要保障。国家已经部署编制促进中部地区崛起规划,这对于促进中部地区发展来说,是一件十分重要的事情。通过编制促进中部地区崛起规划,进一步确定中部地区总体和阶段性发展目标,细化"三个基地、一个枢纽"建设等方面的具体内容,明确区域内分工和空间开发格局,落实各项政策安排和保障措施,有利于推动中部地区经济与社会、城市与乡村、人与自然的全面协调发展,实现整体崛起;有利于统筹解决经济社会发展中跨地区的重大问题,协调区域分工,优化资源配置;有利于充分发挥中部地区比较优势,调整产业结构,提升产业层次,增强整体竞争力。二是加强合作。促进中部地区崛起,不仅需要中部各行政区充分发挥自身的能动性,更需要相互之间的协力同心。合作既是实现中部整体崛起的基本途径,也是各个地区加快发展的重要条件。中部地区各行政区,要立足于促进这一地区的整体发展和竞争力提升,更加紧密地团结协作,通过合作,实现资源要素的统一配置,减少运行成本,提高经济效益;通过合作,避免低水平重复建设和恶性竞争,优化区域布局、产业布局和项目布局,实现合理开发和可持续发展。

认真贯彻国家促进中部地区崛起战略与政策,扎实做好各项工作,需要有系统、深入的理论研究作支撑。中国科学院"中国区域发展问题"研究组长期跟踪研究地区经济社会发展状况,推出了一批有价值的理论成果。最近,在中国科学院知识创新工程的支持下,又完成了《2007中国区域发展报告》。这一报告细致描述了中部地区发展的自然环境与经济基础,客观分析了中部地区发展中存在的主要问题,就中部地区提升产业结构、优化空间格局、推进人口产业联动、强化基础设施建设、加强生态环境保护等提出了意见和建议,许多方面颇有见地。相信既会给热衷中部地区研究的理论工作者以启发,也会给从事促进中部地区崛起的实际工作者以帮助。于是不揣冒昧,写了上面一些话,以示关注,也为之推荐。

范恒山
国家促进中部地区崛起工作办公室副主任
2008年5月

观点摘要

一、加快中部地区发展符合我国宏观形势的变化

尽管中部地区并不存在所谓的"塌陷"问题,但加快中部地区发展对于我国整体发展而言具有重大战略意义。这种意义不仅仅在于促进地区协调发展和建设和谐社会,而且还在于我国整体国际竞争力的提高。过去30年我国的高速经济增长在很大程度上得益于积极参与经济全球化,而全球化的明显特征之一就是资本的全球流动性。近年来,我国沿海一些地区由于生产要素成本上升,已经出现了越来越多的产业空间转移。在全球化趋势下,这些产业可能会向我国内陆进行空间转移,也可能发生国际转移。因而,加快中部地区的发展,有利于将产业转移尽可能地吸引到中部地区,并延伸到西部。从这个角度看,中部崛起不但具有重大战略意义,而且也具有恰当的时机。

二、中部地区内部复杂多样,需要差异化政策支持

中部地区不但自然基础条件复杂多样,而且经济发展水平和结构的区域差异巨大。中部地区的地理环境具有南北过渡性,地貌、气候、水土资源等的南北差异十分明显。再加上矿产资源和区位条件以及历史基础的影响,中部各省特别是南北之间的发展差异巨大。此外,中部地区在历史上从未以单一的经济区或政策区出现过,各省之间社会经济联系不是很密切。对外社会经济联系主要是东西向的,即沿海指向。因此,加快中部地区的发展,要特别注意其内部的多样性,采取具有统一基础但差异化的政策措施。

三、中部地区的比较优势突出,特别是能源和农产品生产

中部地区具有承东启西的战略区位以及丰富的自然资源。由于居于"中枢"的区位,无论是沿海地区率先发展战略还是西部大开发战略的实施,中部地区实际上都是受惠者。中部地区的关键矿种和土地资源在全国占有重要地位,拥有强大的基础产业,是我国能源和基础原材料产品生产的主要地区以及重要的农产品生产基地。从人均水平来看,中部地区作为全国能源基地和农产品基地的优势十分明显,但作为全国主要原材料基地的地位有所下降。2005年,中部地区人口占全国的27%,原煤产量占全国的比重为42%,粮食和肉类产量占全国的比重在30%左右,而主要原材料产品产量占全国的比重基本上低于25%,基础原材料工业增加值占全国的比重不到20%。

四、近年来中部地区产业结构调整取得一定成效,但结构进一步偏重

近年来,中部各省在发展经济和利用自身优势方面制定了有效的政策,结构调整和主导产业培育取得了一定的成效。特别地,山西基本上改变了只生产和输出原煤的状况;湖南、江西和安徽在利用临近沿海地区的区位优势、积极吸引沿海产业转移、发展地区优势产业方面取得了良好的效果;河南的大农业和农产品加工业以及能源、冶金工业都得到了长足的发展;湖北的汽车工业上了一个新台阶。但是,总的来看,在本轮重工业化过程中,中部地区的能源原材料工业增长速度快于其他部门,结构进一步偏重。能源工业在全国的地位有所上升,而原材料工业的地位略有下降。例如,"十五"期间,中部地区原煤产量和发电量占全国的比重分别增加了 1.4 和 1.8 个百分点,但主要原材料产品产量的增长速度都低于全国平均水平。

五、中部需要培育具有全国意义的都市经济区,带动空间结构调整

中部地区人口和经济活动的空间集聚程度相对较低,具有进一步上升的空间。一方面,京广铁路和长江沿线两大主轴线上只集中了中部地区人口的 20% 和 GDP 的 30%;另一方面,几个中心城市旗鼓相当,还没有形成比较突出的经济核心。未来人口和产业将向武汉都市圈、中原城市群、皖江城市带、长株潭城市群等大都市经济区集中。在人员、资金、信息、产品等流动越来越快的信息化时代,以"门户城市"为核心的大都市经济区是区域经济空间组织最有效的方式。我国在沿海地区正在形成珠三角、长三角、京津冀、辽中南等具有全国意义的大都市经济区。加快中部的发展,需要在中部地区培育若干具有区域带动作用的都市经济区,特别是武汉、中原和长株潭等三个都市经济区,其中武汉要成为具有全国意义的大都市经济区。此外,安徽和江西的沿江城市要尽快融入长三角,赣南和湘南要尽快融入珠三角。

六、中部是我国基础设施网络的中枢,需要继续加强基础设施建设

中部地处我国中心地带,是我国基础设施网络的中枢,其基础设施是我国基础设施网络的核心组成部分,对全国基础设施网络的运转具有战略意义。虽然中部地区的基础设施已颇具规模,并形成了一定的空间格局与体系,但相对于保障今后一个时期中部地区以及全国的快速发展而言,还存在不少问题。例如,综合运输网络尚不完善,交通干线运力日趋紧张等。继续加强基础设施建设,是实施中部崛起战略的需要,也是全国社会经济发展对加强这个"中枢"的需要。除了完善基础设施网络和提高运力外,应重点加强人口—产业密集区和主要国土开发轴线的基础设施建设。

七、中部地区的环境问题总体上仍呈恶化趋势,急需加大治理力度

中部地区环境污染比较严重,"十五"期间呈现日趋严重的趋势。污水与污染物排放量持续增长,大气污染物不断增加,环境污染与破坏事故频发,直接经济损失严重。各省"十五"规划中的环境污染治理目标多数未能完成,而且差距较大。另外,中部地区的水土流失问题也比

较突出。虽然20世纪80年代以来中部地区水土流失面积有所减少,但近年来各省水土流失治理速度明显放慢,治理难度不断加大,危害仍旧存在。因此,中部崛起将面临着越来越突出的生态环境问题,急需加大治理力度。特别是中部地区多数优势产业是高能耗、高污染的部门,这些部门规模的扩大将给资源环境带来更大的压力。重点问题与区域包括:黄河流域的水土保持、矿坑治理等;淮河流域土石山区的水土保持、水污染治理等;长江中游的水土保持、水环境治理、湿地保护与生物多样性保护等。

八、建设好沿江产业带对中部地区崛起具有举足轻重的战略意义

长江产业带是我国国土开发的一级轴线,也是中部发展的一级轴线。其发展将有利于打破省际界限,从而在城市结构与功能、规划与布局、模式与类型等方面实现相互呼应,共同发展。因而,建设好沿江产业带既是中部崛起的突破口,又是中部崛起的重要支撑。应率先与长江三角洲对接,整合区域资源和经济优势,实施区域性中心城市带动战略,构筑中部地区对外开放、承接产业转移的平台。为协调沿江四省、加快沿江产业带建设,应尽快制定中部地区沿江产业带规划。

第一章 绪 论

1999年国家实施"西部大开发"战略;2002年国家正式启动"振兴东北等老工业基地"计划,也就是"东北振兴"战略。在这种背景下,中部各省加快社会经济发展的意愿不断高涨。关于中部地区的发展政策问题成为一部分领导、学者和社会舆论非常关注的"热点"。有的学者提出,中部地区是我国的"经济塌陷区";也有的学者认为,中部地区不仅仅是经济塌陷,而且是"政策塌陷区","中部地区在国家发展中的地位不明确",等等。其中,有些意见是对改革开放以来国家区域发展战略和方针缺乏的理性批评。在这种情况下,我们觉得需要对区域发展有关问题特别是中部地区发展问题提出我们的观察和认识。这些认识涉及以下方面:如何理解中部地区的战略位置?如何看待近十年来中部地区的发展态势?中部地区是不是"问题区域"?现阶段中部地区的发展目标和方向如何?中部地区的资源和产业优势如何进一步发挥?在城市群、产业集聚带和大都市经济区建设方面中部地区应该确立什么样的目标?等等。《2007中国区域发展报告》以具体的分析阐述了这些重要的观点。

一、如何看待中部地区的发展态势

近十多年来,中部地区的经济增长和城市化进程都很快。从20世纪90年代初,我国开始提出并逐步实施地区协调发展战略。特别是1997年以来,国家加大了实施地区协调发展战略的力度,增加了对中西部地区发展的支持。在大型基础设施工程建设、金融贷款和外资的利用、扶贫开发、进出口贸易等方面,采取了一系列有利于中西部地区发展的政策和措施。从1998年开始,国家采取了"扩大内需"的积极财政政策,中西部地区也是明显的受益者。在"九五"期间,中部各省利用它们各自的资源优势和产业优势,集中发展各自的主导产业,各省普遍实现了经济的高速增长。按照各地区的统计,GDP增长在8%~11%之间,与发达地区间经济增长速度的差异缩小到改革开放以来的最小值。进入新世纪以来的六年,各省统计的GDP年增长率平均超过10%。因而,可以说,过去十年是我国地区发展差距扩大趋势明显得到缓解、地区发展格局开始产生变化的阶段。

在这个过程中,中部地区各省的结构性调整也取得明显进展。特别是在国家投入的支持下,中部多个农业大省的优势得到了发挥,特色优质农牧业产品生产有了很大的发展,成为带动地区经济增长和出口增长的重要因素。十年来,中部地区产业结构调整是经济增长和出口继续增加的重要原因。各地区产业结构调整的总趋势是:结构水平有了明显的提高,制造业产品结构有所优化。第二产业规模增长快,电力、冶金、石油化工、机械等有了很大加强;第三产业发展加快。同时,克服结构雷同现象有实质性进展。部分省区的家电生产企业在激烈竞争中被大量淘汰。对环境影响很大的"小煤炭"和"小造纸"等生产大幅度压产或者淘汰。进入新世纪以来,在我国的经济国际化和信息化程度不断提高的带动下,中部地区产业结构调整步伐加大。在能源原材料生产有明显加强的同时,汽车工业、农产品加工工业、冶金、化工中的新材料工业、建筑材料工业、工业设备制造、通信设备制造等获得了大幅度的扩大和加强,使中部地区制造业产品结构优化获得明显的进展。

基础设施条件明显改善。在全国性和大区性的基础设施工程建设中,中部地区的基础设施水平同样得到了提高。西部大开发过程中的许多工程,如高速公路、铁路、航线开辟等,横跨中部地区或延伸到中部地区,受益的不只西部地区。基础设施条件的改善是近年来中部地区经济增长保持良好势头的主要原因之一。三峡工程是超大型的生态环境工程、能源建设工程和交通建设工程,与西部大开发中的生态建设、能源工程、交通工程没有区别。

中部地区在20世纪90年代也存在一系列发展中的问题。这些问题主要表现在以下方面。其一,中部地区的一些大中城市,也确实存在"东北现象",即国有大中型企业比重大。这些企业设备老化、产品竞争力差、社会负担重等,使一些城市的产业结构的调整和支柱产业的发展很困难,结构升级步履缓慢,国民经济发展缺乏有活力的经济增长点。其二,在东部地区产业结构调整乃至进入国际市场方面逐步取得突出进展的情况下,中部地区诸多的生产部门和行业在与东部地区同行的竞争中受到了很大的压力。其三,我国农业大省主要在中部地区,"三农"问题在中部地区表现更为突出一些。其四,中部地区从来不是一个完整的经济区域,没有一个或者两个大的大都市区作为经济中心,而是分别属于珠江三角洲、长江三角洲、京津冀等集聚区的腹地和相应经济区的一部分,这种格局也影响了中部地区的竞争力。中部地区高速经济增长付出了很高的资源和环境代价,也同样带来了严重的资源环境问题,但还没有珠江三角洲和长江三角洲地区那么严重。

我们的基本认识是国家区域战略方针的对象是特定的"问题区域"。例如,结构性危机区域、发展严重停滞区域或受到严重破坏的区域。但是,中部地区并不是"问题区域"。鉴于近年来中部地区高速经济增长和结构调整的明显进展,认为"中部塌陷"是不客观的。全国性的扶贫政策、农业政策、基础设施发展方针以及生态建设方针等都是惠及中部地区的。中部地区也不是政策的"塌陷区"。

针对中部地区存在的问题,建议按照"老工业基地城市"标准,对中部地区若干"老工业基地"比照东北振兴的若干政策予以支持。国家通过加强对农业基地县和"三农"问题的支持,使中部地区较多地受益。

二、未来我国国土开发格局及中部地区的地位

未来15年是我国国民经济持续增长、大规模城市化以及更加开放、融入全球经济体系的重要时期。国家在继续加快经济与社会发展的同时,将会更加关注市场化条件下如何促进区域协调发展和可持续发展。但我国日益庞大的社会经济总量不会均匀地分布在国土上,未来国土开发将形成由"发展轴—集聚区—其他类型区"构成的基本空间格局。其中的集聚区包括

大都市经济区和人口—产业集聚区,其他类型区包括食物保障区、矿产资源重点开发区、生态保障区、重点扶贫区等。

改革开放以来,特别是20世纪90年代初以来,我国经济总量大幅度提升,城市化规模大幅度增加,社会经济发展取得了辉煌的成就。1992～2006年,我国GDP年平均增长9.6%,2006年GDP总量达到21万亿元。与此同时,城镇化发展迅速,2006年底我国城镇化水平达到44%。人口和产业的空间集聚不断塑造着我国的国土空间格局,一系列城市及产业集聚带和若干大都市经济区开始形成。但是,在取得辉煌成就的同时,我国国土开发也存在着突出的问题。如国土开发和建设布局无序及空间失控态势严重;许多地区资源环境压力过大,而支撑体系太弱;一些地区不适当地大规模开采利用资源,过度扩张基础原材料工业和大耗能、大耗水工业,大大超出所在地区的资源支撑能力;环境和水土资源状况在严重恶化;地区经济发展的差距仍然在扩大等。

特别地,全国经济总量在空间分布上进一步向东部沿海地区集聚。从1990年到2005年,全国GDP总量由18 667.8亿元增加到183 084.8亿元。其中东、中、西部地区GDP总量分别增加了8.2倍、6.4倍和6.1倍。东部地区经济总量占全国的比重由1990年的53.9%上升到2005年的60%以上,而中西部地区的比重分别下降了约3个百分点。经济总量进一步向东部沿海地区集中。

因而,如何调控或"重塑"国土是我国社会经济发展中一个重大问题。这不仅需要考虑目前国土开发存在的问题,也要清醒认识影响未来我国国土开发的主要因素。科学、合理地调整未来我国国土开发的空间格局,就需要深刻认识我国自然基础和自然要素的空间结构,科学地评估我国工业化和城市化发展以及经济全球化的基本影响,同时也要充分考虑建设资源节约型社会的需要。

首先,我国自然基础差异巨大,三大自然区和地势的三大阶梯决定了我国经济发展的巨大地域差异,而这种格局不是人的力量可以从根本上改变的。其次,经济全球化将继续塑造我国的国土开发格局。一方面将强化国土开发的"T"字形空间框架,另一方面将使这个构架上形成若干个具有国际竞争力的大都市经济区。第三,我国正处于工业化中期,基础产业规模仍将进一步扩张。与理想预期不同,在市场规律作用下,这些产业的发展仍将主要集中于沿海和中部的几个大都市经济区。第四,我国正处于人口空间格局剧烈变化的转型时期。大量农村人口将进入城市;在就业机会引导下,人口将继续向东部沿海地区和中西部若干大都市经济区集聚,使这些地区的基础设施保障和环境弹性承受极大的压力。第五,资源短缺对国土开发具有刚性约束,要求我国建立一个资源节约型国民经济体系,形成集约、高效、高密度的国土开发格局。

在上述因素的相互作用下,我国的人口和产业在空间上将进一步集聚。根据初步预测,到2020年,我国人口在东部城市密集地区和中西部省会城市及其周边区域分布的集中程度将持续提高,"大都市经济区"和"人口—产业集聚区"在我国经济社会发展中的作用将得到强化。同时,在政府力量和市场力量的共同作用下,将形成基于不同资源环境承载能力、发展方向各异、优势互补的功能区。在这个过程中,区域间经济增长差异有可能不会在绝对值上缩小,但是社会发展水平将逐步缩小,特别是将实现基本公共服务的均等化。

在国土空间格局变动上,主要的趋势将是人口产业的集疏过程和功能的区域分异过程。其中,经济活动将表现为"点—轴—聚集区"的格局。所谓"轴"是在一定方向上由若干不同级别的中心城市(城镇)形成的相对密集的人口和经济带,而连接这些中心城市("点")的是线状基础设施束。按照发育阶段、集聚规模及其对全国经济空间组织发挥的作用程度,在全国尺度上可以分为一级轴和二级轴。沿海和沿江地带是今后几十年我国国土开发的一级发展轴线,这个"T"字形空间结构战略曾在20世纪80～90年代得到大规模实施。二级轴线则包括:哈大轴线、陇海—兰新轴线、西安—成都—昆明—南宁轴线、京广轴线。其中,沿江一级轴线(长江产业带)以及陇海—兰新、京广两个二级轴线,都与中部地区的发展密切相关。

聚集区是围绕中心城市("点")形成的人口和产业活动密集的地区。按照发育阶段、集聚规模、在全球经济体系中的地位以及在全国经济空间组织中发展的作用等,可以将集聚区分为两类,即大都市经济区与人口—产业集聚区。大都市经济区具有国际意义,体现国家竞争能力,并直接参与国际竞争,是国家综合竞争力的重要组成部分。人口—产业集聚区具有国家发展战略意义,承担引导大区域经济发展的职能,是国土开发的重要战略支撑点。根据"新一轮全国国土规划前期预研究"的研究结果,全国可划分出6个都市经济区和10个人口—产业集聚区(表1—1和表1—2)[①]。从这些集聚区可见,中部地区在未来我国国土开发格局中具有重要地位,将可能形成一个大都市经济区(即武汉都市经济区)和两个具有全国意义的人口—产业集聚区(即长—株—潭和郑—洛人口—产业集聚区)。另外,随着基础设施条件的改善,江西和安徽两省的沿江地区将逐渐成为长三角大都市经济区的一部分。因此,从未来我国国土开发的可能空间格局来看,中部地区具有良好的发展前景和重要的地位。

表1—1 我国大都市经济区一览

名 称	市县数	面积(万 km²)	总人口(万人)	GDP(亿元)
1. 京津都市经济区	48	6.3	3 965.6	6 183.3
2. 长江三角洲地区	73	9.8	7 640.2	15 033.6
3. 珠江三角洲地区*	35	5.6	2 760.4	7 673.2
4. 辽中南都市经济区	28	5.4	2 417.2	3 787.5
5. 成渝都市经济区	42	6.6	4 402.0	3 476.9
6. 武汉都市经济区	26	3.9	2 689.1	2 708.5
总计/平均	252/42	37.6/6.3	23 874.5/3 979.1	38 863/6 477.2

* 数据统计中不包括香港和澳门。

资料来源:引自《新一轮全国国土规划前期预研究》。

---

① 《新一轮全国国土规划前期预研究》是受国土资源部委托,由中国科学院地理科学与资源研究所联合国土资源部有关研究单位共同完成的研究课题。

表 1—2　我国人口—产业集聚区一览

名　称	市县数	面积(万 km²)	总人口(万人)	GDP(亿元)
1. 海峡西岸人口—产业集聚带	45	4.7	3 641.3	4 702.6
2. 哈(尔滨)齐(齐哈尔)人口—产业集聚带	12	4.3	1 067.2	2 036.1
3. 长(春)吉(林)人口—产业集聚区	11	2.9	1 052.3	1 165.8
4. 山东半岛人口—产业集聚区	38	6.1	3 478.8	4 932.2
5. 长(沙)株(洲)(湘)潭人口—产业集聚区	11	1.9	993.1	1 092.2
6. 郑(州)洛(阳)人口—产业集聚区	31	2.7	2 132.9	1 891.8
7. 北部湾沿岸人口—产业集聚区	7	1.8	544.1	460.2
8. 关中人口—产业集聚区(带)*	24	1.8	1 565.2	1 154.1
9. 天山北麓人口—产业集聚带*	14	2.3	430.9	734.9
10. 呼包鄂人口—产业集聚区	8	2.7	363.5	151.3
总计/平均	424/38.5	64.6/5.9	33 064/3 006	39 270/3 570

* 面积为去除沙漠与山地之后的面积，其余统计数据以所在地县级行政范围为准。

资料来源：同表1—1。

三、如何看待中部地区的优势

中部地区具有丰富的自然资源以及承东启西的战略区位。中部地区位于东部沿海地区和西部山地高原之间。由于地质因素的作用和自然地理的特征，这里的自然资源非常丰富。其中，煤炭、铝、铁、铜、铅、锌等在全国占有重要的地位。特别需要强调的是，这些都是对于国民经济发展具有关键意义和重要意义的矿种。中部地区拥有广阔的平原、河谷，土地资源的数量和质量仍有开发利用的潜力，是我国粮食、经济作物及农业产业化发展最重要的地区之一。由于居于东、西之间的有利区位，无论是沿海地区率先发展战略还是西部大开发战略的实施，中部地区实际上都是受惠者。中西部地区之间有着非常密切的联系，西部开发在进一步加强中西部地区间联系的同时，必然会促进中部地区的发展。西部大开发过程中的许多工程，如高速公路、铁路、航空运输建设等，横跨中部地区或延伸到中部地区，受益的不只西部地区。因此，西部地区开发同时促进了中部地区的资源开发和经济发展。

中部地区具有强大的基础产业。由于具有丰富的能源、矿产资源和水土资源以及优越的交通运输条件，新中国成立以来中部各省曾经作为我国几个五年计划的重点建设区域。奠定我国工业化基础的第一个五年计划，中部地区占有较多的重点项目。20世纪70～80年代初引进建设的重大成套项目，就资金规模和项目数量而言，中部地区与沿海地带几乎是一样的；90年代以来，在能源原材料建设方面，中部地区一直是国家的重点。农业方面，特别是水利工程和商品粮基地建设，中部地区也是国家的战略重点。在这样的背景下，中部地区成为我国基础原材料生产的主要地区,这也是中部地区的优势之所在。

最近几年,中部各省在发展经济、利用自身优势方面制定了卓有成效的政策。经济发展速度比较快,特别是河南、湖北、安徽、江西,增长速度基本与全国持平。究其原因,主要是这些省区利用资源优势,在全国的分工格局中确立了自己的位置,根据自己的优势发展自己的主导产业。例如,河南发展了大农业,在大农业的基础上又发展农区畜牧业,进而发展加工业和畜产品贸易;在基础产业方面,发展了能源工业和钢铁工业;利用郑州作为交通枢纽的优势,发展了商业、交通运输业;从上世纪90年代中期到1997年,河南的经济增长是比较快的。湖北近两年发展也比较快,其基础工业在质量上有了很大提高,尤其是汽车制造业上了一个新台阶。安徽省利用其靠近长江三角洲的优势,加快发展轻型加工制造业,农业产业化发展也较快。在上述很有特色的优势产业中,继续进行产品结构和技术结构的升级,提高在国内外的竞争力,是中部地区未来发展的基本方向。

四、按照功能区的理念确立中部地区的发展方向

学术界及管理部门的许多同行都认为,我国幅员辽阔,各地区在发展条件和发展基础等方面的差异很大。地区之间的发展实力和发展水平的差异将长期存在。由于人类社会经济活动受海洋的吸引是长期趋势,特别是由于经济全球化的客观要求,我国沿海地区在未来的发展中将凝聚越来越强大的增长潜力和实力。其中,以香港和广州为中心的珠江三角洲地区、以上海为中心的长江三角洲地区和以北京、天津为中心的京津冀地区,将逐步成为具有较强国际竞争力的"门户"和大都市经济区。为加强国家的整体竞争力,这些区域需要优化开发,也就是集聚优化产业结构和发展水平的要素,使其逐步成为高级服务业和高新技术产业集聚的核心区。当然,国家会继续加强对中西部地区发展的支持,减缓经济发展差距扩大的趋势,逐步缩小社会发展水平的差距,这完全符合国家的整体利益和长远利益。

确定中部地区的发展定位或者说发展方向,需要从中部地区的发展条件和发展特点出发,同时也要基于对全国今后10~15年的发展趋势的分析和判断。除此之外,还应该考虑到今后经济全球化的发展趋势。在产业发展方面,中部地区需要继续推进能源原材料工业的发展,大力发展机械制造业,发展以优质高效的种植业、农区养畜业以及深加工和内外贸为主的大农业产业链。

中部地区还没有出现具有全球竞争力的城市,即具有全球意义的大的经济中心城市。但在未来的全国功能区划和主体功能区规划中,在国家层面将会出现若干个重点开发地区。对于这些重点开发地区,即人口和产业集聚区要规划好和建设好。在现代区域经济发展中,各级经济中心起着核心和带动作用。相对于我国东部地区和发达国家而言,中部地区的中心城市的功能比较薄弱,多数省区的城镇体系不发育。要集中力量,建设好各省的一级和二级经济中心城市。在此基础上,建设好重点产业带,以增长极和"点—轴系统"模式发展合理的社会经济空间结构。这些重点开发地区将可能是以郑州为中心的中原城市群、以武汉为中心的长江中游城市群、以长沙为中心的湖南中部城市群等。它们的产业发展方向需要考虑到中部地区的

产业结构优势,并且应该与沿海地区保持密切的合作。

城镇化的积极稳妥发展是今后的长期趋势。然而,城镇化是一个国家和区域的经济结构、社会结构和生产方式、生活方式的根本性转变,涉及产业转型和新产业的成长、城乡的社会结构的全面调整以及庞大的基础设施的建设、资源和环境的支撑以及大量的立法、管理、国民素质提高等方面,必然是长期的积累和长期渐进式发展过程。在过去十年的城镇化发展过程中,中部地区也在"做大做强"的理念下,纷纷提出和规划建设"国际大都市"。以人为的拉动,搞"大武汉"、"大郑州"、"大合肥"、"大南昌"、"大长沙"等。有的省也曾经提出了不切实际的高速度发展城镇化指标和目标,"大马路"、"大广场"、豪华的政府办公区和办公楼、"大学城"规划建设之风盛行,一定程度上出现速度冒进和空间失控,给这些地区的资源、环境和可持续发展带来了无可挽回的巨大损失。这种情况不应该再继续下去了。

中部地区的水土资源合理利用、生态保护及环境治理是长期任务。主要原因也在于中部地区的山西、河南、安徽等省的能源资源丰富,湖南、江西及湖北的部分地区具有金属矿产资源和非金属矿产资源。近年来的大规模开发已经带来部分地区的水体、大气和土壤的污染,环境事件时有发生。中部地区的环境问题,不仅仅严重危害中部地区优势的持续发挥,进而削弱其在全国的战略地位,而且还会危害到下游地区即京津冀、山东半岛、淮海中下游区域、长江三角洲地区的发展和安全。

十年来,中部地区各省都取得了年均 10% 乃至 10% 以上的超高速经济增长率。但是,近年来一些省和众多的地区(市、县),大张旗鼓地动员和规划,要求在今后(或"十一五")进一步"加快发展"、"加速发展"。在制订发展规划时,需要认真考虑进一步"加速"和"加快"是否符合科学发展观和中央政府宏观调控的要求?能不能进一步"加速"和"加快"?

五、关于国家区域发展战略和区域政策

区域发展战略是国家关于在一定阶段国内各(类型)区域的发展方向和总体格局的指导思想和基本方针的概括。中华人民共和国成立后,20世纪50~60年代,国家将全国划分为沿海和内地并将战略重点置于内地,当时的指导思想主要是考虑到国防安全。"三线建设"时期国家的区域发展战略是将全国划分为一、二、三线地区而将国家的战略重点置于"三线地区"。"六五"期间(1981~1985),实施沿海地区发展战略,沿海地区成为国家发展的战略重点。"七五"期间(1986~1990),国家划分三个地带并将战略重点置于沿海地区,同时部分基础设施和产业的发展重点开始转移到中部地带,西部地带基本上处于准备开发状态。自1992年,中央政府开始考虑"地区协调发展战略",并在"九五"期间正式实施这一战略。在这一战略的大背景下,1999年国家实施"西部大开发",2002年实施振兴东北老工业基地的"东北振兴"。这里的"西部大开发"和"东北振兴",都只是国家的区域发展方针,不能说成区域发展战略。2005年国务院正式确定将"中部崛起"作为我国的区域发展方针之一。这些就构成了今天我国区域发展战略的全部。

"西部大开发"、"东北振兴"、"中部崛起"组成为我国现阶段区域发展战略的整体构架。但是,我国现阶段区域发展的战略(重点)到底是什么,反而变得有些模糊了。我们认为,我国区域发展的战略重点自改革开放以来就置于沿海地区,现在和未来很长时期内也都在沿海地区。沿海地区的率先现代化和大规模地进入国际经济循环,无论在国家政策层面或者在经济发展水平、产业结构升级、大规模基础设施建设以及国际大都市的发展等方面,都是不争的事实。这完全符合全中国人民的整体利益和长远利益。海洋,早在19世纪就被认为是"伟大的公路"。人类的社会经济活动受海洋的吸引是长期趋势。在经济全球化和信息化迅速发展的今天,沿海地区的发展优势进一步加强了。我国的区域发展战略和方针,科学地反映了客观规律的要求。

"西部大开发"、"东北振兴"、"中部崛起"所针对的"西部"、"东北"和"中部",总体上并不是"问题区域"。但是,根据这些方针所制定的政策和措施,是针对"问题"的。总的来看,我国需要一个明确的区域发展总体战略或国土开发战略。在这个宏观区域战略基础上,才能系统、协调地实施"西部大开发"、"东北振兴"、"中部崛起"这些具体战略及其政策措施。另外,这些具体的区域战略的实施,也需要协调好与主体功能区划之间的关系。目前看来,这两者之间在一定程度上是脱节的。

第二章　资源环境基础

自然环境条件是人类社会健康发展的前提和基础。科学阐述中部地区的资源环境基础，对于认识该地区的发展特点、区域差异和关键制约因素具有重要的意义。同时，将中部地区的资源环境条件与其他地区进行客观的比较，有利于认识该地区的优势和劣势，从宏观上把握开发的力度和采取适宜的措施。

中部地区位于我国中纬度地区，介于北纬 24°29′～40°43′之间，行政范围包括山西、安徽、河南、江西、湖北、湖南六省。该地区地处长江和黄河中下游，南北之间相距千余公里，总面积达 102.75 万平方公里，占全国的 10.7%；2006 年常住人口为 3.53 亿人，占全国总人口的 26.8%（国家统计局数据）。

本章首先介绍中部地区的自然环境的基本特征及其分异规律，而后分析该地区水土资源特征以及利用中存在的问题，最后对该地区自然环境变化趋势进行了判断，并给出了对策建议。受全书章节结构的影响，本章对资源的分析不包括矿产资源（这部分内容见第六章）。本章形成的主要观点如下。

- 中部地区高原、盆地、平原和丘陵等地貌类型俱备。在各山系、平原之间有长江、黄河、淮河等江河以及鄱阳湖、洞庭湖、巢湖等著名的淡水湖，形成了一个山江湖与平原紧密联系的自然环境区域。
- 中部地区为典型的大陆性季风气候，水资源丰富但水灾频繁。以高原、盆地、丘陵和平原为主导的地貌格局，过渡类型的植被与土壤，决定了地理环境的南北过渡性。地域分异明显，自北而南依次为中温带、暖温带、北亚热带，直至中亚热带。水分状况则涵盖半干旱、半湿润和湿润等类型。
- 中部地区水土资源的基本特征是：水资源总量丰富，但人均占有量低，且南北差异大；土地资源较为丰富，但后备资源潜力有限；水土资源的总体匹配程度较好，但南北不同省区之间存在较大差异。
- 中部地区水土资源开发利用中仍存在一些突出问题，如水资源利用的效率低，山区水土流失严重；水体污染问题日益突出；工业化、城市化进程中土地资源供给的相对短缺性日益显现；农民保护耕地的积极性不高，农业投入与产出水平增长缓慢。
- 促进水土资源的合理开发与可持续利用，是推进中部地区崛起，实现农业增效、农村发展目标的重要保障。关键措施包括：重点流域综合整治，合理调配水资源，保护水环境，保证生态用水；加强北部半干旱、半湿润区的治理，减少水土流失；建设防洪工程和干旱预警系统；重视江南丘陵、南岭山地与淮河流域坡地利用与红壤改造；继续加强生态与环境宣传教育，鼓励公众参与生态建设和环境保护。

第一节　自然环境基本特征及区域分异规律

中部六省的自然条件复杂多样,基本特征可归纳为:典型的大陆性季风气候;高原、盆地、丘陵和平原为主导的地貌格局;水资源丰富但水灾频繁;过渡类型的植被与土壤;南北过渡的地理环境。地域分异规律受温度和水分的影响,从北向南依次为中温带、暖温带、北亚热带,直至中亚热带;水分状况则涵盖半干旱、半湿润和湿润等类型。

一、自然环境的基本特征

1. 典型的大陆性季风气候

中部地区属于大陆性季风气候,季节变化明显,地区差异大,而且垂直变化大于水平变化。四季气候特征由季风环流的基本特征决定,自然景观深受季风气候的影响。全球北纬30°附近,高空气流辐合下沉,形成副热带高压带。副热带高压带降水少,蒸发大,容易形成沙漠,如北非的撒哈拉沙漠、印度半岛的塔尔沙漠、伊朗的卢特沙漠、伊拉克的希贾腊沙漠、北美的亚利桑那沙漠等。巴比伦、埃及、印度等古代文明都被埋葬在沙漠下,唯有我国的亚热带在季风惠泽下,成为"绿洲"。季风每年强弱不一,进退时间迟早不同,影响范围有别,造成温度和降水的年际变化很大,由此造成旱、涝、风、雹、高温、寒害等各种自然灾害比较频繁。

表2—1　2004年中部地区主要城市平均气温　　　　单位:℃

城市	1月	2月	3月	4月	5月	6月	7月	8月	9月	10月	11月	12月	年平均
太原	−4.7	0.9	6.1	15.2	18.5	21.7	23.5	21.2	17.5	9.9	3.0	−2.2	10.9
郑州	1.5	7.7	10.8	17.9	22.2	25.3	27.0	24.8	21.6	15.2	9.6	2.4	15.5
合肥	2.9	8.5	10.1	17.5	21.0	24.6	28.9	27.3	23.1	17.3	12.2	5.8	16.6
武汉	4.5	11.2	12.6	20.1	23.3	25.6	29.2	27.5	24.8	18.5	13.9	7.3	18.3
南昌	5.7	11.1	11.6	19.6	23.4	25.8	29.7	28.7	25.2	20.3	15.4	8.9	18.8
长沙	5.1	11.2	12.5	20.6	22.7	25.6	29.4	27.3	24.6	18.4	14.2	7.4	18.3

资料来源:《中国统计年鉴》(2006)。

(1) 气温年较差大

中部地区年平均气温由北向南递增,变化在−3.1℃(五台山)~19.4℃(赣州)之间(表2—1,图2—1),大致沿恒山—内长城一线,极端最低气温在−27℃以下,太原达到−29.6℃;极端最高气温出现在长江流域沿线,大多超过40℃。垂直变化大,以五台山为例,山顶几乎全年都能够见到冰雪,而山脚则有明显的四季之分。长江沿岸夏季酷热,但庐山却比较凉爽,是著名的避暑胜地。冬季,受蒙古高压控制和极地大陆气团影响,比较寒冷。淮阳山地、江汉平原和洞庭湖平原是冬季冷空气南下的通道。北方冷空气南下时,常常导致这些地区气温急剧降低,出现大片雨雪区域,亦可造成雪灾,冷空气过后则常有强劲凛冽的偏北风。因而,本地区冬季气温低于地球上同纬度其他地区。夏季中部地区受低压所控制,夏季风从海洋上长驱直入,温度高,湿度大。7月平均气温在28℃以上,长江中游受地形影响高达30℃,例如,江西贵溪为30.2℃,湖南衡阳为29.9℃。因而,导致中部地区夏季气温高于地球上同纬度其他地区,气温年较差大(表2—2)。

表2—2 中部地区主要城市与世界同纬度地区温度比较　　　　单位:℃

地 点	武汉	合肥	赛得港	新奥尔良	全球平均
北纬	30°35′	31°51′	31°17′	30°	
1月均温	3.1	2.4	14.4	12.0	14.7
7月均温	29.0	28.4	26.5	26.0	27.3
年较差	25.9	26.0	12.1	14.6	12.6

资料来源:邓先瑞等:《中国的亚热带》,湖北教育出版社,1998年。

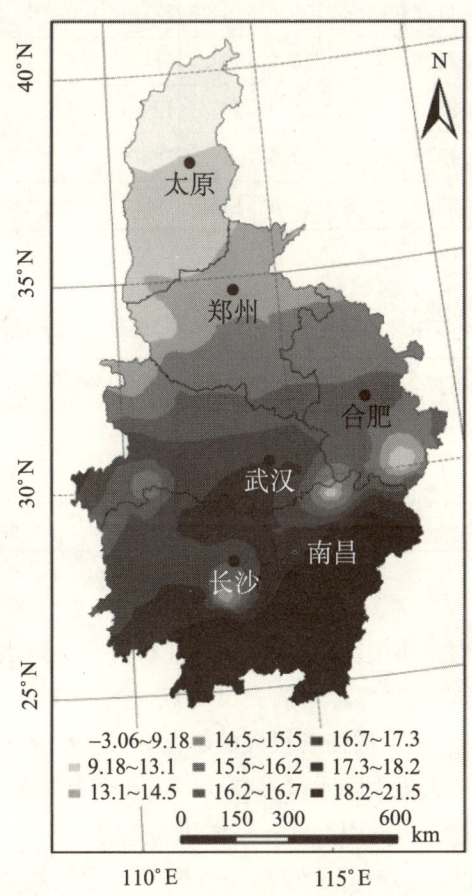

图2—1　1971~2000年中部地区年平均气温(℃)

资料来源:中国气象局国家气象信息中心。

(2) 降水较为丰富

中部地区是我国降水量最丰富的地区之一,年均降水量一般在371毫米(大同)～2 403毫米(黄山)之间(全国年均降水量一般在15～2 800毫米)。年降水量呈现南多北少,东多西少的特征(表2—3,图2—2)。北部山西属于半湿润与半干旱的过渡地区,南部长江流域则是我国的一个相对多雨区。本地区多雨的主要原因是东南季风或热带海洋气团控制的时间较长,梅雨季节较长,夏季降雨较多。另外,在冬天,冬季风一部分经由海洋,成为海洋变性的极地大陆气团,并与大陆变性的极地大陆气团相遇,常形成雨雪天气;春季气团过境,也会带来春雨。因此,本地区年均降水量高于地球上同纬度其他地区(表2—4)。

表2—3 2004年中部地区主要城市降水量　　　　　　　　　　　　　　　单位:毫米

城市	1月	2月	3月	4月	5月	6月	7月	8月	9月	10月	11月	12月	全年
太原	0.6	11.7	7.1	5.4	24.5	81.0	115.1	88.9	21.2	10.3	2.7	8.7	377.2
郑州	2.1	17.7	5.3	11.8	78.8	106.6	264.5	121.7	100.2	3.9	40.1	14.7	767.4
合肥	50.4	32.3	42.3	72.5	105.9	255.2	64.7	111.4	68.7	4.4	62.3	38.2	908.3
武汉	53.5	72.0	40.2	126.0	170.7	322.9	435.7	199.7	53.9	1.3	53.8	42.5	1 572.2
南昌	46.3	114.3	99.3	115.8	264.5	142.5	96.9	186.3	35.0	2.2	61.2	45.8	1 210.1
长沙	53.3	121.0	102.4	255.5	227.8	128.4	135.7	98.1	42.0	26.6	90.1	65.6	1 346.5

资料来源:同表2—1。

表2—4 2004年中部地区主要城市与北半球纬度近似区域年降水量比较　　　单位:毫米

地点	瓜马斯(墨西哥)	马拉喀斯(摩洛哥)	开罗(埃及)	巴格达(伊拉克)	坎大哈(阿富汗)	南昌	长沙	武汉
纬度	28°	31°37′	30°	33°22′	31°36′	28°40′	28°12′	30°35′
年降水量	157.0	241.0	32.0	156.0	184.0	1 682.9	1 377.4	1 206.7

资料来源:同表2—2。

北部的山西和河南,降雨多集中在夏季(6、7、8月),占全年降水的60%～70%。暴雨多、强度大、降水变率大是中部地区北部降水的突出特点。当冷锋、高空低槽或气旋和台风过境时,受副热带高压或地形阻滞,常形成强度很大的暴雨。一小时降水可达数十毫米,一天降水达数百毫米。在黄土高原,一天最大降水量多在50～100毫米以上,暴雨常导致黄土沟谷强烈侵蚀,山洪暴发,河流泥沙量增大,并引起河流下游洪涝危害。

南部的安徽、江西、湖北和湖南,降水量四季分配相对比较均匀,但也时有暴雨发生。春季,长江中下游阴晴不定,天气变化频繁。江西全境降水量超过200毫米,是中部春雨最多的地区。初夏,冷空气仍能入侵本地区,与南来暖气流相遇于长江附近,形成梅雨。在长江中下游地区,梅雨期一般会维持一个月以上,降水量多。但是,如果夏季风强度不正常,或来之过早,或去得过晚,往往引起本地区雨水失调,发生旱涝灾害。秋季降水量为全年最少。冬季江南多连绵阴雨。同时,降水受地形影响显著,一般说来山地高于平原,迎风坡高于背风坡。例如,安徽黄山年降水量为2 403毫米,而相距不远的屯溪仅为1 763毫米。

2. 高原、盆地、丘陵和平原为主导的地貌格局

中部地区位于我国地形的第二、三级阶梯,其中大部分属于第三级阶梯。区内高原、盆地、丘陵和平原等地貌类型俱备(图2—3)。

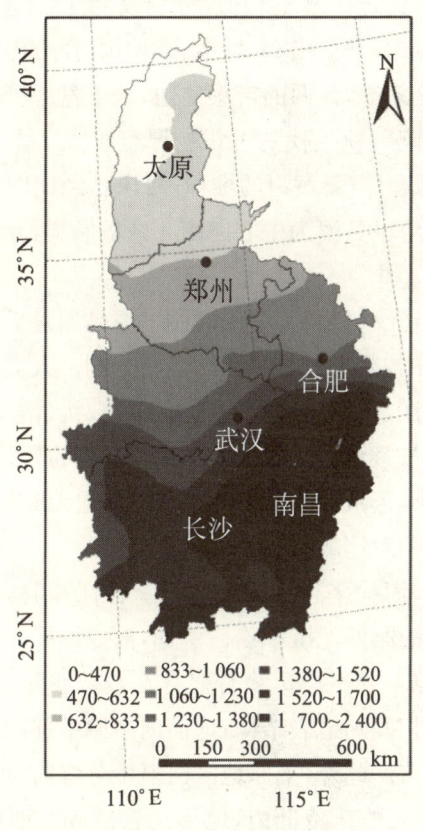

图2—2 1971～2000年中部地区年均降水量(毫米)
资料来源:中国气象局国家气象信息中心。

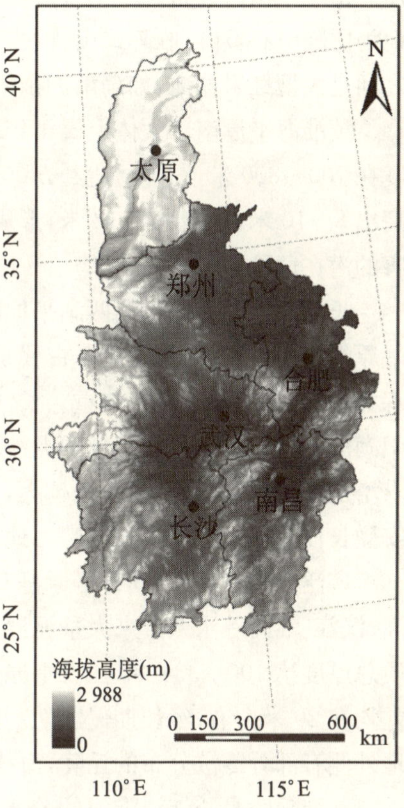

图2—3 中部地区地形图
资料来源:中国资源环境数据(1∶400万)。

山西高原位于太行山与吕梁山之间,燕山运动时是凸起的复背斜,而东部的华北平原和西部的陕甘黄土高原都属于陷落区。在地形上,典型的黄土高原是大面积的连续黄土堆积,而作为自然地理意义上黄土高原的一部分,山西高原的黄土堆积仅限于盆地和谷地。石质山地构成山西高原的主体,约占60%,同陕甘黄土高原在地质和地貌上是有区别的。

山西高原中部为一系列新生代断陷盆地,包括晋南的运城盆地和临汾盆地,汾河中游的晋中盆地等。这些盆地与周边山地之间都有明显的断崖相接。盆地边缘第四纪黄土状堆积受到分割成为台地或阶地,盆地中部发育着平坦的冲积或湖积平原,是山西高原主要的农耕地区。运城盆地、临汾盆地、晋中盆地都是典型的地堑盆地,盆地之间的隆起部分,都被汾河切穿联贯起来,统称为汾河地堑。

由山西高原向南的基本地貌类型有低山丘陵、盆地和平原,如淮阳山地、皖南丘陵、黄淮海平原、江汉平原、洞庭湖平原等。淮阳山地境内山体破碎平缓,大部分海拔高度在500米以下,相对高度不到100米,呈现浑圆状的丘陵起伏面貌。洞庭湖平原、江汉平原接受了长江和洞庭湖、汉江等水系带来的大量泥沙,堆积成深厚的第四纪沉积物。大巴山延伸至湖北境内构成鄂西北山地。山区分布许多小型盆地。湖南和江西的地貌基本相似,分别以湘江谷地和赣江谷地为凹陷中心,环以雁阵式山岭,主要山脉有雪峰山、幕阜山、九岭山、武功山、怀玉山等。山岭之间是大型红岩盆地,如湖南的衡阳盆地、株洲盆地等,江西的吉泰盆地、永丰盆地等。

黄淮海平原南部大体上属于华北断拗的一部分,新生代的沉积物厚度很大。多数地方厚度在700~800米,在开封达到5000米。在地形上,由于黄河的堆积,河床已经比两侧的平原高出8~10米,个别高出12米,形成地上河。地势以黄河为中心向南北两侧倾斜,导致洪涝灾害的潜在危险始终存在。

长江中下游平原包括两湖平原和安徽长江沿江平原两部分。两湖平原是湖盆平原和河谷平原组成的湖积、冲积平原。古代是云梦泽的范围,后来被人类活动逐渐分割。人类的垦殖使森林植被破坏,水土流失加重。长江及其支流汉江,流入洞庭湖的支流湘、资、沅、澧水,流入鄱阳湖的赣、修、抚、信水,携带的泥沙增加,云梦泽被逐渐分割。而且,随着人类的繁衍,耕地需求增加,开垦围垸的面积越来越大,水面逐渐缩小,形成了今天地势低平、一望无际的大平原。安徽长江沿江平原受长江两岸山地的约束,面积相对比较狭小。

广泛分布的冲积、湖积平原是基本地貌特征,海拔多在100米以下。长江和洞庭湖、鄱阳湖、汉江、淮河等水系带来大量泥沙,堆积成深厚的第四纪沉积物。例如,洞庭湖平原河湖相物质总厚度达100~334米,江汉平原也在100米以上。平原边缘普遍存在着数级阶地,相对高差均在20米左右,经长期侵蚀切割已形成岗、垄相间的地表结构,地面向平原中部倾斜。在岗地外侧有部分零散分布的丘陵,海拔在200米左右。此外,平原地区河道十分弯曲,堤垸纵横。

江淮丘陵是长江与淮河的分水岭,是起伏不大的丘陵低山,地形比较破碎。地势岗峦起伏,相对高度大多在200~300米之间。

3. 水资源丰富,但水灾频繁

(1)降水丰富,水系发达

中部地区水系流域包括海河流域(山西境内永定河的上游桑干河流域)、黄河流域(潼关以下)、淮河流域(西起桐柏山和伏牛山,南以大别山和江淮丘陵与长江流域分界,北以黄河南堤和沂蒙山与黄河流域分界,流域东西长约700公里,南北平均宽约400公里,面积约27万平方公里),还有长江流域(图2—4)。

本地区地表径流丰富,但年内和年际变化都很大。山西、河南两省径流与降水季节变化保持一致。径流的季节分配不均匀,年际变化大,7~9月径流量占全年65%左右。在暴雨影响下河水暴涨暴落现象突出。湖南、湖北、江西和安徽的径流资源非常丰富,年径流深度在200~1 200毫米之间。径流在时间分配上同样也很不均匀。因为河流以雨水补给为主,径流的季节分配主要取决于降水的季节分配,而后者又明显地受季风的影响。春季长江以南多春雨,春季径流占年径流的30%以上。夏季两湖、皖江一带出现最大洪峰。冬季处于干季,是径流最枯季节。

长江在中部地区内长达千余公里。比降和缓,江面宽阔,流路曲折,沙洲较多。其中,荆江段的比降只有1/3 000 000。从宜昌到湖口,只占长江总长度的1/6,集水面积却达70万平方公里,占长江流域面积的40%。该段集水面积远比黄河小,但是径流量比黄河大许多。

(2)湖泊分布集中

中部地区也是我国湖泊分布最集中的区域之一,枝江到武穴之间就有湖泊600个。洞庭湖、鄱阳湖、巢湖等,都是我国著名的大淡水湖(图2—4)。尤其是长江中游的沿江地带,湖泊星罗棋布。如江汉平原湖区、洞庭湖平原湖区、皖赣湖群等都集中分布在南部,多属长江水系(表2—5)。在宜昌至湖口的长江中游段,河道迂回曲折,期间接纳了洞庭湖水系的湘、资、沅、澧四河,鄱阳湖水系的修、赣、抚、信四河以及发源于陕南、豫西南和鄂西北的汉江水系。这些湖泊和河流不仅是重要的淡水资源和水产养殖基地,而且也是巨大的天然水库,对调蓄长江洪水有重要作用。

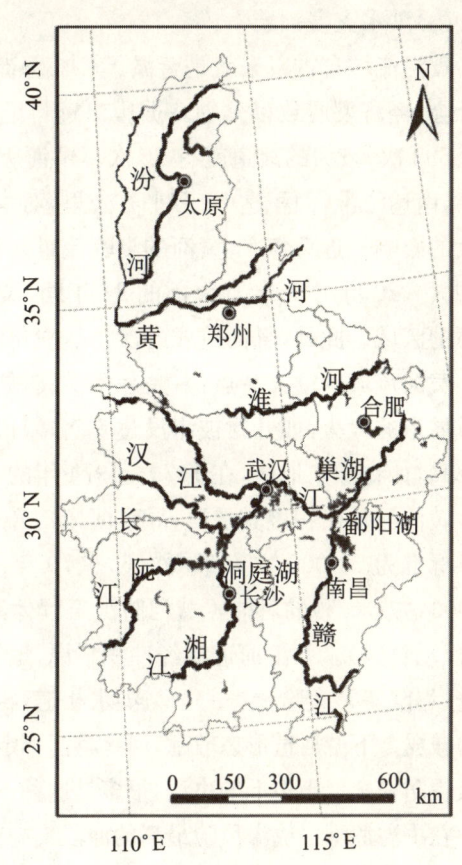

图2—4 中部地区水系图

资料来源:中国资源环境数据(1∶400万)。

表2—5 中部地区主要湖泊

湖 名	所在省区	面积(km²)	湖面高程(m)	最大水深(m)	容积(亿 m³)
鄱阳湖	江西	3 583	21.0	16.0	248.9
洞庭湖	湖南	2 820	34.5	30.8	188.0
巢湖	安徽	820	10.0	5.0	36.0
洪湖	湖北	402	25.0	3.5	7.5
梁子湖	湖北	334	17.0	4.5	5.7

资料来源:同表2—2。

(3)洪水灾害频繁

黄河流域自古以来就是善淤、善决、善徙的多灾河流,而其每次决口和改道都对中华民族的社会、经济发展致以重创。据历史资料记载,自公元前602年以来的2600多年间,黄河决口1593次,较大的改道就有26次。黄河历年的泛水,波及河北、河南、山东、皖北、苏北,北至天津,南达江淮,面积达25万平方公里,对华北平原沉积物特性、地貌形态以及海岸变迁都有很大的影响。近百年来,黄河的洪峰流量并没有增加,但由于河道淤积,水位抬高,造成危害逐渐加大。20世纪50年代以前的21年间,黄河在河南决口107次,使黄河泛区成为生产潜力低下的区域。此外,悬河造成的次生盐渍化问题较为严重。

黄河流域的洪灾特点:一是悬河洪灾,如1938年决堤形成了400平方公里的黄泛区;二是造成城市的毁灭,如开封被淹没过6次,宋代开封在现今开封地下8米;三是暴雨和洪涝灾害频率高,如在豫东地区,在1470～1974年的505年中就有205年涝灾;四是灾后恢复困难。

黄河泥沙淤积极其严重,导致河床抬升形成地上河,造成一个巨大的隐患。目前黄河大堤防洪标准为22 000立方米/秒(60～70年一遇洪水)。但根据历史经验,不能排除有发生30 000立方米/秒的可能。黄河防洪工程体系还存在不少薄弱环节,标准低、隐患多(土质松、裂缝、动物穴)。下游河道流经冲积平原,地层松软,在发生强地震后,往往造成大堤坝岸滑塌、裂缝、塌陷等重大险情。一旦与洪水相遇,将引起决溢。河床每年以10厘米的速度抬高,行洪能力减弱。下游河道形态散乱,河势游荡不定,冲淤变化剧烈,水流宽、浅、散、乱,主流摆动频繁,危及堤防安全。历史上的决溢,很多是这种不利的河势造成的。由于以上几点原因,黄河下游始终存在决溢危险。决溢风险最高的河段集中在游荡性河段,如河南省境内的花园口—高村。

淮河的洪水灾害也很频繁。1901～1948年的48年中,淮河全流域共发生42次水灾。最突出的大灾发生在1916年、1921年、1931年、1950年、1954年、1957年、1975年和1991年等年份。每次的洪水泛滥,常使几十个县、市和上千个城镇沦为汪洋泽国,受灾人口数千万。

河南南部的鲁山、桐柏山、大别山是一个暴雨集中的区域,平均每年都要发生4次以上,每年都有400毫米以上的大暴雨。暴雨时,易成洪峰,被称为"山水"。发生大暴雨的年份往往也是大涝年,所引发的山洪和水土流失非常严重。1982年7月底伏牛山区鲁山县日降水500毫米,15度左右的坡耕地约3～5厘米的耕作层被冲刷掉。淮河流域存在着大面积的抗蚀能力差的土壤,土层浅、持水能力低、植被覆盖稀疏,每逢降水很快形成径流。

黄河以悬河的形式突出于地表,形成"分水岭",完全打乱了平原应有的均匀水系格局。不仅影响排水,容易形成内涝,也使淮河强支弱干的水系难以胜任汛期的排洪、排涝任务。打通新的淮河入海水道后,这种情况稍有改善。

长江流域由于地势低洼、水系紊乱,暴雨后集流迅速,若排水不及,易形成内涝。同时,由于长江及其支流洪水集中汇聚到湖区,使湖泊水位上升,淹没土地,也易造成外涝。长江中下游湖泊众多,江湖连通,平原河网密集,湖泊对汛期江河洪水调蓄有着极为重要的作用。但随着河流携入湖泊泥沙的增多,洲滩增长变为陆地(表2—6),湖泊调蓄能力下降。堤防建设是防止长江水灾的重要环节。在1499～1949年间,湖北江汉干堤溃口186次,每2～3年一次。

表 2—6　中部地区长江沿江地面高程与洪水位比较　　　　　　　　　单位:米

地点	长江			汉江	
	沙市	汉口	武穴	沙洋	汉川
历史最高水位	45.22	29.73	24.04	44.50	31.51
附近堤内地面高程	32～34	24～27	17～20	35～37	25～26

资料来源:水利部:《中国'98大洪水》,中国水利水电出版社,1999年。

　　长江流域出现暴雨的几率也很大。部分地区的 24 小时最大雨量可达 400 毫米(表 2—7)。但在雨量不是很大时,也容易形成暴流,造成表土冲刷,导致严重的水土流失。例如,1963 年 5 月 4 日和 8 月 8 日,江西兴国县最大降水强度分别是 38.4 毫米/小时和 28.7 毫米/小时,土壤侵蚀量分别达到 1 662 吨/平方公里和 875 吨/平方公里。

表 2—7　中部地区长江沿江最大 24 小时雨量大于 400 毫米的地区　　　单位:毫米

站点	降水量	出现时间
长阳	630.4	1975.08.09
武汉	413.4	1935.07.03
黄梅	505.1	1975.08.13
庐山	471.7	1975.08.13
鄱阳	448.1	1973.07.26
浏阳	412.5	1954.07.24
安化	401.2	1958.08.25

资料来源:同表 2—6。

　　1998 年长江全流域的洪水造成了惨重的损失。据不完全统计,长江中下游干流和洞庭湖、鄱阳湖共溃垸 1 075 个,淹没总面积 32.1 万公顷,受灾严重的中下游五省死亡 1 562 人,且大部分死于山区的山洪、泥石流。1998 年洪水量级小于 1954 年,但水位普遍超过 1954 年(表 2—8)。溃口和分洪量在 1954 年为 1 023 亿立方米,而在 1998 年仅为 100 亿立方米,其原因与湖泊调蓄能力降低有一定的关系。

表 2—8　1998 年与 1954 年洪水状况比较

地点	1998 年		1954 年	
	最高水位(m)	最大流量(m³)	最高水位(m)	最大流量(m³)
汉口	29.43	71 100	29.73	76 100
九江	23.03	73 100	22.08	73 000

资料来源:同表 2—6。

4. 过渡类型的植被与土壤

中部地区典型植被类型是针阔混交林、落叶阔叶林和常绿阔叶林，典型土壤类型为褐土、黄棕壤、红壤、黄壤等强淋溶土类。在地貌与气候条件制约下，土壤成土过程不同，植被在南北之间也有明显的差别。

本地区在地貌与气候条件作用下，土壤在南北之间有明显的差别。山西高原北部气候干旱寒冷，昼夜温差大，发育着栗钙土，生长着温带干草原；向南是干草原向森林草原过渡的栗褐土，主要地带性土壤为褐土。在伏牛山山脊—淮河一线以北的暖温带地区，土壤由棕壤、褐土演变到潮土。棕壤分布于800~1 000米以上的山区（伏牛山、太行山等），是主要的林业生产土壤；褐土是暖温带半干旱生落叶阔叶林和森林草原植被下发育的地带性土壤，广泛分布于西部山区的低山丘陵、阶地和缓岗上，面积较大，是主要的旱作土壤；潮土是发育在河流冲积物上、受地下水影响、经耕种熟化而成的土壤，在黄淮海平原有大面积分布；平原的洼地则由于水分聚集，形成盐碱土，在黄河、渭河沿岸分布较多。在伏牛山山脊—淮河一线以南，地带性土壤为黄棕壤，又因该地长期耕种水稻，土壤长期熟化形成水稻土。长江中下游平原主要土壤为黄棕壤、红壤和水稻土。安徽、湖北两省的长江沿岸以及豫西南的丘陵低山地区集中分布着黄棕壤，这种土壤在发生学性质上是一种过渡性土类。在黄棕壤带的南部（包括湘西、皖南、赣北），为黄棕壤向红壤的过渡土壤类型，即黄红壤。受地形和生物气候条件的影响，黄红壤的发育程度较红壤略弱。湘、赣、皖南为红壤分布区域，其特点为强淋溶性土壤，脱硅富铝化过程明显。

本地区北部植被的优势种明显，主要是栎类，如蒙古栎和辽东栎。从高山到平原不同地带下生长着针叶林、针阔混交林、落叶阔叶林、常绿阔叶和落叶阔叶混交林、落叶灌丛和常绿灌丛等植物资源。其中不乏材质优良、价值较高的用材树种和药用植物。南部广大地区属于亚热带常绿阔叶林地区，生境条件优越，植被类型多样，种属繁多，植物资源丰富，亚热带地区的主要树种在此都有分布。南部一般没有明显的优势种，林冠郁闭，参差不齐。由于落叶树种的存在，具有比较明显的季相变化。原始植被基本上已经不存在，大多是次生植被，或者人工植被。本地区植物的起源古老，世界著名子遗植物和特有植物都有分布，如银杏、银杉、水杉、红豆杉、珙桐、观光木等，而且富有中国、东亚特有成分。根据现存植被观察，植被类型主要是由壳斗科的栎属和常绿阔叶树的苦储（*Castanopsis sclerophylla*）、青冈（*Cyclobalanopsis glauca*）等组成的落叶、常绿栎类混交林。四季常青为明显的林相特征，林内还有不属于任何一层的藤本、附生植物。常绿阔叶林向南、向北都有明显过渡。植被的垂直地带性比较明显。各地的植被垂直带谱结构是一致的，但垂直地带出现的高度与带幅宽度有所不同。

5. 南北过渡的地理环境

中部地区是热带与温带的过渡地带，热带生态系统与温带生态系统交错，灾害较多，具有边缘效应；也是自然景观的过渡区，即从高原、山地向丘陵、平原的过渡；还是物流和能流的交汇带以及新物种产生的活跃区域，具有生物多样性。系统复杂多样，意味着链网纵横交织，功能强,能流和物流畅通,抗干扰能力强。这造就了中部地区地理环境的丰富性和多元性,形成了具有一定稳定性的系统。

(1) 重要山地起过渡作用

秦岭是横贯在本地区中部的东西走向的山脉,是一条重要的地理界线。秦岭进入河南以后呈扇形。北支为崤山,余脉沿黄河南侧延伸,通称邙山(包括登封境内的中岳嵩山);中间有两支,一为熊耳山(主峰金宝山2 094米),另一为外方山;南支伏牛山(玉皇顶2 211米),环绕在南阳盆地西、北缘,伏牛山还是黄河、长江和淮河的分水岭,其主脊为暖温带与北亚热带的分界线。

在河南与湖北、安徽的交界处有桐柏山、大别山,是长江与淮河水系的分水岭。大别山地多深谷陡坡,地形破碎、复杂。

太行山北起北京西山,南达黄河北岸,地处晋冀之间。大部分海拔在1 200米以上,东与华北平原相对高差达1 500~2 000米,西呈阶梯状逐渐没入山西境内。是一条重要的地理界线。东侧温暖湿润,西侧为由半湿润向半干旱过渡地区。

南岭地处中部地区南缘,横亘在湘桂、湘粤、赣粤之间。既是长江和珠江的分水岭,也是一条重要的自然地理界线,即大体上是中亚热带与南亚热带的分界。

(2) 秦岭—淮河分界线

该线是我国一条重要的自然地理界线。其特点是最冷月太阳辐射热量收支相等,全年水分收支相当;年平均气温0 ℃等温线大体由此通过,是河流冬季是否结冰的分界线;以北地区冬季漫长而严寒,以南地区四季分明,夏季酷热;是有无作物生长的"死冬",冬小麦越冬经冬不衰的分界线;也是柑橘、茶、油桐等亚热带经济作物能否生存的分界线以及杉木、马尾松等亚热带针叶树能否生存的分界线;还是旱作为主与水旱兼作的分界线。该线以北成土过程以黏化过程、生草化过程为主,有盐碱化现象;以南以砖红壤化过程为主,无盐碱化现象。此外,该线是湖沼广布、水网发育与水网稀疏的分界线,是"南船北马"的分界线。

6. 生态环境问题突出

中部地区突出的生态与环境问题包括暴雨和洪水、干旱、水土流失与土壤侵蚀、泥沙淤积与过度围垦,以及偶尔发生的雪灾等问题(详见第十章)。

洪涝灾害和旱灾是本地区突出的自然灾害。据历史记载,在河南省豫东地区,在1470~1974年的505年中,就有涝灾205次,旱灾166次,使社会经济受到很大的破坏和损失。干旱灾害在地处黄河流域的山西、河南年年有,其余各省偶尔出现,多为季节性干旱。尤其严重的是淮河流域频繁的旱灾。20世纪后半叶,淮河先后出现了1959、1961、1962、1966、1976、1978、1986、1988、1991、1992、1994、1997年12个大旱年份。1991~1998年旱灾年均成灾农田达207万公顷,占全流域耕地面积的16%,比上世纪80年代的旱灾成灾比重高了3个百分点,更比50、60、70年代旱灾成灾比重高了8~9个百分点。因此可见,淮河流域旱灾呈逐年加剧之趋势,成为主要的自然灾害。

本地区土壤侵蚀严重。黄土区域千沟万壑,墚峁侵蚀剧烈。北方土石山区土层浅薄,虽然水土流失总量不大,但潜在威胁大。淮河流域的一些地方水土流失非常严重,当地称为"石漠化"。据洛阳市水土保持试验推广站监测,洛阳市嵩县与汝阳县交界地区的白沙坡年均减少耕地 13 公顷以上,侵蚀模数高达 9 000 吨/平方公里·年,为强度以上侵蚀;其中,约有 30 平方公里达到极强标准[①]。长江中游与南方红壤的土壤侵蚀集中分布于秦巴山地的汉江上游,湘、鄂山地的沅水中游、澧水、清江中上游,江南红色丘陵区的湘江、资水中游和赣江中上游以及大别山南麓诸水的中上游。广泛发生于坡耕地、荒山荒坡以及疏、幼林地。在湘、赣等地风化层深厚地区,滑坡、崩岗侵蚀也较常见。

此外,洞庭湖的泥沙淤积严重,水质污染加剧,富营养化趋势明显;湿地资源衰退,生态平衡遭破坏。江汉平原湖区湖滩过度的围湖垦殖,使湖泊水面锐减,不仅使湖区生态和生物资源遭受严重破坏,也降低了湖泊的天然调蓄功能,使渍涝灾害加剧,影响了生物资源的自然繁殖,并破坏了湖泊生态。

二、自然环境的区域分异规律

生态地理区域系统是根据地表自然界的生物和非生物因素的比较研究与综合分析,按照地表自然界地域分异规律,划分或合并而形成不同等级的区域系统;主要反映自然界温度、水分、生物、土壤等自然要素的空间格局及其与资源、环境的匹配,是认识区域自然环境与生态特征的一个宏观框架。

1. 生态地理区域系统划分的等级系统和指标体系

中部地区的生态地理区域系统的划分与全国自然地域划分遵循的原则基本一致。划分采用比较各项自然因素分布特征的地理相关法,着重考虑气候、生物、土壤的相关性及其在农业生产中的意义。所采用的等级系统也与全国尺度划分一致,即四级单位系统,包含大区、带、地区和区。划分的指标体系也与全国生态地理区域系统划分指标体系相同。划分温度带以≥10℃的积温天数作为主要温度指标,同时选择≥10℃的积温值、最冷月平均气温、最暖月平均气温和极端最低气温多年平均值作为辅助的温度指标(表 2—9)。划分干湿地区的水分状况指标则考虑年内和季节的干燥度或湿润指数,参考降水量、降水变率及天然植被状况等(表 2—10)。生态地理区域系统第四级划分的主要依据是地貌类型和植被生态系统对生态地理区域系统中温度、水分状况的影响程度。

---

① 《水利部科学考察简报》,2005 年第 7 期。

表 2—9 中部地区温度带划分的指标 单位:℃

指标	主要指标		辅助指标		
	≥10 ℃积温日数(天)	≥10 ℃积温值(℃)	最冷月平均气温	最暖月平均气温	平均年极端最低气温
中温带	100～170	1 600～3 200(3 400)	−30～−12(−6)	16～24	−44～−25
暖温带	170～220	3 200(3 400)～4 500(4 800)	−12(−6)～0	24～28	−25～−10
北亚热带	220～240	4 500(4 800)～5 100(5 300)	0～4	28～30	−14(−10)～−6(−4)
中亚热带	240～285	5 100(5 300)～6 400(6 500)	4～10	28～30	−5～0

2. 生态地理区域系统划分及各区域特征

根据以上指标体系,中部地区属于我国东部季风区。在该大区内,将中部地区分为4个温度带、3个干湿地区和10个自然区(图2—5,表2—11)。中部生态地理区域位于全国生态地理区域系统腹地,是其重要的组成部分,在东部季风区具有南北过渡的重要意义。从划分结果可以看出,中部六省的自然条件是复杂、多样的。从北向南,从中温带,经过暖温带、北亚热带,直至中亚热带;水分状况涵盖半干旱、半湿润和湿润等类型。

表 2—10 中部地区干湿状况划分的指标

指标	年干燥度	年降水量(mm)	天然植被	其他
湿润	≤0.99	>800	森林	
半湿润	1.00～1.49	800～401	森林草原/草甸	部分有次生盐渍化
半干旱	1.50～4.00	400～200	草原及草甸草原	可旱作

表 2—11 中部地区生态地理区系统

温度带	干湿地区	自然区
Ⅰ中温带	C 半干旱地区	ⅠC 山西高原北部草原自然区
Ⅱ暖温带	B 半湿润地区	ⅡB1 华北平原南部人工植被自然区
		ⅡB2 晋东山地落叶阔叶林自然区
		ⅡB3 晋南盆地落叶阔叶林、人工植被自然区
	C 半干旱地区	ⅡC 晋中高原草原自然区
Ⅲ北亚热带	A 湿润地区	ⅢA1 长江中下游平原常绿落叶阔叶混交林、人工植被自然区
		ⅢA2 鄂西北山地常绿落叶阔叶混交林自然区
Ⅳ中亚热带	A 湿润地区	ⅣA1 江南丘陵常绿阔叶林、人工植被自然区
		ⅣA2 南岭山地常绿阔叶林自然区
		ⅣA3 湘西鄂西山地常绿阔叶林自然区

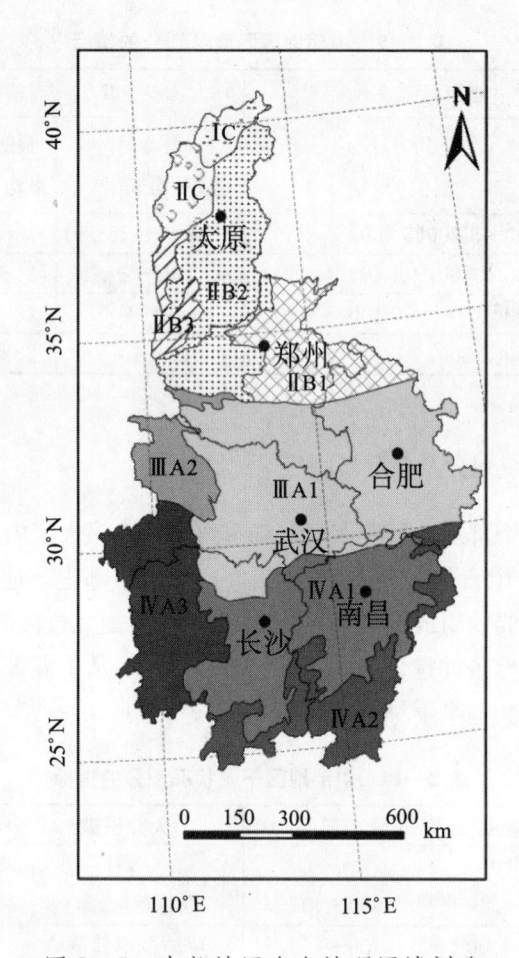

图 2—5 中部地区生态地理区域划分

(1)中温带半干旱地区山西高原北部草原自然区(ⅠC)

本区是全国生态地理区域系统中中温带半干旱地区内蒙古高原东部草原自然区的一部分。主要包括大同和朔州。

本区地表大部分为黄土覆盖的山地高原,地形以山地、丘陵为主。河流分布较广,多为季节性河流,基本分属海河流域和黄河流域。该区降水少,日照长,昼夜温差大,四季分明,属典型的大陆性季风气候,年平均气温6.4℃,平均降水量390毫米。该区是我国水资源缺乏地区之一。由于人口增长、过度耕种和放牧、森林过度砍伐和开矿等原因,导致植被破坏严重,水土流失较为严重,在大同地区,荒漠化土地面积达到6 500平方公里,成为限制当地经济发展的重要因素之一。

(2)暖温带半湿润地区华北平原南部人工植被自然区(ⅡB1)

本区是全国生态地理区域系统中暖温带半湿润地区华北平原人工植被自然区的一部分。主要包括河南省的大部和安徽北部。该区地面平坦,海拔多在50米以下,加之气候温和,水源较多,属于我国政治、经济、交通和文化的中心区域,也是我国主要的粮棉产区之一。

本区气候特征是:春季干旱多风,夏季温暖多雨,秋季晴爽少风,冬季寒冷干燥。无霜期170~220天,能满足一些喜温作物的需要。但由于1月平均气温较低,冬季温度低于0℃,故亚热带的柑橘、茶、桐油等不能生长。冬季不能在露天栽培蔬菜,多数地区种植越冬小麦,地上部分冻枯,春季再返青。由于夏季高温,可种植棉花、水稻、玉米等作物。

本区的自然条件比较优越,农业自然资源丰富,使其成为我国重要的粮棉基地。然而,由于季风气候和地形以及水系等因素的影响,春旱夏涝、土地盐碱,限制着农业生产的发展。

(3)暖温带半湿润地区晋东山地落叶阔叶林自然区(ⅡB2)

本区是全国生态地理区域系统中暖温带半湿润地区华北山地落叶阔叶林自然区的一部分。主要包括山西与河南的山地,位于华北平原与陕甘黄土高原以及内蒙古高原之间。本区在气候、植被和土壤等方面具有明显的过渡性。气候上,它处于暖温带半湿润气候和温带半干旱气候之间。从山西高原的东面向西以及从南向北,干燥程度逐渐增加,植被也由阔叶林过渡到草原,土壤则由棕壤和褐色土过渡到栗钙土和黑垆土。此外,由于本区地势起伏比较大,很多山峰超过2 000米(五台山高达3 058米),使各自然地理要素发生明显的垂直分异。而且,复杂的地形也使其他的自然地理要素复杂化。在中部地区各自然地理区中,本区的自然景观最复杂。

本区的地貌轮廓,由一系列平行的褶皱和断裂的山岭以及夹于其间的地堑式盆地和构造谷地所组成。年平均温度在5℃~15℃之间,≥10℃的积温在3 000~4 500℃。山地的气温随着地势的升高明显降低。以五台山为例,在五台山以南的忻县,年均温为8.6℃,而在五台山的中台,多年平均气温为-4.2℃,且已有冻土出现,成为全区气温最低的地方。本区的温度季节变化差别很大,显示其强烈的大陆性,多年平均降水量在400~700毫米之间。总的趋势是从东南向西北递减,迎风坡大于背风坡、山地多于盆地。降水的年内分配很不均匀,60%以上集中在夏季,秋季占20%,春季占15%,冬季仅占2%~4%。夏季降水多以暴雨形式降落,暴雨中心与多雨中心一致。灌溉对本区的农业发展是必要的。

本区的山间盆地与河谷平地,皆已开垦为耕地,作物主要为冬小麦、玉米、谷子、高粱等,耕作制度为二年三熟制。但在北部为一年一熟制,以春小麦、燕麦、谷子、马铃薯为主要作物。在丘陵和低山下部,多种果树,如柿、梨、桃、苹果、葡萄、杏、板栗和核桃等。此外,还有一部分灌丛草地,可以发展畜牧业。水土流失防治是本区生态建设的重要任务。

(4)暖温带半湿润地区晋南盆地落叶阔叶林、人工植被自然区(ⅡB3)

本区是全国生态地理区域系统中暖温带半湿润地区汾渭盆地落叶阔叶林、人工植被自然区的一部分。包括晋南盆地、晋东南高原和晋中盆地等自然单元。盆地边缘第四纪黄土状堆积受到分割成为台地或阶地,盆地中部发育着平坦的冲积或湖积平原,是山西高原主要的农耕地区。盆地内都有不同程度的盐渍土分布,对农业的影响较大。

(5)暖温带半干旱地区晋中高原草原自然区(ⅡC)

本区是全国生态地理区域系统中暖温带半干旱地区黄土高原中北部草原自然区的一部分,属于黄土高原主体部分,与晋南盆地区相比,海拔明显增高。本区≥10℃活动积温在

3 200～3 600℃之间,全年平均降水量在 350～650 毫米之间,约有 90%的降水集中于在日平均气温≥10℃期间,对农业生产有利。但由于夏季多暴雨,且强度很大,因而容易引起土壤侵蚀。由于海拔高度大,夏季温度低,冬季处于反气旋南部,与华北平原同纬度相比,温度并不太低。另外,本区云量少,晴天多、日光充足,气候上多有利条件。但雨量稀少,蒸发旺盛,属半干旱地区。本区的地带性植被为从落叶阔叶林经森林草原向干草原过渡。在阴坡、阳坡、丘陵顶部、平坦地面等不同地貌部位,由于水热条件的差异,在天然植被的组成上有显著的不同。

(6)北亚热带湿润地区长江中下游平原常绿落叶阔叶混交林、人工植被自然区(ⅢA1)

本区是全国生态地理区域系统中北亚热带湿润地区长江中下游平原与大别山地常绿落叶阔叶混交林、人工植被自然区的一部分。主要包括湖北和安徽两省。其地貌的总体特征是地势低平,平原内河网稠密,湖泊众多,素称"水乡泽国"。平原边缘阶地发育,受切割形成岗地。长江出三峡过宜昌东流,在淮阳山地与江南丘陵之间蜿蜒伸展,经过长期的冲积作用,形成了一系列由湖盆平原和河谷平原相互串联的长江中下游湖积冲积平原。自宜昌沿江而下,两岸山地若即若离。在中游地区,平原处于群山环抱的盆地之中,比较宽广,即湖北的江汉平原、湖南的洞庭湖平原(合称两湖平原)和江西的鄱阳湖平原。

两湖平原面积约 8 万平方公里,地势低洼,坡度平缓,排水不良,湖泊众多,湖泊水域占其土地面积的 1/8 左右。洞庭湖由于泥沙淤积,围湖造田,不仅面积大大缩小,位置不断南缩,而且也被新涨陆地分割成东洞庭、南洞庭、西洞庭和大通湖等几部分。鄱阳湖也由于各河上游水土流失严重,带来泥沙较多,陆地扩展使湖面向北、东、南方迅速压缩,并分裂成许多小湖。

该区水热资源比东北平原和华北平原丰富。年平均气温 16～18℃,≥10℃积温达到5 100～5 600℃,无霜期 250～280 天,年降水量 800～1 300 毫米。从气候状况看,江南、江北有一定差异。例如,洞庭湖平原、鄱阳湖平原,冬季相对比较温暖;江淮平原一般只适宜于稻、麦或麦、棉两熟,而江南可种双季稻或冬油菜、双季稻或冬小麦、双季稻,一年可三熟;亚热带经济林如毛竹、柑橘等,在两湖平原多能正常生长,在江淮平原则不能种植;江南具有鲜明的亚热带特色,江北则明显地呈现向暖温带过渡的特点。

该区开发历史悠久,农业十分发达,是我国重要的农业生产基地,名副其实的"鱼米之乡"。自古以来就有"两湖熟,天下足"之说。在众多的湖泊中,鱼类资源繁多,水质肥沃、饵料丰富,属淡水养殖高产区,淡水鱼产量居全国第一位。

区内西部的桐柏—大巴山地,是长江和淮河的分水岭,山势较低矮,基本上属于低山丘陵,一般海拔在 1 000 米左右。年平均气温约 15℃,最冷月为 1～4℃,东部比西部高。夏季炎热,最热 7 月为 28～29℃。年降水量为 800～1 600 毫米,多集中在夏季,占全年降水量的 50%左右,多暴雨。

(7)北亚热带湿润地区鄂西北山地常绿落叶阔叶混交林自然区(ⅢA2)

本区是全国生态地理区域系统中北亚热带湿润地区秦巴山地常绿落叶阔叶混交林自然区的一部分。主要包括秦岭山脉东延部分、大巴山东段、武当山和荆山,山地内有断裂河谷及陷落盆地,山地海拔多在 1 000～1 500 米。

该自然区年平均气温约15 ℃，年平均降雨量大致为835毫米，无霜期240天左右。区内森林分布较广、类型多，既有华中植物区系成分，也有西南和西北植物区系成分组成，该区是中部地区林牧业的基地，以神农架林区为主。

(8) 中亚热带湿润地区江南丘陵常绿阔叶林、人工植被自然区（ⅣA1）

本区是全国生态地理区域系统的中亚热带湿润地区江南丘陵常绿阔叶林、人工植被自然区。本区位于长江中下游平原之南，属中亚热带常绿阔叶林带。气候温暖多雨，河网稠密，径流丰富，地貌类型以丘陵为主，盆地次之，低山及河谷阶地、平原亦占一定面积。红色岩系构成的丘陵性盆地分布较广。较大的盆地，在湘江流域有衡阳盆地、长沙—浏阳盆地、攸县—醴陵盆地、永兴—茶陵盆地、株洲—禄口盆地；赣江流域有赣州盆地、信丰盆地、宁都盆地、瑞金盆地、广昌盆地、吉泰盆地等。

该区年降水量在1 400~1 700毫米之间。每年在春夏之交的4~6月形成阴湿多雨的梅雨季节，降水量约占全年总量的40%~50%。6月以后，受亚热带高压控制，雨水锐减，常形成伏旱。10月或11月降水再次增加，使全年降水量出现两个高峰值。从年降水量看，平均变率较小，只有15%，但7~9月变率则常在50%以上，甚至达到70%。夏秋雨少且变化大，是本区气候缺点之一。年均温在16~19℃。因是全国冬雨较多地区之一，故本区冬季气候往往冷湿。但盛夏非常炎热，7月气温在27~30℃，极端最高气温更多在38℃以上，更有44℃者，为全国酷热中心之一。日平均气温≥10℃的日数，自3月中下旬起，到11月中旬止，共约240天。区内水系十分发育，江河水源补给主要来自降水，径流量和水位年内变化明显，且与降水变化趋势一致。每年春末夏初水位急剧上升，往往形成洪涝。3~8月径流量约占全年总量的4/5。

(9) 中亚热带湿润地区南岭山地常绿阔叶林自然区（ⅣA2）

本区是全国生态地理区域系统的中亚热带湿润地区浙闽与南岭山地常绿阔叶林自然区的一部分。主要包括湖南和江西两省以及安徽南部的丘陵，也称为江南丘陵。本区的山岭多数由花岗岩和其他一些比较坚硬的岩石所组成，山势比较高峻，绝大部分都是东北—西南走向。使东南广大地区地貌呈现出一列列葱茏的山岭与一串串红岩盆地和谷地相间的结构。

本区气候上属于中亚热带，年均温16~20℃，最冷月平均气温3~8℃，最热月平均气温27~30℃，≥10℃积温达到5 000~7 000℃。无霜期230~300天。年降水量1 200~1 600毫米，具有春多雨、夏酷热的气候特征。地带性植被为常绿阔叶林，主要为壳斗科。本区是中国红壤分布最为集中的地区，耕作土壤为水稻土。在山地600~700米以上有黄壤分布，1 000米以上分布黄棕壤，山顶分布山地草甸土。

本区丘陵山间盆地和河谷平原多辟为农田，耕作制度多采用麦稻、油稻、肥稻等一年三熟，是我国重要的粮油产区；也宜栽培亚热带经济林木和作物，如柑橘、樟树、茶叶、油茶、甘蔗等。整个区域森林覆盖率都比较高，林木尤以杉木、马尾松、毛竹为多，是我国重要林特产品生产基地。但本区坡地多，森林破坏和水土流失比较严重。据统计，江西省土壤侵蚀面积已从20世纪50年代的1.1万平方公里，增加到20世纪80年代的4.56万平方公里。水土流失使土地退化,土壤耕性变差,有些甚至成为不毛之地。

(10)中亚热带湿润地区湘西鄂西山地常绿阔叶林自然区(ⅣA3)

本区是全国生态地理区域系统中中亚热带湿润地区湘黔山地常绿阔叶林自然区的一部分。本区气候温暖,雨量充足,年平均气温约16℃,年均降水量可达1 300毫米。由于区内石灰岩广泛分布,岩溶地貌十分发育。区内森林等自然植被系统破坏较严重,使脆弱的山地生态系统遭到难以逆转的破坏,水土流失较严重。

第二节 水土资源基本特征及利用中存在的问题

一、水土资源基本特征

1. 水资源总量丰富,但人均占有水平低,南北差异大

中部六省的水域面积广阔,水资源总量丰富。长江、黄河、淮河、海河四大水系与鄱阳湖、洞庭湖、洪泽湖、巢湖等大小湖泊分布其中,此外还有水库、山塘等分布广泛。中部地区多年平均水资源总量为5 507亿立方米[①],约占全国水资源总量的19.6%。其中以地表水为主,约占水资源总量的70%。从用水量来看,中部地区总用水量占全国的21.3%,其中农业用水占全国的20.6%,工业用水占全国的24.6%,生活用水占全国的23.8%。

然而,从人均占有量来看,中部地区水资源并不丰富。人均水资源占有量为1 564.4立方米/人,低于全国平均水平(表2—12)。具体来看,江西、湖南两省的人均水资源量、单位土地

表2—12 2005年中部地区水资源总量、结构及用水效率

	地表水资源量($10^8 m^3$)	地下水资源量($10^8 m^3$)	水资源总量($10^8 m^3$)	农用水资源量($10^8 m^3$)	人均水资源量(m^3)	人均用水量(m^3)	实灌亩均用水量(m^3)
全国总计	26 982.4	8 091.1	28 053.1	3 580.0	2 145.5	432	448
中部地区	5 216.9	1 542.1	5 507.0	738.7	1 564.4	357	339
山西	50.4	72.5	84.1	32.7	250.8	167	209
安徽	472.2	195.4	719.3	113.5	1 175.3	341	317
江西	1 490.3	385.1	1 510.1	134.6	3 502.9	484	472
河南	435.9	219.7	588.5	114.5	627.4	211	181
湖北	903.6	276.2	934.0	142.1	1 635.7	445	434
湖南	1 664.5	393.2	1 671.0	201.3	2 641.5	521	525

资料来源:《中国水资源公报》(2005)。

---

① 资料来源:《中国水资源公报》(2000~2005)。

面积水资源占有量和人均供水量均高于全国平均值，为相对富水区；而安徽、湖北为过载—工程型缺水区，河南为复合型缺水区。2005年，河南、山西人均水资源量分别为627.4立方米/人和250.8立方米/人。按照国际通行的标准，属于严重缺水区（≤1 000立方米/人）。

水资源空间分布表现出明显的差异性，呈现"南多北少"的分布特征（表2—12）。其中，湖南、江西两省的水资源量较为丰富，多年平均值分别为1 847亿立方米和1 478亿立方米；其次为湖北省、安徽省，水资源总量分别为976亿立方米和707亿立方米；河南省水资源总量为479亿立方米，山西省水资源占有量最少，仅为90亿立方米。

以中部地区的88个地级市为基本地域单元，以水资源量为度量指标，把各个地级市按照水资源量大小进行5个等级划分，并在中部地区地级市行政区划图上对不同等级地域进行差异分析（图2—6）。划分结果可以明显反映出，水资源分布呈现由南到北递减的态势。

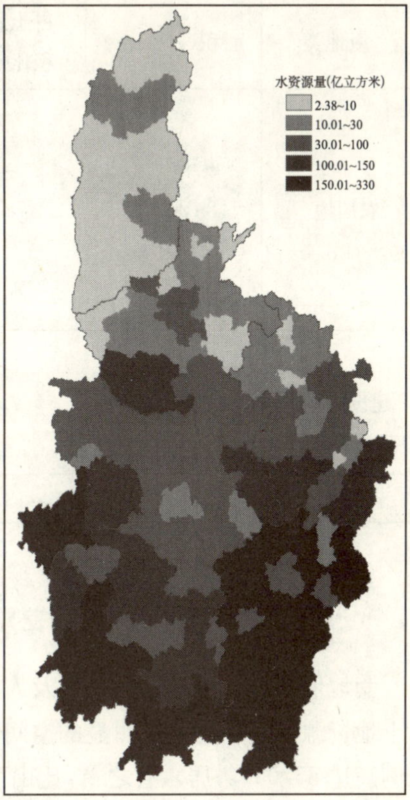

2. 土地资源丰富，但后备土地资源开发利用潜力有限

图2—6　中部地区水资源量分布图

中部六省土地面积为102.75万平方公里，占全国的10.7%。该区土地类型多样，耕地资源丰富，土壤较为肥沃，农用地开发利用程度高。2005年，中部地区农用地面积为8 044万公顷，占土地总面积的78.32%，该比例高于全国平均水平，仅次于东北地区（82.63%），高于西部和东部地区。农用地内部则以林地面积最大，占土地总面积的40.02%；耕地面积为2 913万公顷，占土地总面积的28.36%，在全国也占有重要的地位。

2005年，中部地区建设用地面积为817.32万公顷，占土地总面积的7.96%（表2—13），该比例仅次于东部地区，远高于其他区域和全国平均水平。而中部地区未利用地面积为14.1万平方公里，占土地总面积的13.72%。由此可见，中部地区的农用地、建设用地开发利用程度较高，后备土地资源开发的潜力有限。

表 2—13　2005 年中部地区土地利用结构

一级地类	面积($10^4 hm^2$)	占土地总面积比例(%)	二级地类	面积($10^4 hm^2$)	占土地面积(%)
农用地	8 043.58	78.32	耕地	2 912.88	28.36
			园地	215.63	2.10
			林地	4 110.25	40.02
			牧草地	86.84	0.85
			其他农用地	717.98	6.99
建设用地	817.32	7.96	居民点工矿	653.88	6.37
			交通运输用地	49.43	0.48
			水利设施用地	114.00	1.11
未利用地	1 409.21	13.72	未利用地	1 409.21	13.72

3. 土地资源开发利用的空间差异显著

受地形、气候等自然因素，以及人口、产业结构、经济发展水平等人为因素的影响，中部地区土地资源开发利用存在明显的空间差异性。首先，从农用地占土地面积比例来看，江西省的比例高达 85.05%，居六省之首，比山西高出 20 个百分点。然而，由于江西省农用地的内部主要以林地为主，因而中部六省的耕地面积，以河南(792.63 万公顷)、安徽(573.79 万公顷)为最多(图 2—11)；其次，中部六省建设用地占土地面积比重的差异较大。河南省建设用地占 12.93%，该比例远高于其他省份，例如，是山西省(5.34%)的 2 倍多。再次，未利用地数量以山西省为最多，其比重为 30%，远高于其他五省(表 2—14)。

4. 水土资源匹配程度的空间差异明显

根据中部地区水资源与耕地资源的分布图，可以看出两者之间的空间分布具有不相一致性(图 2—7，图 2—8)。具体表现为耕地资源较为集中的区域(六省的中东部地区)水资源量欠丰。通过构建水土资源匹配模型来进一步反映其水土资源空间上的匹配程度。

$$R_i = W_i K / L_i$$

其中，R_i 为 i 市水土资源匹配系数，W_i 为 i 市域水资源量，L_i 为 i 市域耕地面积，K 为市域农业用水比重，取 2000～2005 年各市农业用水比重平均值。

结果表明，中部地区水土资源匹配度呈现明显的区域差异性(图 2—8)。江西省大部分地区和湖南、湖北西部地区水土资源匹配程度高($R_i > 4$)，而山西、河南大部分区域和安徽省北部的水土资源匹配程度低($R_i < 1$)。后者将是今后水土资源优化配置的重点区域，进一步提升水土资源综合利用率的空间较大。

表2-14 2004年中部地区分省土地利用面积及比例

单位:万公顷、%

地类省份		总计	农用地					建设用地				未利用地
			耕地	园地	林地	牧草地	其他农用地	总计	居民点及工矿	交通运输用地	水利设施用地	总计
山西	面积	1 013.22	409.75	29.46	436.22	65.69	72.11	83.69	74.61	5.76	3.32	470.20
	比例	64.66	26.15	1.88	27.84	4.19	4.60	5.34	4.76	0.37	0.21	30.00
安徽	面积	1 122.00	573.79	34.12	359.76	3.75	150.57	161.34	129.35	9.00	22.99	117.92
	比例	80.07	40.95	2.43	25.67	0.27	10.75	11.51	9.23	0.64	1.64	8.42
江西	面积	1 419.39	285.95	27.28	1 031.39	0.38	74.39	89.64	62.98	6.31	20.35	159.91
	比例	85.05	17.13	1.63	61.8	0.02	4.46	5.37	3.77	0.38	1.22	9.58
河南	面积	1 229.61	792.63	32.07	301.95	1.44	101.51	213.96	184.46	11.36	18.14	211.79
	比例	74.28	47.88	1.94	18.24	0.09	6.13	12.93	11.14	0.69	1.10	12.79
湖北	面积	1 466.05	469.10	42.84	791.89	5.11	157.11	135.54	97.65	8.01	29.87	257.30
	比例	78.87	25.24	2.30	42.60	0.27	8.45	7.29	5.25	0.43	1.61	13.84
湖南	面积	1 793.31	381.65	49.86	1 189.05	10.47	162.29	133.14	104.83	8.98	19.33	192.09
	比例	84.65	18.01	2.35	56.13	0.49	7.66	6.28	4.95	0.42	0.91	9.07

资料来源:各省历年土地利用详查变更数据。

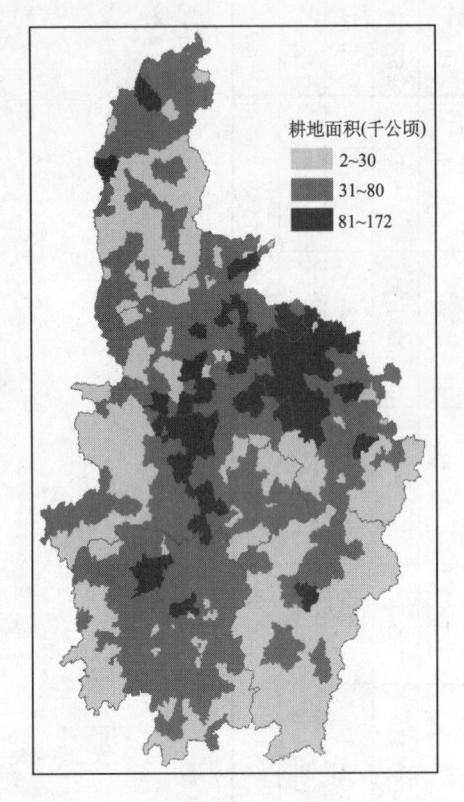

图 2—7　中部地区耕地资源分布图 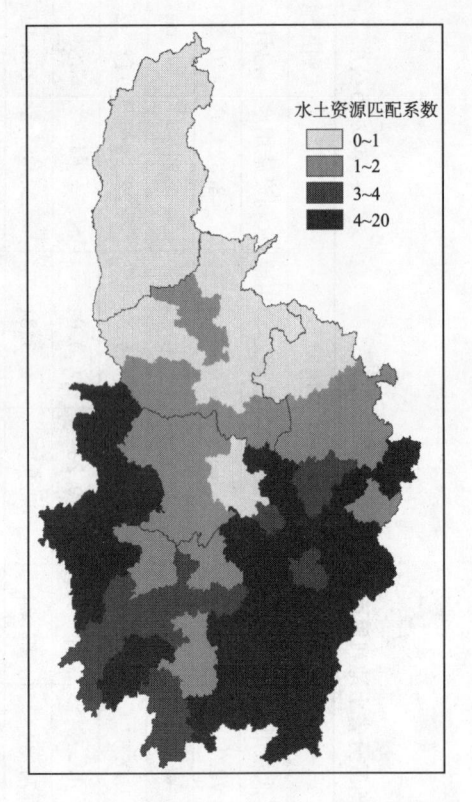　　　　　图 2—8　中部地区水土资源匹配度图

二、区域水土资源变动趋势

1. 水资源量年际、年内变化大

受降水量年际变化大的影响，中部地区水资源年际波动和年内变化较大。1998～2005年，只有2002年和2005年中部地区水资源量出现增加，分别增加2 406亿立方米和875亿立方米，增长率分别为53%和19%。其余年份水资源总量均为减少，以2004年减少最多，共减少1 710亿立方米，减少率为27%（图2—9）。水资源量年际变化大，容易引发严重的水涝隐患。同样，受降水量年内变化的显著影响，中部地区水资源的年内季节性分布差异大。夏季降水量多，冬春降水比例小，造成严重的季节性干旱，因而对中部地区农业生产和人民生活带来诸多不利影响。

2. 农用地和建设用地增加，未利用地下降

2000年以来，中部六省土地开发利用程度进一步提高。未利用地面积继续减少，5年间共减少334.8万公顷。而农业用地面积大幅度上升，建设用地小幅度增加（表2—15）。农业用地内部的变动态势，主要表现为耕地面积减少，牧草地下降，林地、园地和其他农用地有不同程

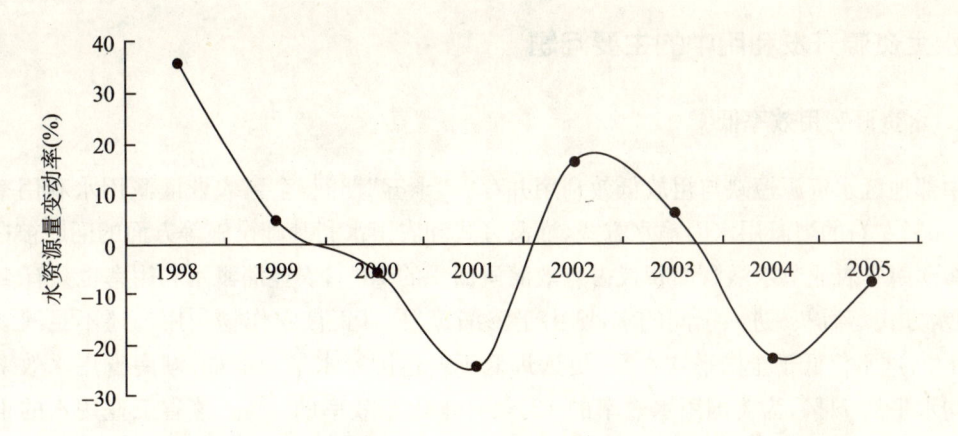

图 2—9 中部地区年度水资源量相对多年平均变动率

度的增长。建设用地以工矿用地增长居多,其次为交通运输用地,而水利设施用地仅有小幅度增长。

各省之间在土地利用变化幅度上存在一定的差异。其中,农用地增加最多和未利用地减少最多的是湖南;建设用地增长幅度最大的是江西,共增长 3.99 万公顷;而耕地面积减幅最大的是山西,达 35.98 万公顷。

表 2—15 2000～2004 年中部六省土地利用增减变化　　　　　　　　　　单位:万公顷

一级地类	二级地类	山西	安徽	江西	河南	湖北	湖南	六省合计
农用地	总计	74.00	39.85	24.99	32.45	52.77	93.03	317.09
	耕地	−35.98	−22.45	−10.13	−15.49	−23.07	−10.51	−117.63
	园地	0.95	−0.11	1.41	1.04	1.59	−1.11	3.78
	林地	61.14	22.15	8.33	18.80	22.81	14.83	148.06
	牧草地	−5.83	−0.17	0.00	−0.02	−0.41	−0.10	−6.54
	其他农用地	53.73	40.43	25.37	28.12	51.85	89.93	289.42
建设用地	总计	2.79	3.42	3.99	1.40	2.98	3.09	17.68
	居民点工矿	2.17	2.08	2.79	−1.11	1.82	2.15	9.91
	交通运输用地	0.53	0.90	1.19	1.92	0.90	0.88	6.33
	水利设施用地	0.08	0.44	0.01	0.59	0.26	0.06	1.44
未利用地	总计	−76.79	−43.27	−28.98	−33.85	−55.75	−96.12	−334.77

资料来源:根据各省历年土地利用详查变更数据整理。

三、水土资源开发利用中的主要问题

1. 水资源利用效率低

中部地区水资源短缺与粗放低效利用并存。"十五"期间,全区农业灌溉用水利用率不足40%,60%左右的灌溉用水因输水方式、灌溉方式和农田水利基础设施等方面的问题被白白浪费。像河南省农业节水灌溉面积仅占有效灌溉面积的18%,农业灌溉水利用率也只有40%左右,灌水方式落后[①]。进入田间的水,则由于渗漏蒸发,真正被农作物利用的还不足灌溉总用量的1/3,这不仅低于全国平均水平,更远远低于发达国家水平。例如,湖南省用水效率为全国平均水平的71%,为美国用水效率的12%、日本用水效率的4%。该省工业用水的重复利用率不到30%,产品单位耗水量大。此外,中部地区的城市生活用水也同样存在严重的浪费现象。

2. 水土流失问题严重

根据水利部、中国科学院、中国工程院联合开展的"中国水土流失与生态安全综合科学考察(2005~2006)"初步确认的不同时期水土流失分布数据,2000年前后中部地区的水土流失程度比较严重。中部土地面积占全国土地总面积的11%左右,但水土流失面积占全国的15%以上。以各省占中部地区水土流失总面积的比重来看,山西最高,约占34%;其次是湖北、湖南、江西和安徽四省的山地丘陵地区,分别占22%、15%、12%和6%。该区域的土壤侵蚀主要为水蚀,有少量的重力侵蚀。侵蚀形态以面蚀为主,伴有沟蚀和崩塌,对工农业生产、社会经济发展和生态环境造成的危害较大。

3. 水体污染日益严重

随着经济社会的迅速发展,人口增长、城市化和生活水平的提高,中部地区用水量急剧上升。大量的工业废水、生活污水排放和农业面源污染造成的区域水污染问题日益突出,使中部地区部分流域和湖泊的水污染与富营养化相当严重。除长江外,该区河流和湖泊的水环境有继续恶化的趋势。水环境污染具有以下特点:①地面水普遍受到严重污染;②地面水污染以有机污染为主,湖泊富营养化明显;③非点源性污染(面污染)已越来越严重。从黄河流域来看,枯水期Ⅱ、Ⅲ类水质占到38.4%,而丰水期这个比重只有16.9%,说明非点源性污染物,如农田养分、农药、城市径流污染物、大面积水土流失及其携带的污染物在降雨径流的淋溶和冲刷作用下进入水体,进而加剧了水体的污染程度。

4. 土地资源相对短缺日益严重

"十五"期间,中部地区耕地减少较快,无论是耕地总量还是人均耕地占有量均呈现持续减

---

① 河南省水利厅:《河南省水利发展"十一五"规划》,2004年。

少之势。5年间耕地面积减少141万公顷,年均减少0.26%。耕地面积减少直接影响到该地区粮食的稳产和增产。中部人均耕地仅相当于全国平均水平的85%,目前全区土地利用率已达86.28%,高于全国平均水平,后备土地资源明显不足。在未利用土地中,43.91%是荒草地,14.94%是裸岩石砾地。因此,土地资源广度开发的潜力是有限的。

"十五"期间,中部地区耕地减少的途径大致有四个方面:一是生态退耕,二是建设用地,三是灾毁耕地,四是农业结构调整。其中,生态退耕(退耕还林、草、湖)是造成耕地减少的主要因素。例如,2003年,中部地区生态退耕面积约57.2万公顷,占耕地减少面积的95%。总体来看,"十五"期间生态退耕面积占耕地面积减少的比例为86%。

随着生态环境建设力度加大、城镇建设用地进一步扩张和工业化快速发展,土地资源供给的相对短缺性日益显现,中部农业发展受土地资源短缺的约束作用将越来越突出。

5. 土地生产力有所下降

中部地区部分区域存在的土壤侵蚀,带来土壤沙化、质地变粗、含砂量增大、土壤结构变差、植物难以生长,导致土地生产力下降。此外,水土流失会带走大量的土壤养分。例如,安徽大别山区每年约流失2 700万吨土壤,约损失有机质40.5万吨,氮素2.7万吨,相当于1 400吨过磷酸钙的磷素,相当于3 800吨的钾素。湖南省山丘地区每年被地表径流带走的表土约1.7亿吨,相当于每年损失有机质高达248万吨,损失氮、磷、钾等无机养料192万吨,相当于全年化肥施用量的2.4倍。据醴陵市新阳乡土壤抽样调查,侵蚀土壤与非侵蚀土壤比较,土壤有机质下降89%,速效氮下降58.7%,速效磷下降85.6%,速效钾下降89.5%。大量养分的损失,使得作物或植被生长差,再加农民保护耕地的积极性不高,农业投入与产出水平徘徊不前,甚至出现耕地撂荒。

第三节 自然环境变化趋势、对策与建议

一、自然环境变化趋势

1. 1971～2000年气温和降水量呈增加趋势,干燥度呈略有减少趋势

在20世纪70至90年代末的30年中,我国中部地区平均气温总体呈上升趋势,平均每10年升高约0.3 ℃。气温变化趋势基本呈南少北多的分布规律。山西、安徽以及湖北的东北部增温趋势较强,而河南、湖南、江西以及湖北的西部地区增温趋势略弱。降水量呈增加趋势,平均每10年增加约22.5毫米。在中部地区西北部降水量基本呈减少趋势,东南部基本呈增加趋势,同时安徽中部减少趋势较为明显。干燥度略有减少趋势,平均每10年减少约0.01,说明中部地区整体的湿润程度略有提高。干燥度在北部基本为增加趋势,湿润程度略有减少,而太原北部湿润程度略有增加趋势;南部的干燥度基本为减少趋势,湿润程度略有提高,尤其是武汉、长沙和南昌及其周边地区,而安徽中部干燥度增加趋势较为明显(图2—10)。

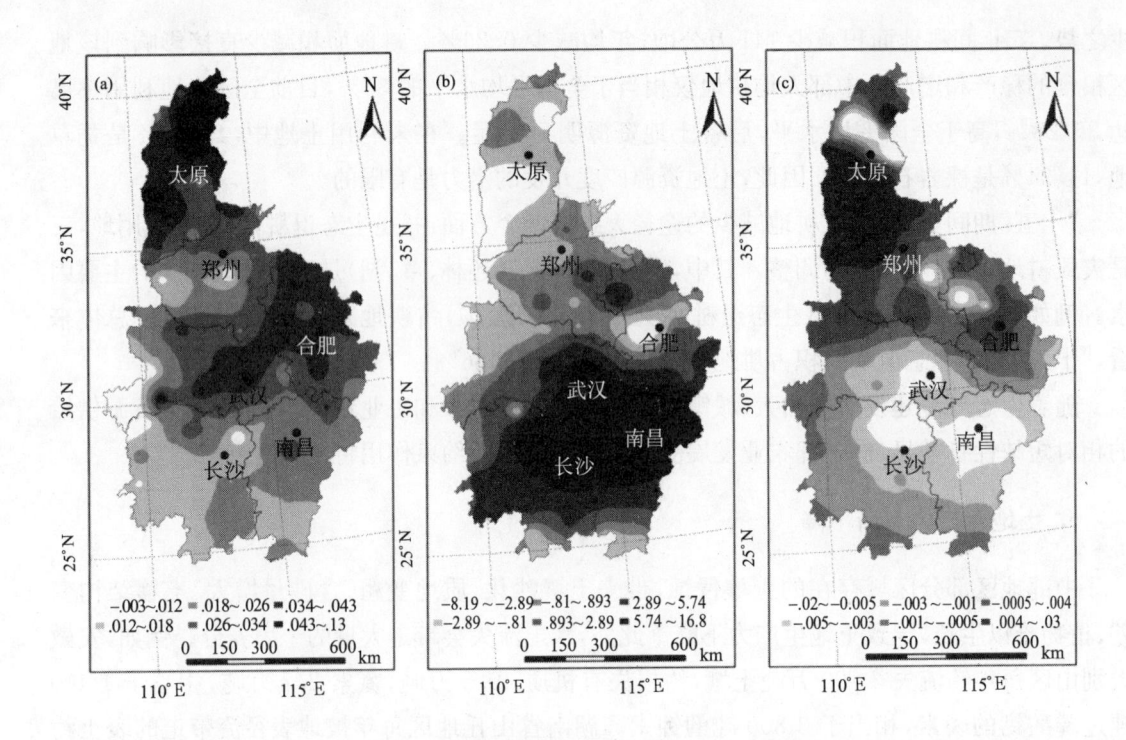

图 2—10 1971~2000 年中部地区气候变化趋势((a)年均温度(℃/年),
(b)降水量(毫米/年),(c)干燥度)

资料来源:中国气象局国家气象信息中心。

2. 未来模拟气温和降水量增加,干燥度先降后增

全球变暖将驱动水热因子发生复杂变化,可能导致未来大部分地区气候、水循环、农业和生态系统发生重大改变。我国科学家对未来温度和降水等基本气候要素的可能变化进行了大量研究。研究结果表明,21 世纪我国大范围地表温度将继续升高,但对于降水,不同研究给出的结果存在差异。

应用由中国农科院的气候变化小组提供的未来气候情景数据,某研究小组基于我国国情、发展特点以及国家的发展规划,在 IPCC 温室气体排放情景 SRES(the Special Report on Emission Scenarios)框架下,给出我国未来社会经济发展的 A1、A2、B1 和 B2 情景。并根据英国 Hadley 气候中心的区域系统模式系统 PRECIS(Providing Regional Climates for Impacts Studies)预估了中国 21 世纪的气候变化。模型结果已成功应用于未来农业的影响评估研究中。

根据区域气候模式(HadRM3)模拟结果,以 1991~2020 年(2020s)代表近期,2021~2050 年(2050s)代表中期,分析 B2 情景(区域可持续情景)下,21 世纪中国气温、降水和干燥度的变化特征。HadRM3 模拟的基准年是 1961~1990 年,温度的变化特征以绝对变化值表示(如近期绝对变化:$X_{2020s}-X_{基准年}$);降水和干燥度的变化特征以相对变化值表示(如近期相对变化:$100 \cdot (X_{2020s}-X_{基准年})/X_{基准年}$)。

未来中部地区不断增温,相对基准年,近期平均增加 0.68 ℃,中期平均增加 1.62 ℃。近期增温最为显著的是北部如山西、河南和安徽北部、湖北西部等地;中期增温显著地区扩展到华南西部(图 2—11)。

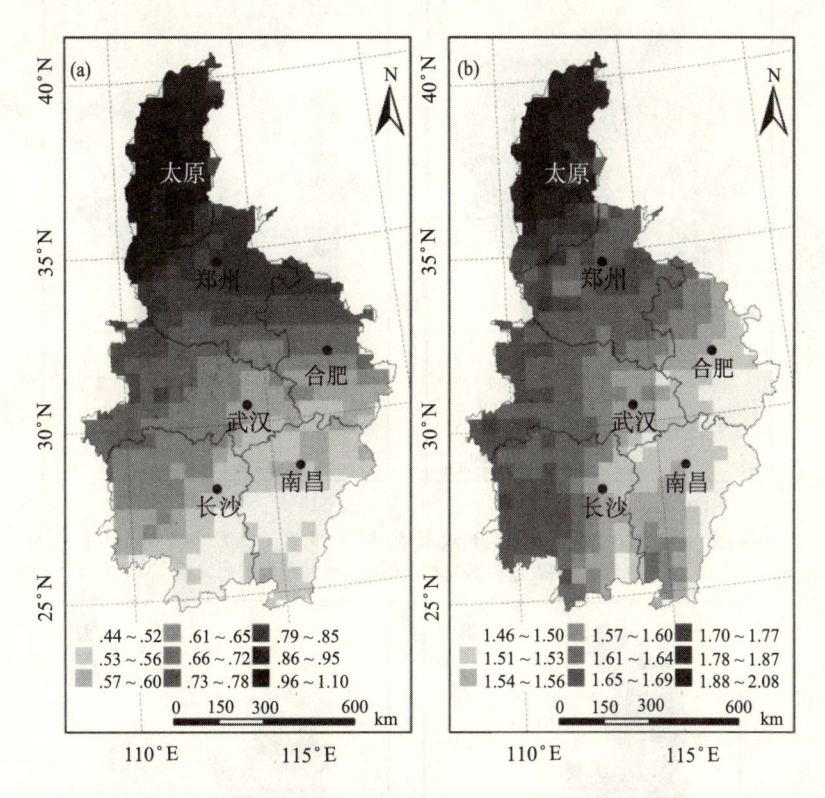

图 2—11　未来中部地区年平均温度的相对变化((a) 近期,(b) 中期)
资料来源:中国农业科学院农业环境与可持续发展研究所。

未来中部地区降水量继续增加,近期和远期均相对基准年增加 7.06%,但降水增加的区域有所不同。在近期,降水增加明显的是中部地区的中东部,中期降水增加明显的是山西北部、河南西南部以及中部地区的南部地区(图 2—12)。

未来中部地区干燥度在近期相对基准年减少约 4.55%,说明中部整体上湿润程度提高,尤其是山西北部和中部六省的中南部地区。只有山西南部和安徽与河南交界的北部地区干旱程度增加。而到了中期,干燥度整体相对基准年反而增加约 1%,除了山西北部和河南西南部以及南部地区外,其他地区湿润程度均有所减少(图 2—13)。

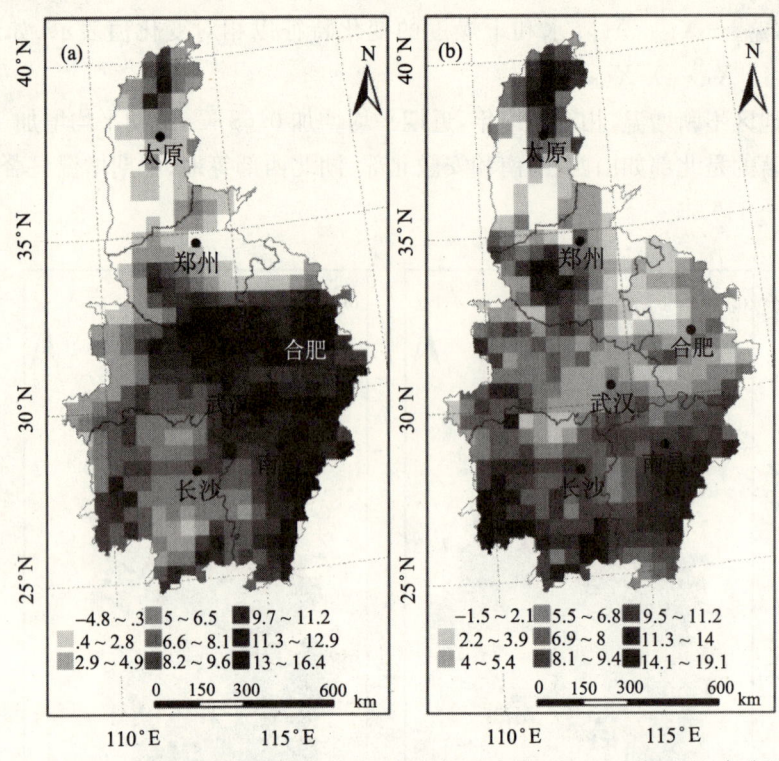

图 2—12 未来中部地区年降水量的相对变化((a)近期,(b)中期)
资料来源:中国农业科学院农业环境与可持续发展研究所。

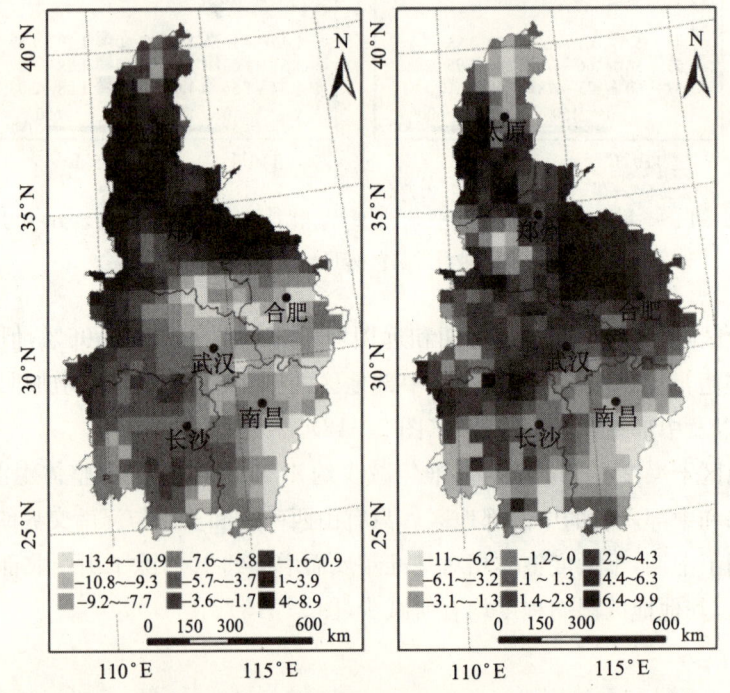

图 2—13 未来中部地区干燥度的相对变化((a)近期,(b)中期)
资料来源:中国农业科学院农业环境与可持续发展研究所。

二、对策与建议

1. 重点流域综合整治

中部地区水系发达、湖泊众多,然而大量人工围垦使得湖泊面积日益减少。近些年,由于经济的发展,水域污染也成为一个日益严峻的问题。沿江大城市排污将造成长江干流污染,富营养元素增多则使湖泊污染加重。应重视加强对长江、黄河干流的治理,洞庭湖和鄱阳湖,淮河中游以及三峡库区的治理。要抓紧治理沿江水污染和垃圾污染,确保库区水质;黄河中游以小浪底水库为重点,综合治理水土流失和水污染,合理调配水资源,保证生态用水。巩固已经取得的治理成果,做到工业污染源稳定达标排放,杜绝"反弹"现象出现,加快污水处理厂建设,实现规划目标。还应在上下游用水的环境伦理、生态补偿、水库淤积和流域洪水等具体问题上进行深入的研究。

两湖地区主要的生态问题是过度的围湖垦殖,使湖泊水面锐减,不仅使湖区生态环境和生物资源遭受严重破坏,也影响了湖泊调蓄功能,使渍涝灾害加剧。防洪、排涝、治渍是该地区生态与环境治理的主要任务,也是发展经济的关键问题。

2. 加强北部半干旱半湿润区的治理

中部地区北部属于半干旱半湿润地区,环境较为脆弱,可根据当地气候和经济条件建设半干旱区生态农业示范区,开发特色农产品,同时采取措施退耕还林(草),逐步恢复黄土丘陵植被,抑制水土流失。为推动农业的发展,不断提高农业综合生产能力,解决粮食安全问题,协调经济发展与环境建设,应继续探索发展旱作节水农业的途径,建立旱作节水农业示范基地,把旱作节水农业建设推向一个新水平。

3. 建设防洪工程和干旱预警系统

旱涝仍然是影响中部地区社会经济持续发展的重要因素。加紧防洪工程和旱涝预警系统的建设非常重要。还应该看到未来中部地区气候变化将可能引起洪涝和干旱极端气候事件发生的概率增加,进而可能对该地区经济社会的发展造成更为严重的损失,因此应未雨绸缪,先期准备,加强水库、河堤和分蓄滞洪区建设,提高抵御自然灾害的能力,建设防洪工程和干旱预警系统,尽量减少洪涝、干旱灾害的损失。考虑到自然环境的可能变化,还应预先开展作物种植制度及品种选择方面的研究。

4. 坡地利用与红壤改造

加快江南丘陵、南岭山地与淮河流域坡地(尤其是"坡林地")的治理和红壤改造。因地理位置、地貌类型、成土母质、土壤类型及生物种群的影响,在丘陵坡地上发展农业存在一系列障碍,如季节性干旱、冬季冻害、土壤理化性质差、坡地固有的生态脆弱性等。坡地应大力发展经济林,如油茶、板栗、枣子、核桃、柿子、油桐等木本粮油树种,发挥丘陵坡地生产潜力和优势;利用坡地资源,建设水果、茶叶、烟草等适宜在丘陵坡地生长的经济作物基地。注意经济林林下植被的保护,防止产生新的水土流失。红壤主要分布在长江以南中亚热带广阔的低山丘陵地区,以江西、湖南两省为主,在安徽南部也有部分分布。红壤低丘岗地是我国农林复合生态系统的典型板块,是确保粮食安全和发展亚热带经济作物及果、林、草的重要基地。但是,由于长期自然和人为因素造成了加速侵蚀,红壤丘陵区存在大范围的严重侵蚀地,水土流失严重,植被稀疏。严重侵蚀地在土壤长期侵蚀作用下,完全失去有机质层的土壤占到山地面积的一半以上,心土或风化层普遍裸露,有的地段切沟与崩岗密布,属于极度退化的生态系统。多年来,各级政府和群众对红壤丘陵区大范围的土壤侵蚀进行了积极的治理,如植树造林、栽培经济林木、种植牧草绿肥等,或选择耐瘠薄的先锋树种,结合补充养分培肥土壤、种植旱地作物等。红壤丘陵山区已经形成了较大面积的自然恢复群落,但是还有许多光山秃岭的严重侵蚀地亟待治理,许多地方的植被破坏急需恢复。

5. 继续加强生态与环境宣传教育,鼓励公众参与生态建设和环境保护

应全面加强环境伦理教育,明确区域发展中人与环境产生冲突的内在原因,构建区域可持续发展环境伦理观,从人地和谐的自然观出发,完善区域发展中环境伦理规范。利用广播、电视、网络等手段进行环境法制和知识教育,明确社会各阶层应承担的环境伦理责任与义务,进一步提高社会各阶层的环境意识和环境道德水平。树立保护环境就是保护生产力、改善生态就是发展生产力的思想。加强消费引导,推行绿色消费方式,在全社会形成遵守环境法规、自觉保护环境的良好风尚。完善生态与环境信息发布制度,拓宽公众参与和监督渠道,充分发挥新闻媒介的舆论监督和导向作用,增加环境与发展方面的决策透明度,促进生态与环境领域决策与管理的科学化和民主化。

参 考 文 献

1. 蔡述明:"长江中下游水土环境的主要问题及其对策",《长江流域资源与环境》,2002年第6期。
2. 陈正法、李玲、梁称福:"长江南岸丘陵区坡地利用及其可持续发展对策",《生态经济》,1995年第5期。
3. 邓先瑞、刘卫东、蔡靖芳:《中国的亚热带》,湖北教育出版社,1998年。
4. 丁圣彦、梁国付:"近20年来河南沿黄湿地景观格局演化",《地理学报》,2004年第5期。
5. 高学杰、赵宗慈、丁一汇:"温室效应引起的中国区域气候变化的数值模拟(I)",《气象学报》,2003年第1期。
6. 国土资源部:《2003年中国国土资源公告》,http://www.mlr.gov.cn。
7. 何电源:《中国南方土壤肥力及栽培作物施肥》,科技出版社,1994年。
8. 黄秉维:"中国陆地系统与区域可持续发展研究",载中国地理学会编:《生态系统建设与区域持续发展研究》,测绘出版社,1997年。
9. 居辉、熊伟、许吟隆:"气候变化对我国小麦产量的影响",《作物学报》,2005年第10期。
10. 李庆逵:《中国红壤》,科学出版社,1983年。
11. 林少林:"中部欠发达地区农业产业结构调整的战略思考",《湖湘论坛》,2002年第6期。
12. 刘彦随、甘红、张富刚:"中国东北地区农业水土资源匹配格局",《地理学报》,2006年第8期。

13. 牛德奎、谢宝平、郭晓敏:"赣南红壤侵蚀地植被概况及其物种多样性的变化",《江西农业大学学报》,2005年第2期。
14. 秦大河、丁一汇、苏纪兰:"中国气候与环境演变评估(I):中国气候与环境变化及未来趋势",《气候变化研究进展》,2005年第1期。
15. 施雅风、沈永平、李栋梁:《中国西北气候由暖干向暖湿转型问题评估》,气象出版社,2003年。
16. 水利部:《中国'98大洪水》,中国水利水电出版社,1999年。
17. 王孝忠:"湖南更应该重视水质型缺水问题",《湖南日报》,2001年1月5日。
18. 吴巧生、王华:"中部地区水资源的持续利用:资源禀赋与制度创新",《湖北社会科学》,2002年第11期。
19. 许吟隆:"应用Hadley中心RCM发展中国高分变率区域气候情景",《气候变化通讯》,2004年第5期。
20. 杨丹、刘爱民、王青山:"新世纪警惕湖南缺水",《湖南日报》,2005年5月13日。
21. 杨修、孙芳、林而达:"我国水稻对气候变化的敏感性和脆弱性",《自然灾害学报》,2004年第5期。
22. 赵凌云:《2006年:中国中部地区发展报告》,社会科学文献出版社,2007年。
23. 赵其国:"南方八省红壤区水土流失现状及其治理建议",《科学时报》,2006年3月27日。
24. 郑度:"区域可持续发展中的环境伦理问题",《地理研究》,2005年第2期。
25. 郑度等:《中国生态地理区域系统研究》,商务印书馆,2008年。
26. 中国自然资源丛书编委会:《中国自然资源丛书·河南卷》,中国环境科学出版社,1995年。

第三章　总体发展态势

中部地区在我国经济社会发展全局中占有重要地位,长期以来在全国建设与发展中作出了重要贡献。由于发展起点和发展环境的不同,近十多年来中部地区的发展不尽如人意。随着国家"十一五"规划的制定实施,中部崛起成为我国统筹区域协调发展不可回避的一个重大问题。科学分析中部地区的发展态势及其存在的主要问题,对促进中部地区的发展具有重要意义。本章首先简要阐述了中部地区的优势地位,而后详细分析了中部地区"十五"期间经济与社会发展态势,之后提出了中部地区发展所面临的重大问题,最后给出了相关建议。形成的主要观点如下。

- 中部地区具有承东启西与沟通南北的战略区位,并拥有丰富的自然资源和强大的基础产业,是全国举足轻重的农产品生产基地和重要的能源原材料基地,而且正在成为承接沿海制造业空间转移的基地,将在全国国土开发格局中发挥更加重要的作用。
- "十五"期间中部地区普遍实现了经济高速增长,在结构调整方面也取得了一定的进展。近几年,中部地区经济增长已追赶上全国平均速度。但中部地区的经济增长高度依赖能源原材料行业的大规模投资,产业结构进一步偏重。由于高耗能和高污染行业比重高、增速快,中部地区实现又好又快的经济增长所面临的困难很大。
- 虽然中部地区经济国际化程度还很低,但近年来正在成为沿海劳动密集型产业转移的目的地。一方面,这将驱动中部地区的经济增长;另一方面,也将促进中部地区更大程度地直接或间接参与经济全球化。
- 中部地区社会发展水平与全国的差距呈缩小态势,但个别指标与全国的差距有所扩大。近年来,中部地区人类发展指数与全国的差距明显缩小,教育水平较高,但科技资源明显不足,医疗卫生条件改善缓慢,与全国的差距继续扩大。
- 中部地区在发展过程中仍存在不少问题。其中,"三农"问题和结构性问题最为突出。农业生产基础不牢、效益不高,给解决"三农"问题带来很大的困难。另外,国有经济比重偏高,产业结构偏重。一些城市存在"东北现象",结构升级步履缓慢,国民经济发展缺乏有活力的经济增长点。

第一节　中部地区的优势地位

一、承东启西与沟通南北的战略区位

中部地区位于我国核心地带,是我国基础设施网络的中枢,战略区位十分重要。不但与东

部和西部地区都有着密切的联系,也是南部沿海与北方地区交流的通道。中部地区拥有众多具有全国意义的综合运输走廊,多数重大铁路以及很多重要区际高速公路和国道经过这里,横向和纵向交通线在这里交汇和衔接,客货流在此进行中转或编解或联运(详见第十章)。这种格局使中部地区发挥着我国东西和南北交流枢纽的战略区位作用。一旦这个地区出现问题,将影响全国范围的人员、产品、信息等交流。2008年初我国南方雨雪冰冻灾害造成重大影响,充分显示了中部地区战略区位的重要性。

由于这种区位优势,中部地区实际上是沿海开放和西部大开发战略的受惠者。西部大开发过程中的许多工程,如高速公路、铁路、航空建设等,横跨中部地区或延伸到中部地区,受益的不只是西部地区。西部地区加快发展也为中部地区提供了机会,包括市场机会、资源供给、投资机会等。另外,近年来,中部地区正在成为沿海地区产业升级的受益者,接受了大量来自沿海的产业转移(详见第八章)。因此,中部地区具有一个左右逢源的区位优势。

二、丰富的自然资源

中部地区位于东部沿海地区和西部山地高原之间。由于地质因素的作用和自然地理的特征,中部地区矿产资源十分丰富。20世纪80年代中期,原地矿部曾对我国矿产资源潜在价值进行过评估,得出东、中、西三个地带矿产资源的潜在价值比例为1∶2∶2。在这个基础上,考虑到矿产资源的开发利用条件、交通运输条件及资源和资源型产品运输到消费地的成本等因素,以可能实现的价值计算,中部地区矿产资源现实价值大约占全国的40%左右。其中,对国民经济发展具有关键或重要意义的矿种,如煤炭、铝、铁、铜、铅、锌等,在中部地区都有很大的储量。例如,中部地区能源资源基础储量占全国的40%,铜矿占全国的51%,铝土矿占41%,磷矿占36%(详见第六章)。因而,中部是我国矿产资源配套程度较高的地区,具有综合发展原材料工业的优势。此外,中部地区拥有广阔的平原和河谷地带,土地资源的数量和质量在三大地带中优势明显,仍有一定的开发利用潜力,是我国粮食、经济作物及农业产业化发展最主要的地区(详见第二章)。

三、强大的能源原材料工业基础

由于具有丰富的能源和矿产资源以及水土资源,交通运输条件优越,新中国成立以来中部地区曾经作为我国几个五年计划的重点建设区域。在奠定我国工业化基础的第一个五年计划期间,中部是重点建设地区(详见第四章)。20世纪70年代至80年代初建设的引进重大成套项目,就资金规模和项目数量,中部地区与沿海地带几乎是一样的。20世纪90年代以来,在能源原材料建设方面,中部地区一直是国家的重点。在这样的背景下,中部地区成为我国重要的基础原材料生产地区。

2005年,中部地区煤产量76 904.3万吨,约占全国的35.2%;发电量5 575.1亿千瓦小时,占全国的22.53%。粗钢、生铁、钢材、水泥产量分别占全国的21.3%、23.5%、18.6%和21.5%(表3—1)。一批行业在全国已占有举足轻重的地位,如煤炭、钢铁、有色冶金等。近年来,我国步入了一个以汽车、电子、住宅为主导的新一轮重化工业化时期。重化工业对能源、原材料产业产生了巨大而持续的需求。中部地区的能源矿产资源丰富,一直是我国重要的能源、原材料基地,加之地理位置适中,本轮重化工业必将促进中部能源原材料工业的进一步发展。

表3—1 2005年中部地区主要基础产业生产情况

	人口（万人）	GDP*（亿元）	工业增加值（亿元）	农业总产值（亿元）	粮食（万吨）	粗钢（万吨）	原煤（亿吨）	发电量（亿千瓦小时）
全国总计	130 628	197 789.0	72 187.0	19 613.4	48 402.2	35 324.0	22.1	25 002.6
山 西	3 352	4 179.5	1 756.7	281.7	978.0	1 654.7	5.5	1 312.0
安 徽	6 114	5 375.1	1 483.8	818.5	2 605.3	1 109.7	0.9	648.4
江 西	4 307	4 056.8	882.3	510.5	1 757.0	963.4	0.3	373.5
河 南	9 371	10 587.4	3 379.3	1 790.4	4 582.0	1 229.2	1.9	1 414.7
湖 北	5 707	6 520.1	2 007.2	932.1	2 177.4	1 569.0	0.1	1 289.8
湖 南	6 320	6 511.3	1 629.8	947.7	2 678.6	976.6	0.6	644.4
中部小计	35 171	37 230.3	11 139.1	5 280.9	14 778.3	7 502.5	9.2	5 682.8
占全国%	26.9	18.8	15.4	26.9	30.5	21.2	41.7	22.7

* 全国GDP总计为各省合计数。
资料来源:《中国统计年鉴》(2006)。

四、举足轻重的农产品生产基地

中部地区的农业优势十分突出。中部地区总体上气候适宜、雨水充沛、土地平整,适合机械化作业和多种作物生长。中部地区用占全国1/4的耕地,生产了约占全国1/3的农产品,是重要的农产品产区(详见第五章)。湖北、湖南、安徽、江西和河南是全国著名的粮棉油生产基地。2005年中部地区粮食产量14 778.3万吨,油料1 252.6万吨,棉花176.5万吨,猪肉1 573.5万吨,分别占全国的30.5%、40.7%、30.9%和31.4%。长期以来,中部六省输往省外的粮食占全国各省纯输出量的50%以上。为我国仅用占世界7%的耕地养活世界21%的人口作出了重要贡献。其他多种农产品也具有商品量大、质量较好等特点,是北京、上海、浙江、福建和广东等沿海地区重要的农副产品供应地。

五、承接沿海制造业空间转移的基地

承东启西与沟通南北的战略区位,加上相对廉价的生产要素,使中部地区成为承接沿海地区制造业空间转移的基地,乃至全球产业转移的重要目的地。我国过去30年的高速经济增长,在很大程度上得益于积极参与经济全球化,吸引了大量来自发达国家和地区的产业转移。近年来,由于生产要素成本上升,我国沿海地区已经出现了越来越多的制造业空间转移。在全球化趋势下,这些产业中的很大一部分将向我国内陆进行空间转移。受区位条件的影响,中部地区将是承接这些产业转移的基地,特别是沿江的湘、鄂、皖、赣四省。与西部大部分地区相比,中部地区人口与城镇密集,水资源丰富,生态环境优越,更接近国内市场;与东部沿海地区相比,劳动力和自然资源充足,且成本较低。而西部大部分地区远离市场中心,地广人稀,自然条件较差,除成渝和关中地区外,短期内很难成为承接沿海制造业转移的基地。事实上,近年来,沿海地区产业向中部地区转移的趋势已经越来越明显(详见第八章)。

第二节 经济社会发展态势

一、经济发展态势

1. 近年来经济增长较快,与全国平均速度的差距缩小,但总量比重仍在下降

从经济增长速度看,"十五"期间中部地区与全国的走势基本一致,总体增长较快,逐渐追赶上全国平均增长速度。"八五"后期和"九五"初期,中部地区经济增长速度曾一度高于全国乃至东部的平均水平(图3—1)。但1997年之后一直明显低于东部和全国的平均水平。进入21世纪,中部地区的经济增长出现了加速之势,与东部和全国的差距开始缩小。2005年已追赶上全国的平均增长速度,并接近东部地区的水平。

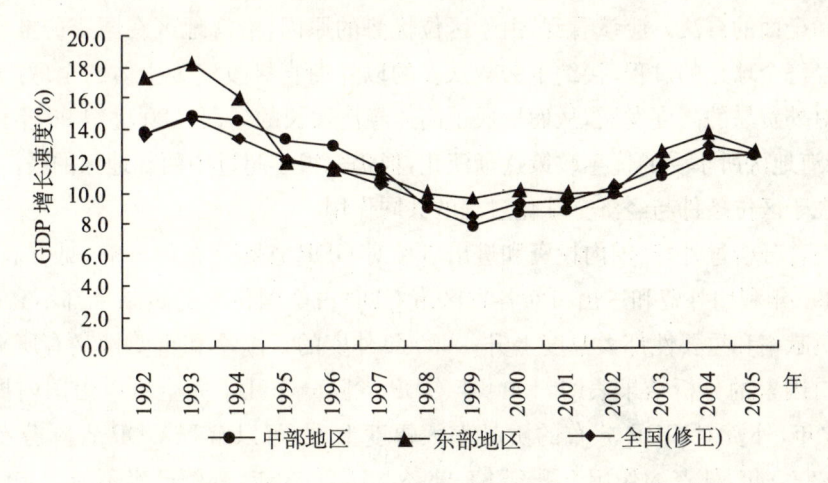

图3—1 中部地区生产总值年增长率变化与全国对比
资料来源:根据历年中国统计年鉴数据计算。

由于经济增长速度的差异,近年来中部地区占全国GDP的比重不断下降。2000年中部地区生产总值(GDP,下同)19 791亿元,占全国20.4%;2005年37 046亿元,占全国18.8%,比2000年下降了1.6个百分点,更比1990年下降了3个百分点(图3—2)。第二产业和第三产业占全国的比重分别从2000年的19.3%和19%下降到2005年的18%和17.4%。2000～2005年,中部地区各省GDP占全国的比重,除山西、湖南略有增加之外,其他四省的比重均有所下降，特别是河南、安徽、湖北下降幅度较大(表3—2)。

表3—2 2000~2005年中部各省地区生产总值占全国的比重及变化　　　　　　　单位：%

	山西	湖南	江西	安徽	湖北	河南
2000年	1.80	3.44	2.22	3.58	4.32	4.75
2005年	1.84	3.45	2.21	3.45	4.02	4.72
变化	+0.04	+0.01	−0.01	−0.13	−0.30	−0.33

资料来源：《中国统计年鉴》(2001,2006)。

专栏3—1

如何看待中西部地区经济增长速度与东部沿海地区的差异

改革开放以来，在取得举世瞩目的经济增长成就的同时，我国区域经济发展差异不断扩大，而且主要表现为东部沿海与中西部地区的差异。这种差异受到了广泛的关注，并被归结为国家实施沿海发展战略以及给予沿海地区优惠政策带来的。但这并不是一个科学和全面的看法。应该看到，由于区位优势的原因，沿海地区在国家的推动下积极参与了经济全球化的过程，接纳了为数众多的以外商直接投资为主体的全球产业转移，并促进对外贸易的高度发展，从而形成了高速经济增长的局面。20世纪90年代中后期以来，沿海地区所享受的优惠政策逐渐淡化，但仍取得了超过中西部地区的经济增长，其原因就在于区位条件与经济全球化过程的共同作用。

我们曾分析过外资、国内投资和进出口额对GDP省际分布的影响（见下表）。结果显示，1990年利用外资和进出口对各省区市GDP占全国份额的贡献率都不高；1995年外资的贡献率和重要性都大幅度上升；2000年外资的贡献率和重要性又有所上升。剔除进出口因素的分析结果表明，1990年GDP省际分布几乎完全可以由国内投资来解释；1995年，外资对GDP分布的贡献率大幅度上升，可以解释GDP省际分布格局的26.3%；2000年，外资的作用上升到27.36%。到2003年，外资已经不能用来解释省际GDP分布格局（显著性不好），取而代之的是外贸额。剔除外资后，可发现进出口额可以解释省际GDP分布格局的18%。由于外资和外贸主要集中在沿海省份（在80%以上），因而过去十多年中西部地区与沿海的经济增长差异与我国参与经济全球化过程是有很大关系的，经济增长速度相差1~2个百分点是正常的。当然，正因如此，国家需要加大对中西部地区的支持力度。

各省 GDP 与外资、外贸及国内投资相关关系多元回归结果

		非标准化系数	标准差	标准化系数	T 值	显著性
Model 1990 年	(Constant)	.182	.257		.707	.485
	利用外资	1.523E−04	.019	.001	.008	.994
	国内投资	.945	.072	.945	13.118	.000
Model 1995 年	(Constant)	.426	.323		1.320	.198
	利用外资	.121	.045	.261	2.654	.013
	国内投资	.752	.101	.730	7.424	.000
Model 2000 年	(Constant)	2.738E−02	.202		.136	.893
	利用外资	.124	.026	.276	4.728	.000
	国内投资	.868	.066	.767	13.149	.000
Model 2003 年（Ⅰ）	(Constant)	.001	.002		.580	.567
	国内投资	.874	.090	.820	9.740	2.4903E−10
	利用外资	.024	.059	.044	.403	.690
	进出口额	.063	.031	.160	2.032	.052
Model 2003 年（Ⅱ）	(Constant)	.001	.002		.475	.638
	国内投资	.900	.063	.843	14.235	2.396E−14
	进出口额	.071	.023	.180	3.043	.005

资料来源：刘卫东等，2007 年。

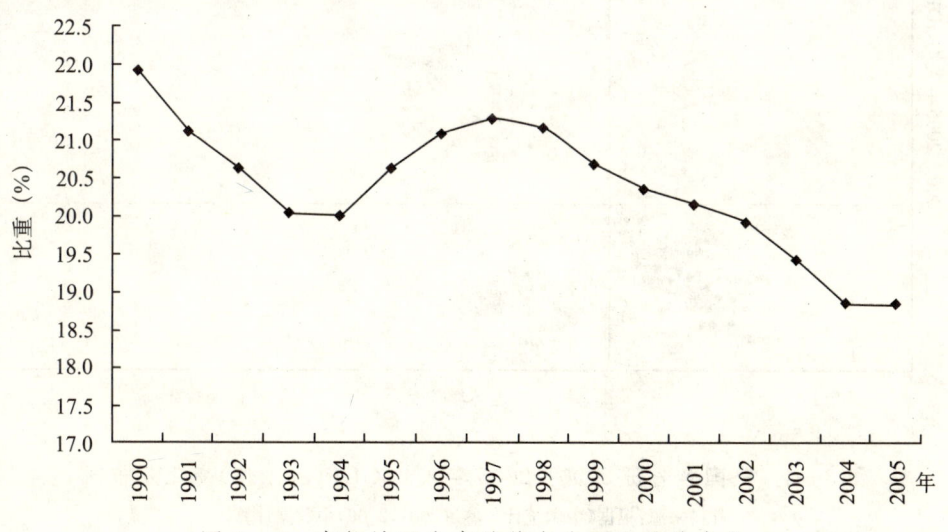

图 3—2 中部地区生产总值占全国比重的变化

资料来源：根据历年中国统计年鉴数据计算。

中部地区人均GDP与全国平均水平的差距加大。1990年,中部地区人均GDP相当于全国平均值的87%,2000年下降到80%,2005年进一步下降到76%。2005年,中部地区人均GDP最高的省份为山西,也只有全国平均水平的88.6%;而最低的安徽,人均GDP只有全国平均水平的62%(图3—3),仅略好于西部的贵州、甘肃和云南。总体上,中部各省属于人均GDP水平和增速"双低"型省份(图3—4,均位于第三象限)。

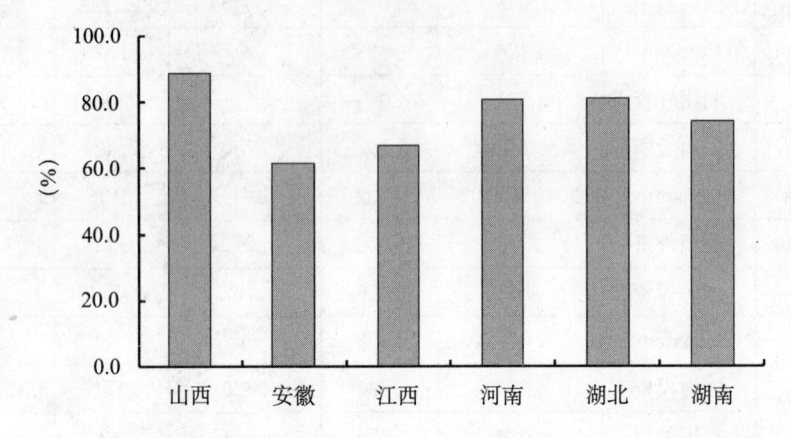

图3—3 2005年中部各省人均GDP相当于全国平均水平的比值

资料来源:根据《中国统计年鉴》(2006)数据计算。

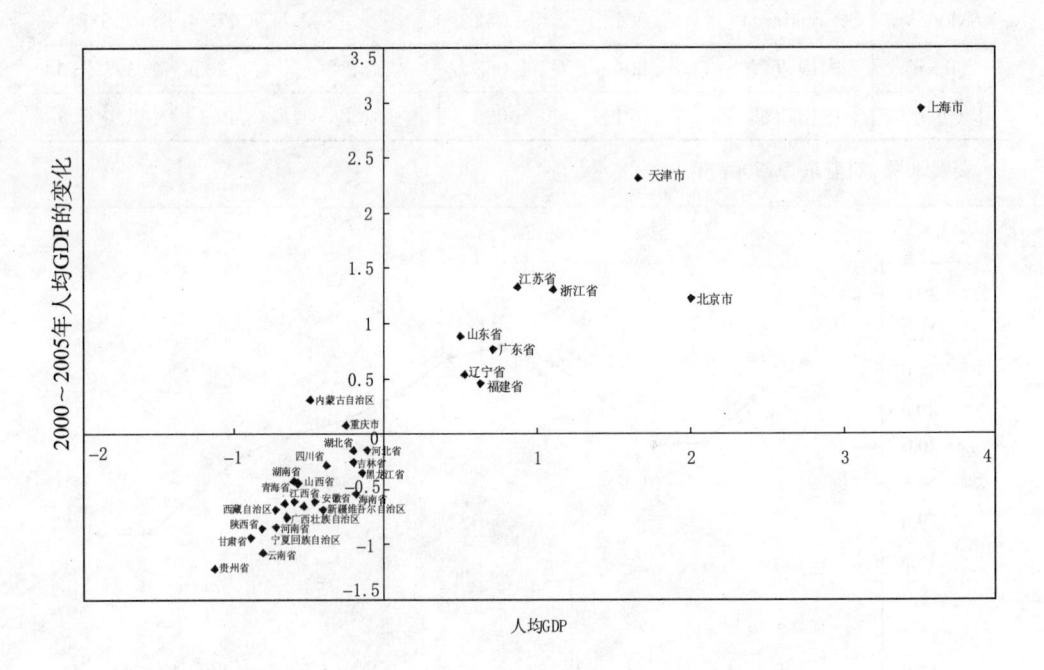

图3—4 全国各省份2000~2005年人均GDP(标准值)变化分布图

资料来源:根据《中国统计年鉴》(2001,2006)中数据计算。

2. 结构性调整取得明显进展,但工业结构进一步偏重

中部各省农业结构调整都取得进展,农业区域优势逐步显现,特色优质农牧业产品生产有了很大发展。优势、特色农产品区域化布局、规模化生产、产业化发展的地域分工格局初步形成(详见第五章)。例如,江西赣南脐橙、南丰蜜橘等果业基地已逐步向特色化、规模化和专业化方向发展;河南优质小麦基地规模扩大,农副产品加工业已形成规模,并逐渐形成品牌产品。2005年,河南食品加工量比2000年增长2.7倍;其中,速冻食品产量居全国第一位,面粉和方便面产品均居全国第三位。总体上,中部地区种植业的比重普遍下降,而牧、渔业的比重普遍上升,特别是畜牧业得到了快速发展(表3—3,图3—5)。

表3—3 1990～2005年中部各省农业内部结构变化 单位:%

	农业			林业			牧业			渔业		
	1990	2000	2005	1990	2000	2005	1990	2000	2005	1990	2000	2005
山西	69.2	67.7	58.2	6.2	3.9	3.4	22.1	27.8	30.7	0.3	0.5	0.6
安徽	65.7	55.4	49.1	4.6	5.2	4.7	22.1	28.6	33.2	3.0	10.7	9.9
江西	53.3	50.9	44.7	6.3	6.7	7.6	26.4	29.2	31.9	4.1	13.2	14.2
河南	66.5	63.8	54.1	4.1	2.8	2.5	20.9	32.4	37.8	0.8	1.0	1.1
湖北	62.8	54.7	52.5	3.5	3.6	2.1	24.1	30.1	30.7	5.9	11.6	13.3
湖南	55.2	51.9	46.1	5.5	4.2	4.9	29.5	37.3	40.6	4.3	6.6	6.7

资料来源:根据《中国统计年鉴》(1991,2001,2006)中的数据计算。

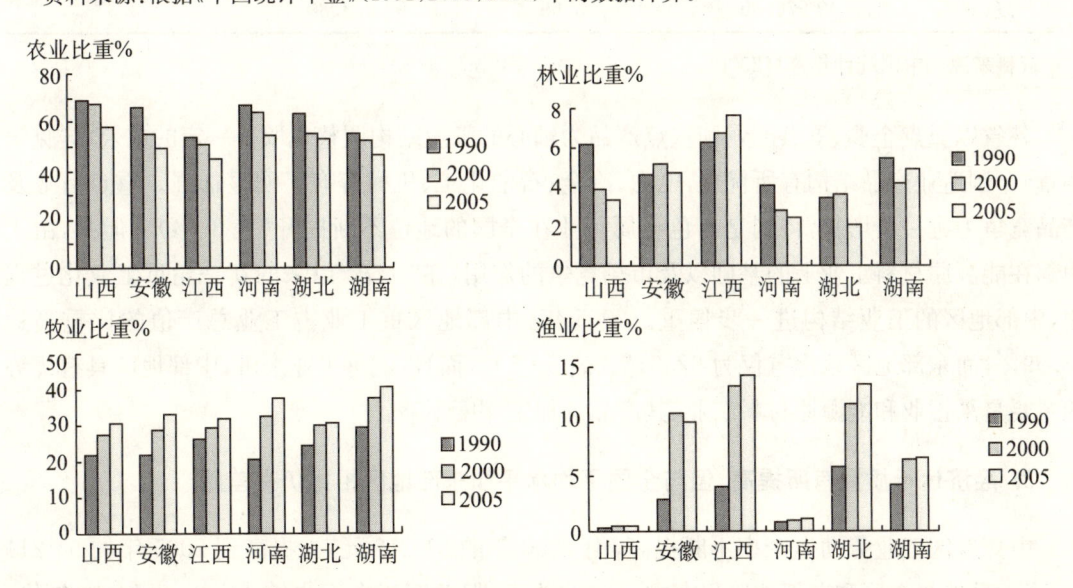

图3—5 1990～2005年中部地区农业结构变化
资料来源:根据《中国统计年鉴》(1991,2001,2006)中的数据计算。

表 3—4　1995~2004 年中部地区有色金属在全国地位变化

	1995		2004	
	产量(万吨)	占全国比重(%)	产量(万吨)	占全国比重(%)
铜	34.0	32.0	95.2	46.2
氧化铝	141.7	—	410.8	58.7
电解铝	36.8	21.9	228.4	34.2

资料来源：赵武壮、王敏："我国中部地区有色金属工业已经崛起"，《有色金属》，2005 年第 4 期。

表 3—5　2005 年中部地区工业内部结构与东部地区的比较

	轻工业总产值		重工业总产值	
	绝对值(亿元)	比重(%)	绝对值(亿元)	比重(%)
山西	295.44	6.09	4 555.48	93.91
河南	2 147.65	23.45	7 010.38	76.55
安徽	1 317.81	28.85	3 249.42	71.15
江西	867.22	29.11	2 111.66	70.89
湖南	456.86	21.71	1 647.70	78.29
湖北	1 503.00	24.77	4 563.95	75.23
中部	8 213.81	21.01	30 883.58	78.99
东部	49 976.36	33.69	98 353.80	62.31

资料来源：《中国统计年鉴》(2006)。

各省以重点企业、重点产业和重点产品为轴心的工业结构调整也取得一定的成效(详见第四章)。制造业产品结构有所优化，电力、冶金、石油化工、机械等有了明显加强。重点行业及产品竞争力进一步增长，特别是有色金属行业在全国的地位不断提升(表 3—4)。但是，由于中部在能源原材料工业上的基础以及市场竞争的作用，在"十五"以来的新一轮重工业化过程中，中部地区的工业结构进一步偏重。2005 年，中部地区重工业占工业总产值的比重高达 78.99%，而东部地区该比重仅为 62.31%(表 3—5)。而且，就重工业来讲，中部地区具有优势的主要是采掘业和能源原材料工业，其产品的加工深度不够。

3. 经济运行质量有所提高，但与全国平均水平和东部地区相比仍有差距

中部地区工业劳动生产率不断提高，由 2000 年的 31 212 元/人提高到 2005 年的 94 211 元/人。虽然与全国和东部地区仍存在一定的差距，但差距正在逐步缩小。20 世纪 90 年代，中部地区劳动生产率与东部地区和全国的差距不断扩大，而"十五"期间这种差距呈现逐步缩小态势(表 3—6，图 3—6)。2000 年，中部地区工业劳动生产率仅相当于东部地区和全国平均

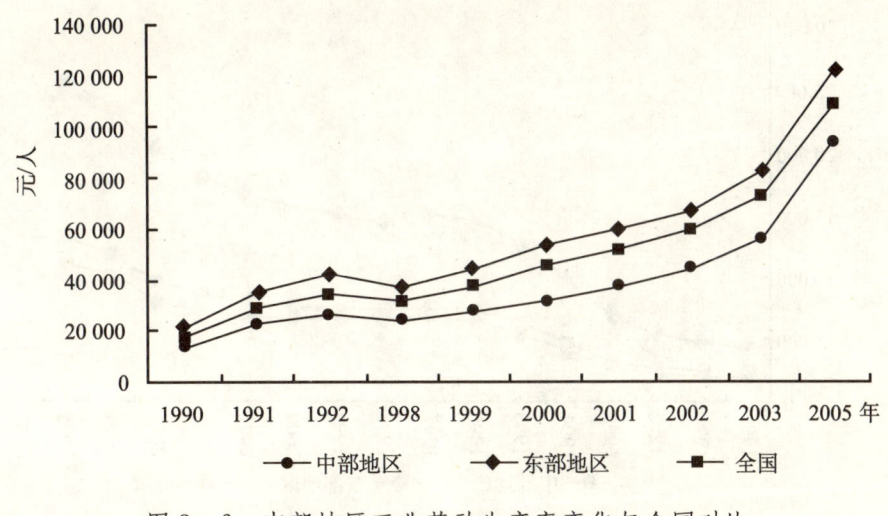

图 3—6 中部地区工业劳动生产率变化与全国对比

资料来源:根据历年中国统计年鉴计算。

水平的 57.98% 和 68.32%,2005 年分别上升到 77.24% 和 86.7%。

表 3—6 中部地区工业劳动生产率与全国对比

	工业劳动生产率(元/人)			年均变化(%)	
	1990 年	2000 年	2005 年	1990~2000 年	2000~2005 年
中部	13 649.8	31 212.2	94 131.2	+12.86	+40.31
东部	21 252.3	53 829.9	121 874.3	+15.33	+5.30
全国	17 408.0	45 679.4	108 575.0	+16.24	+27.50
中部/东部	0.64	0.57	0.77	−0.07	+0.20
中部/全国	0.78	0.68	0.86	−0.10	+0.18

资料来源:根据各年中国统计年鉴计算。

作为全国的农业主产区,中部地区的农业劳动生产率也在不断提高,但与全国的差距呈扩大趋势(图 3—7),反映出该地区效益型农业发展较为缓慢(详见第五章)。1990 年,中部地区农业劳动生产率为 2 074.4 元/人,2000 年提高到 6 650 元/人,2005 年达到 10 475.2 元/人。2000~2005 年,中部地区农业劳动生产率提高了 66%,同期东部地区和全国平均分别提高了 63.7% 和 65.8%。1990 年,中部地区农业劳动生产率相当于全国平均水平的 90%,2000 年下降到 87%,2005 年进一步下降到 84%。

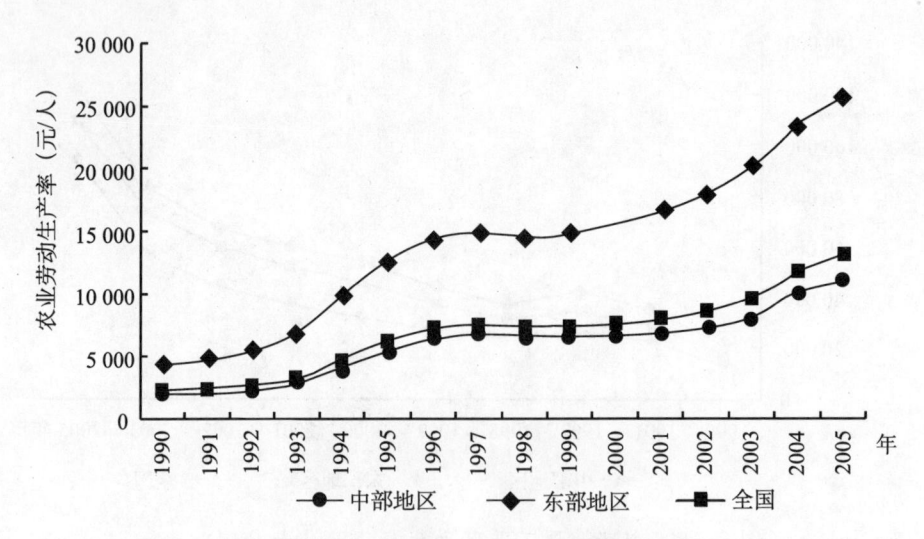

图 3—7　中部地区农业劳动生产率变化与全国对比
资料来源：根据历年中国统计年鉴数据计算。

表 3—7　2005 年中部地区单位 GDP、单位工业增加值能耗与全国对比

		单位 GDP 能耗（吨标准煤/万元）		单位工业增加值能耗（吨标准煤/万元）	
		能耗	在全国位次	能耗	在全国位次
中部地区	山西	2.95	4	6.50	2
	湖北	1.51	13	3.50	11
	湖南	1.40	17	2.88	19
	河南	1.38	19	4.02	7
	安徽	1.21	21	3.13	16
	江西	1.06	23	3.11	17
全国		1.22		2.59	

资料来源：根据《中国统计年鉴》(2006)计算。

中部地区经济运行的能耗水平也呈下降态势，但整体上高于全国平均水平。从单位 GDP 能耗来看，江西和安徽略低于全国平均值。江西的万元 GDP 能耗由 2000 年的 1.1 吨标准煤下降到 2005 年的 1.06 吨标准煤，比全国平均水平低 13.1％。安徽的万元 GDP 能耗由 2000 年的 1.62 吨标准煤降至 2005 年的 1.21 吨标准煤，也略低于全国平均值。其他四省则都高于全国平均水平（表 3—7）。各省单位工业增加值能耗都高于全国平均水平；其中，山西仅次于宁夏，位居全国第二。这说明中部地区节能减排的任务很重。

4. 固定资产投资快速增长，占全国的比重不断上升，但投资结构问题突出

中部地区固定资产投资总额由 2000 年的 5 597 亿元增加到 2005 年的 13 535 亿元，五年期间增加了 1.4 倍。同时，中部地区固定资产投资占全国的比重也在不断上升，由 2000 年的 17.5% 上升到 2005 年的 18.7%（图 3—8）。特别是 2003 年以后，固定资产投资占全国的比重快速上升。

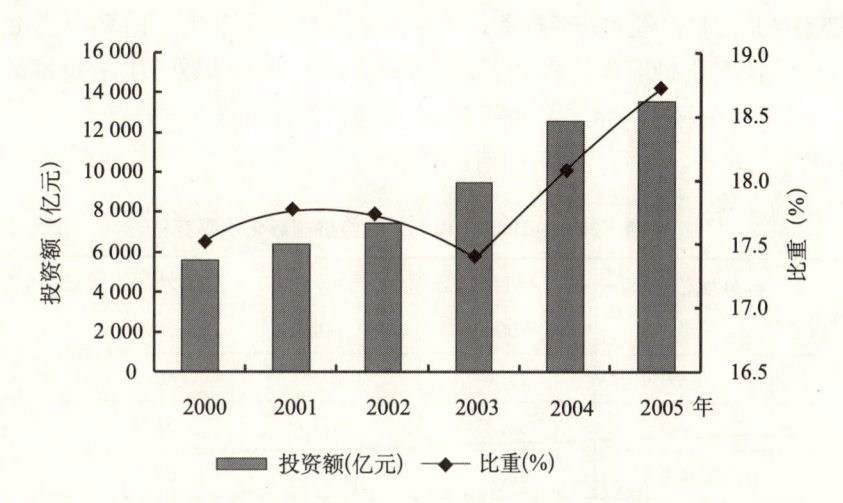

图 3—8 2000～2005 年中部地区固定资产投资及占全国比重的变化
资料来源：根据历年中国统计年鉴计算。

表 3—8 2005 年中部地区固定资产投资结构

	投资额（亿元）				投资比重（%）	
	总额	其中：采矿业	能源、原材料	基础设施	能源、原材料	基础设施
山西	878.6	121.9	172.1	346.2	33	39
安徽（城镇）	1 669.8	130.3	191.6	408.5	19	24
江西（城镇）	1 956.4	32.4	190.6	375.9	11	19
河南（城镇）	3 528.3	203.2	516.6	817.2	20	23
湖北	2 834.8	50.4	263.2	657.9	11	23
湖南（城镇）	2 204.0	46.8	211.1	407.7	12	18
中部合计	13 071.8	585.0	1 545.2	3 013.4	16	23
全国	75 096.5	3 203.6	7 527.2	15 915.2	14	21

资料来源：《中国统计年鉴》（2006）。

但是，固定资产投资的结构性问题比较突出。除基础设施之外，中部地区的固定资产投资很大一部分投向了能源原材料工业（表 3—8）。不仅有可能造成将来的产能过剩，而且也不利

51

于中部地区的产业结构调整和实现又好又快的经济增长。事实上,近两年,我国的钢材、铝材和水泥已出现过剩。主要支撑行业已经或正在由供给短缺进入供给平衡或供给过剩的调整期。中部地区如何改善投资结构从而实现产业结构调整,是一个大问题。

5. 经济国际化程度不高,进出口总额占全国的比重有所下降

地处内陆的区位条件,使中部在利用外资和发展出口产业上处于相对不利的位置。2000年以来,中部地区进出口总额和外商投资总额等占全国的比重均有所下降,分别由2000年的3.11％和7.36％下降到2005年的2.92％和7.10％(表3—9)。以外贸依存度衡量,中部地区经济开放程度落后于全国平均水平。2005年,中部地区的外贸依存度只有10.65％,远远低于全国58.9％的平均水平。江西、河南、湖南三省甚至低于10％。

表3—9　2000～2005年中部地区经济国际化水平变化

	外贸依存度(%)	进出口总额(亿美元) 2000	进出口总额(亿美元) 2005	外商投资总额(亿美元) 2000	外商投资总额(亿美元) 2005
山西	10.9	17.6	55.5	48.3	77
安徽	19.9	33.5	91.2	91.4	155
江西	8.2	16.2	40.7	68.7	185
河南	6.0	22.8	77.3	113.6	206
湖北	11.4	32.2	90.6	166.7	258
湖南	7.5	25.1	60.0	73.1	158
中部地区	10.7	147.4	415.1	561.8	1 039
全国	58.9	4 743.0	14 219.1	7 634.8	14 640
占全国比重(%)		3.11	2.92	7.36	7.10

资料来源:《中国统计年鉴》(2001,2006)。

6. 区域合作初显成效,来自区外的投资不断增加

历史上,中部地区从未以单一的经济区或政策区出现过,各省之间社会经济联系不是很密切。但中部各省与区外的经济联系比较密切(详见第八章)。特别是近年来,与长江三角洲地区和珠江三角洲地区的联系越来越多。一方面,沿江四省份积极采取措施,主动融入长江三角洲或珠江三角洲地区;另一方面,随着沿海地区的产业结构升级和产业转移,中部地区正在接受越来越多的来自东部地区的投资。

2001年安徽省接受的省外国内投资只有106亿元,2005年上升到801亿元(图3—9)。这些投资主要来自长三角地区的浙江、上海和江苏。2005年,江西引进省外国内5 000万元以上工业项目752个,实际进资472.39亿元。其中来自浙江、广东和福建的项目数和资金额分别占项目总数和总金额的65.7%和60.11%（表3—10）。这显示出江西与珠江三角洲和长江三角洲的区域性合作趋势非常明显。

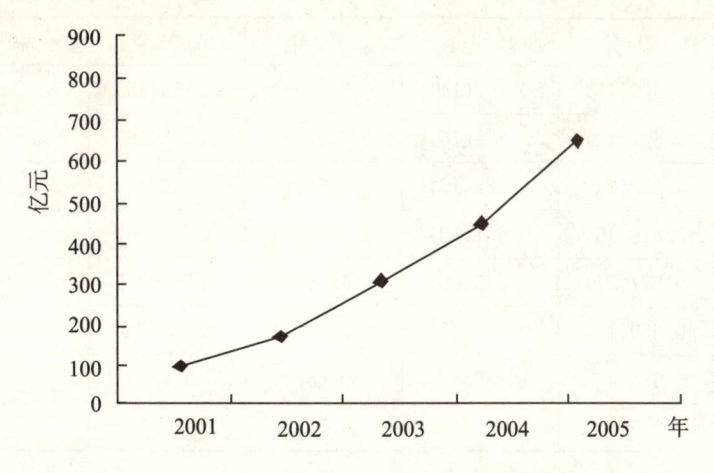

图3—9 2001~2005年安徽省利用省外资金变化

资料来源：调研数据（安徽省发改委外资处提供）。

表3—10 江西省2005年引进省外5 000万元以上工业项目来源比重

来源	合同项目		实际进资	
	数量（个）	占全部（%）	资金额（亿元）	占全部（%）
合计	752	100.00	472.39	100.00
浙江	244	32.45	134.09	28.39
广东	163	21.68	90.98	19.26
福建	87	11.57	58.87	12.46
北京	36	4.79	52.31	11.07
上海	51	6.78	36.05	7.63
江苏	30	3.99	18.25	3.86

资料来源：2005年开放型经济发展统计资料。

二、社会发展态势

1. 社会发展取得显著进步，但整体水平仍然不高

人类发展指数是综合衡量一个国家或地区社会发展水平的重要指标。根据UNDP的《中国人类发展报告》，中部地区人类发展指数近年来显著提高，2003年比1995年提高了23.07%，高于全国平均增长速度（17.24%），但仍低于全国平均水平。2003年全国人类发展指数为0.755，而中部地区为0.743。除湖北与全国持平外，其他五省均低于全国平均水

平(表3—11)。

表3—11 中部各省人类发展指数

	1995年	1997年	1999年	2003年	变化率%(1995~2003年)
湖北	0.609(17)	0.707(14)	0.697(16)	0.755(15)	23.97(+2)
山西	0.627(14)	0.679(16)	0.710(14)	0.753(16)	20.10(-2)
湖南	0.592(21)	0.622(17)	0.683(19)	0.751(17)	26.86(+4)
河南	0.618(16)	0.661(18)	0.686(17)	0.741(19)	19.90(-3)
江西	0.577(24)	0.646(20)	0.673(24)	0.732(21)	26.86(+3)
安徽	0.600(19)	0.635(22)	0.675(23)	0.727(25)	21.17(-6)
中部地区	0.604	0.658	0.687	0.743	23.07
全国	0.644	0.701	0.718	0.755	17.24

注：括号中数字为在全国的位次。
资料来源：UNDP：《中国人类发展报告》(1999,2002,2005)。

在中部地区内部，湖北、湖南、江西的人类发展水平上升较快，在全国的位次有所提升。其中，湖南提升了4位，湖北、江西分别提升了2位和3位。河南、山西、安徽发展相对较慢，在全国的位次呈下降态势。特别是安徽在全国的位次持续下降，由1995年的第19位下降到2003年的第25位。

2. 教育水平较高，但科技资源明显不足，与全国存在较大的差距

中部地区整体教育水平较高。2005年，中部地区人均受教育年限为7.8年，与全国7.83年的平均水平仅相差0.03年。其中，安徽、江西两省略低于全国平均水平，其他四省均高于全国平均水平。2000年中部地区万人在校大学生数还低于全国平均值，但到2005年，中部地区万人在校大学生数已达125.82人，高出全国平均值(119.44人)。特别是湖北和江西的高等教育更为突出，2000~2005年两省的在校大学生数量快速增加。安徽、河南两省相对较落后(表3—12)。

然而，中部地区科技人力资源明显不足。2005年中部地区平均每万人拥有科技人员21.1人，仅相当于全国平均水平的72%(29.17人)。只有山西、湖北两省略高于或接近全国平均水平，其他四省均远远低于全国平均水平。2000~2005年，除湖北、山西万人科技人员增加数高于全国平均数之外，其他四省科技人员比重的增加量仅相当于全国平均水平的1/9~1/5。

表 3—12 中部地区教育、科技发展指标

	人均受教育年限			万人在校大学生数			万人科技人员数		
	2000年	2005年	变化率（%）	2000年	2005年	变化率（%）	2000年	2005年	变化率（%）
山西	7.34	8.42	1.08	37.92	121.32	83.40	17.23	32.36	15.13
安徽	6.47	7.04	0.57	32.05	96.25	64.20	11.92	14.79	2.87
江西	6.91	7.53	0.62	35.89	149.86	113.97	13.86	15.58	1.72
河南	7.17	7.98	0.81	29.54	90.82	61.28	12.42	16.78	4.36
湖北	7.35	7.83	0.48	59.34	177.35	118.01	14.81	27.92	13.11
湖南	7.31	7.99	0.68	41.28	119.32	78.04	13.69	19.19	5.05
中部地区	7.09	7.80	0.71	39.34	125.82	86.48	13.99	21.10	7.11
全国	7.11	7.83	0.72	43.93	119.44	75.51	17.1	29.17	12.07

资料来源：《中国统计年鉴》（2001，2005，2006）。

3. 医疗卫生状况低于全国水平，而且差距呈扩大态势

2005年，中部地区万人病床数和万人卫生技术人员数均低于全国平均水平（表3—13）。特别是万人病床数，只有山西略高于全国平均水平，其他五省均低于全国水平。山西、湖北的万人卫生技术人员数也略高于全国平均水平。总体上看，山西、湖北医疗卫生条件较好，其他四省较差。虽然万人病床数与全国平均水平差距不是很大，但医疗设备普遍陈旧落后。特别是农村地区，大部分设备是上世纪80年代计划经济时代所购置的。同时，乡村医生和卫生员急剧减少，农村卫生与医疗保健不容乐观。

表 3—13 中部地区医疗卫生指标

	万人病床数			万人卫生技术人员数			人口预期寿命
	2000年	2005年	变化率（%）	2000年	2005年	变化率（%）	2000年
山西	33.93	32.18	−1.75	59.00	51.83	−7.17	71.65
安徽	20.96	20.68	−0.28	31.45	31.69	0.24	71.85
江西	21.96	19.68	−2.28	36.71	37.00	0.29	68.95
河南	21.46	22.64	1.18	36.20	30.65	−5.55	71.54
湖北	23.76	24.37	0.61	49.78	45.93	−3.85	71.08
湖南	22.27	23.92	1.65	42.31	40.22	−2.09	70.66
中部地区	24.06	23.91	−0.15	42.58	39.55	−3.02	70.96
全国	25.10	25.63	0.53	44.17	41.50	−2.67	71.40

资料来源：《中国统计年鉴》（2001，2006）。

2000~2005年,在全国医疗卫生条件得到一定改善的情况下,中部地区总体上没有得到改善,与全国的差距扩大。特别是山西省,虽然医疗条件在中部地区是最好的,但2000~2005年医疗条件不但没有改善,而且出现退步。其他省份在不同指标上也都有不同程度的停滞或者倒退(表3—13)。

图3—10对比了2005年我国各省份之间万人医院床位数的差异。由图中可以看出,中部地区虽然与全国平均水平差距不大,但与东部一些省市存在明显的差距,甚至低于西部地区的一些省份。

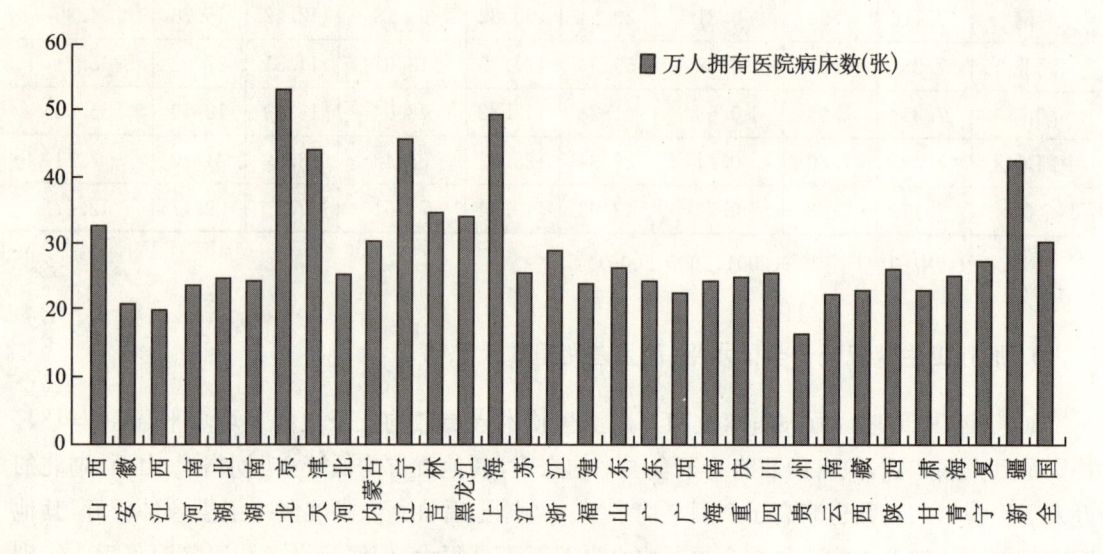

图3—10 2005年内地各省平均每万人医院床位数
资料来源:《中国统计年鉴》(2006)。

4. 生活质量仍低于全国平均水平,而且城乡收入差距扩大

2000~2005年,中部地区社会消费品零售总额由7 329亿元上升到13 184亿元,增加了79.9%,但占全国的比重却由20.6%下降到19.4%,下降了1.2个百分点。这在一定程度上说明,中部地区人民生活水平提高速度慢于全国平均速度。

从收入水平看,中部各省的城镇人均收入和农村人均收入均低于全国平均水平(表3—14)。2005年,全国城镇和农村人均收入分别为10 493元和3 254.9元,而中部地区只有8 833.4元和2 958元,分别只相当于全国平均值的84%和91%。从收入增幅来看,2000~2005年中部地区城镇人均收入增加了66.7%,超过了全国平均增幅(66.1%);而农村人均收入仅增加了42.8%,低于全国平均增幅(44.4%)。这表明,中部地区城乡差距继续扩大,而且扩大的幅度大于全国平均值。

表 3—14 中部地区城乡人均收入变化

	城镇人均收入(元/人)			农村人均收入(元/人)		
	2000 年	2005 年	变化率(%)	2000 年	2005 年	变化率(%)
山西	4 745.4	8 913.9	87.8	1 905.6	2 890.7	51.7
安徽	5 331.6	8 470.7	58.9	1 934.6	2 641.0	36.5
江西	5 129.5	8 619.7	68.0	2 135.3	3 128.9	46.5
河南	4 784.0	8 668.0	81.2	1 985.8	2 870.6	44.6
湖北	5 542.6	8 785.9	58.5	2 268.6	3 099.2	36.6
湖南	6 261.2	9 542.0	52.4	2 197.2	3 117.7	41.9
中部地区	5 299.1	8 833.4	66.7	2 071.2	2 958.0	42.8
全国	6 316.8	10 493.0	66.1	2 253.4	3 254.9	44.4

资料来源:《中国统计年鉴》(2001,2006)。

表 3—15 中部地区城乡人均消费变化

	城镇人均消费(元/人)			农村人均消费(元/人)		
	2000 年	2005 年	变化率(%)	2000 年	2005 年	变化率(%)
山西	4 311.9	6 342.6	47.1	1 208.6	1 877.7	55.4
安徽	5 322.8	6 367.7	19.6	1 921.7	2 196.2	14.3
江西	4 487.8	6 109.4	36.1	1 792.8	2 483.7	38.5
河南	4 902.4	6 038.0	23.2	1 586.6	1 891.6	19.2
湖北	5 719.5	6 736.6	17.8	1 760.3	2 430.2	38.1
湖南	5 705.4	7 505.0	31.5	1 981.3	2 756.4	39.1
中部地区	5 075.0	6 516.6	28.4	1 708.6	2 272.6	33.0
全国	4 998.0	7 942.9	58.9	1 670.1	2 555.4	53.0

资料来源:《中国统计年鉴》(2001,2006)。

近年来,中部地区城镇居民和农村居民的人均消费增长缓慢。2000 年中部地区平均人均消费,无论是农村还是城镇,均略高于全国平均水平。但是,到 2005 年,两个指标均低于全国平均水平。2000~2005 年,全国城镇和农村人均消费分别增长了 58.9% 和 53%,而中部地区只增长了 28.4% 和 33%(表 3—15)。

恩格尔系数是国际上通用的表示生活质量的重要标志,数值越低,生活质量越高。2000 年以来,中部地区城乡恩格尔系数总体上呈下降趋势,但仍略高于全国平均水平(表 3—16)。

2005年,湖南、河南和山西的城市恩格尔系数低于全国平均水平,其他三省高于全国平均值。农村恩格尔系数除山西外其他省份均高于或等于全国平均水平。说明中部地区农村居民生活质量与全国平均水平存在的差距较大。但是,2000～2005年,中部各省农村恩格尔系数下降幅度除湖南外都快于全国平均水平(表3—16)。

表3—16 中部地区城乡居民生活质量变化

	城市恩格尔系数			农村恩格尔系数		
	2000年	2005年	变化率(%)	2000年	2005年	变化率(%)
山西	0.35	0.31	−0.04	0.49	0.44	−0.05
安徽	0.46	0.44	−0.02	0.52	0.45	−0.07
江西	0.43	0.41	−0.02	0.54	0.49	−0.05
河南	0.36	0.34	−0.02	0.5	0.45	−0.05
湖北	0.38	0.39	+0.01	0.53	0.49	−0.04
湖南	0.37	0.36	−0.01	0.54	0.52	−0.02
中部地区	0.39	0.38	−0.02	0.52	0.47	−0.05
全国	0.39	0.37	−0.02	0.49	0.45	−0.04

资料来源:根据《中国统计年鉴》(2001,2006)中数据计算。

5. 社会保障覆盖面小,保障程度低于全国平均水平

近年来,中部地区社会保障建设取得了一定的成效,但保障程度仍低于全国平均水平。2005年,中部地区全部从业人员中参加养老保险、失业保险、医疗保险的比重分别为18.8%、12.3%和14.9%,均低于全国平均水平。其中,养老保险、失业保险和医疗保险覆盖面分别比全国平均水平低4.3个百分点、1.7个百分点和3.3个百分点(表3—17)。

2002～2005年,中部地区养老保险和医疗保险覆盖率分别比2002年增加了42.7%和45.0%。但是,与全国平均增幅相比,只有湖北的养老保险覆盖率增幅略高于平均值,其他五省均低于平均值。从医疗保险覆盖面来看,也只有江西有了较大幅度的提高,其他五省的提高幅度都很小。2002～2005年,在全国失业保险覆盖率增加1.7%的情况下,中部地区的失业保险覆盖率却下降了2.8%。除湖南有显著提高之外,其他五省的失业保险覆盖率均有明显下降,特别是湖北省下降了13.3%(表3—17)。发生这个现象的原因部分在于国有企业破产和改制。中部地区国有企业比重较高,在改制过程中,一部分国有企业通过改制变成了非国有企业,还有一部分企业通过破产进行重组,其中必然涉及职工的下岗和失业问题。这部分国有企业职工下岗后往往灵活就业,后接续参保少,从而导致参保人员流失严重,失业保险参保人数下降。

表 3—17 2002～2005 年中部地区社会保障状况　　　　　　　　　单位:%

	养老保险覆盖率			失业保险覆盖率			医疗保险覆盖率		
	2002	2005	变化率	2002	2005	变化率	2002	2005	变化率
山西	19.5	26.0	33.1	19.7	19.5	−0.7	15.3	22.0	43.9
安徽	9.7	13.5	39.9	11.1	10.3	−7.1	8.0	11.1	38.3
江西	13.2	18.4	39.8	11.6	10.9	−5.6	5.5	13.1	140.8
河南	10.8	14.4	33.1	12.1	12.0	−0.8	9.7	11.3	16.4
湖北	19.5	30.0	53.9	16.9	14.6	−13.3	13.7	18.8	36.9
湖南	13.2	19.6	48.5	9.4	10.5	11.1	11.5	13.8	19.9
中部地区	13.2	18.8	42.7	12.6	12.3	−2.8	10.3	14.9	45.0
全国	15.1	23.1	52.8	13.8	14.0	1.7	12.7	18.2	42.6

资料来源:根据《中国统计年鉴》(2003,2006)中数据计算。

第三节　存在的主要问题

一、"三农"问题较为严重

中部地区历来是我国重要的农业生产基地,也是我国"三农"问题最突出的地区。农业人口多、人均耕地少、农民负担重、农村剩余劳动力多是中部地区的重要特点之一。

表 3—18 2005 年中部地区农业基础条件

	单位耕地农业机械总动力(千瓦/公顷)	单位耕地有效灌溉面积(%)	人均农村用电量(千瓦小时/人)	受灾面积占耕地比重%	成灾面积占受灾面积比重%
山西	4.99	23.7	284.09	38.46	59.60
安徽	6.67	55.8	122.10	48.26	56.07
江西	5.95	61.2	136.73	47.64	42.99
河南	9.78	60.0	215.11	26.04	52.23
湖北	4.16	41.7	175.53	52.13	54.81
湖南	8.07	68.1	119.07	52.47	57.09
中部地区	6.95	51.2	170.42	42.00	54.38
全国	5.26	41.9	461.05	29.85	51.43

资料来源:《中国统计年鉴》(2006)。

首先,农业基础不够稳定,农业基础设施较差,农业综合生产能力不高,抵抗自然灾害的能力较差(详见第五章)。2005年,虽然中部地区单位耕地农业机械总动力和有效灌溉面积比重分别高出全国平均水平的32%和22%,但是农村用电量仅为全国平均水平的36.96%。受灾面积占耕地面积的比重达到42%,远远高出全国平均值(29%)。同时,成灾面积占受灾面积的比值也高出全国平均值(表3—18)。说明中部地区总体上抵御自然灾害的能力弱。

其次,农民收入低,增长缓慢。2005年,中部地区农村人均收入只有全国平均值的91%,而且没有一个省高于全国平均水平。尤其是安徽、山西、河南的农民人均收入分别比全国低18.9%、11.2%和11.8%。而且,2000年以来,中部地区农村人均收入与全国平均值差距呈现波动下降的态势(图3—11)。

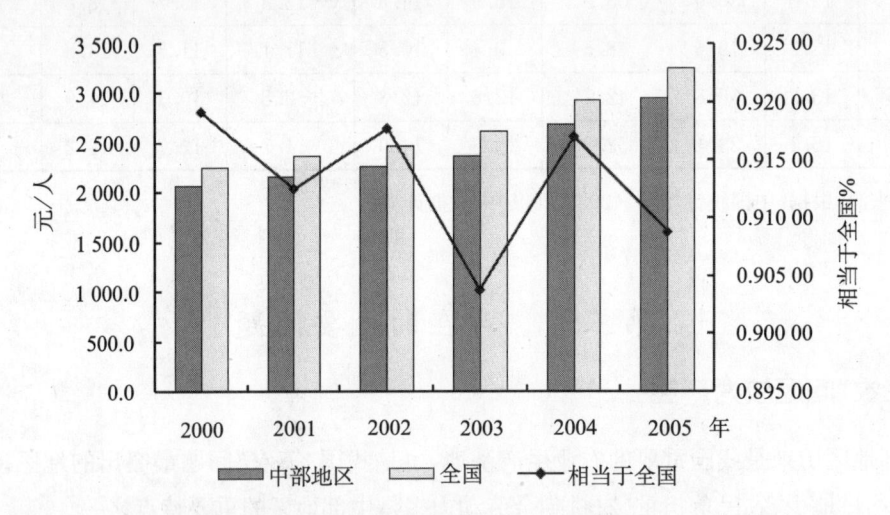

图3—11 2000～2005年中部地区农村人均收入与全国对比
资料来源:根据历年中国统计年鉴数据计算。

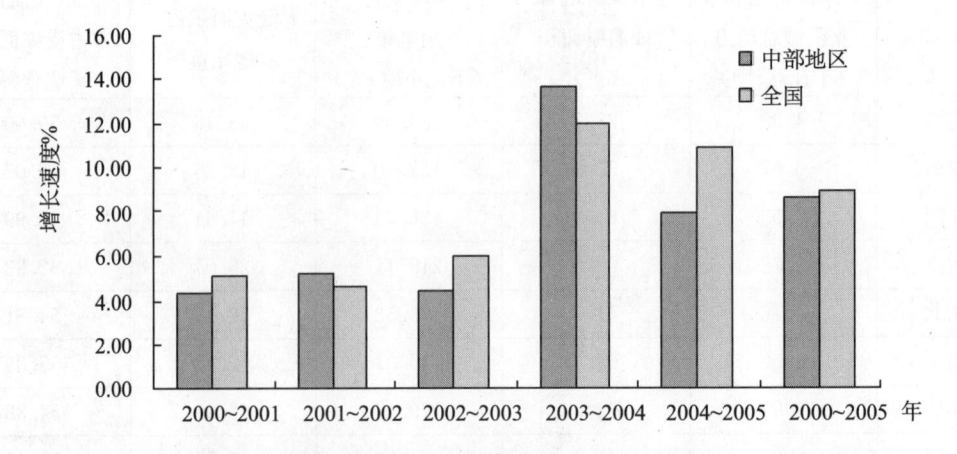

图3—12 2000～2005年中部地区农村人均收入增长速度与全国对比
资料来源:根据历年中国统计年鉴数据计算。

2000～2005年,中部地区农民收入增长速度低于全国平均速度。但在不同年份、不同省之间略有差异。总体上,山西、江西、河南增长较快,而安徽、湖北增长较慢。2002年和2004年中部地区农民收入的增长速度快于全国水平,其他年份慢于全国水平。特别是2004年,由于粮食产销政策的调整,作为粮食主产区的中部地区农民收入增速加快(图3—12,表3—19)。但由于农资价格仍处高位运行,农民种粮的成本居高不下,农民依靠种粮增收难度较大。2005年,农民收入增速再次低于全国平均速度。农民种粮的积极性受到一定的影响。如何在保证粮食基地的情况下,优化种植业结构,提高农民收入是中部地区面临的重大问题。

表3—19 2000～2005年中部地区农村人均纯收入变化　　　　　　　　单位:%

年份	2000～2001	2001～2002	2002～2003	2003～2004	2004～2005	2000～2005
山西	2.64	9.91	6.95	12.63	11.63	10.34
安徽	4.41	4.83	0.47	17.48	5.67	7.30
江西	4.48	3.38	6.54	13.41	12.28	9.31
河南	5.64	5.62	0.90	14.20	12.43	8.91
湖北	3.69	3.91	5.02	12.59	7.24	7.32
湖南	4.66	4.28	5.63	12.04	9.86	8.38
中部地区	4.26	5.21	4.31	13.62	7.95	8.56
全国	5.01	4.61	5.92	11.98	10.85	8.89

资料来源:根据历年中国统计年鉴数据计算。

表3—20 2005年中部地区人口城乡分布与全国对比

	城镇人口 数量(万人)	城镇人口 比重(%)	乡村人口 数量(万人)	乡村人口 比重(%)
山西	1 411	42.11	1 940	57.89
安徽	2 170	35.50	3 944	64.50
江西	1 593	37.00	2 713	63.00
河南	2 872	30.65	6 499	69.35
湖北	2 465	43.20	3 242	56.80
湖南	1 338	37.00	3 982	63.00
中部地区	11 849	34.70	22 320	65.30
全国	56 157	42.99	74 471	57.01

资料来源:《中国统计年鉴》(2006)。

此外,中部地区农村人口比重大,农村剩余劳动力多,转移难度较大。2005年,中部地区乡村人口总数达22 320万人,占全国乡村总人口的30.8%;乡村人口比重高达65.3%,高出全国8.3个百分点。中部各省中只有湖北的城镇化水平略高于全国平均水平(43%),其他五省均低于全国平均水平。中部地区整体城市化率只有34.7%（表3—20）。2005年,中部地区农业耕地面积30 566.5千公顷,占全国的23.5%,而农村劳动力总数为1.53亿人,占全国总数的31.5%,人多地少的矛盾比较突出（图3—13）。据估算,中部地区农村剩余劳动力达0.4亿人,占全国总数的30%,剩余劳动力安置任务十分艰巨。

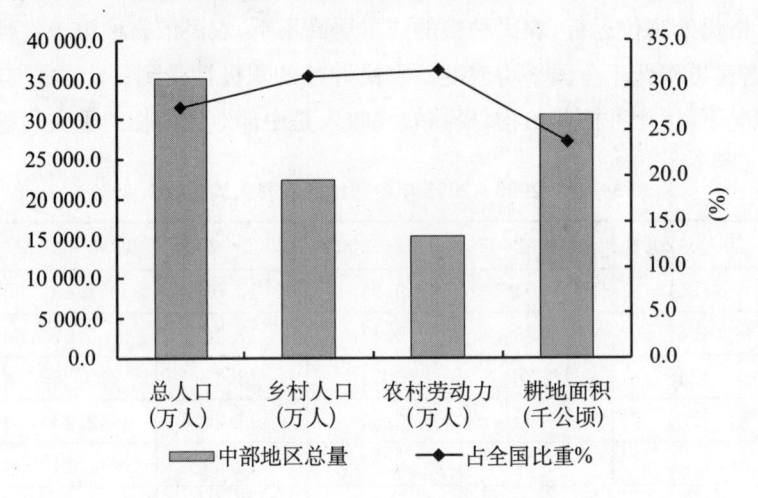

图3—13 中部地区乡村人口、劳动力、耕地资源与全国对比
资料来源:根据《中国统计年鉴》(2006)有关数据计算。

二、结构性问题比较突出,一些大中城市存在"东北现象"

结构问题表现在产权结构和产业结构两个方面。在产权结构中,国有经济比重较高。2005年,中部地区国有及国有控股企业工业总产值占全部工业企业工业总产值的52.6%,大大高出全国37.7%的平均水平,而且所有省份都高。国有企业从业人员也达到30%,高出全国平均水平10个百分点(表3—21)。

表3—21 2005年中部地区按经济类型分产值和从业人员与全国对比

	工业总产值(亿元)			从业人员(万人)		
	全部工业企业	国有及国有控股	国有比重%	全部工业企业	国有及国有控股	国有比重%
山西	4 173.9	2 534.6	60.7	278.1	119.8	43.1
安徽	4 236.4	2 418.4	57.1	235.8	71.0	30.1
江西	2 736.7	1 531.6	56.0	179.2	47.1	26.3
河南	9 236.8	4 042.1	43.8	530.3	146.0	27.5
湖北	5 329.2	3 168.9	59.5	235.5	76.9	32.7
湖南	4 341.9	2 104.6	48.5	262.4	61.5	23.4
中部地区	30 054.9	15 800.1	52.6	1 721.2	522.2	30.3
全国	222 315.9	83 749.9	37.7	9 303.9	1 874.9	20.2

资料来源:《中国统计年鉴》(2006)。

在产业结构中,中部地区的重工业比重比较高,而且重工业的层次和产品质量也比较低,无法与东部相比,更无法与国外相比。首先,中部地区重工业主要以采掘业和能源原材料等中间产品为主(详见第六章)。其次,产品加工深度不够,产品的质量和档次比较低。总体上,第二产业内部结构处于资源初加工阶段,以资源开发型产业为主,煤炭、电力、冶金、建材等能源原材料基础产业和以农产品为原料的初级加工业比重大。长期以产业链上游产品为主导,初级产品、粗加工生产比重居高不下,形成了单一的资源型产业优势,后续产业和替代产业缺乏,导致产业结构优化升级困难重重。

因而,中部地区的一些大中城市,确实存在"东北现象",产业结构的调整和支柱产业的发展很困难,结构升级步履缓慢,国民经济发展缺乏有活力的经济增长点。诸多的生产部门和行业在与东部地区同行的竞争中受到的压力很大。

三、内部空间组织联系松散

中部地区从来不是一个完整的经济区,没有一两个大都市经济区作为核心,缺乏区域性门户城市,而是分别属于珠江三角洲、长江三角洲、京津等集聚区的腹地和相应经济区的一部分(详见第八章)。在中部各省的省会城市中,武汉市无论是在经济还是人口方面都处于领先地位。其城市人口和 GDP 的首位度分别达到 2.37 和 2.87(表 3—22)。但作为首位城市,武汉的辐射范围却很难到达中部其他省份,而且与其他省份的联系也很少。事实上,山西、河南与京津都市经济区的联系更紧密,湖南和江西南部与珠江三角洲的联系密切,而安徽和江西东部则与长江三角洲经济区有着更紧密的联系。因此,中部地区在经济上已经被分割到不同的板块,难以在短期内形成一个完整的经济区。如何协调好中部整体的发展,是中部地区面临的一个现实问题。

表 3—22　2005 年中部地区省会城市实力对比

	市区非农业人口(万人)	市区 GDP(亿元)
武汉	484.70	1956.00
太原	204.46	533.73
长沙	168.67	680.45
郑州	185.37	670.00
南昌	166.79	567.95
合肥	135.77	464.60
城市首位度	2.37	2.87

资料来源:《中国城市统计年鉴》(2006)。

第四节 对策建议

一、有效开发劳动力资源

中部地区有着丰富的劳动力资源,特别是农村剩余劳动力总量大、比重高。因此,应将全面提高劳动力素质,帮助大多数农村劳动力转移作为中部地区发展的重要突破口;而实现农村劳动力转移最重要、最根本的措施是加大人力资源开发力度。

农村人力资源开发,在重视农业现代化人才培养的同时,应特别注意提高非农就业能力,探索适合农民和农村特点的教育和培训模式,充分利用已有的教育培训设施、人才等资源,做好劳动力的教育和培训工作。重视农村基础教育和职业教育。基础教育在全面提升农村未来人口素质的同时,也使一大批农村青少年通过高考、中考等途径实现"农转非",由农村迁移到城市,这无疑是农村人力资源开发、转移农村富裕劳动力的一个直接的办法。大力发展职业教育是农村人力资源开发的有效途径。充分发挥现有的农业大中院校、职业学校等高等培训和教育基地,特别是农业职业教育培训中心的作用,开展多种形式、不同专业的定期和不定期培训或短训,利用现代网络和信息技术教育,构筑农民终身教育体系。

二、积极推进产业结构的调整和增长质量的提高

我国基础产业的产品还有一定的发展空间,将基础产业作为主要方向是多数中部地区省份的选择。基础产业的发展在全国经济建设中起着主要作用。中部地区能源、交通条件都比较好,临近东西部市场,而且现有的传统产业基础比较好,因而适合发展基础产业。但在发展的过程中,各省要明确自己的资源、区位以及现有产业优势,将基础产业的发展建立在新技术应用和产品创新基础之上。

中部地区的增长质量问题应该提到重要的位置上来。如果不能在技术改造方面取得很大的进展,还是比较落后的生产技术设备,追求"量"的扩张,只在 GDP 增长方面下工夫,产品的竞争力差,就可能丧失现有的国内市场。如果能够在产业结构和技术结构方面取得重大进展,就将能够起到进口替代的作用。这是今后几年中部地区的一个重要的发展机遇。

三、加强与东西部地区的合作

中部地区应加强同东西部地区的合作,尤其是人才、贸易的合作。建立生产合作渠道,寻求合作机会。中部地区的发展,人才是关键,应争取吸引发达地区高素质人才,从管理、技术、经验方面带动中部地区发展。与此同时,应瞄准东西部市场。由于东部地区将率先进行产业升级,主要发展高端制造业和高新技术产业,因此从地域分工上看,很长一段时间里中部地区将承担着为东部地区提供原材料以及消费品的职责。在这种情况下,中部地区应不断挖掘自身优势,寻求市场契机,占领东部地区的市场。另外,在西部大开发过程中,中部地区也要抓住投资机会,并引导过剩劳动力适当向西部地区就业。

四、加快社会事业发展,提供基本公共服务

中部地区在加快经济发展的同时,应把缩小与东部沿海地区的社会发展差距放在重要的位置,实现不同地区人口基本公共服务均等化。特别是要加快卫生基础设施建设和医务人员技术水平的提高,增加专业卫生人员和医院床位数。重点改善农村,包括县城的医疗卫生条件,重建农村合作医疗体系。

五、大力推进农村城镇化、农业产业化和新农村建设

对于农村人口多、农业比重较高的中部地区来讲,积极推进农村城镇化、发展小城镇,是缩小城乡差距的重中之重。要统筹城乡发展,必须着眼于农业产业结构调整,积极发展特色农业和品牌农业。同时,以农业为基础大力发展农村的非农产业。只有非农产业,特别是农产品加工业的发展,才能逐步形成二、三产业相互促进的局面,为农民提供更多的非农就业机会,提高农民收入,改善乡村环境,为城镇化提供基础。

参 考 文 献

1. 刘卫东、张国钦、宋周莺:"经济全球化背景下我国经济发展空间格局的演变趋势研究",《地理科学》,2007 年第 5 期。
2. 陆大道等:《中国工业布局的理论与实践》,科学出版社,1990 年。
3. 陆大道:"我国中部地区的地位和加快发展的途径",《学习与实践》,2001 年第 3 期。
4. 缪国书:"比较优势、竞争优势与中部崛起的路径依赖",《中南财经政法大学学报》,2006 年第 3 期。
5. 秦尊文:"论中部崛起的战略定位",《湖北经济学院学报》,2005 年第 6 期。
6. UNDP、中国发展研究基金会:《中国人类发展报告 2005——追求公平的人类发展》,中国对外翻译出版社,2005 年。
7. UNDP. 2002. *China Human Development Report — Transition and the State*, China Financial & Economic Publishing House.
8. 王一鸣:"关于促进中部崛起的几个问题",《中国对外贸易》,2006 年第 7 期。
9. 杨开忠:"关于中部崛起的基础和战略",《中国金融》,2005 第 5 期。
10. 赵武壮、王敏:"我国中部地区有色金属工业已经崛起",《有色金属》,2005 年第 4 期。
11. 张乃剑:"中部崛起的农业优势",《瞭望》(新闻周刊),2005 年第 27 期。

第四章 产业发展现状与战略方向

中部地区是我国主要的粮食生产基地、重要的能源原材料基地、装备工业基地和交通枢纽,在国民经济中具有重要的地位。本章首先回顾了中部地区产业发展的历程,重点剖析了"十五"时期中部各省区产业结构演变的态势和原因,对产业政策实施效果进行了初步的评价。其次,分析了未来中部地区产业发展面临的机遇与挑战,探讨了中部地区产业发展的战略方向。最后,提出了若干政策措施建议。形成的主要观点如下。

- 中部地区产业发展成效显著,工业化进程已进入中期阶段,目前已初步形成以能源原材料和加工工业并重的产业结构体系,与西部以能源原材料为主和东部以加工工业为主的产业结构形成相互关联互补之势。
- 近年来,中部各省在发展经济和利用自身优势方面制定了有效的政策,结构调整和主导产业培育取得了一定的成效。但是,总的来看,中部地区的能源原材料工业增长速度快于其他部门,结构进一步偏重。各省在结构调整方面也都还存在一些需要改进的地方。
- 经过分析和筛选,认为应选择能源产业、冶金工业、机械工业、电子信息产业、化学工业以及农产品加工和制造业六大产业作为中部地区重点发展的产业。
- 为了落实国务院关于中部地区"三基地一枢纽"的战略定位,需要实施以下几项措施:一是加强区际产业发展合作,二是国家应给予适度倾斜的区域政策,三是努力加大改革开放的力度,四是建设和完善市场体系,五是重视和依靠行业协会和企业自身的力量。

第一节 产业发展过程的简要回顾

我国工业化过程经历了重工业化、轻工业补课和再度重工业化等阶段,目前已进入工业化中期。2005年全国一、二、三产业增加值比例为12.5∶47.3∶40.2,就业结构为44.7∶23.9∶31.4;轻、重工业总产值的比例为31.6∶68.4。中部地区经历了与全国类似的产业发展过程。2005年中部地区经济总量在全国的比重为18.9%,一、二、三产业增加值比例为16.7∶46.8∶36.6,就业结构为50.5∶21.1∶28.4;轻、重工业总产值比例为29.8∶70.2。比较而言,中部地区产业结构明显落后于全国平均水平,重工业比重高于全国平均水平。

一、新中国成立之初以能源原材料等重化工业为主的阶段

包括"三年"恢复期和"一五"时期(1949~1957)。由于饱受长期战乱的影响和破坏,我国工业化起点非常低。1952年我国第二产业和第三产业就业比重分别只有7.4%和9.1%,而

第一产业高达83.5%，是一个落后的农业国。中部地区同全国一样，也是在没收十分有限的国民党官僚资本和国外资本，大力修复各项重要生产性基础设施，努力帮助民族资本家恢复生产的基础上，开始工业化进程的。中部地区工业生产的恢复是从山西南部地区开始的，这里是老解放区，抗战期间创办了大约50多个工矿企业。1949年5月，山西全境解放，没收了西北实业建设公司等大约65个官僚资本工矿企业，帮助400多个民族工业企业恢复了生产。

"一五"时期，国家开始了以前苏联援助的"156"项以及694个限额以上工业项目为主的大规模工业建设。中部地区成为重点建设地区，其原因一是建立计划经济体制和确立重工业优先发展战略；二是实施均衡布局战略，以改变旧中国工业过度集中沿海地区的"畸形"状态；三是大规模工业化初期需要依托沿海工业的支持，工业向内地转移的幅度和步伐不可能太大太快。当时，全国被分为沿海和内地两大地区，"156"个重点项目和694个限额以上项目大约有2/3左右分布在内地，并主要集中在中部地区。这些项目主要是能源原材料项目，也有少量机械项目（表4—1）。在山西和河南，太原钢铁厂、太原重型机械厂（两大重机项目之一）、洛阳拖拉机厂以及一些煤炭（大同）、电力、机械、化工项目，初步奠定了太原、洛阳和郑州等城市的工业基础。在湖北、湖南、安徽和江西，武汉钢铁厂（内地新建的两大钢铁基地之一）、武汉长江大桥、马鞍山钢铁厂以及一些有色冶金（大冶的铜矿、铜陵的铜矿、株洲的硬质合金厂和大吉山等地的钨矿）、煤炭（淮南）、机械项目（包括江西的一些军工项目）等，逐步形成了以武汉、株洲和湘潭等城市为中心的新中国第一批内地工业基地，初步奠定了中部地区工业体系的基础。

表4—1 "一五"时期"156"重点工程项目在中部地区分布情况

行业	项目名称	性质与时间	规模	分布地点
煤炭	鹅毛口立井			山西大同
	潞南洗煤厂			山西潞南
	平顶山二号立井	新建 1957～1960	采煤90万吨	河南平顶山
	中马村立井			河南焦作
	谢家集中央洗煤厂			安徽淮南
电力	太原第一热电站	新建 1953～1957	7.4万千瓦	山西太原
	太原第二热电站	新建 1956～1958	5万千瓦	山西太原
	郑州第二热电站	新建 1952～1953	1.2万千瓦	河南郑州
	洛阳热电站	新建 1956～1958	7.5万千瓦	河南洛阳
	三门峡水利枢纽	新建 1956～1969	110万千瓦	河南峡县
	青山热电站	扩建 1956～1959	11.2万千瓦	湖北武汉
	株洲热电站	新建 1955～1957	1.2万千瓦	湖南株洲
钢铁	武汉钢铁公司	新建 1955～1962	生铁150万吨，钢150万吨，钢材110万吨	湖北武汉

续表

行业	项目名称	性质与时间	规模	分布地点
有色	洛阳有色金属加工厂	新建1957~1962	铜材6万吨	河南洛阳
	株洲硬质合金厂			湖南株洲
	大吉山钨矿	新建1955~1959	采选1 600吨/日	江西虔南
	西华山钨矿	新建1956~1959	采选1 856吨/日	江西大余
	岿美山钨矿	新建1956~1959	采选1 570吨/日	江西定南
机械	洛阳拖拉机厂	新建1956~1959	拖拉机1.5万台	河南洛阳
	洛阳滚珠轴承厂	新建1954~1958	滚珠轴承1 000万套	河南洛阳
	洛阳矿山机械厂	新建1956~1958	矿山机械设备2万吨	河南洛阳
	武汉重型机床厂	新建1955~1959	机床380台	湖北武汉
	湘潭船用电机厂	新建1957~1959	电机11万千瓦	湖南湘潭
化工	太原化工厂	新建1954~1958	硫酸4万吨	山西太原
	太原氮肥厂	新建1957~1960	合成氨5.2万吨,硝酸铵9.8万吨	山西太原
医药	太原制药厂	新建1954~1958	磺胺1 200吨	山西太原

资料来源:《中国固定资产投资统计资料》(1950~1985),表中未含军工项目。

"一五"期间国家安排的在内地的工业投资达262.75亿元,占全国总投资的47.8%(沿海占41.8%,其余为不分地区的投资)。中部地区工业总产值在全国的比重由1952年的16.2%提高到1957年的18.8%。能源原材料工业产值比重提高更快,已初步成为国家的重要能源原材料生产基地。产业结构得到一定的改善,一、二、三产业就业比例由1952年的83.5∶7.4∶9.1演变为1957年的81.2∶9.0∶9.8,增加值比例由1952年的50.5∶20.9∶28.6演变为1957年的40.3∶29.7∶30.1,结构转换率为0.68个百分点/年。纺织、食品、机械、冶金等主要工业部门的产值比重由1952年的22.4%、20.3%、7.8%和3.9%演变为1957年的16.5%、15.6%、12.4%和5.5%。

二、"以钢为纲"的重点发展时期

包括"大跃进"和调整时期(1958~1965),即"二五"时期和"三年"继续调整时期。这一时期影响中部地区产业发展的主要因素有三个。一是大办钢铁带来的经济片面的"大跃进"。全国投资"以钢为纲",严重地向以钢铁、煤炭、机械、电力和铁路五大行业大幅度倾斜。中部地区在建设武钢的基础上,进一步突出了钢铁工业。通过扩建、改建和新建,形成了一大批中小钢铁厂和数目更多的炼铁、炼钢"小土群",钢铁工业占工业总产值的比重达10%以上,创历史最高水平。二是经济管理权限的下放和各地区建立独立完整的工业体系。从"一五"时期末国家就开始酝酿下放部分高度集中于中央政府的经济管理权力,以充分发挥中央政府和地方政府发展经济的两个积极性(但不包括企业)。不久,又要求当时划分的"七大经济协作区"建立自己独立完整的工业体系,目的是促进各地区工业化的加速发展。但由于资本、技术和人才严重缺乏,各地只好竞相办起了各类"小土群"。由于这一时期国家继续实行区域均衡发展战略,并鼓励各地区建立独立的工业体系,特别是有潜力的内陆地区加速工业化进程,中部地区仍然成为国家投资建设的重点地区。三是从1961年开始的经济调整。由于过分强调钢铁工业的发展,导致消费和积累以及建设比例严重失调,给国民经济健康发展带来巨大的影响。国家上收了经济管理权限(中间也试办过"托拉斯"),大幅度压缩固定资产投资,大批辞退产业工人和民工,下放城市居民,全力保证农业生产,使我国经济出现了前所未有的大起大落现象。

这一时期,中部地区主要工业建设项目包括:钢铁工业在已有的几大钢铁基地的基础上,又改建、扩建和新建了太钢、马钢和平顶山钢铁厂等,但调整时期仅留下了马鞍山车轮厂(属马钢)和太钢扩建工程;机械工业方面建设形成了合肥、郑州、株洲和南昌等新基地;化工方面,建设了太原化肥厂、湖北应城碱厂、株洲氯碱厂等;建材方面,建设了株洲、洛阳、太原和蚌埠四个中型玻璃厂,在调整时期除株洲厂外其他厂都曾一度下马。

据统计,"二五"时期内地占全国投资的比重仍高达53.9%。中部地区工业总产值在全国的比重进一步由1957年的18.8%大幅提高到1965年的24.2%。1965年,一、二、三产业就业结构演变为81.6∶8.4∶10.0,增加值结构演变为37.9∶35.1∶27.0,结构转换率为0.26个百分点/年。同年,纺织、食品、机械、冶金等主要工业部门的产值比重演变为11.6%、10.2%、18.5%、9.2%。

三、汽车工业和石化工业重点发展时期

包括"三五"、"四五"和"五五"前三年(1966~1978),是"文革"和"洋跃进"时期。这一时期中部地区产业发展的最大亮点是第二汽车制造厂和一批化纤和化肥工业的建设。这些项目初步奠定了中部地区机械装备工业基地的地位,也进一步强化了其能源原材料工业基地的功能。

这一时期影响中部地区产业发展和布局的主要因素有三个。一是"三线"建设。1964年到1972年是"三线"建设高潮。包括"大三线"建设地区,其中西北"三线"地区由陕、甘、宁、青和晋西地区组成,西南"三线"地区由川、滇、黔以及豫西、鄂西和湘西等地区组成,共计11个省区;"小三线"建设地区,指一些沿海和内地其他省份提出的各省省区内落后山区的计划。"三线"建设在中部地区主要涉及晋西以及由豫西、鄂西和湘西等地组成的所谓"三西"地区(该地区在"三线"建设后期曾为重点建设地区)。显然,"三线"建设时期,西部成为投资的重点地区,中部地区退居次要地位。二是从西方大规模引进成套设备。由于当时中国与西方关系缓解,同时大庆等油田的发现和开采需要为日益增加的石油产量寻求出路,中央决定从1972年起从日本、美国和西欧等发达国家引进一批成套工业项目,包括17套化纤和化肥设备,43套煤炭综采设备,1个发动机项目和1个1.7米轧机项目。长江中下游地区成为接受这些引进项目的重点地区之一。三是"五五"前3年所谓"洋跃进"时期,大规模建设和更大规模设备引进的

设想。当时提出,到80年代末基本实现现代化,要建设10大钢铁基地、10大石油基地、8大煤炭基地、9大有色冶金基地、30个大电站和5个大港口。为此,在设备引进上也与外方签订了上百亿美元的购买合同。虽然上述许多项目最后并没有实施,但中部地区的产业发展在"洋跃进"中进一步得到加强。

这一时期中部地区产业发展的重大项目有:在湖北十堰建设的"三线"项目东风汽车厂(二汽),1972年开始的葛洲坝水利枢纽以及当时最先进的武钢1.7米轧机。其他建设项目还有:神马帘子布厂、新乡化纤厂、安庆石化总厂化肥厂、洞庭湖化肥厂和湖北化肥厂;襄渝线、湘黔线;青山热电厂扩建等。

"三线"建设国家累计投资达2 000亿元,建设各类项目2 000个,各类基地45个,新建工业城市30座,其中大部分资金和项目分布在西部地区,中部地区仅有一小部分重点项目。总体上,我国经济进一步向内陆,特别是西部地区倾斜。因此,这一时期中部地区在全国工业中的地位有所下降,比重由1965年的24.2%下降到1978年的16.3%。1978年一、二、三产业就业结构演变为70.5∶17.3∶12.2,增加值结构演变为27.9∶47.9∶24.2,结构转变率为0.36个百分点/年。同年,纺织、食品、机械、冶金等主要工业的产值比重演变为9.4%、9.0%、24.5%、8.2%,机械工业成为最大的工业部门,反映汽车制造等工业发展的贡献。

四、改革开放后轻工业恢复性发展及煤炭能源化工基地形成时期

包括"六五"、"七五"、"八五"和"九五"时期(1978~2000)。影响这个阶段中部地区产业发展的主要因素包括如下方面。一是工业化战略的大调整。从优先发展重工业转向优先发展轻工业,并相应地调整了重工业的服务方向,从所谓的自我服务、自我循环转向主要为轻工业、农业和生活等领域服务。中部地区产业结构以重工业为主,轻工业底子比较薄,在恢复发展中取得了一定的成绩,但竞争能力始终落后于沿海地区;重工业结构调整的最大成就是山西成为全国最大的煤炭能源化工基地,但装备工业则衰落了。二是产业布局战略由均衡转向非均衡。国家开始实施沿海地区优先发展战略,投资、体制改革和开放政策等向沿海地区倾斜,使中西部地区的投资和吸引外资都受到很大影响。三是中部地区在应对上述两大战略调整时出现了一些失误。首先是没有抓住乡镇企业的大好发展机会,农村发展差距明显扩大,生产要素流向沿海地区。其次是放弃了自身的比较优势,把流通领域作为主要发展方向。原本具有一定优势的装备工业更新改造投资严重不足、设备陈旧,而且服务方向转变太慢。一些原有基础的轻工业也在沿海地区强有力的冲击下,节节败退。当然,改革开放以来中部地区出现的相对落后的局面,也与其远离国际市场的区位有关。

这一时期,中部地区重大的建设项目主要有:为解决改革开放初期面临的能源严重短缺而开展的山西能源基地建设以及后来的"三西(指山西、陕西和内蒙古西部)"能源基地建设;为解决突出的交通问题而建设的京九铁路;为解决电力紧张而上马的三峡水利枢纽等。其他建设项目还包括:农、林建设方面,淮河北岸平原、江汉平原、鄱阳湖平原、洞庭湖平原等商品粮基地建设,黄河和长江中上游天然林保护和退耕还林、太行山绿化等;水利方面,黄河小浪底水利枢

纽工程、长江防洪工程等;铁路方面,石太线、襄渝线和大秦线等新建或改建(电气化)工程以及太焦和衡广复线,枝柳、皖赣、侯月等新线建设;化工方面,湖北磷化工、洛阳化纤、湖北黄麦岭和大峪口矿肥结合工程以及江西九江化肥、山西晋城以优质无烟煤为原料的化肥基地等;冶金方面,武钢炼钢三厂、武钢和马钢的无缝钢管厂、太钢尖山铁矿、山西铝厂、中州铝厂等。此外,20世纪90年代初原国家计委确立了19片重点开发地区,涉及中部地区的有:长江中游沿岸地区、湘赣粤交界地区、兖滕—两淮能源开发区、以山西为中心的能源基地和重庆—宜昌长江沿岸地区等。

据统计,1978～2000年国家固定资产投资大幅度向东部倾斜,比重高达60%左右,而中部仅为16.6%。中部地区在全国工业中的地位进一步下降,总产值比重由1978年的16.3%下降到2000年的14.0%。到2000年中部地区一、二、三产业就业结构演变为57.8∶17.0∶25.2,增加值结构演变为20.2∶4.6∶35.2(表4—2),结构转变率为0.17个百分点/年;纺织、食品、机械、冶金等主要工业部门的产值比重演变为8.1%、9.2%、22.4%、8.5%(表4—3)。

表4—2　2000年中部地区产业与就业结构　　　　　　　　　　　　　单位:%

	增加值结构			从业人员结构		
	第一产业	第二产业	第三产业	第一产业	第二产业	第三产业
山西	10.9	50.3	38.7	49.7	24.9	28.4
河南	22.6	47.0	30.4	64.1	17.5	18.4
湖北	15.5	49.7	34.9	48.0	18.3	33.6
湖南	21.3	39.6	39.1	60.8	14.7	24.6
安徽	24.1	42.7	33.2	59.8	15.8	24.4
江西	24.2	35.0	40.8	51.9	14.4	33.7
中部地区总计	20.2	44.6	35.2	57.8	17.0	25.2
全国	15.9	50.9	33.2	50.0	22.5	27.5

资料来源:《中国统计年鉴》(2001)。

表4—3　2000年中部地区工业结构　　　　　　　　　　　　　单位:%

	轻工业	重工业	采掘业	食品工业	纺织服装工业	冶金工业	机械工业
山西	14.4	85.6	20.4	4.42	2.7	24.5	10.8
河南	36.7	63.3	15.6	14.1	6.3	7.3	12.6
湖北	38.4	61.6	2.8	12.4	10.7	10.1	27.4
湖南	34.7	65.3	4.4	16.0	4.5	13.0	15.9

续表

	轻工业	重工业	采掘业	食品工业	纺织服装工业	冶金工业	机械工业
安徽	41.6	58.4	11.0	26.2	16.1	19.4	38.0
江西	34.5	65.5	4.6	12.8	6.2	15.1	19.2
中部地区总计	35.1	64.9	5.2	9.2	8.1	8.5	22.4
全国	39.8	60.2	4.9	9.8	10.3	8.1	21.0

注：按国有及规模以上工业总产值计算；河南采掘业以后数据为增加值数；湖北采掘业以后数据为2001年数。

资料来源：同表4—2。

第二节 "十五"期间中部各省产业结构变化特点

一、产业发展和结构变化总体情况

"十五"时期影响中部地区产业发展和布局的主要因素包括三个方面。一是重工业化再度兴起。进入21世纪之后，随着人均收入水平的不断提高，我国的需求结构发生了很大的变化。相应地，我国的工业化在经历了20世纪90年代轻工业补课式发展后，再次进入重工业化阶段。国家"十五"计划纲要确定的发展主线是经济结构调整，"十六大"提出了走新型工业化道路，指明了调整的方向。这就是坚持以信息化带动工业化，以工业化促进信息化，走出一条科技含量高、经济效益好、资源消耗低、环境污染少、人力资源优势得到充分发挥的新型工业化路子，推进产业结构优化升级，形成以高新技术产业为先导、基础产业和制造业为支撑、服务业全面发展的产业格局。中部地区具有发展重工业的条件，重工业比重也较高，迎来了一个新的发展机遇。二是再次确立均衡发展的理念。"十五"计划纲要提出了全面建设小康社会的新目标，在"两个大局"思想的指导下，开始实施西部大开发，促进中西部地区发展战略。三是产业集群和开发区成为亮点。开发区在区域经济中的地位不断提高，日益成为区域竞争力的核心区。在区域分工规律的作用下，许多开发区出现了一些产业的聚集现象，这进一步提升了开发区的聚集和分工功能，是传统工业区在新形势下的重新复活，有利于促进区域经济的健康发展。

这一时期，中部地区重大产业建设项目主要有：山西能源化工基地的产业升级，延长煤炭工业的产业链，大力提高煤炭洗选比例，积极发展炼焦产业和坑口电站，全面开辟新型煤化工产业，如煤变油等；万家寨引黄工程（引水到太原）；河南郑州、焦作、豫西等三大氧化铝基地建设；湖北的中国光谷电子信息工程项目（计划建成50平方公里的光电子信息产业带，形成国内第一、国际一流的外向型、国际化的光电子信息产业基地）；湖南的洞庭湖综合治理工程，包括以蓄洪区安全设施、重要垸堤防、排涝设施、河湖疏浚、水利血防工程等；安徽奇瑞、江汽、华菱等骨干整车企业和专用车企业的发展；江西南昌有色金属高端产品生产研发、赣东北铜冶炼加工、赣南稀有稀土金属深加工等。此外,在装备工业的发展上,江西重点发展了农业机械产品及农副产品深加工机械;河南重点发展了工程机械(如洛阳的掘进机项目)以及电力、矿山、纺织、冶金建材等成套设备;安徽重点发展叉车、挖掘机等工程机械和环保设备、农用机械等;江西重点发展了民用飞机制造业。

"十五"时期,国家固定资产投资开始向西部和中部地区适当倾斜,中部地区固定资产投资占全国的比重达到17.8%,比之前十年有较大提高,但仍然低于同期人口所占比重。工业在全国地位的下降速度有一定程度的缓和。国有及规模以上工业总产值占全国的比重由2000年的14.0%下降到2005年的13.4%。2005年,中部地区一、二、三产业就业结构演变为50.5∶21.1∶28.4,增加值结构演变为16.7∶46.8∶36.6,结构转变率为0.23个百分点/年;轻、重工业结构演变为29.8∶70.2,结构转变率为0.17个百分点/年;纺织、食品、机械、冶金等主要工业部门的产值比重演变为6.8%、7.5%、22.6%、11.8%(表4—4和表4—5)。

表4—4 2005年中部地区产业和就业结构 单位:%

	地区生产总值			从业人员		
	第一产业	第二产业	第三产业	第一产业	第二产业	第三产业
山西	6.3	56.3	37.4	43.5	26.1	30.4
河南	17.9	52.1	30.0	55.4	22.1	22.5
湖北	16.6	43.1	40.3	42.4	19.5	38.1
湖南	19.6	39.9	40.6	53.6	17.5	28.9
安徽	18.0	41.3	40.7	51.0	21.9	27.1
江西	17.9	47.3	34.8	45.9	22.0	32.1
中部地区总计	16.7	46.8	36.6	50.5	21.1	28.4
全国	11.6	49.0	39.4	44.8	23.8	31.4

资料来源:《中国统计年鉴》(2006)。

表4—5 2005年中部地区工业结构 单位:%

	轻工业	重工业	采掘业	食品工业	纺织服装工业	冶金工业	机械工业
山西	6.1	93.9	30.5	2.81	0.7	26.5	7.5
河南	29.0	71.0	16.4	13.8	5.0	12.7	13.1
湖北	24.8	75.2	3.0	9.6	6.7	14.7	27.2
湖南	30.1	69.9	6.3	14.5	4.2	18.2	16.5
安徽	28.9	71.1	11.5	17.1	7.8	25.0	38.3
江西	34.5	65.5	5.5	8.9	6.9	24.1	14.8
中部地区总计	29.8	70.2	6.4	7.5	6.8	11.8	22.6
全国	31.6	68.4	5.9	8.1	8.4	11.7	21.0

注:按国有及规模以上工业总产值计算;河南采掘业以后数据为增加值数。
资料来源:同表4—4。

二、各省产业发展和结构变动分析

1. 山西

"十五"期间,山西GDP年均增长13%。2005年GDP达4 100亿元,人均GDP为12 321元/人,经济发展水平虽然低于全国平均水平,但居中部地区第1位。"十五"时期,山西大力实施"1311"(100个农业产业化龙头企业、30个战略性工业潜力产品、10个旅游景区景点和100个高新技术产业化项目)、"5533"(即"十五"后三年,工业结构调整要实施5大战略,建设50个左右高速公路经济带工业园,培育30余户大公司和企业集团,规模以上工业企业销售收入达到3 000亿元以上)等产业结构调整规划以及建设新型能源和工业基地的重大战略,产业发展和结构调整取得重大进展。一、二、三产业增加值比例由2000年的10.9∶50.3∶38.7演变为2005年的6.3∶56.3∶37.4,结构转换率为0.40个百分点/年;轻、重工业比重由2000年的14.4∶85.6调整为2005年的6.1∶93.9,转换率为0.83个百分点/年。

"十五"期间,山西工业行业结构变动也比较明显,突出表现在优势行业的专门化程度进一步提高,产业链有所延长。2000~2005年,36个工业行业结构转换率为0.11个百分点/年。其中,结构比重上升最快的几个行业是煤炭采选业(1.88个百分点/年)、石油加工及炼焦业(1.30个百分点/年)和黑色金属冶炼及压延加工业(0.84个百分点/年);比重下降最明显的几个行业是化学原料及化学制品制造业(-0.62个百分点/年)、有色金属冶炼及压延加工业(-0.44个百分点/年)和非金属矿物制品业(-0.41个百分点/年)。根据偏离—份额法分析,2000~2005年山西工业行业总产值增量为3 634.04亿元,其中按全国工业总产值增长率计算的总量规模偏离份额为2 357.06亿元,贡献率为64.9%;按全国各工业行业产值增长率计算的工业行业结构偏离份额为721.82亿元,贡献率为19.9%;剩下的是区位条件影响的份额为555.16亿元,贡献率为15.3%。计算结果表明:这时期山西工业总产值增速高于全国平均水平;工业总产值增量首先来源于原有工业总量规模,其次是发展较快的专门化行业,如煤炭采选业、黑色金属矿采选业、黑色金属冶炼及压延加工业和石油加工及炼焦业等,区位条件也起了一定的作用。工业行业的专门化程度进一步提高,资源加工深度不断加深(未考虑价格变动的影响,下同。表4—6和附表4—1)。

2. 河南

"十五"期间,河南GDP年均增长11.4%。2005年GDP达到10 535亿元,人均GDP为11 265元/人。经济发展水平低于全国平均水平,居中部地区第3位。"十五"时期,河南产业发展和结构调整成效显著,新兴工业大省的地位基本确立。一、二、三产业增加值比例由2000年的22.6∶47.0∶30.4演变为2005年的17.5∶52.6∶29.9,结构转换率为0.37个百分点/年;轻、重工业比重由2000年的36.7∶63.3调整为2005年的29.0∶71.0。

"十五"期间,河南工业行业结构变动比较平稳,特点是优势资源性行业得到较快发展,结构有所优化。2000~2005年,39个工业行业结构转换率为0.015个百分点/年。其中,结构比重上升最快的行业是煤炭采选业(0.74个百分点/年)、有色金属冶炼及压延加工业(0.62个百分点/年)和黑色金属冶炼及压延加工业(0.45个百分点/年);比重下降最明显的行业是电力热力的生产和供应业(-0.91个百分点/年)、石油和天然气开采业(-0.71个百分点/年)和通信设备计算机及其他电子设备制造业(-0.20个百分点/年)。根据偏离—份额法分析,2000~2005年河南工业行业总产值增量为2 127.07亿元,结构与区位偏离份额总计为-81.23亿元,其中行业结构偏离份额为67.18亿元,区位条件偏离份额为-148.41亿元。这表明:"十五"期间河南工业增加值增速低于全国平均水平;增加值增量除总量规模外,主要是行业结构优化带来的,具有资源优势的工业行业专门化程度提高明显;区位条件作用为负值(表4—6和附表4—2)。

3. 湖北

"十五"期间,湖北GDP年均增长10.1%。2005年GDP达到6 484.5亿元,人均GDP为11 390元/人。经济发展水平低于全国平均水平,居中部地区第2位。"十五"时期,湖北大力推进"三个三工程"(即"三个一批"、"三个一百"和"三个一律":"三个一批"指在推进国有经济战略性结构调整方面,一批大型国有企业成为混合所有制企业,一批国有骨干企业转制为民营企业,一批民营企业培育成为湖北经济发展的排头兵;"三个一百"指在加快发展方面,重点支持一百家大型企业做强做大,重点培育一百家有发展潜力的中小企业,重点推进一百个工业重点建设项目;"三个一律"指在行政管理体制和行政审批制度改革方面,凡是可以下放的权力一律下放,凡是可以取消的收费一律取消,凡是可以精简的审批一律精简)以及八大行业结构调整和高新技术产业化,在实施新型工业化战略上卓有成效。一、二、三产业增加值比例由2000年的15.5∶49.7∶34.9演变为2005年的16.6∶43.1∶40.3,结构转换率为0.44个百分点/年;轻、重工业比重由2000年的38.4∶61.6,变为2005年的24.8∶75.2,转换率为1.36个百分点/年。

"十五"期间,湖北工业行业结构变动较大,特点是以电力、冶金和装备工业为主的重工业化趋势明显。2001~2005年,41个工业行业结构转换率为0.023个百分点/年。其中,结构比重上升最快的行业是电力热力的生产和供应业(1.25个百分点/年)、黑色金属冶炼及压延加工业(0.88个百分点/年)和交通运输设备制造业(0.43个百分点/年);比重下降最明显的行业是农副食品加工业(-0.48个百分点/年)、纺织业(-0.47个百分点/年)和纺织服装、鞋、帽制造业(-0.47个百分点/年)。根据偏离—份额法分析,2001~2005年湖北工业行业总产值增量为2 827.45亿元,结构与区位偏离份额总计为-2 472.93亿元,其中行业结构偏离份额为-141.33亿元,区位条件偏离份额为-2 331.60亿元。这表明:"十五"期间湖北工业总产值增速明显低于全国平均水平;工业行业结构优化与市场调节的方向有一定的差距;区位条件没有沿海地区优越,其作用为负值(表4—6和附表4—3)。

4. 湖南

"十五"期间,湖南GDP年均递增10.2%。2005年GDP达到6 473.6亿元,人均GDP为10 264元/人。经济发展水平低于全国平均水平,居中部地区第4位。"十五"时期,湖南坚持以市场为导向、以企业为主体、以技术进步为支撑,突出重点,有进有退,取得了一定的成绩。一、二、三产业增加值比例由2000年的21.3∶39.6∶39.1演变为2005年的19.5∶40.8∶39.7,结构转换率为0.12个百分点/年;轻、重工业比重由2000年的34.7∶65.3变为2005年的30.1∶69.9,转换率为0.46个百分点/年。

"十五"期间,湖南工业行业结构变动不太明显,结构优化的目的基本没有实现。2000～2005年,41个工业行业结构转换率为0.015个百分点/年。其中,结构比重上升最快的行业是黑色金属冶炼及压延加工业(0.83个百分点/年)、电力热力的生产和供应业(0.43个百分点/年)和专用设备制造业(0.32个百分点/年);比重下降最明显的行业是烟草制造业(-0.55个百分点/年)、石油加工炼焦及核燃料加工业(-0.52个百分点/年)和非金属矿物制品业(-0.32个百分点/年)。根据偏离—份额法分析,2000～2005年湖南工业行业总产值增量为3 114.48亿元,结构与区位偏离份额总计为-62.86亿元,其中行业结构偏离份额为-527.97亿元,区位条件偏离份额为465.11亿元。这表明:"十五"期间湖南工业总产值增速低于全国平均水平;工业结构中具有优化条件的行业如烟草、有色冶金等发展相对较慢,不具备优势的行业如电力、黑色冶炼等发展相对较快,与湖南资源禀赋有些背离;临近广东的区位条件得到充分的利用,作用明显(表4—6和附表4—4)。

5. 安徽

"十五"期间,安徽GDP年均增长11.6%。2005年GDP达到5 375.8亿元,人均GDP为8 819元/人。经济发展水平较大幅度低于全国平均水平,居中部地区第6位。"十五"时期,安徽积极推动工业化与信息化的紧密结合、增加总量与优化结构的紧密结合,有重点地培育高新技术产业,发展壮大支柱产业,全面提高工业素质,结构调整取得的一定的效果。一、二、三产业增加值比例由2000年的24.1∶42.7∶33.2演变为2005年的18.0∶41.3∶40.7,结构转换率为0.50个百分点/年;轻、重工业比重由2000年的41.6∶58.4调整为2005年的28.9∶71.1(按总产值计算),转换率为1.27个百分点/年。

"十五"期间,安徽工业行业结构变动也比较明显,但深加工行业和高技术行业发展还不尽如人意。2000～2005年,31个工业行业结构转换率为0.032个百分点/年。其中结构比重上升最快的行业是电力热力的生产和供应业(1.23个百分点/年)、塑料制品业(0.86个百分点/年)和黑色金属冶炼及压延加工业(0.83个百分点/年);比重下降最明显的行业是纺织业(-1.50个百分点/年)、饮料制造业(-1.08个百分点/年)和石油加工炼焦及核燃料加工业(-0.76个百分点/年)。根据偏离—份额法分析,2000～2005年安徽工业行业总产值增量为2 906.23亿元,结构与区位偏离份额总计为-311.05亿元,其中行业结构偏离份额为-669.78亿元,区位条件偏离份额为358.73亿元。这表明："十五"期间安徽工业总产值增速低于全国平均水平；工业结构调整还有待进一步深化，汽车制造、电子产品制造等优势行业的带动作用还没有充分发挥；临近沿海地区的区位条件发挥了较好的作用，促进了安徽经济的发展(表4—6和附表4—5)。

6. 江西

"十五"期间，江西GDP年均增长11.6%。2005年GDP达到4 056.2亿元，人均GDP为9 437元/人。经济发展水平较大幅度低于全国平均水平，居中部地区第5位。"十五"时期，江西坚持在发展中推进经济结构调整，在经济结构调整中保持快速发展，取得了一定的成效。一、二、三产业增加值比例由2000年的24.2：35.0：40.8演变为2005年的17.9：47.3：34.8，结构转换率为0.82个百分点/年；轻、重工业比重由2000年的34.5：65.5，变为2005年的29.1：70.9，转换率为0.54个百分点/年。

"十五"期间，江西工业行业结构变动比较大，产业发展与资源优势有较好的衔接，但与市场需求结构有一定的差距。2000~2005年，37个工业行业结构转换率为0.018个百分点/年。其中，结构比重上升最快的行业是有色金属冶炼及压延加工业(1.07个百分点/年)、黑色金属冶炼及压延加工业(0.74个百分点/年)和电力热力的生产和供应业(0.49个百分点/年)；比重下降最明显的行业是交通运输设备制造业(-0.75个百分点/年)、石油加工、炼焦及核燃料加工业(-0.58个百分点/年)和专用设备制造业(-0.14个百分点/年)。根据偏离—份额法分析，2000~2005年江西工业行业总产值增量为2 046.56亿元，结构与区位偏离份额总计为240.70亿元，其中行业结构偏离份额为-305.61亿元，区位条件偏离份额为546.31亿元。这表明："十五"期间江西工业总产值增速高于全国平均水平；建立在资源优势基础上的工业行业，如有色冶金和黑色冶金等发展较快，但附加价值较高的装备工业的比重出现下降，因而工业结构没有得到明显改善；区位条件对工业发展的推动作用明显，这得益于临近广东和长三角的区位优势，如赣州承接珠三角地区的鞋业转移(表4—6和附表4—6)。

表4—6 "十五"时期中部各省份工业行业结构偏离—份额分析结果　　　　单位：亿元

	2000年总产值	2005年总产值	2000~2005年总产值增量	按全国速度计算的总产值增量	经济增量总偏离份额	结构调整偏离份额	区位变化偏离份额
山西	1 216.9	4 850.9	3 634.0	2 357.1	1 277.0	721.8	555.2
河南	1 154.4	3 200.2	2 045.8	2 127.1	-81.2	67.2	-148.4
湖北	3 239.5	6 067.0	2 827.5	5 300.4	-2 472.9	-141.3	-2 331.6
湖南	1 640.4	4 754.9	3 114.5	3 177.3	-62.9	-528.0	465.1
安徽	1 661.0	4 567.2	2 906.2	3 217.3	-311.0	-669.8	358.7
江西	932.3	2 978.9	2 046.6	1 805.9	240.7	-305.6	546.3
合计	9 844.5	26 419.1	16 574.6	17 985.1	-1 410.3	-855.7	-554.7

注：按当年价的国有及规模以上非国有工业企业总产值分析；河南为工业增加值；湖北为2001~2005年工业总产值。

专栏 4—1

偏离—份额分析法简介

从区域经济的角度看，一个地区的经济增长无非是由原有经济总量、产业结构调整和区位条件变化三个因素决定的。某地区经济实际增长量与按全国经济增长速度的增长量之差额，决定于该地区原有经济总量以及增长速度与全国的差，这个差额称为地区经济增长总偏差。地区经济增长总偏差可分解为由产业结构调整引起的偏差份额和由区位条件变化引起的偏差份额，具体计算公式见任何一本公认的区域经济学教科书。

偏离—份额分析比较好地定量地揭示了地区经济增长各因素的贡献大小，也揭示了地区经济产业结构调整和区位条件改善的实际效果，可为区域经济未来发展战略的制定提供可靠的定量化的科学依据。

总之，根据偏离—份额分析结果可知，中部地区工业总量偏离份额为负值，说明其增长速度低于全国平均水平，其中，结构偏离份额和区位条件偏离份额均为负值，表明其结构调整和区位条件的利用都存在一些问题，从各省来看，除山西外的其他五省产业结构调整都存在一些问题。山西和江西经济增量总偏差为正值，表明其经济增长速度高于全国平均水平，其余各省均为负值。湖北产业结构调整和区位条件利用均不太理想，行业结构偏离份额和区位条件偏离份额都为负值，且经济增量总偏离份额负值最大。河南产业结构调整效果相对较好，但区位条件没有得到充分利用，与沿海地区的经济联系相对较少，因而区位偏离份额为负值。湖南、江西和安徽都能有效地利用临近沿海地区的区位优势，吸引沿海产业转移、借用沿海地区外向市场条件，取得了良好的效果，促进了地区经济发展，但在产业结构优化上因种种原因效果不太理想。山西近年来狠抓延长煤炭资源产业链和多条煤炭大通道的建设，取得了明显的效果，再加上有利的能源市场行情，使山西经济出现了难得的好势头。但是，山西产业结构毕竟比较单一，煤炭开采也带来了许多较为棘手的生态环境问题，未来如何进一步调整优化产业结构对其长远的可持续发展依然极其重要。

第三节 "十五"期间中部各省产业发展政策的实施效果

国家"十五"规划纲要突出地强调了"以发展为主题、以结构调整为主线"的核心指导方针。中部各省遵循这个指导方针并结合各自的实际，都提出了各有特色的结构调整思路和措施，均取得了一定的成效。

一、各省产业发展政策要览

1. 山西

山西提出以"一增三优"为主攻方向,以潜力产品为切入点,积极用高新技术和先进适用技术改造和提升传统产业,加快发展高新技术产业,全面提高农业、工业、服务业的水平和效益,不断优化产业结构的指导思想。所谓"一增三优"指一个新的增长点和优势产品、优势企业、优势产业。在第一产业内部结构调整中,强调实施特色农业工程,着重抓好优质杂粮、草食畜、干鲜果、蔬菜四大特色农业,"十五"末的目标是特色农业总产值占到农业总产值的60%。在工业结构调整中,继续重点发展煤炭、冶金、化工、机械、建材等占主体地位的行业,积极发展坑口大机组火电。在第三产业内部结构调整中,突出旅游业的发展,培育古建佛教文化、晋商民俗文化、华夏根祖文化三大品牌,重点开发云冈石窟、五台山、晋祠、平遥古城、壶口瀑布、关帝庙、鹳雀楼、恒山、绵山、芦芽山十大旅游景点。在高新技术产业化上,争取在信息技术、生物技术、新材料技术、先进制造技术、洁净煤技术等关键领域取得突破,"十五"末高新技术增加值占工业增加值的比重提高到15%左右。

2. 河南

河南"十五"期间产业结构调整目标是:一、二、三产业结构由2000年的22.6:47:30.4调整到20:45:35;农业劳动力在全省劳动力中的比重下降到50%左右(此目标未实现)。调整产业结构的主要任务是针对该省产业层次低、结构不合理的现状,积极培育、改造和提升支柱产业,加快高新技术产业的发展,全面提高国民经济增长的质量与效益,增强产业的市场竞争力。第一产业在保持粮食生产能力的同时,大力发展优质高效经济作物和优质专用粮食作物,加快发展畜牧养殖业。工业发展重点是培育壮大支柱产业,包括粮食、畜产品和果品深加工为主的食品工业,以建设全国重要铝工业基地为主的有色金属工业,以提高资源开发利用效率为主的煤化工和石油化学工业,以输变电和成套设备为主的机械装备工业,以造纸、烟草和纺织产品升级换代为主的轻纺工业等。第三产业的发展,强调大力发展旅游业,以龙门石窟进入世界历史文化遗产名录为契机,重点开发郑州、洛阳、开封三市及沿黄旅游线,努力把这个"三点一线"建设成为国内外著名的精品旅游线。在高新技术产业的发展上,提出努力把电子信息和生物技术产业逐步培育成为新的支柱产业。

3. 湖北

湖北提出的经济结构调整目标为:"十五"期间第一产业年均增长3.5%,第二产业年均增长9%,第三产业年均增长9.5%,到2005年一、二、三产业占GDP的比重达到11.5:51:37.5。产业结构调整的主要任务:一是大力推进农业结构调整,努力提高粮食生产综合效益,稳定棉花生产,保持油料、肉类、禽蛋、水产品和主要经济作物产品产量稳定增长;二是改造和提升传统工业,包括汽车工业、装备制造工业、钢铁工业、化学工业、建材工业和轻纺工业;三是振兴建筑业;四是加快发展高技术产业,重点发展光电子信息、生物工程、新材料及机电一体化等新兴产业;五是服务业,重点发展旅游业、教育培训业、文化娱乐业等。

4. 湖南

湖南提出的结构调整目标是:到 2005 年一、二、三产业的比例调整为 15∶44∶41(此目标未实现)。结构调整的主要任务是着力推进产业升级,要按照产业发展的内在规律,突出加快工业化,全面推进信息化,继续加强基础设施建设;运用高新技术和先进适用技术改造提升传统产业,培育壮大新兴产业;以信息化带动工业化,以工业化推进农业产业化,全面提高农业、工业、服务业的水平和效益。结构调整的重点:一是调整优化农业结构,加大优质稻米开发力度,发展高效经济作物,形成粮食作物、经济作物、饲料作物三元结构,大力发展畜牧业,积极发展名特优水产养殖;二是改造提升传统工业,改造提升冶金、机械、石化、食品、医药、建材、轻工、纺织等具有相对优势的产业;三是培育壮大高新技术产业,重点发展电子信息、新材料、生物工程和先进制造技术产业;四是大力发展服务业,调整提升商贸业,培育壮大金融业,加快发展旅游业,积极发展房地产业,着力开发文化产业。

5. 安徽

安徽产业结构调整的指导思想是:以加快工业化进程为中心,重塑竞争力强的产业群。调整的目标是进一步优化,第一产业比重降低到 20%以下,第三产业比重提高到 35%以上。调整的重点:一是调整农业内部结构,稳定粮食综合生产能力,突出发展优质畜牧业、特种水产业、高效经济作物和饲料作物,实现从以农业为主向农、林、牧、渔多业并举转变,"十五"末养殖业产值占农业的比重要提高到 50%左右,其中畜牧业比重达到 35%以上;二是促进工业结构优化升级,改造提高传统产业,包括食品、棉纺织、非金属矿产开采和加工、玻璃、塑料制品、农用化学品日用化工等;三是发展壮大支柱产业,大力发展农副产品深加工业、采用先进制造技术的机械装备及配件业、电子电器业、新型建材及优质金属材料业,目标是"十五"末这四个产业增加值占工业的比重提高到 50%左右;四是加快培育高新技术产业,在电子信息、生物工程和新医药、新材料领域优先发展一批产业化前景明朗、具有市场潜力或拥有自主知识产权的高新技术产品;五是加快发展建筑业;六是大力发展服务业,把旅游业培育成为新的支柱产业,促进房地产业加快发展,大力发展社区服务业,培育信息、金融、保险、会计、咨询、法律服务、技术开发等现代服务业,"十五"末服务业从业人员占全社会就业人口的比重达到 30%以上(此目标未实现)。

6. 江西

江西产业结构调整的目标是:一、二、三产业的比例调整为 20∶40∶40(此目标大致实现),其中工业增加值占 GDP 的比重由 26.6%提高到 30%,信息产业增加值占 GDP 的比重由

2%左右提高到5%左右。农业生产结构优化方面,强调种植业结构调整,加快形成粮食作物、经济作物、饲料作物三元结构;提高粮食综合生产能力,粮食生产能力每年增加5亿公斤,2005年达到200亿公斤水平;积极发展优质棉花、油料、特色水果、无公害蔬菜、茶叶、中药材、食用菌、苎麻、花卉等适销对路的经济作物;大力发展畜牧水产业,重点发展优质家禽、特种水产等,力争养殖业产值占农业产值的比重达到55%;增加阔叶树和针阔混交林比重,发展毛竹、油茶和核桃等经济林。工业结构调整方面,提出继续扶优扶强,把食品、汽车、有色冶金、石油化工工业培育成为全省工业的主要增长点,加快发展电子信息、生物工程和新材料等高新技术产业,形成工业发展新的增长点。到2005年初步形成工业主导型经济增长格局。服务业结构调整方面,强调着重在旅游业、流通业、房地产业等方面培植新的经济增长点。

二、实施效果总体评价

这里的总体评价主要从规划的合理性、实施效果以及产业发展中存在的问题三个方面进行。不涉及对各省的具体评价。

第一,各省"十五"规划的基本思路既体现了国家规划纲要的要求,又反映了各自的实际,比较成功地指导了本省产业的发展。"十五"期间,中部各省与全国其他地区一样,在规划纲要的指导下经济和产业发展都取得了快速发展,工业化主导作用明显,带动着其他产业的共同发展,实现了与我国整个国民经济同步的、持续时间最长的经济发展的上升周期。

第二,各省产业结构调整成效都比较显著,但一些具体的结构调整指标没有实现。各省产业结构都有不同程度的改善和升级。总体上看,第一产业得到加强,发展速度加快、素质提高;第二产业升级明显,继续保持高速增长,而且重化工业化趋势明显;第三产业得到重视,尤其是旅游业和现代服务业,增长速度居中。从结构转换能力看,中部各省结构转换速度都有所加快。特别是山西,基本改变了只生产和输出原煤的状况。其他各省都利用了有利的条件,如区位和资源优势,实现了产业结构较快的转换。当然,各省"十五"规划纲要中结构调整指标都是预测性的,一些具体的指标没有实现也属正常。一方面,有些指标制定得太高,如河南提出2005年农业劳动力在全省劳动力中的比重下降到50%左右,对一个人口最多的省份来说,指标定得过高了;另一方面,"十五"期间也出现了一些特殊情况,如"非典"等,影响了服务业的发展。

第三,产业发展中存在的问题。一是产业结构水平依然落后于全国平均水平。2005年,中部地区第一产业产值比重比全国平均水平高出5.1个百分点,第二产业比重比全国平均水平低2.2个百分点,第三产业低2.9个百分点。这一方面反映了中部地区农业的重要地位,另一方面也反映了中部地区工业化和城镇化进程落后于全国平均水平。二是工业化过程在一定的程度上偏离了工业化的一般规律,忽视了轻工业的发展。中部地区第二产业比重低于全国平均水平,但是重工业比重却高于全国水平。三是工业化对城镇化的带动不足。由于工业化偏向重工业方向,因此工业化进程吸收的就业人员少,对城镇化的带动作用有限,造成城镇化严重滞后的局面。四是空间布局比较分散。主要表现在辐射能力较强的大城市还比较少,多数城镇群尚处在初期发育阶段,具有全国性和区域性竞争能力的大企业和企业集团不多。

第四节　中部地区产业发展的战略方向

一、发展的宏观背景

1. 经济全球化

经济全球化为国内区域经济发展提供了越来越广阔的舞台,同时也带来了越来越激烈的市场竞争环境。经济全球化导致国际市场和国内市场逐步走向一体化,使国家内各区域经济可以直接参与国际市场竞争。这一方面给国内区域经济融入全球产业链提供了新的路径,另一方面也加剧了市场竞争的激烈程度,对区域经济发展提出了新的挑战。

对中部地区产业结构调整而言,机遇主要表现在:有利于煤炭、冶金和装备制造业等优势产业的发展;有利于促进区域合作的加强和市场一体化的形成,提高整体区域竞争力;有利于进一步引进外部资金、先进技术和管理经验等。挑战主要是改善投资环境的压力增大。目前,中部地区投资硬环境建设已取得较大的改善,但更重要的投资软环境还存在较大的问题。此外,中部地区是我国重要的农业基地,加入世贸组织的影响虽然到目前为止还不是很大,但今后有可能会逐步显现。

经济全球化还将使世界产业结构调整和转移速度进一步加快,使跨国公司的作用越来越大。发达国家的初、中级制造业向发展中国家转移加速,国际产业环节的技术分工与合作日益明显,跨国公司地区在我国内地开设地区总部的势头越来越明显。这些都十分有利于中部地区加快发展。

2. 科技进步

世界科技进步日新月异,信息化速度不断加快。进入21世纪,信息技术依然是世界科技进步的领头技术,光电子和光纤技术已成为信息技术新的发展热点。中部地区是我国光纤技术的摇篮,面临着极其难得的发展机遇。另外,生物技术异军突起,成为新世纪高技术最为重要的发展方向。中部地区具有生物资源丰富的优势,现有的生物产业也有一定的基础,今后可以有较大的作为,在水稻和小麦等大宗粮食作物上可能取得更大的突破,彻底解决我国乃至世界粮食安全问题。此外,新能源新材料技术发展更加活跃,正在成为世界面临的资源与环境难题的根本解决之道。中部地区是我国重要的能源和材料生产基地,新能源新材料技术发展空间广阔。

3. 我国的整体工业化阶段

中部地区将是未来我国工业化的重点地区。目前,我国东部地区正处于结构升级阶段,需要向外转移大量的劳动密集型产业,发展资金与技术密集型产业。国际上发达国家制造业向发展中国家转移的速度也在不断加速,转移的地区范围也在不断扩大。中部地区正好处于工业化中期阶段,具有良好的承接工业化扩散的能力,可以成为接受东部劳动密集型产业转移和国际制造业产业转移的主要承接地,成为未来我国工业化和区域发展的重点地区。相对而言,西部地区尚处于工业化初期阶段,承接工业化的能力尚比较差,需要进一步打好基础,搞好扶贫工作,为工业化快速发展创造条件。事实上,"西部地区'十一五'总体规划"的基本思路主要突出夯实长远发展基础和推进基本公共服务均等化两个特征,"十一五"期间要实现的三个主要目标为:基础设施和生态环境建设实现新突破、重点地区和重点产业的发展达到新水平、基本公共服务均等化取得新成效。这是符合西部发展阶段要求的。

4. 国家区域发展战略部署

区域协调发展总体战略是科学发展观和构建和谐社会指导思想在区域发展中的具体体现,其内容是坚持实施推进西部大开发,振兴东北地区等老工业基地,促进中部地区崛起,鼓励东部地区率先发展的区域发展总体战略,健全区域协调互动机制,形成合理的区域发展格局。目前,我国地区发展差距仍然呈现出继续扩大的态势,"十一五"时期有可能出现转折。按照区域发展的倒"U"字形理论,当人均GDP达2 000美元(2005年不变价,下同)时,地区差距才有可能在适当的区域政策的干预作用下,开始由扩大转向缩小,也就是达到地区差距变化倒"U"形曲线的顶点和地区差距开始缩小的"转折点"。2006年,我国人均GDP已达2 000美元,表明"十一五"期间区域发展将可能进入差距开始缩小的"转折点"范围,区域协调发展将迈出实质性的一步。

面对这一区域发展形势,认真贯彻中央提出的未来我国区域发展的总体战略,形成东中西优势互补、良性互动的区域协调发展机制,适时调控地区差距扩大的态势,成为促进我国区域经济全面、协调和可持续发展,实现区域经济又好又快发展要求的关键。由于中部地区特殊的区域位置,在未来缩小我国地区差距中将起到关键性作用。

二、产业发展的战略方向

"十五"以来,中部地区产业结构已发生根本性的变化。初步建立了能够发挥地区比较优势的、比较完善的产业体系,形成了以重工业为主的产业结构;依托大城市圈和城镇群初步形成了各具分工的产业空间布局框架;作为工业发展主要空间载体的各种开发区建设发展迅速,形成了若干具有一定规模和竞争力的产业集群;企业组织规模不断扩大,涌现了一大批具有自主知识产权和知名品牌的大企业和企业集团。

对中部产业发展现状可以作如下判断。一是中部地区已经进入快速发展的工业化中期阶段。中部地区产业结构虽然还低于全国产业结构的平均水平,但是其二、三产业产值比重超过80%,就业比重接近50%,表明工业化进程已经进入快速发展的中期阶段。二是中部地区工业化中期阶段的主导产业应该以装备工业为主。从轻、重工业的比重看,中部地区工业结构明显偏向重。重工业的比重高于全国平均水平,与中部地区资源结构和市场条件是基本吻合的。

在重工业结构中,中部地区与全国一样,机械工业(也包括电子工业)已经成为比重最大的行业,且比重也略高于全国平均水平,未来发展的空间仍然十分巨大(国外成熟的工业化国家机械工业的比重一般都占到40%以上)。三是中部地区将成为我国重工业化的重点地区。中部地区积累了承接发达地区的产业转移所必要的较为丰富的生产要素、完善的基础设施以及良好的产业配套条件,也具有接近工业化扩散地区和国际市场的有利条件。

根据国家对中部地区未来发展的战略要求,结合中部地区产业发展的现状与趋势,提出如下中部地区产业发展的战略方向。

1. 产业定位与发展目标

国家"十一五"规划纲要明确提出了未来中部地区产业发展的功能定位,即"三基地一枢纽":加强现代农业特别是粮食主产区建设,加大农业基础设施建设投入,增强粮食等大宗农产品生产能力,促进农产品加工转化增值;支持山西、河南、安徽加强大型煤炭基地建设,发展坑口电站和煤电联营;加快钢铁、化工、有色、建材等优势产业的结构调整,形成精品原材料基地;支持发展矿山机械、汽车、农业机械、机车车辆、输变电设备等装备制造业以及软件、光电子、新材料、生物工程等高技术产业;构建综合交通运输体系,重点建设干线铁路和公路、内河港口、区域性机场。加强物流中心等基础设施建设,完善市场体系。

就具体指标而言,能够体现工业化进程的指标包括:第二、三产业的产值比重,机械电子工业产值在制造业中的比重以及汽车工业产值在机械电子工业产值中的比重等。未来中部地区工业化发展的过程与阶段性目标分以下三阶段考虑。

第一阶段:2006年到2010年,是中部地区工业化水平努力缩小与全国水平的差距的时期。到2010年,全国第二产业产值比重将达50%左右,中部地区第二产业产值比重与全国平均水平的差距缩小到1个百分点,达49%左右;全国机械电子行业产值占制造业总产值的比重将达36%,中部地区要提高到34%;全国和中部地区汽车工业产值占机械电子工业产值的比重都将提高到22%。

第二阶段:2010年到2020年,将是我国工业化中期目标基本完成时期。到2020年,全国和中部地区的第二产业产值比重和工业产值比重都将升至最高点,达到55%左右;机械电子工业产值在工业总产值中的比重将达42%左右;汽车工业产值占机械电子工业产值的比重提高到28%。

第三阶段:2020年到2050年,将是我国工业化后期发展阶段,第三产业产值比重大幅度上升,第二产业比重开始下降。到2050年,全国和中部地区的第二产业产值比重将下降到35%左右,第三产业比重将达60%左右;机械电子产业的产值在制造业总产值中的比重继续保持上升势头,并达到45%~50%的水平。

2. 各省"十一五"规划中确定的产业重点

山西提出了7大优势产业。包括继续发展以煤炭为基础、以电力为中心的能源产业;发展以不锈钢和铝镁合金为主的金属材料及其制品工业;发展装备制造业;发展具有山西优势的化学和医药产业;发展新型材料产业;发展以特色农业为基础的农畜产品加工业;发展旅游文化产业和现代服务业。

河南提出了3个新兴产业和6大优势产业。在高新技术产业上,着力培育电子信息、生物、新材料3个新兴先导产业,为本世纪第二个十年全省产业结构的战略性调整、形成新的支柱产业奠定基础。在优势产业上重点发展6大产业,包括食品工业、有色工业、化学工业、汽车及零部件、装备制造业和纺织服装工业等。

湖北提出了11大产业。在高新技术产业上,大力发展电子信息、生物技术与新医药、新材料、光机电一体化4个产业群;其他7大产业重点的发展,包括汽车工业、冶金工业、石油化学工业、装备制造业、轻纺工业、建材工业和建筑业等。

湖南提出了在三方面着力扶持10大优势产业集群。一是培育壮大3大支柱产业,包括装备制造、钢铁有色、卷烟制造;二是大力扶持3个新兴产业,包括电子信息、新材料和生物医药;三是改造提升4大传统产业,包括食品加工、建筑材料、石油化工、林纸加工。

安徽提出了四个方面11大产业。在先进制造业方面,包括汽车产业、化工产业和装备制造业。在高新技术产业方面,包括信息产业和生物产业。在材料产业方面,包括精品钢铁基地、有色金属基地、新型建材基地3个产业基地。在轻纺产业方面,包括家用电器制造业、食品工业和纺织、造纸工业。

江西提出了加快壮大支柱产业的6大重点产业。包括汽车航空及精密制造产业、特色冶金和金属制品产业、电子信息和现代家电产业、中成药和生物医药产业、食品产业、精细化工及新型建材产业等。

从各省重点产业选择的情况看,重点产业都比较好地突出了地区比较优势,注意了产业的技术进步,考虑了市场需求导向,基本符合各省经济发展水平和工业化进程阶段的实际要求。但也存在一些问题,特别是重点产业数量偏多,注意力有点分散。以工业为主的优势产业集群,有的偏向于原材料,有的偏向于加工环节,还有的偏向于装备制造业,更高层次的产业重点还没有。另外,一些产值比重虽大但外输量不大的本地需求产业,不易作为地区重点产业。各省区重点产业的选择标准不一,产业名称的范畴大小不同,难以进行横向比较。

3. 中部地区重点产业筛选建议

筛选中部地区重点产业的出发点:一是优势比较突出,产业规模较大,外输和出口量大;二是各省选择共性比较大,一般是有三个或以上省区作了选择;三是产业区域合作前景广阔,可以形成跨区域的巨大产业链;四是产业关联度大,产业链较长,容易形成产业集群,且非地方性的产业;五是严格控制重点产业的数目,突出重中之中的产业。经过分析和筛选,我们认为应选择以下能源产业、冶金工业、机械工业、电子信息产业、化学工业和农产品加工和制造业6大产业作为中部地区重点发展的产业。

能源产业。中部地区能源资源优势明显,特别是煤炭、水能等资源突出。煤炭产量多,发电装机量大,能源外输的比例高。这与我国工业化中期阶段对能源的巨大需求相适应。中部能源工业的发展方向为:稳定煤炭产量,提升产品加工深度,延长煤炭产业链;稳步发展电力工业,强化电网建设,不断提高我国电气化水平;加快水电开发步伐;加速"煤变油"项目的进程。空间重点为:煤炭开采与加工主要在山西、河南、皖北和赣西等地区;火电主要包括山西坑口电站群,河南洛阳、湖北襄樊和武穴等路口电站群以及武汉、郑州、长沙等消费地电站群;水电主要在鄂西、豫西、湘西等地(详见第六章)。

冶金工业。中部地区矿产资源丰富,具有发展冶金工业的资源优势。冶金工业已初具规模,大企业和企业集团基本形成,具有承担区域主导产业的基本实力。与我国工业化中期阶段对金属原材料的巨大需求相适应。中部冶金工业的发展方向为:进一步突出钢铁、铝、铜等优势冶金行业的规模化、集约化发展;不断提高产品质量,努力开发市场所需要的进口替代产品;进一步整合冶金工业企业,形成若干跨区域(包括跨中部地区)的具有国际竞争力的大企业和企业集团。空间重点为:黑色冶金业主要在武汉、太原、平顶山、马鞍山等地区;有色冶金主要为山西和河南的铝、湖南和江西的多种有色金属矿、湖北大冶的铜矿和磷矿、安徽铜陵的铜矿等(详见第六章)。

机械工业。中部地区已形成具有一定规模、体系相对完善的机械工业体系。而机械工业是整个工业技术水平的决定者,具有较大的产业技术进步性和产业关联性,在工业化中期阶段具有巨大的市场需求。中部机械汽车工业的发展方向为:努力提高产品档次和质量,大力开发进口替代性机械汽车产品;加强装备产品的配套工作,全面推行"交钥匙"工程;加大零部件开发力度,强化零部件的规模生产;建立各种机械汽车企业之间的合作组织,促进大中小企业的联合与交流,实现共赢。空间重点为:武汉、郑州、合肥、长沙、南昌、太原等综合机械工业生产基地;武汉、郑州、马鞍山和南昌的汽车制造业基地;洛阳、太原、衡阳等重型装备制造业基地。

电子信息产业。中部地区的光电子信息产业发展在全国处于领先地位,而电子信息产业发展的主要方向之一也是光电子领域,具有巨大的发展前景。另外,中部地区在机电一体化产业领域也具有较强的实力。除山西外其他五省都选择了电子信息产业作为发展重点。中部地区电子信息产业的发展方向为:进一步做大做强光电子信息产业,形成全国最大的光纤研发基地和生产基地;建设若干个机电一体化产业基地,强化信息技术在传统产业中的应用;强化电子信息软件的开发与应用,不断提高中部地区经济社会的信息化水平。空间重点为:武汉的光谷、合肥的科技城、南昌的软件园、长沙生物技术园等。

化学工业。中部地区具有良好的发展化学工业的资源条件,初步形成了一定规模的化学工业体系。而我国很多化学工业产品的供需缺口还比较大;化学工业是工业化中期阶段的主导产业之一。中部地区化学工业的发展方向为:努力实现化学工业的规模化、一体化和集群化;不断提高产品的档次和质量,努力开发新的化工原料;突出发展煤化工和精细化工,形成中部地区化学工业的特色。空间重点为:山西的煤化工、武汉的石化基地、沙市和南昌的日用化工基地、郑州的医药化工基地等。

农产品加工和制造业。中部地区是我国重要的粮食和多种大宗农产品生产基地,具有发展农产品加工和制造业的比较优势。而且,农产品加工和制造业已经具有一定的规模,并已创造出了许多全国知名品牌。另外,农产品加工业也有利于充分利用中部地区丰富的劳动力资源,缓解就业压力。中部地区农产品加工制造业的发展方向为:继续加大知名企业的规模扩张力度,培育具有世界级影响的农产品生产品牌;不断提高农产品的加工深度,确保农产品的安全和质量;提倡农产品加工生产的标准化、系列化和绿色化;充分利用先进的生物技术,发展各种附加价值更高的生物制品。空间重点为:河南周口和漯河的火腿肠、山西的老陈醋、湖北孝感的米酒、安徽蚌埠的食品工业和皖南的茶叶、湖南的腊肉等。

第五节 政策措施建议

一、加强区际产业发展合作

发达国家的经验表明,跨区域的产业合作(区域合作的重要组成部分),必须建立在由各方参加、共同制定的产业发展和合作规划的基础之上。制定跨区域的产业发展和合作规划,一方面要根据各省区制定的国民经济和社会发展规划,寻求共同的发展领域和需要合作的产业;另一方面还要按照国家产业政策的要求,选择具有国家重点扶持的产业。跨区域产业发展和合作规划的内容应包括跨区域合作的重点产业选择、各产业合作发展的目标、合作方式、共同扶持政策等。此外,为制定各方满意的产业发展和合作规划,并保障产业发展和合作目标得到切实有效的落实,还必须建立相应的具有独立权威的合作机构。当然这种机构需要经过各方同意和授权。一旦经过各方同意,该机构就有义务督促各方严格按照规划执行。

二、国家应给予适度倾斜的区域政策

中部地区与西部地区一样,经济发展水平远低于全国平均水平,只有全国平均水平的70％左右。按照欧盟对相对落后地区的扶持标准,应当得到中央政府的大力扶持。否则,靠自身的力量难以实现崛起的目标(即达到全国发展平均水平)。因此,从总体上看,中部地区应当得到国家在财政、税收、政府投资以及政策性银行等方面的全面扶持。从本地区本身看,则中部地区应当重点向位于城市和县城的产业开发区倾斜,将它们作为推进工业化和城镇化发展的经济增长极。为此,建议中部地区率先制定促进产业集中发展的产业开发许可证制度,防止企业遍地开花。结合新农村建设,以县城和少数条件比较好的建制镇为开发基地,集中推进农村工业化。这样不仅有利于产业集中、节约宝贵的资源,而且更重要的是提供了一条农村劳动力进城的新渠道,同时也有利于农村生态环境保护。

三、努力加大改革开放的力度

与沿海发展地区相比,中部地区在改革开放上还有相当大的差距。在改革上,中部地区国有企业比重远远高于东部地区,需要进一步加大国有企业改革力度。同时,还需要积极发展民营企业,切实将经济发展的基本动力转向依赖和信赖民营企业上来,在全国率先落实好国家关

于促进民营企业健康快速发展的36条意见。在开放上,中部地区无论是在出口上,还是在引进外资上都无法与东部地区相比。今后,中部地区应努力进一步改善投资环境,加大招商引资力度;将引资的努力转向需求型的外资与技术上来。同时,也应努力积极加大向国外出口的步伐,特别是通过为东部外向型经济提供中间产品实现间接出口。

四、建设和完善市场体系

市场体系是市场经济体制的重要基础。由于我国市场经济体系还很不完善,市场体系建设还任重道远,中部地区尤其如此。完善市场体系需要从整顿市场秩序,建立信用体系开始。整顿市场秩序包括两个方面。一是规范企业的市场行为。在经济转型过程中,由于市场经济处于发展的初级阶段,体制尚不健全和不完善,作为市场经济主体的企业,存在许多不规范,甚至违法行为是难以避免的。企业不规范的行为主要表现是,在产品和服务市场上,生产假冒伪劣产品、欺行霸市、虚假广告、强卖强买等;在劳工市场上,违法使用童工、延长劳动时间、克扣工资、取消或不设任何福利待遇等;在金融市场上,高息揽存、借债不还、内部非法集资等。为消除企业的不规范行为,维护正常的市场秩序,关键是建立信用体系,包括信用信息的收集、整理、评价、公布、征信和相应的司法奖罚制度等。二是规范地方政府干预和管理市场的行为。在目前条块分割的经济管理体制尚没有完全打破的情况下,地方政府作为地方经济利益的主体,必然会按照地方保护的本位主义原则"干预和管理"辖区的市场,为属于当地的企业,也就是为地方政府自己的利益提供"政府服务"。规范地方政府干预和管理市场的行为要靠地方行政体制改革的深化和到位。

五、重视和依靠行业协会与企业自身的力量

做大做强地区的主导产业,还需要重视和依靠行业协会和企业自身的力量。需要充分发挥企业家精神,加大研究与开发资金投入,大力发展企业集团,建立行业协会,强化管理体系建设等。中部地区历史上的晋商、徽商和南(阳)商都产生过非常优秀的商人家族,创造过辉煌的商业文明,值得今天的企业经营者们认真学习和借鉴。地区主导产业具有技术上的先进性、产业上的关联性和产值上的规模效应,保持这些性质需要较大的研究与开发投入。中部地区大型企业的研究与开发投入低于全国平均水平,需要迎头赶上。在发展企业集团上,要坚持产业集群、产业链和产业配套原则,积极引导优势企业实现以资本为纽带的快速扩张和做大,以充分发挥企业的规模效益。在建立行业协会上,要优先支持地区主导产业,让主导产业的行业协会真正成为沟通政府、制定行业标准、约束企业市场行为、维护行业利益的,有企业自身监督管理的自组织机构。在强化管理上,中部地区要按照现代企业制度的要求,努力向跨国公司学习,充分利用上市公司规范管理的示范作用,做好管理的基础性工作,全面推广ISO 9000质量管理体系,不断提高企业的信息化水平,使企业管理尽快上一个台阶。

参 考 文 献

1. 刘勇:"中国新三大地带的划分",《地理学报》,2005年第3期。

2. 刘勇:《中国城镇化战略研究》,经济科学出版社,2004年。
3. 刘勇:《区域发展与地区主导产业研究》,商务印书馆,2006年。
4. 刘再兴:《中国工业地理》,商务印书馆,1990年。
5. 马洪主编:《现代中国经济事典》,中国社会科学出版社,1982年。
6. 孙敬之主编:《中国经济地理概论》(修订版),商务印书馆,1994年。
7. 汪海波主编:《中国工业发展史》,中国财经出版社,1990年。
8. 王梦奎等:《中国社会经济发展不平衡问题研究》,商务印书馆,1999年。
9. 周起业等:《区域经济学》,中国人民大学出版社,1989年。

附表 4—1 "十五"时期山西省工业行业结构演变与区域地位变化情况

工业行业	2000年总产值（亿元）	2005年总产值（亿元）	2005年结构（%）	2000~2005年结构转换速率（个百分点/年）	2005年结构偏离份额（亿元）	2005年区位商
合计	1 216.86	4 850.90	100.00	0.11	721.82	
煤炭开采和洗选业	237.35	1 403.30	28.93	1.88	826.47	12.72
石油和天然气开采业					0.00	0.00
黑色金属矿采选业	5.12	62.50	1.29	0.17	25.61	3.28
有色金属矿采选业	1.59	3.40	0.07	−0.01	2.88	0.15
非金属矿采选业	4.12	9.20	0.19	−0.03	4.61	0.63
木材及竹材采运业					0.00	
其他采矿业					0.00	0.00
农副食品加工业	20.87	53.50	1.10	−0.12	38.64	0.26
食品制造业	8.94	33.60	0.69	−0.01	14.48	0.46
饮料制造业	17.80	36.80	0.76	−0.14	13.58	0.62
烟草制造业	6.16	12.30	0.25	−0.05	5.90	0.22
纺织业	30.61	29.70	0.61	−0.38	44.72	0.12
纺织服装、鞋、帽制造业	1.75	4.80	0.10	−0.01	2.05	0.05
皮革毛皮羽毛(绒)及其制品业	0.34	0.08	0.00	−0.01	0.54	0.00
木材加工及木竹藤棕草制品业	0.14	1.43	0.03	0.00	0.25	0.04
家具制造业	1.27	0.60	0.01	−0.02	3.63	0.02
造纸及纸制品业	4.37	9.30	0.19	−0.03	7.06	0.12
印刷业和记录媒介的复制	3.68	5.56	0.11	−0.04	4.93	0.20
文教体育用品制造业	1.31	5.21	0.11	0.00	1.83	0.18
石油加工、炼焦业及核燃料加工业	78.20	625.90	12.90	1.30	133.68	2.71
化学原料及化学制品制造业	100.97	253.30	5.22	−0.62	186.35	0.80
医药制造业	27.81	49.10	1.01	−0.25	38.55	0.60
化学纤维制造业	4.89	2.90	0.06	−0.07	5.37	0.06
橡胶制品业	8.46	14.60	0.30	−0.08	14.41	0.34
塑料制品业	3.44	12.90	0.27	0.00	5.74	0.13
非金属矿物制品业	50.00	100.00	2.06	−0.41	74.50	0.56

续表

工业行业	2000年总产值（亿元）	2005年总产值（亿元）	2005年结构(%)	2000~2005年结构转换速率（个百分点/年）	2005年结构偏离份额（亿元）	2005年区位商
黑色金属冶炼及压延加工业	211.83	1 047.60	21.60	0.84	749.15	2.53
有色金属冶炼及压延加工业	86.21	237.80	4.90	−0.44	227.67	1.55
金属制品业	24.88	37.60	0.78	−0.25	39.35	0.30
通用机械制造业	25.55	127.70	2.63	0.11	63.42	0.62
专用设备制造业	33.44	132.70	2.74	0.00	59.37	1.13
交通运输设备制造业	28.35	46.50	0.96	−0.27	54.69	0.15
电气机械及器材制造业	19.08	19.70	0.41	−0.23	35.78	0.07
通信设备、计算机及其他电子设备制造业	4.53	15.00	0.31	−0.01	11.67	0.03
仪器仪表文化、办公用机械制造业	1.75	9.70	0.20	0.01	3.86	0.18
工艺品及其他制造业		3.90	0.08	0.02	0.00	0.10
废弃资源和废旧材料回收加工业					0.00	0.00
电力、热力的生产和供应业	129.22	505.50	10.42	−0.04	369.18	1.47
燃气生产和供应业	2.13	2.50	0.05	−0.02	4.31	0.25
水的生产和供应业	5.98	9.70	0.20	−0.06	4.66	0.87

注：按当年价的国有及规模以上非国有工业企业总产值分析。

附表 4—2 "十五"时期河南省工业行业结构演变与区域地位变化情况

工业行业	2000年增加值（亿元）	2005年增加值（亿元）	2005年结构(%)	2000~2005年结构转换速率（个百分点/年）	2005年结构偏离份额（亿元）	2005年区位商
总计	1 154.39	3 200.23	177.20	0.02		
煤炭开采和洗选业	78.28	334.93	327.90	0.74	309.47	2.62
石油和天然气开采业	74.52	93.61	25.60	−0.71	87.88	0.44
黑色金属矿采选业	0.73	6.22	752.60	0.03	4.27	0.33
有色金属矿采选业	21.89	67.27	207.30	0.04	45.08	3.55
非金属矿采选业	4.73	22.74	380.70	0.06	6.09	1.83

续表

工业行业	2000年增加值（亿元）	2005年增加值（亿元）	2005年结构(%)	2000~2005年结构转换速率(个百分点/年)	2005年结构偏离份额（亿元）	2005年区位商
木材及竹材采运业					0.00	
其他采矿业	0.04	0.26	541.30	0.00	0.00	2.14
农副食品加工业	63.45	219.04	245.20	0.27	145.14	1.80
食品制造业	31.62	87.90	178.00	0.00	57.22	1.70
饮料制造业	28.31	49.59	75.20	−0.18	24.97	0.96
烟草制品业	39.83	83.86	110.60	−0.17	47.85	0.92
纺织业	50.72	110.76	118.40	−0.19	78.39	0.77
纺织服装、鞋、帽制品业	4.81	13.04	171.00	0.00	6.73	0.21
皮革毛皮羽毛(绒)及其制品业	17.43	37.29	113.90	−0.07	33.43	0.89
木材加工及木竹藤棕草制品业	5.62	24.25	331.40	0.05	12.61	1.07
家具制造业	2.87	12.32	329.20	0.03	8.77	0.72
造纸及纸制品业	27.87	81.15	191.20	0.02	49.56	1.60
印刷业和记录媒体的复制	6.56	17.64	168.90	0.00	8.52	0.86
文教体育用品制造业	0.33	1.19	260.10	0.00	0.48	0.07
石油加工、炼焦业及核燃料加工业	45.01	105.69	134.80	−0.12	68.18	1.20
化学原料及化学制品制造业	62.55	182.07	191.10	0.05	131.48	0.94
医药制造业	18.27	58.87	222.20	0.05	25.82	0.87
化学纤维制造业	14.52	16.86	16.10	−0.15	9.30	0.78
橡胶制品业	9.65	26.07	170.10	0.00	16.59	0.99
塑料制品业	11.12	46.29	316.30	0.10	19.34	0.82
非金属矿物制品业	95.35	289.51	203.60	0.16	142.27	2.33
黑色金属冶炼及压延加工业	41.81	187.72	349.00	0.45	144.09	0.73
有色金属冶炼及压延加工业	42.80	217.31	407.70	0.62	118.29	2.54
金属制品业	13.40	43.19	222.30	0.04	23.83	0.58
通用设备制造业	31.32	118.83	279.40	0.20	79.21	0.90
专用设备制造业	42.57	102.92	141.80	−0.09	80.65	1.38
交通运输设备制造业	26.93	72.14	167.90	−0.02	51.01	0.42

续表

工业行业	2000年增加值（亿元）	2005年增加值（亿元）	2005年结构（%）	2000～2005年结构转换速率（个百分点/年）	2005年结构偏离份额（亿元）	2005年区位商
电气机械及器材制造业	31.76	83.69	163.50	－0.03	60.42	0.53
通信设备、计算机及其他电子设备制造业	20.94	25.58	22.20	－0.20	44.74	0.10
仪器仪表及文化、办公用机械制造业	2.64	14.25	439.90	0.04	6.39	0.44
工艺品及其他制造业	13.77	34.68	151.90	－0.02	0.00	1.37
废弃资源和废旧材料回收加工业		0.95		0.01	0.00	0.36
电力、热力的生产和供应业	164.15	301.27	83.50	－0.96	239.05	1.19
燃气生产和供应业	1.20	3.14	161.30	0.00	3.45	0.53
水的生产和供应业	5.04	6.14	21.79	－0.05	3.70	0.53

注：按当年价的国有及规模以上非国有工业企业增加值分析。

附表4—3 "十五"时期湖北省工业行业结构演变与区域地位变化情况

工业行业	2000年总产值（亿元）	2005年总产值（亿元）	2005年结构（%）	2000～2005年结构转换速率（个百分点/年）	2005年结构偏离份额（亿元）	2005年区位商
合计	3 239.50	6 066.96	100.00	0.02	－141.33	1.00
煤炭开采和洗选业	5.33	12.83	0.21	0.01	14.59	0.09
石油和天然气开采业	32.13	81.17	1.34	0.09	40.52	0.54
黑色金属矿采选业	19.27	29.20	0.48	－0.03	80.55	1.22
有色金属矿采选业	10.10	10.16	0.17	－0.04	17.38	0.37
非金属矿采选业	24.16	45.79	0.75	0.00	24.77	2.51
木材及竹材采运业			0.00	0.00		0.00
其他采矿业		0.20	0.00	0.00	0.00	0.97
农副食品加工业	186.13	232.96	3.84	－0.48	296.01	0.91
食品制造业	38.32	79.79	1.32	0.03	50.66	0.88
饮料制造业	84.15	115.24	1.90	－0.17	58.35	1.55
烟草制造业	94.36	152.90	2.52	－0.10	63.81	2.23

续表

工业行业	2000年总产值（亿元）	2005年总产值（亿元）	2005年结构（%）	2000～2005年结构转换速率（个百分点/年）	2005年结构偏离份额（亿元）	2005年区位商
纺织业	221.89	302.64	4.99	−0.47	278.28	0.99
纺织服装、鞋、帽制造业	110.50	93.16	1.54	−0.47	101.23	0.78
皮革毛皮羽毛（绒）及其制品业	12.70	10.05	0.17	−0.06	15.26	0.12
木材加工及木竹藤棕草制品业	20.34	28.76	0.47	−0.04	29.82	0.65
家具制造业	13.69	10.94	0.18	−0.06	31.24	0.32
造纸及纸制品业	58.08	81.87	1.35	−0.11	75.87	0.82
印刷业和记录媒介的复制	29.98	44.52	0.73	−0.05	29.60	1.28
文教体育用品制造业	5.85	6.80	0.11	−0.02	6.89	0.19
石油加工、炼焦及核燃料加工业	145.37	315.51	5.20	0.18	234.88	1.09
化学原料及化学制品制造业	204.89	424.16	6.99	0.17	326.85	1.08
医药制造业	98.72	147.41	2.43	−0.15	106.88	1.44
化学纤维制造业	18.94	20.30	0.33	−0.06	29.38	0.32
橡胶制品业	18.54	17.85	0.29	−0.07	27.03	0.34
塑料制品业	55.63	79.30	1.31	−0.10	76.32	0.65
非金属矿物制品业	162.78	229.51	3.78	−0.31	209.00	1.04
黑色金属冶炼及压延加工业	267.25	712.89	11.75	0.88	738.15	1.38
有色金属冶炼及压延加工业	61.15	176.25	2.91	0.25	143.73	0.92
金属制品业	92.84	112.40	1.85	−0.25	120.58	0.71
通用设备制造业	88.24	224.41	3.70	0.24	178.86	0.88
专用设备制造业	82.09	76.26	1.26	−0.32	130.28	0.52
交通运输设备制造业	518.40	1 076.21	17.74	0.43	739.77	2.84
电气机械及器材制造业	105.94	159.28	2.63	−0.16	162.75	0.48
仪器仪表及文化、办公用机械制造业	19.68	40.28	0.66	0.01	38.69	0.60
工艺品及其他制造业		32.63	0.54	0.13	0.00	0.66
其他制造业	11.01		0.00	−0.08	0.00	
废弃资源和废旧材料回收加工业		5.55	0.09	0.02	0.00	0.79
电力、热力的生产和供应业	159.48	601.98	9.92	1.25	398.04	1.40
燃气生产和供应业	3.76	4.59	0.08	−0.01	6.71	0.37
水的生产和供应业	16.58	41.78	0.69	0.04	11.29	2.99

注：按当年价的国有及规模以上非国有工业企业总产值分析。

附表 4—4 "十五"时期湖南省工业行业结构演变与区域地位变化情况

工业行业	2000年总产值（亿元）	2005年总产值（亿元）	2005年结构（%）	2000~2005年结构转换速率（个百分点/年）	2005年结构偏离份额（亿元）	2005年区位商
合计	1 640.38	4 754.86	100.00	0.02	−527.97	1.00
煤炭开采和洗选业	32.68	151.08	3.18	0.24	113.79	1.40
石油和天然气开采业						
黑色金属矿采选业	2.59	19.18	0.40	0.05	2.61	0.16
有色金属矿采选业	21.93	82.78	1.74	0.08	109.71	4.43
非金属矿采选业	14.26	45.07	0.95	0.02	25.86	2.09
木材及竹材采运业	0.91		0.00	−0.01	1.02	0.00
其他采矿业		0.22	0.00	0.00	0.00	
农副食品加工业	82.43	260.20	5.47	0.09	0.00	1.30
食品制造业	18.19	117.74	2.48	0.27	33.68	1.65
饮料制造业	27.63	54.14	1.14	−0.11	44.76	0.93
烟草制造业	134.53	259.19	5.45	−0.55	102.63	4.83
纺织业	53.51	136.29	2.87	−0.08	51.23	0.57
纺织服装、鞋、帽制造业	7.81	22.69	0.48	0.00	11.41	0.24
皮革毛皮羽毛（绒）及其制品业	12.87	41.59	0.87	0.02	15.07	0.64
木材加工及木竹藤棕草制品业	14.52	74.60	1.57	0.14	22.86	2.16
家具制造业	8.55	21.76	0.46	−0.01	15.24	0.81
造纸及纸制品业	38.38	134.09	2.82	0.10	109.60	1.71
印刷业和记录媒介的复制	17.20	38.13	0.80	−0.05	27.81	1.40
文教体育用品制造业	1.08	4.09	0.09	0.00	1.45	0.15
石油加工、炼焦及核燃料加工业	143.79	292.16	6.14	−0.52	201.17	1.29
化学原料及化学制品制造业	143.86	378.63	7.96	−0.16	245.92	1.22
医药制造业	28.93	97.03	2.04	0.06	53.39	1.21
化学纤维制造业	18.36	27.84	0.59	−0.11	25.45	0.56
橡胶制品业	8.47	16.52	0.35	−0.03	9.30	0.40
塑料制品业	13.09	47.77	1.00	0.04	22.29	0.50
非金属矿物制品业	110.56	244.08	5.13	−0.32	184.38	1.40
黑色金属冶炼及压延加工业	101.21	490.40	10.31	0.83	150.80	1.21

续表

工业行业	2000年总产值（亿元）	2005年总产值（亿元）	2005年结构(%)	2000~2005年结构转换速率（个百分点/年）	2005年结构偏离份额（亿元）	2005年区位商
有色金属冶炼及压延加工业	112.04	375.03	7.89	0.21	396.23	2.50
金属制品业	19.91	65.49	1.38	0.03	52.58	0.53
通用设备制造业	38.32	136.00	2.86	0.10	60.61	0.68
专用设备制造业	39.04	188.54	3.97	0.32	96.91	1.64
交通运输设备制造业	107.22	241.77	5.08	−0.29	190.36	0.81
电气机械及器材制造业	55.91	152.51	3.21	−0.04	107.86	0.58
通信设备、计算机及其他电子设备制造业	50.02	85.21	1.79	−0.25	93.80	0.17
仪器仪表及文化、办公用机械制造业	11.37	23.49	0.49	−0.04	29.28	0.45
工艺品及其他制造业		17.86	0.38	0.08	0.00	0.46
废弃资源和废旧材料回收加工业		15.14	0.32	0.06	0.00	2.73
电力、热力的生产和供应业	93.70	372.98	7.84	0.43	0.00	1.11
燃气生产和供应业	5.28	5.31	0.11	−0.04	15.08	0.02
水的生产和供应业	12.46	18.27	0.38	−0.08	25.20	1.88

注：按当年价的国有及规模以上非国有工业企业总产值分析。

附表4—5 "十五"时期安徽省工业行业结构演变与区域地位变化情况

工业行业	2000年总产值（亿元）	2005年总产值（亿元）	2005年结构(%)	2000~2005年结构转换速率（个百分点/年）	2005年结构偏离份额（亿元）	2005年区位商
合计	1 661.00	4 567.23	153.32	0.03		1.00
煤炭开采和洗选业	77.00	285.85	9.60	0.27	268.12	4.22
石油和天然气开采业						
黑色金属矿采选业	11.00	31.38	1.05	−0.03	11.09	0.42
有色金属矿采选业	5.00	11.27	0.38	−0.03	25.01	0.96
非金属矿采选业	9.00	13.54	0.45	−0.10	16.32	1.00
木材及竹材采运业	0.30		0.00	−0.01	0.34	0.00

续表

工业行业	2000年总产值（亿元）	2005年总产值（亿元）	2005年结构(%)	2000~2005年结构转换速率(个百分点/年)	2005年结构偏离份额（亿元）	2005年区位商
其他采矿业					0.00	
农副食品加工业	95.00	219.71	7.38	−0.56	0.00	1.75
食品制造业	21.00	82.16	2.76	0.10	38.88	1.84
饮料制造业	78.00	88.99	2.99	−1.08	126.36	2.43
烟草制造业	50.00	118.60	3.98	−0.28	38.15	3.53
纺织业	121.00	163.19	5.48	−1.50	115.84	1.09
纺织服装、鞋、帽制造业	12.00	32.58	1.09	−0.04	17.53	0.55
皮革毛皮羽毛(绒)及其制品业	17.00	36.21	1.22	−0.12	19.91	0.88
木材加工及木竹藤棕草制品业	18.00	47.23	1.59	−0.07	28.34	2.18
家具制造业	3.00	4.55	0.15	−0.03	5.35	0.27
造纸及纸制品业	20.00	47.38	1.59	−0.11	57.11	0.96
印刷业和记录媒介的复制	7.00	26.12	0.88	0.03	11.32	1.53
文教体育用品制造业	7.00	13.29	0.45	−0.06	9.38	0.76
石油加工、炼焦及核燃料加工业	85.00	157.67	5.29	−0.76	118.92	1.11
化学原料及化学制品制造业	115.00	288.27	9.68	−0.53	196.58	1.49
医药制造业	23.00	50.73	1.70	−0.15	42.45	1.01
化学纤维制造业	16.00	21.36	0.72	−0.20	22.18	0.69
橡胶制品业	27.00	70.56	2.37	−0.11	29.66	2.71
塑料制品业		128.82	4.32	0.86	0.00	2.15
非金属矿物制品业	79.00	188.03	6.31	−0.43	131.75	1.73
黑色金属冶炼及压延加工业	109.00	471.62	15.83	0.83	162.41	1.86
有色金属冶炼及压延加工业	72.00	273.63	9.19	0.29	254.63	2.91
金属制品业	19.00	97.49	3.27	0.25	50.18	1.26
通用设备制造业	54.00	152.39	5.12	−0.14	85.41	1.21
专用设备制造业	48.00	83.37	2.80	−0.47	119.15	1.16

续表

工业行业	2000年总产值(亿元)	2005年总产值(亿元)	2005年结构(%)	2000~2005年结构转换速率(个百分点/年)	2005年结构偏离份额(亿元)	2005年区位商
交通运输设备制造业	105.00	385.28	12.93	0.33	186.42	2.07
电气机械及器材制造业	128.00	422.64	14.19	0.09	246.94	2.57
通信设备、计算机及其他电子设备制造业	47.00	84.71	2.84	−0.44	88.14	0.27
仪器仪表及文化、办公用机械制造业	5.00	22.54	0.76	0.04	12.88	0.68
工艺品及其他制造业		23.02	0.77	0.15	0.00	0.96
废弃资源和废旧材料回收加工业		1.98	0.07	0.01	0.00	0.57
电力、热力的生产和供应业	68.83	402.92	13.53	1.23	0.00	1.91
燃气生产和供应业	0.37	7.71	0.26	0.04	1.06	0.04
水的生产和供应业	4.80	10.44	0.35	−0.03	9.71	1.71

注：按当年价的国有及规模以上非国有工业企业总产值分析。

附表4—6 "十五"时期江西省工业行业结构演变与区域地位变化情况

工业行业	2000年总产值(亿元)	2005年总产值(亿元)	2005年结构(%)	2000~2005年结构转换速率(个百分点/年)	2005年结构偏离份额(亿元)	2005年区位商
合计	932.32	2 978.88	100.00	0.02		1.00
煤炭开采和洗选业	19.77	73.30	2.46	0.07	68.84	1.08
石油和天然气开采业						
黑色金属矿采选业	0.51	19.69	0.66	0.12	0.51	0.26
有色金属矿采选业	11.81	52.15	1.75	0.10	59.08	4.45
非金属矿采选业	6.06	18.49	0.62	−0.01	10.99	1.37
木材及竹材采运业	4.36		0.00	−0.09	4.88	0.00
其他采矿业			0.00	0.00	0.00	
农副食品加工业	64.72	129.25	4.34	−0.52	0.00	1.03
食品制造业	9.64	39.70	1.33	0.06	17.85	0.89
饮料制造业	18.73	34.69	1.16	−0.17	30.34	0.95

续表

工业行业	2000年总产值（亿元）	2005年总产值（亿元）	2005年结构（%）	2000~2005年结构转换速率（个百分点/年）	2005年结构偏离份额（亿元）	2005年区位商
烟草制造业	26.07	57.14	1.92	−0.18	19.89	1.70
纺织业	41.57	108.00	3.63	−0.17	39.80	0.72
纺织服装、鞋、帽制造业	7.42	79.15	2.66	0.37	10.84	1.34
皮革毛皮羽毛（绒）及其制品业	9.12	19.77	0.66	−0.06	10.68	0.48
木材加工及木竹藤棕草制品业	12.16	39.04	1.31	0.00	19.14	1.80
家具制造业	1.98	4.87	0.16	−0.01	3.53	0.29
造纸及纸制品业	13.93	46.14	1.55	0.01	39.78	0.94
印刷业和记录媒介的复制	12.95	26.19	0.88	−0.10	20.93	1.53
文教体育用品制造业	1.04	6.53	0.22	0.02	1.39	0.37
石油加工、炼焦及核燃料加工业	75.98	156.85	5.27	−0.58	106.30	1.10
化学原料及化学制品制造业	52.95	150.17	5.04	−0.13	90.51	0.78
医药制造业	42.76	122.64	4.12	−0.09	78.92	2.44
化学纤维制造业	11.96	33.89	1.14	−0.03	16.58	1.10
橡胶制品业	4.09	16.14	0.54	0.02	4.49	0.62
塑料制品业	5.35	21.50	0.72	0.03	9.11	0.36
非金属矿物制品业	48.26	162.31	5.45	0.05	80.48	1.49
黑色金属冶炼及压延加工业	71.56	338.58	11.37	0.74	106.63	1.33
有色金属冶炼及压延加工业	69.32	380.58	12.78	1.07	245.15	4.05
金属制品业	9.17	44.06	1.48	0.10	24.22	0.57
通用设备制造业	19.37	43.81	1.47	−0.12	30.64	0.35
专用设备制造业	15.20	28.19	0.95	−0.14	37.73	0.39
交通运输设备制造业	104.40	221.51	7.44	−0.75	185.35	1.19
电气机械及器材制造业	31.13	103.21	3.46	0.03	60.06	0.63

续表

工业行业	2000年总产值（亿元）	2005年总产值（亿元）	2005年结构(%)	2000~2005年结构转换速率(个百分点/年)	2005年结构偏离份额（亿元）	2005年区位商
通信设备、计算机及其他电子设备制造业	19.79	57.72	1.94	−0.04	37.11	0.18
仪器仪表及文化、办公用机械制造业	6.88	14.97	0.50	−0.05	17.72	0.45
工艺品及其他制造业		21.71	0.73	0.15	0.00	0.90
废弃资源和废旧材料回收加工业		1.40	0.05	0.01	0.00	0.40
电力、热力的生产和供应业	68.83	293.12	9.84	0.49	0.00	1.39
燃气生产和供应业	0.37	1.17	0.04	0.00	1.06	0.01
水的生产和供应业	4.80	11.24	0.38	−0.03	9.71	1.84

注：按当年价的国有及规模以上非国有工业企业总产值分析。

第五章 农业发展的基础与战略方向

中部地区的农业资源比较丰富,农业开发历史悠久,历来是国家商品粮生产的重要基地,承担着保障国家粮食安全和实现农产品有效供给的重任。因此,中部地区农业的兴衰,事关中国农业的持续发展和国家粮食安全。近年来,我国一些大的粮食核心产区(如东部沿海地区)面临耕地面积不断减少,出现粮食产量持续下降的问题,而西部地区受制于生态环境条件,粮食增产潜力有限。在此情形下,中部地区对于保障中国粮食安全的重要性正在进一步提升,农业生产的地位日益重要。2006年4月,《中共中央国务院关于促进中部地区崛起的若干意见》中明确提出:要把中部建成全国重要的粮食生产基地。因此,进一步明确中部地区农业发展的方向,加强农业综合生产能力建设,对于落实国家战略定位、保障粮食安全具有十分重要的意义。本章将对中部地区农业自然资源基础条件、农业生产投入水平、农业产出及投入产出效率等方面进行分析,科学审视中部地区农业发展存在的主要问题,考察中部地区农业综合生产能力现状及其变动态势,深入分析中部地区农业综合生产能力时间变动及空间差异特征,明确农业发展的方向与定位,提出农业综合生产能力提升和实现中部地区农业持续、健康发展的相应政策建议。主要观点如下。

- 中部地区农业生产的自然禀赋较好,历来是国家商品粮生产的重要基地,承担着保障国家粮食安全和实现农产品有效供给的重任。但近年来,存在着农业生产投入不足、基础设施配套水平低和农民收入增长缓慢等问题。
- "十五"期间,中部地区农业在全国农业生产中地位得到明显提升。粮食生产能力居全国首位,油料等经济作物产量在全国的地位持续上升。农业结构战略性调整效果明显,农产品生产的优质化和基地化进展突出,农业生产逐渐向优势产区集中,深加工业发展迅速,生产效益得到明显提高。
- 定量评价表明,中部地区农业综合生产能力呈现阶段性持续增长态势,但空间差异比较明显。河南、湖南、安徽、湖北省能力较强,江西和山西省能力较弱。
- 中部地区应继续强化国家主要农产品生产与加工中心的地位。建设成为全国高产稳产优质的粮油棉种植基地、水产和多种特色优质经济作物生产基地、农区精品畜牧业生产基地、农副产品精深加工的核心基地。
- 中部地区要重视将农副产品的基地生产及深加工,与吸收当地农村剩余劳动力和提高农民收入结合起来,依托提升农业综合生产能力来解决日益严峻的"三农"问题。要继续深化农业结构战略性调整;加快农业生产区域专业化;依托新农村建设,大力发展现代农业;依靠科技进步、加大投入和体制创新,建立耕地保护与粮食安全的长效机制。

第一节　农业生产现状特点与问题

一、农业生产的区域条件

中部地区具有丰富的光、热、水土资源，为区域农业发展提供了优越的自然资源基础（详见第二章）。虽然目前存在着耕地资源减少、水资源不足等问题，但是随着近年来对农田水利建设和耕地保护的重视，中部地区农业自然资源条件得到明显改善，基础设施支撑农业发展的能力有所提高。特别是"十五"期间，中部地区农业生产要素的投入力度加大，不仅固定资产投资能力、农业机械化水平、化肥等生产资料投入有了明显提高，而且农业劳动力素质、农业科技投入能力、农业配套政策等领域支撑农业发展的能力也有较大幅度提升。

1. 农业生产自然条件具有相对优势

（1）农业生产自然禀赋较好。中部地区农业生产的气候条件优越，主要体现为光、热、水资源丰富且基本同季，光、热、水时空配合相对较好，土地资源的可利用度高，历来是我国农业生产的优势主产区。特别是种植、林业与光热水配合较好；农林牧渔业与自然生态系统相适应，农林牧渔业之间区域复合、互动发展的优势明显。

（2）耕地资源在全国的地位有所提升。2005年中部地区的耕地面积为2 890万公顷，占全国耕地面积的23.79%。分析表明：自1980年以来，中部地区在全国耕地资源中的地位呈现上升态势（图5—1），1990～2005年上升0.57个百分点。总体而言，这是中部地区严格耕地保护、东部地区经济快速发展占用耕地增多、西部地区退耕还林三个因素共同作用的结果。中部地区作为全国粮食主产区的地位进一步得到凸显，其农业综合生产能力建设对全国农业生产发展和粮食安全的重要性得到增强。

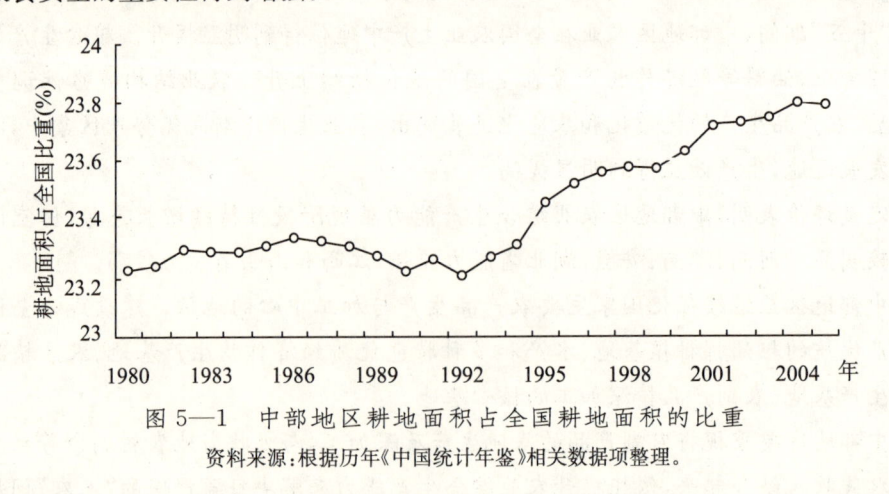

图5—1　中部地区耕地面积占全国耕地面积的比重
资料来源：根据历年《中国统计年鉴》相关数据项整理。

（3）水土资源利用水平提高。有效灌溉面积在很大程度上代表着农业水土资源利用的水平，对于农业综合生产能力提高的贡献十分明显。2001～2005年，中部地区有效灌溉面积呈现缓慢上升的态势(图5—2)。5年间中部地区有效灌溉面积实际增长23.2万公顷,到2005年其面积增长到1 635万公顷。

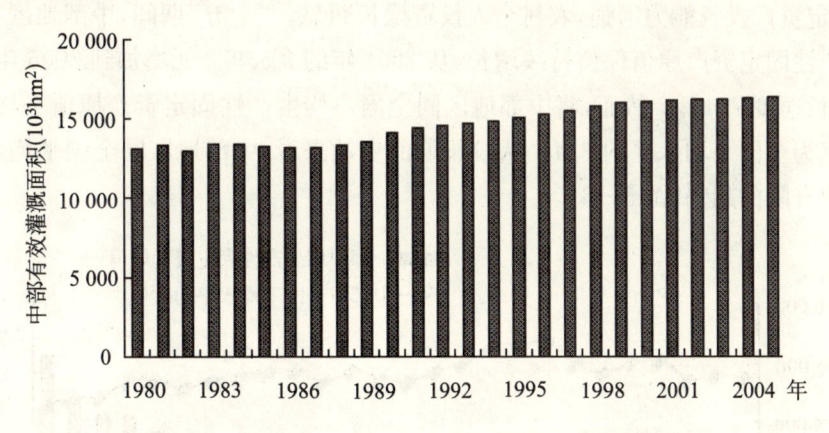

图5—2 1980～2005年中部地区有效灌溉面积
资料来源:根据历年《中国统计年鉴》相关数据项整理。

2. 农业劳动力资源整体素质提高

2001～2005年的统计数据表明,中部地区农村住户劳动力文化程度不断提高(表5—1)。其中,初中及以上文化程度劳动力增长了1 992万人。2005年,初中及以上文化程度的农村劳动力占农村总人口的比重为68.9%,比2001年提高了5个百分点。同期,高中及以上文化程度的农村劳动力增加547万人,其占农村总人口的比重也提高1个百分点;大专以上的劳动力增加57万人,其比重提高0.37个百分点。

表5—1 农村住户劳动力文化程度构成　　　　　　　　　　　　单位:%

年份	不识字或识字少	小学程度	初中	高中	中专	大专以上
2001	6.19	28.53	53.10	10.00	1.75	0.43
2002	6.12	27.90	53.34	10.28	1.91	0.45
2003	6.15	27.38	53.95	10.12	1.97	0.42
2004	6.34	26.75	53.97	10.45	1.95	0.55
2005	6.39	24.75	55.83	10.08	2.17	0.78

资料来源:《中国农村统计年鉴》(2002～2006)。

3. 农业生产投入与机械化水平不断提高

(1)固定资产投资能力增强,农村个人投资增长明显。"十五"期间,中部地区农村居民家庭户均生产性固定资产原值保持持续增长,从2001年的3 539.2元增加到2005年的5 055.6元,年均增长速度7.4%。然而,将中部地区同全国户均生产性固定资产原值平均水平相比,中部地区仅为全国平均水平的3/4。从较长期的变动来看,中部地区同全国平均水平的比值则呈现稳中有降的趋势(图5—3)。

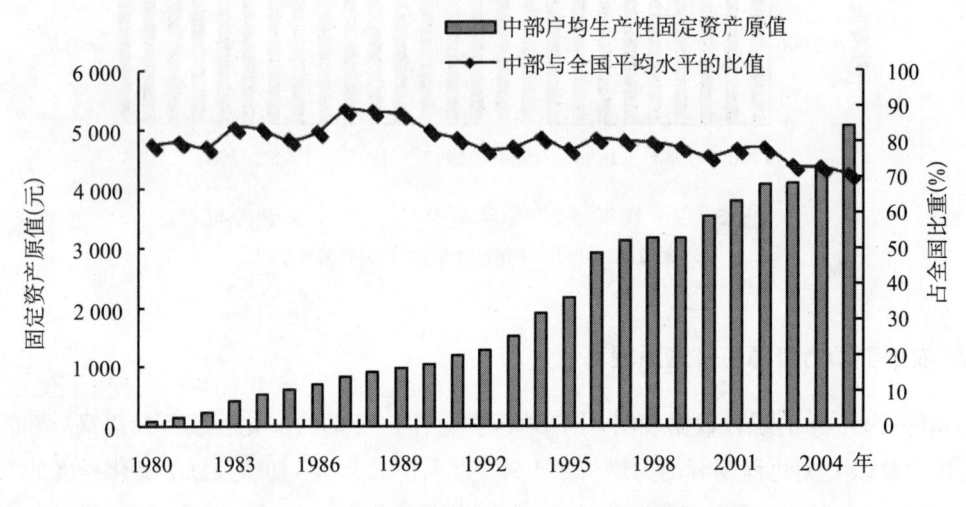

图5—3 中部户均生产性固定资产原值及其与全国平均水平比值
资料来源:根据历年《中国统计年鉴》相关数据项整理。

农村住户人均购置生产性固定资产支出反映了农村个人生产性固定资产投资的水平。2001~2005年,中部地区农户购置生产性固定资产支出呈持续快速上升态势,从2001年的48.5元/人·年上升到2005年的105.1元/人·年,绝对增长量为104.1元/人·年,年均增长率16.7%。这使中部地区农户固定资产原值中来自农户现金支出投资的成分越来越大。农户投资增长速度快于国家、集体的投资,这是农村生产性投资的一个新动向。

(2)化肥、农药投入量增加。"十五"期间,中部地区化肥投入总量从129.6亿公斤上升到152.5亿公斤,年均增长4.58亿公斤。单位农作物播种面积化肥施用量也保持持续上升态势,即从2001年的273.2公斤/公顷上升到2005年的321.7公斤/公顷。2005年,全国单位农作物播种面积化肥施用量平均为306.5公斤/公顷,低于中部地区15公斤。

2005年,中部地区农药使用量为5.21亿公斤,是全国总使用量的35.7%。2001~2005年,中部地区农药使用量增长了0.86亿公斤,年均增长率为3.7%。同期,中部农药使用量占全国的比重上升了2个百分点。表明中部地区农药使用量增长速度大于全国平均增长速度。可见,中部地区化肥、农药施用强度均高于全国平均水平。这一方面增加了中部地区农业生产成本,另一方面也给中部地区耕地带来严重的污染,影响到中部地区农业可持续发展。

(3)机械化水平不断提高。中部地区农业机械总动力保持上升态势(图5—4),多年来保持年均 6.83% 的增长速度。"十五"期间,中部地区农业机械总动力从 14 984 万千瓦增加到 21 235 万千瓦,其占全国农业机械总动力的比重从 28.64% 上升到 31.05%。总体来看,中部地区农业机械总动力总量较大,且增长速度快于全国。

4. 科技与政策支持力度明显增强

(1)中部地区农业科技人员数量及科技经费支出增加。2005 年中部地区从事农林牧渔业科技工作的人员共有 21.85 万人。"十五"期间增加 3 833 人。2001~2005 年,每 10 万人中从事农林牧渔业科技工作的人员从 59 人增加到 62 人,但仍低于全国平均水平。同期,中部地区人均农业科技经费也实现增长,从 154.3 元增长到 255.8 元。

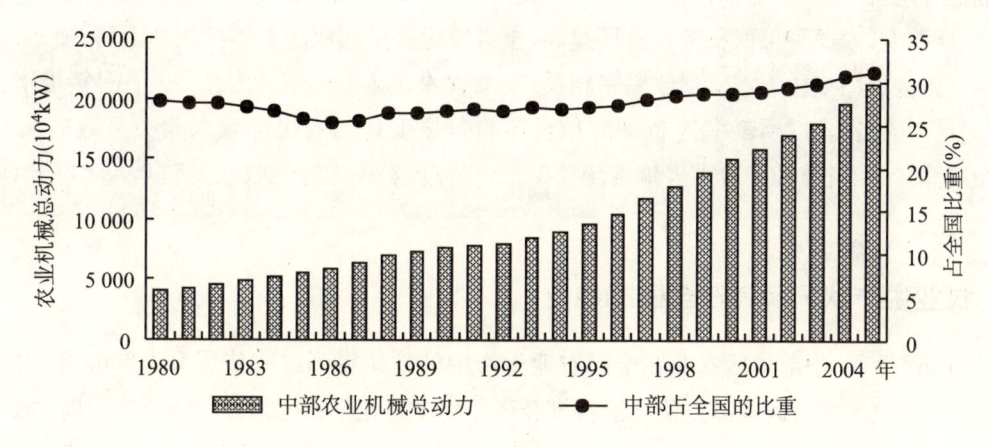

图 5—4 1980~2005 年中部地区农业机械总动力及其占全国比重
资料来源:根据历年《中国统计年鉴》相关数据项整理。

(2)农业基本建设投资增长迅速。2001~2005 年,中部地区农林牧渔业基本建设投资从 47.3 亿元增加到 141.5 亿元,共增长 94.2 亿元,年均增长 18.8 亿元。同期,中部地区支援农业生产和农业事业费从 121.4 亿元增长到 186 亿元,共增长 64.6 亿元。

(3)农业税费总量出现下降。1980~2003 年期间中部地区农业部门上缴的国家税金与有关部门费用总额呈现不断增长态势,2004~2005 年则下降。1980~2003 年期间中部地区上缴的国家税金与有关部门费用总额从 7.2 亿元上升到 358.7 亿元,年均增长速度为 18.5%。2004~2005 年,随着国家取消部分农业税收政策的推出,中部及全国国家农业税金与上缴有关部门费用总额呈下降态势。典型调研表明,减免税费直接降低了粮食生产价格,对于增强农业生产的积极性和促进农民增收的作用明显(专栏 5—1)。

专栏 5—1

粮食生产价格与安徽农民收入

粮食价格变动对安徽的农村发展和农民收入产生重大影响。据统计分析,安徽省小麦、早稻和中晚稻产量分别占全国的 8.2%、14.2% 和 6.4%,在全国分别排第 4 位、第 7 位和第 5 位。安徽粮食生产总值约占农林牧渔业总值的 23.8%,出售粮食收入约占家庭经营收入的 25.5%。

安徽省近年主要粮食价格波动大。2002 年以来,安徽省的小麦和稻谷平均价格在 0.5 元/斤到 0.8 元/斤频繁波动。2005 年,为保护粮农利益,国家启动储备粮政策,启动最低收购价预案,小麦价格保持在 0.65 元/斤左右,中晚籼稻平均价格基本稳定在 0.75 元/斤左右,农民种粮的积极性有所提高,全省粮食种植面积比上年扩大 26 万公顷。

粮食价格变化与农民增收紧密相关,安徽省农民人均纯收入从 2000 年起年均增长 6.4%,其中粮食的贡献率达 30%。粮食零售价格变化与农民纯收入相关系数达 0.9。经测算,收购贷款和粮食零售价格变动 1 个百分点,农民人均纯收入变动 0.3 个百分点。

二、农业生产状况及其在全国的地位

"十五"期间,中部地区农业在全国农业生产中的地位得到进一步提升。2005 年,中部地区农业粮食生产能力居全国首位。油料等经济作物产量在全国的地位持续上升。肉类生产能力虽有上升,但在全国所占地位略有下降。总体来看,"十五"期间中部地区农业特别是种植业优势地位进一步凸显。

1. 粮食生产能力居全国首位,经济作物占据重要地位

2005 年,中部地区实现粮食产量 1 478 亿公斤,占全国粮食总量的 30.5%。该比重超过东北、西部和东部地区,位居我国四大政策区域的首位。

综合考察中部 6 省粮食产量的多年平均值、增长速度及其历史最高产量表明,河南省粮食生产能力最高,约为 460 亿公斤,占中部地区粮食生产能力的 28.9%(表 5—2)。其余依次为湖南、安徽、湖北、江西,山西最少,其粮食生产能力约为 110 亿公斤,占中部地区总生产能力的 6.9%。

从经济作物产量来看,2005 年蔬菜类作物产量为 1 491.4 亿公斤,约占中部地区经济作物总产量的 86.8%;油料产量为 125.3 亿公斤,占 6.8%。"十五"期间,中部地区油料作物产量占全国的比重从 37.9% 上升到 40.7%。可见,中部地区油料作物的生产在全国占有举足轻重的地位。同期,蔬菜产量比重略有上升,而麻类、棉花、烟叶、糖类产量比重均下降,下降幅度分别为 8.5%、4.8%、3.7% 和 2.1%。

表 5—2　中部地区及各省粮食生产能力

	2005年粮食产量（10⁸ kg）	各省粮食生产能力占中部比重(%)	历史最高产量年份	历史最高产量（10⁸ kg）
山西	97.8	6.9	1998	108.2
河南	458.2	28.9	2005	458.2
安徽	260.5	17.6	1997	280.3
湖南	267.9	18.9	1997	295.3
湖北	217.7	16.4	1997	263.4
江西	175.7	11.3	1997	176.8
总计	1 477.8	100	—	1 582.2

资料来源：根据《中国统计年鉴》(2006)及其他相关年份数据整理。

2. 肉类生产量略有下降，水产品生产能力相对较低

2005年，中部地区肉类生产能力为2 182万吨。2001～2005年，肉类总产量保持持续快速上升态势（图5—5），产量从1 823万吨增加到2 182万吨，年均增长3.6%，略慢于全国4%的增长速度。同期，肉类总产量占全国的比重下降了0.6个百分点。从各省肉类生产能力来看，2005年河南省肉类产量为686万吨，为中部最高省份，占中部地区肉类总产量的31.4%；其次为湖南省，肉类产量524万吨，占全区的24.0%；安徽省与湖北省肉类产量相当，分别为340万吨和327万吨；江西省肉类产量为237万吨，约占全区的1/10；山西省肉类产量为68万吨，仅占全区的3.1%。"十五"期间，河南省肉类产量增速明显，同其余各省之间的差距增大。

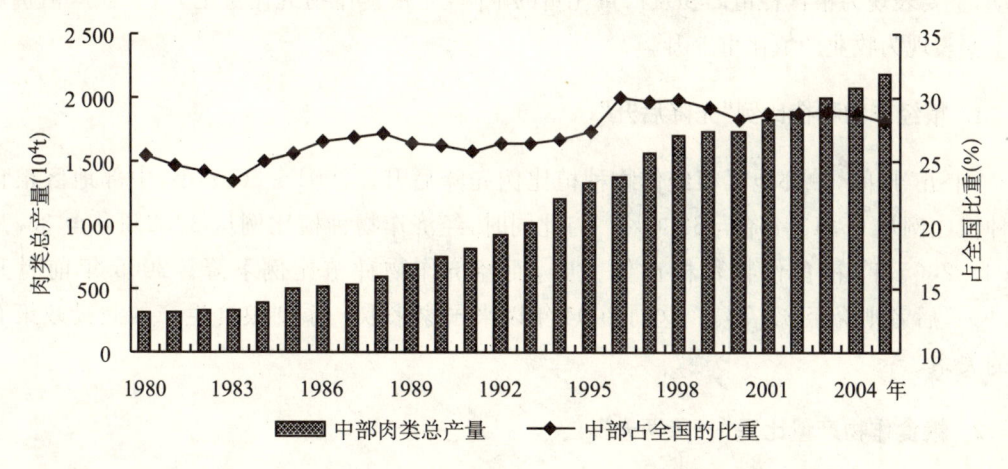

图 5—5　中部地区肉类总产量及占全国比重

资料来源：根据历年《中国统计年鉴》相关数据项整理。

2005年，中部地区水产品生产能力约为899.2万吨。水产品生产能力约为全国总能力的15.4%。可见，与粮食生产及肉类产量相比，中部地区水产品生产在全国的地位相对较低。2001～2005年，中部地区水产品产量实现快速增长，从2001年的709.6万吨增长到2005年的898.2万吨，5年实现增长189.6万吨，年均增长速度4.9%。

中部各省水产品产量分布不均，且差距在逐步拉大。2005年，湖北省水产品产量为318.2万吨，居中部首位，占全区总产量的35.4%；安徽、湖南、江西3省产量相当，分别为179.2万吨、177.6万吨和168.7万吨；河南省产量为51.7万吨，约占全区的5.7%；山西省产量更低，仅为3.8万吨。可见，水产品主要集中在鄂、皖、湘、赣4省，与这些省区具备适宜的养殖水体环境有关。

3. 农林牧渔业总产值总量增长快速

按当年价格计算，2005年中部地区农林牧渔业产值为10 435亿元。按照1980年可比价格计算[①]，2005年中部地区农林牧渔业产值为2 697.3亿元。"十五"期间，农林牧渔业产值保持上升态势，实现产值增长3 526亿元，年均增长8.6%。与此同时，其占全国产值总量的比重从2000年26.3%升至2005年的26.5%，说明中部地区效益型农业发展的水平有所提高。近年来，中部地区在农业结构战略性调整中重视农产品生产的优质化、基地化，大力发展农产品深加工业，促进了农业产业化发展，农业生产效益得到明显提高。

三、农业产量及产值结构变动

"十五"期间，中部地区无论是农作物种植结构、农作物产量结构，还是产值结构都有较大变动，主要表现为粮食种植面积及产量比重的下降，非粮食作物的比重上升；农业产值构成中则主要表现为牧业产值比重上升。

1. 粮经作物种植比例"先降后升"

"十五"期间，中部地区粮经作物种植比例先降后升。2001～2003年，中部地区粮食作物种植比例从65.13%降至62.6%。与此同时，经济作物种植比例从32.2%升至33.1%；2004～2005年，粮食作物种植比例上升，而经济作物种植比例下降。2005年前者升至64.9%，后者则降至31.7%。这同2004年以来国家采取一系列粮食生产的激励政策有直接的关系。

2. 粮食作物产量比重"一降两升"

从中部地区粮食产量构成来看，各种粮食作物产量所占比例变动较大，主要表现为稻谷比

[①] 若无特殊说明，本章中产值数量均采用1980年不变价格。

重下降和小麦、玉米比重上升。稻谷、小麦和玉米作为中部农区主要粮食作物,多年来三者占粮食作物产量比重高达88%。其中稻谷产量比重约为53.03%,但"十五"期间该比重总体继续呈下降态势,下降了约1.5个百分点。与此相对应,小麦和玉米的比重则分别上升了0.9%和0.6%。此外,薯类产量比重上升约0.4%,大豆产量比重略有上升,而其余作物产量比重均有下降。

中部地区各主要粮食作物产量占全国同类作物产量的比重也有所变动。小麦、其他谷物、玉米、稻谷和谷子表现为上升态势,而大豆、薯类和高粱表现为下降态势。

3. 经济作物种植比重"一稳一升一降"

从中部地区各种经济作物种植面积比例的多年平均值来看,以油料所占比例最大,为44.48%。其他经济作物种植面积依次为蔬菜及瓜果、棉花、烟叶、麻类、药材类、糖类,种植比例分别占28.58%、19.26%、3.61%、1.80%、1.39%、0.89%。"十五"期间,中部地区油料作物的种植比例稳中有降,变动较大的主要是棉花种植比重的减少和蔬菜及瓜类种植比重的增加,其他作物播种面积比例相对稳定,但也存在年际波动。这主要是由于各种作物市场价格波动、自然灾害及国际政策的变动等所引起的。

4. 产值结构中牧业产值增长快

2005年,中部地区农、林、牧、渔业产值分别为1 398.7亿元、108.6亿元、991.5亿元和198.6亿元。农林牧渔业总产值结构中仍以农业种植业为主,2005年占总产值的比重为52.1%。但从各产值变动趋势来看,牧业产值增长最为明显。2001~2005年,其比重增长4.4个百分点,2005年比重达到36.5%。这说明中部地区农业内部结构正向大农业转化,依托传统农区丰富余粮和秸秆资源优势,农区畜牧业得到快速发展,也代表了中国加入WTO后中部地区农业结构战略性调整的重要方向。

第二节 农业综合生产能力评估

农业综合生产能力作为一个多要素组成的复合系统,可以通过构建一套复合指标体系,并运用一定的评价方法进行测定。它将有利于从总体上对农业发展水平做出科学的定量评价和判断,作为制定具有针对性和可操作性农业政策的重要依据。

一、农业综合生产能力评价

根据农业综合生产能力含义及其构成,分别从自然资源支撑能力、固定资产积累能力、可变要素投入能力、科技与政策支持能力、产量产出能力及产值产出能力六个方面进行综合评价。该指标体系不仅反映了中部地区农业生产的投入和产出水平,还通过作物单产、人均粮食占有量等指标来反映农业生产投入产出效率。其中各种投入要素形成了农业再生产的基础,是农业生产得以实现的前提,更是农业综合生产能力的重要组成部分和农业综合生产能力水平高低的重要表征;农业产量及产值产出是经过农业各种投入要素相互作用所形成的最终结果,是农业生产过程成果的最终体现,能有效反映区域农业综合生产力水平状况;投入产出效率则反映了从投入到产出的转化能力。根据农业综合生产能力评价指标体系,并运用第一主成分方法评价得出中部地区农业综合生产能力(表5—3)。

二、农业综合生产能力变化特征

1. 农业综合生产能力呈现阶段性持续增长

1980~2005年,中部地区农业综合生产能力保持持续上升态势。总体来看,可以分为四个阶段。

(1)波动性积累阶段:1980~1990年。这10年间,农业综合生产能力值从8.69提高到19.32,年均增长率为8.32%。这一阶段农业综合生产能力总体水平低,增长速度快,但波动较大。增长比较突出的是科技与政策支撑能力和产值产出能力,年均增长速度分别高达34.3%和13.5%。总体来看,这一时期的农业综合生产能力有了显著提升,为下一阶段农业综合生产能力的稳步提高奠定了基础。

(2)快速增长阶段:1991~1996年。1996年的农业综合生产能力值为33.94,是1991年的1.73倍,年平均增长速度为11.6%,远快于20世纪80年代的增长速度。这一阶段农业综合生产能力的提高主要是由于农村改革开放,实行土地规模经营,极大地解放和发展了农村生产力。同时,国家实行了一系列促进粮食生产、鼓励农业产业结构转变的政策措施,大幅提高粮食收购价格,增加化肥等物质投入;还建设了一大批商品粮基地,推广应用了杂交水稻、杂交玉米等高产新品种和新技术。不仅新增了农业生产能力,也使过去积累的生产潜能得以释放。

(3)缓慢增长阶段:1997~2000年。这期间中部地区农业综合生产能力虽然仍保持增长,但增长较为缓慢,年均增长速度仅为4.2%。特别是农业产量和产值产出能力,仅分别增长了0.3和0.1个百分点。主要原因是粮食供大于求和一些地方在农业结构调整中放松粮食生产等。粮食播种面积大幅调减,加上严重自然灾害的影响,粮食生产连续减产。粮食生产"增产不增收"的问题凸现,农业产值增长几近停滞,农民从事农业生产的积极性受到挫伤,农业投资缩减,农业综合生产能力增长缓慢。

(4)快速恢复增长阶段:2001~2005年。这一时期,中央出台了一系列恢复和发展粮食生产的政策措施。在政策好、市场旺、天帮忙等综合因素共同作用下,中部地区农业综合生产力出现恢复性增长,不仅粮食生产扭转了粮食种植面积连续下滑的局面,粮食单产水平也屡创历史最高纪录。产业结构调整进一步加强,农业产值水平不断提高。2005年,国家进一步提出取消农业税,这对于调动农民积极性、促进农业发展、增强农业综合生产能力具有明显的促进作用。

表 5—3 中部地区农业综合生产能力各子系统及综合评价值

年份	自然资源支撑能力(A)	固定资产积累能力(B)	可变要素投入能力(C)	科技与政策支持能力(D)	产量产出能力(E)	产值产出能力(F)	农业综合生产能力评价值
1980	0.747	2.314	2.042	0.064	2.771	0.749	8.687
1981	1.197	2.175	2.190	0.089	3.079	0.877	9.607
1982	1.415	2.223	2.396	0.097	3.438	1.026	10.595
1983	1.297	2.382	2.652	0.101	3.466	1.181	11.079
1984	1.448	2.599	2.760	0.138	3.861	1.311	12.117
1985	1.273	2.859	2.982	0.222	4.347	1.466	13.149
1986	0.955	3.077	3.216	0.393	4.219	1.596	13.456
1987	1.416	3.413	3.429	0.662	4.447	1.794	15.161
1988	0.880	3.638	3.631	1.016	4.479	2.037	15.681
1989	1.616	3.809	3.894	1.305	4.832	2.300	17.756
1990	1.512	4.263	4.138	1.645	5.112	2.651	19.321
1991	0.839	4.720	4.410	1.901	5.119	2.613	19.602
1992	1.466	5.036	4.741	2.579	5.609	2.922	22.353
1993	1.647	5.482	4.910	2.555	6.042	3.643	24.279
1994	1.583	6.377	5.471	1.998	6.333	5.149	26.911
1995	1.640	7.215	5.854	2.382	7.038	6.670	30.799
1996	1.428	8.026	6.366	2.851	7.406	7.858	33.935
1997	1.230	8.588	6.984	3.100	8.146	8.302	36.35
1998	0.803	8.943	7.214	3.457	8.248	8.220	36.885
1999	1.437	9.659	7.378	4.668	8.426	8.272	39.840
2000	1.442	9.824	7.589	5.407	8.448	8.379	41.089
2001	1.924	10.555	7.847	6.246	8.525	8.704	43.801
2002	1.876	11.101	7.919	7.597	8.892	9.000	46.385
2003	1.468	11.450	8.171	8.325	8.738	9.085	47.237
2004	2.497	12.516	8.653	10.046	9.397	11.432	54.541
2005	1.993	14.356	9.149	10.872	9.806	12.451	58.627

资料来源:根据历年中国统计年鉴计算所得。

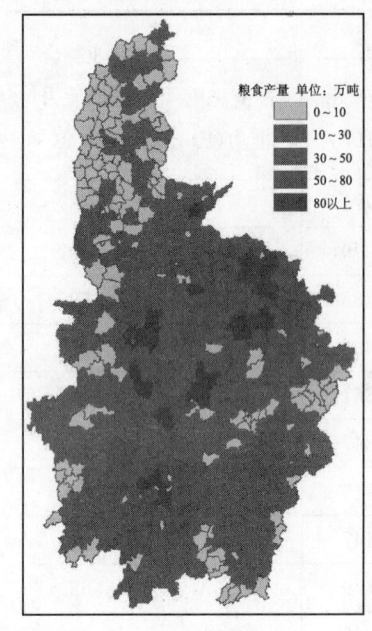

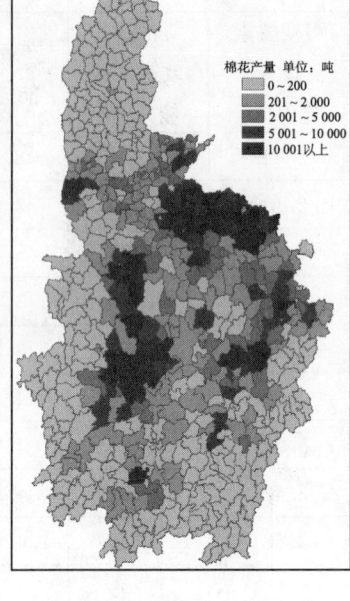

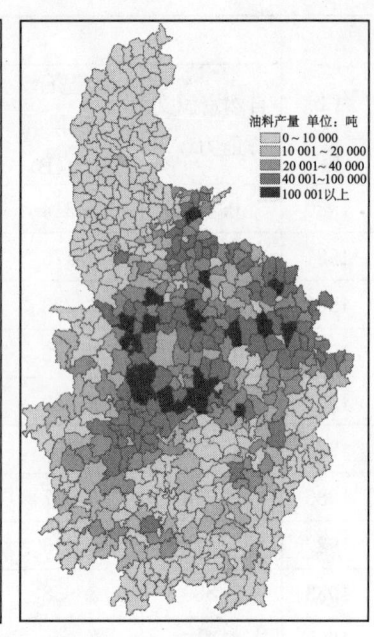

图5—6 粮食产量分布　　图5—7 棉花产量分布　　图5—8 油料产量分布

2. 区域农业综合生产能力空间差异明显

中部地区农业综合生产能力较强的省份有河南、湖南、安徽、湖北等省,能力较弱的是江西省和山西省。2005年,晋、赣、鄂、皖、湘、豫六省的农业综合生产能力的比值约为1∶1.32∶1.68∶1.77∶1.84∶2.11。

(1)粮食产量超过100万吨的县市有湖北省武汉市辖区,河南滑县,安徽霍邱县、蚌埠县、寿县等。总体来看,粮食产量较高的县市呈现"带状"分布:粮食优势产区主要分布在河南与安徽交界黄淮海平原地区及湖北中部、湖南中东部江汉平原地区等区域,形成"东南、西北"的带状分布(图5—6)。

(2)棉花产量超过2万吨的县市有武穴市、天门市、公安县、监利县等,均分布在湖北省境内。从区域分布来看,棉花优势产区主要分布于湘鄂交界、皖豫交界、皖赣交界三大交界地带的块状区域,大体呈现"块状"分布的特点(图5—7)。

(3)油料产量具有明显优势的县市主要有湖北省武穴市、湖南省正阳县、湖北省襄阳县、河南省邓州市等,其油料产量均为20万吨以上。大体来说,油料优势产区主要位于六省的中部区域,呈现"团状"分布特点(图5—8)。

3. 各种投入要素增长速度的差异性

从各子系统多年平均增长速度来看,增速最快的是科技与政策支撑能力子系统,1980～

2005年的年均增长速度为16.03%;增速最慢的是自然资源支撑能力子系统,同期增长速度仅为4%(图5—9)。造成这一结果的主要原因是中部地区耕地面积在不断减少、水土资源综合利用能力程度不高、自然灾害防御能力较低所致。

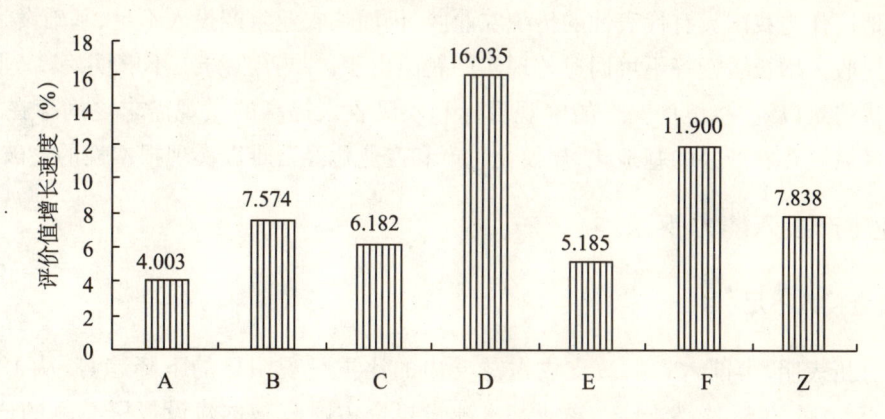

图5—9 1980~2005年各子系统评价值年均增长速度

A—F:分别指自然资源支撑能力、固定资产积累能力、可变要素投入能力、科技与政策支撑能力、农业产量产出能力及产值产出能力子系统;Z指农业综合生产能力系统。

4. 农业生产逐渐向优势产区集中

从区域作物产量变动来看,1990~2005年中部地区作物优势产区的产量占全区总产量的比重呈增大趋势,即作物产量逐渐向优势产区集中。对县域尺度主要作物(粮食、油料、棉花)产量从高到低进行排序分析后发现,产量排序在前1/4的县域(优势产区)所生产的作物产量占全区的比重均表现为上升(表5—4)。尤其是油料作物的比重上升达8个百分点,这说明中部地区油料生产向优势产区集中的态势最为明显。

表5—4 1990~2005年作物生产优势产区产量占全区的比重 单位:%

分类	作物产量总和所占比重					
	粮食		油料		棉花	
	1990	2005	1990	2005	1990	2005
产量排在前1/4的县	52.9	54.8	66.8	74.8	91.1	92.5
产量排在前2/4的县	79.1	81.2	87.8	92.6	99.5	99.6
产量排在前3/4的县	93.7	94.8	97.2	98.6	100.0	100.0

资料来源:《中国统计年鉴》(1991~2006)。

第三节 农业发展面临的主要问题

中部地区作为我国具有代表性的传统农业区,仍面临农业生产投入不足、基础设施配套水平低和农民收入增长缓慢等不可回避的现实问题。由于区域产业分工不够明确,农业资源优势与经济优势难以统一,粮食安全的宏观目标和农民收入提高的微观需求之间存在目标"错位",致使区域主要农产品的基地化、规模化生产和产业化经营难以实现根本性的突破。

一、农业生产投入能力不强

1. 资金投入不足

统计分析表明,中部六省财政支农占总支出的比重呈现明显的下降趋势,从1990年的10.9%降至2005的5.5%。同样,农业基本建设投资占财政基本建设投资总额的比重也从1990年的23.1%下降到2005年的19.3%。农民从事农业生产投入的积极性也严重受挫,1990~2005年期间,以农户为单位的农业生产投入占农户生产总投入的比重下降达13.4个百分点。

"十五"期间,中部地区农业资金投入的增长速度也慢于全国,而且中部地区与全国平均水平之间的差距在日益拉大。2001年这一差距为567.6亿元,到2005年增加到681亿元(图5—10)。同期,中部地区支援农业生产和农业事业费占全国的比重也从20.6%降到18.7%。可见,中部地区农业资金投入与农村事业费投入明显不足。

2. 科技进步较慢,科技推广能力不强

中部地区农业科技经费支出较少,远不能满足现代农业发展需要。同东部沿海地区相比,中部地区农业科技经费支出水平很低,原创性科技成果不多,科技成果储备明显不足,农业科技发展滞后。其关键原因在于农业科技投入增长缓慢,增速低于农业支出的增长。1998~2005年,中部地区农业支出年平均增长12.16%,科技三项费用年平均增长6.14%,仅为农业支出增速的一半。通过典型调研了解到,目前中部地区农村人才呈现"三少",即农业科技人员少、高级人才比例少、农民参加培训总量少。2005年,每万个农民中只有6.2个农业技术人员,与全国平均水平9名和世界发达国家平均100名的差距很大。许多基层农业科技推广机构出现"线断、网破、人散"。基层农技推广人员中,专业技术人员仅占58%,每年参加短期培训的人数仅占13%。在多数地方,农技人员知识更新缓慢,推广技能和综合素质较低,从而限制了农业技术推广。

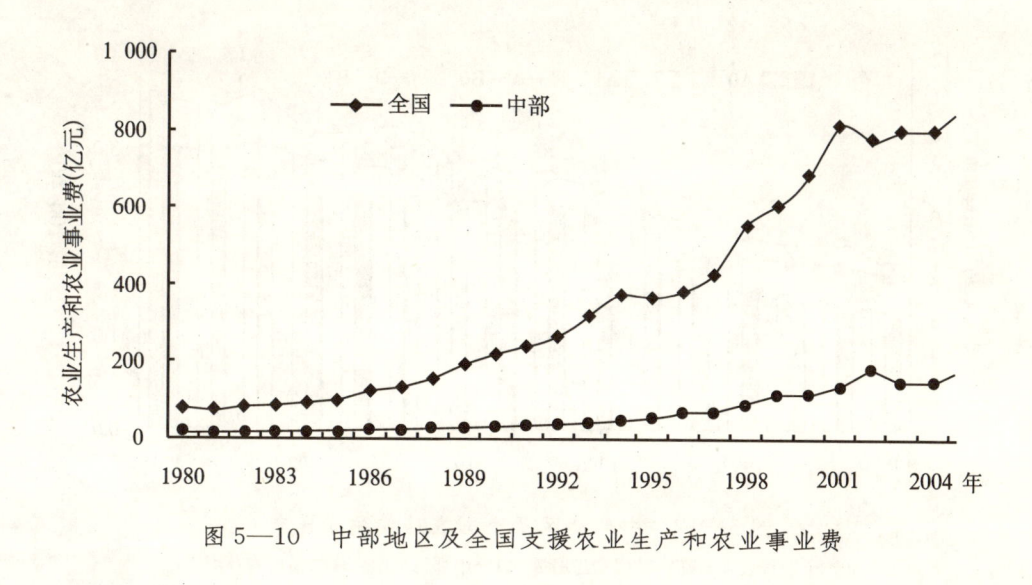

图 5—10　中部地区及全国支援农业生产和农业事业费

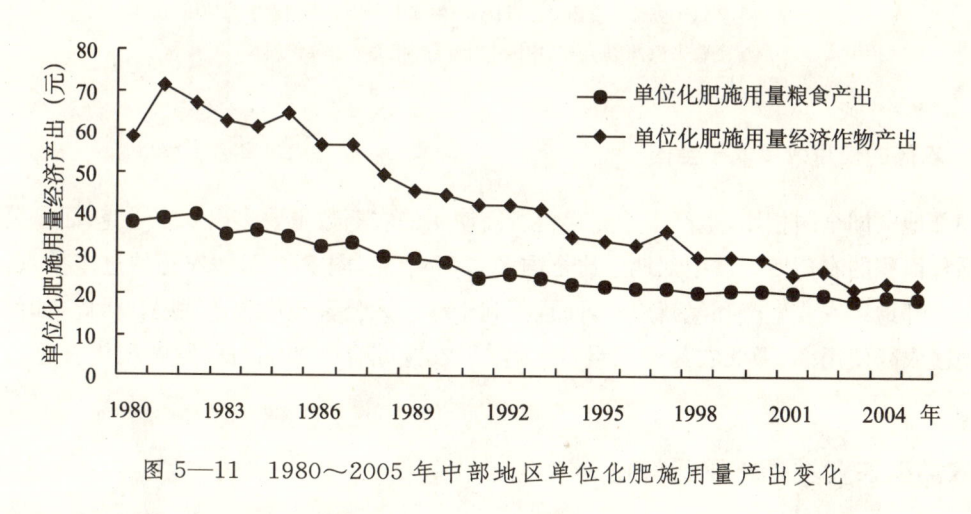

图 5—11　1980～2005 年中部地区单位化肥施用量产出变化

二、主要生产资料使用粗放、效率下降

1. 化肥的边际产出效率降低

目前,中部地区单位面积大田粮食作物的化肥施用量与经济作物化肥施用量比例约为 1∶2。进一步分析粮食、经济作物产量与其化肥施用量的关系表明,单位面积土地化肥施用量所带来的边际产量增加量呈现减少趋势。单位化肥施用量所带来的单位粮食产出和单位经济作物产出也在迅速减少,而且粮食产出减少的速度要更快(图 5—11),在一定程度上促使农民做出"压粮扩经"的种植选择。

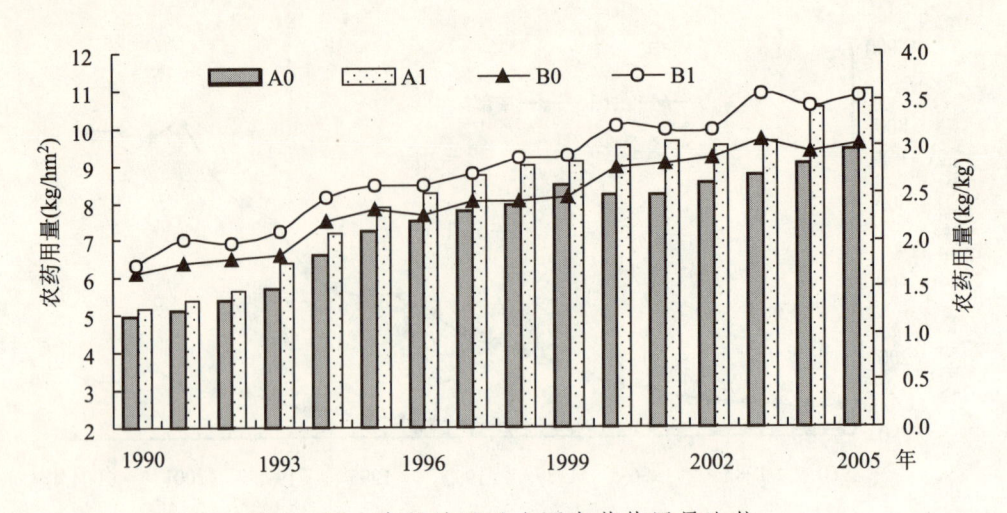

图 5—12　中部地区及全国农药使用量比较

A0－全国每公顷农作物播面农药用量；A1－中部每公顷农作物播面农药用量；
B0－全国生产每千克粮食农药使用量；B1－中部生产每千克粮食农药使用量。
资料来源：根据历年《中国统计年鉴》相关数据项整理。

2. 农药的使用效率低于全国

中部地区同全国相比，生产1千克粮食所需使用的农药数量要多出0.3千克；而每公顷农作物播种面积的农药使用量中部地区比全国多0.87千克（图5—12）。农药的过多投入，不仅增加了中部地区农业生产和经营成本，而且不利于绿色无公害现代农业发展。因此，如何提高中部地区农药使用率、降低农药使用量，成为增强农业综合生产能力和发展现代农业的迫切要求。

三、效益型农业发展水平仍较低

1. 高品质产品的比例较低

中部地区大多农产品的品质不能满足国内外市场对高品质的需求。以油菜为例，中部地区大部分商品菜子含油量只有38%～40%，而进口菜子在42%～44%之间；商品油菜子的芥酸含量一般在3%～5%之间，比国外高2～3个百分点；商品油菜子大都在自然条件下风干，其含水量较进口菜子高4个百分点以上。

随着生活消费水平的提高，人们追求的是更好的口感和观感，更高营养价值，更有利于健康的优质、绿色无公害的农产品。而中部地区的许多农产品因科技含量较低及品质问题难以满足现在的市场需求。例如，中部地区稻米大多味淡且硬，在国际市场上没有竞争力，在国内市场也逊色于北方稻米，往往造成低水平农产品生产的供过于求。

2. 专用品种的数量较少

长期以来,中部地区推广良种的目标是高产,兴趣点在于解决温饱问题,基本上没有考虑精深加工的要求,因而专用品种数量较少。按照加工用途,美国把小麦分为6类,我国小麦品种涵盖了其中的5类,但都没有按照用途的分类进行专业品种的生产、加工、储运。中部地区由于混杂生产,已使全区加工用粮市场绝大部分被外地占领。虽然近几年河南等省着力推出强筋、弱筋小麦以及专用玉米的基地化生产,并取得明显进展,但整个中部地区的专用品种生产和加工发展较为缓慢。

3. 农业产业结构调整难度大

虽然近年来中部地区的各级政府都高度重视农业结构战略性调整,但是由于结构调整涉及农业生产与经营的方方面面,调整起来的难度很大。许多农民都愿意在自己承包的几亩地上打主意,种粮食没效益,就改为种小杂粮、烤烟、瓜果、蔬菜、药材等经济作物。但由于规模太小,增收效果并不明显。此外,种植业结构调整受到自然环境、生产技术、市场信息、管理水平、产品销售等因素的制约,某一环节受阻,便会导致调整的失败。因此,在经济发展总体水平不高和城镇化率较低的情况下,农业结构调整仍面临诸多实际困难。

第四节 农业发展功能定位与战略

一、农业发展功能定位

基于农业水土资源优势,中部地区应继续强化国家主要农产品生产与加工中心的地位;通过农业优势产业带和基地建设,提升现代高效农业发展水平,增加农业生产效益,提高农业产业对中部地区农村发展的贡献度与支撑力。从中长期发展来看,中部地区应建设成为全国农产品加工基地和农区畜牧业基地。

在统筹区域协调发展和全面建设小康社会的新形势下,中部地区应立足农业水土资源、气候资源等自然资源优势和劳动力资源优势,重视加大农业生产各种要素投入力度,加强农业科技与政策对农业生产的支撑与推动作用,巩固中部地区传统农业优势地位,将中部地区建设成在全国具有重要战略意义的"四个"基地。即高产稳产的粮油棉基地;水产和多种特色优质经济作物生产基地;发挥饲料丰富及其区位优势,建成国家重要的农区畜牧业生产基地;利用已有农副产品加工业优势,建成国家农副产品精深加工的核心基地。特别要重视将农副产品的基地生产与加工业发展,同吸收当地大量农村剩余劳动力和提高农民收入有机地结合起来,确立依托提升农业综合生产能力,协调解决中部地区日益严峻的"三农"问题,促进中部地区农村经济持续、快速发展的长远战略。

二、农业发展战略方向

1. 继续深化农业产业结构战略性调整

农业产业结构变动,既是农业生产长期对外部环境(特别是市场环境)自适应的结果,也是农业资金投入、基础设施建设和农业政策引导的结果,最终表现为农业资源利用程度的提高和农业产值的增加。农业产业结构调整的主要任务在于面向市场需求,依靠科技进步,发挥水土资源和生态环境优势,加快调整农业产品品质结构、种植结构和产业结构,把品质调高、品种调优、产业调强,真正调出优势、调出特色、调出效益。

(1)农产品优质化。加入WTO后,国内粮食供与求、产与销的矛盾已不再是昔日供给与需求的简单失衡,而是以低水平的供大于求为特点的阶段性、结构性过剩的矛盾,即市场需求的高品质农产品与农业低品质产出之间的矛盾。可见,以优质化为核心的农业结构升级,是当前农业发展的改革方向之一。全面提高农产品质量水平已成为中国农业进入新发展阶段的一项战略任务。

中部地区作为国家重要的粮食生产基地,应充分依托国家优质粮食产业工程建设机遇,全面提高粮食生产品质和产品生产标准化程度,促进粮食生产由高产型向优质高效型转变,着力提高中部粮食产品的国内市场占有率及国际竞争力。推进绿色农业、有机农业发展,也是农产品优质化的重要内容。重点加强蔬菜、水果等的质量安全体系建设,按照农产品生产技术规范化要求,推广无公害农产品生产技术,加强对农药、化肥和植物激素等农用化学物质的控制。推行农产品的优质高价政策,拉开品质差价、扩大品种差价和等级差价,逐步构建激励优质农产品种植的长效机制。

(2)作物种植结构优化。中部地区地域类型复杂,南北差异明显,农作物类型多样。特别是茶、柑果、中药材等产品,不仅品种多样,而且品质优良。中部地区的大多经济作物都具有很好的市场前景和经济效益。在保证粮食生产能力不降低的前提下,进一步提高经济作物种植面积和比重,提高优势作物种植在增加农民收入中的作用。种植结构优化主要包括三个方面:一是重视特色产业基地建设,特别是丘陵、山区大力发展经济作物,巩固中部地区茶叶、柑橘、脐橙等在国内及国际市场上的重要地位;二是加快优质蔬菜基地建设,重点是大中城市周边优质蔬菜基地和特色蔬菜、反季节蔬菜基地建设;三是积极发展饲料作物的种植,变目前的粮经种植"二元结构",为粮经饲种植的"三元结构",促使饲料作物生产形成相对独立的产业。相对于粮食生产,经济作物的种植需要更多资金投入和冒更大的市场风险。因此,农民合作经济组织、信息服务体系的建设,以及面向农户的信贷制度和农业保险基金制度的建立,对于实施作物种植结构优化战略至关重要。

(3)农林牧渔业协调发展。20世纪80年代以来,随着城乡居民收入的增长和城市化水平的提高,中部地区食品消费结构发生了显著变化,主要表现为粮食消费比重下降和蔬菜、肉类、水产品消费比重上升。农业生产也随之调整,农业产值比重下降,牧业产值比重快速上升。畜禽饲养业对中部地区农业发展的作用非常明显,不仅可以消化余粮、解决富余劳动力就业问题,还可以通过粮食"过腹转化"将更多农业生产利润留给农户。同时,应大力发展渔业、适当发展林业。在水产养殖的适宜区,应稳定和逐步改善主要水域的水环境质量,科学利用养殖水面,提高名、特、优水产品比重。在生态脆弱区和水源地保护区加快植树造林,稳步推进退耕还林还草工程。重视加强大中城市周围的绿色空间建设,结合农田林网和水土保持生态建设,因地制宜发展速生丰产林以及山区高效竹类经济林。

2. 加快中部地区农业生产区域专业化

市场经济条件下的农业,讲求规模效益,要注重在区域间进行合理的布局,实行区域化经营。主要表现为基地化生产,其意义在于以市场需求为导向,通过农产品结构调整,逐步形成与资源特点相适应的区域经济格局,实行连片开发,确定种养方向和生产规模,将一家一户的分散种养,联合成千家万户的规模经营,创造产品优势和市场优势,实现区域产品差异化,提高区域整体效益。农业的适度集中还有利于推广适用技术,进行规范化管理,易于培育名牌产品、拳头产品,方便收购和运销,并能带动相关的运输、包装、信息和旅游等第三产业的发展。优化农业区域布局,是中部农业发展的关键。中部地区农业生产逐渐表现出向优势区集中的趋势,基地化、区域化布局渐趋明朗。基于已有生产基础条件、自然条件适宜性、区位及交通便捷性等多方面的综合考虑,进一步将中部地区划分为以平原稻、麦粮食种植区,平原粮棉油作物种植区,丘陵山区果、茶、杂粮等特色经济作物种植区,城郊蔬菜花卉苗木种植区,畜禽水产优势产区等(图5—13)。中部地区农业发展的战略导向,就是要围绕主要作物的基地化生产优势,促进区域主导优势品种生产的优质化和专业化。

(1)平原稻、麦粮食生产基地。粮食作物是本区农业生产的主体,本区是全国细粮的重要产区之一,粮食商品率高,历来是我国稻、麦供应的重要基地之一。本区稻、麦分布有一定的纬度地带性。大致在桐柏山、大别山以北的黄海平原,以小麦、杂粮及旱作为主,是本区小麦的集中产区。在桐柏山、大别山以南与南岭以北的长江中下游地区,旱地渐少,水田所占比重大,盛行水稻连作和稻麦轮作的一年两熟和一年三熟制,本区水稻以鄂、湘、赣种植面积最大、产量最多。

(2)平原棉、油经济作物基地。本区是全国重要的经济作物产区之一。区内河南、安徽和湖北是我国重要的产棉省,今后重点建设皖北棉区、豫东棉区、豫南棉区、江汉平原棉区、皖江平原棉区、洞庭湖和鄱阳湖棉区。本区还是我国重要的油料生产基地,近年来油料作物发展迅速,在全国所占比重仍不断上升。其中油菜种植面积最广,且质量较高。要重点建设长江中下游平原地区油菜生产基地。

(3)丘陵山区果、茶、杂粮等特色经济作物种植区。茶叶是中部地区生产的一大特色,茶叶生产基地建设以皖、赣、湘、鄂的山区为重点,目前基地建设的重点在于加大无公害茶园建设力度,提高品牌创建工作及品牌知名度;本区水果种类多,北部着重建设黄河沿岸及黄河故道梨、苹果、葡萄生产基地,南部以湘赣为重点建设柑橘生产基地;小杂粮的生产以山西汾河谷地为主,适应当前粗粮消费在口粮消费中不断增多的需求,小杂粮的生产地位进一步得到提升。

(4)城郊蔬菜花卉苗木种植区。在大城市近郊区适当减少粮食种植面积,优化耕作模式,加大科技投入,采用优质品种,发展绿色无公害蔬菜、水果生产基地;适应城市消费需求的多层次、多样化的特点,特别是对假日休闲、旅游、娱乐等高档消费需求,不断拓展农业的内涵,大力发展设施农业、生态农业、加工农业、创汇农业、绿化农业和观光休闲农业。重点建设城郊区独具特色的各种观光农园、民俗观光村、度假农庄等,为城市居民提供观光、休闲与体验服务,使农业由单纯的提供物质性产品向以提供服务性产品为主要目的的方向延伸;建立绿化农业产业园,用于生产城市绿化、美化用各种苗木、花卉、草坪和市内盆栽植物幼苗等。

(5)畜禽水产优势产区。本区畜牧业主要由家畜和家禽饲养业组成,具有一家一户分散饲养的特点,但总量较大,是中部地区农村家庭重要的副业之一。本区畜牧业发展,今后应根据自然条件和耕作生产特点及市场需求状况,建立不同类型、不同规模的猪、牛、家禽为主的畜牧业生产基地。豫、皖以黄牛、马、驴、骡等大牲畜的养殖为主,湘、鄂、赣以生猪的饲养为主。河湖平原地区重点发展富有水乡特色的鸭、鹅等家禽饲养业及水牛养殖。

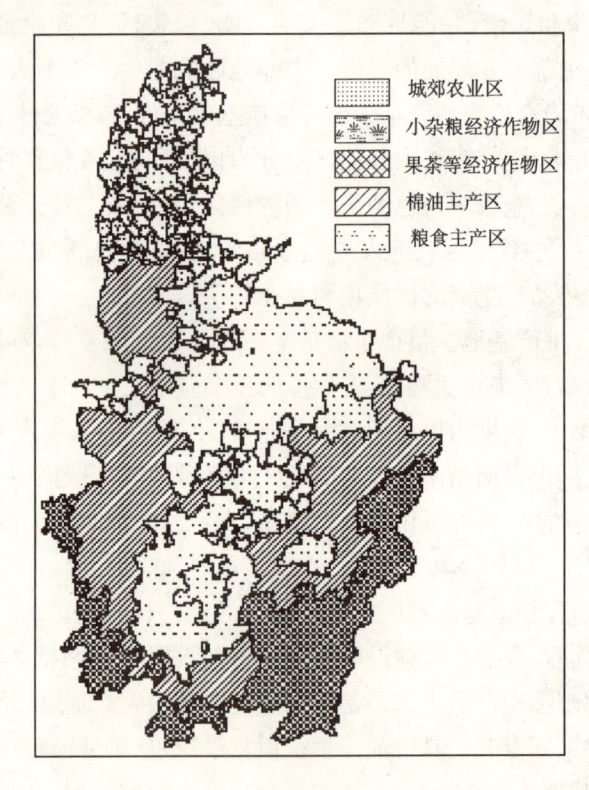

图5—13 中部地区主要农业种植业分区

此外,本区江湖塘库众多,具有水面广、水温高、水质肥、饵料丰等优良条件,水产资源丰富。特别是长江沿岸地区,既是我国淡水渔业的摇篮、鱼苗的主要产地,也是进一步发展现代水产养殖业的重要基地。本区要重点建设四大淡水水产品生产基地,即江汉湖群、洞庭湖群、鄱阳湖群、皖中湖群地区,以精养鱼塘集约化生产为主,湖、河、水库增殖捕捞为辅,提高名优特新水产品生产比重。目前存在的主要问题:一是淡水水面的利用率不高;二是由于盲目围垦和水质污染,天然渔场受到破坏;三是长江的鱼类资源正趋于衰退。因此,一方面要充分利用水面,扩大放养,提高产量;另一方面要防止水体污染,加强对鱼类资源的繁殖保护,如在长江实施分时分段禁渔措施。

3. 依托新农村建设,大力发展现代农业

在市场经济条件下,无论是粮食作物,还是经济作物,都应当面向市场竞争,来优化调整生产结构与布局。党的十六届五中全会提出"推进现代农业建设"的要求,这为中部地区农业和农村经济发展指明了方向。中部地区农业比重大,"三农"问题突出,新农村建设是适应我国农村发展的特点和问题,由中央政府审时度势,提出的发展农村经济、解决各种社会问题的重要战略措施。通过推进农村城镇化建设与发展现代农业,加快劳动力转移来实现农村经济跨越式发展,是中部地区农业发展的重要途径。中部地区农村人口多,人均土地少,城镇化水平低,在农业比较效益低下、生产投入有限的情况下,实现其国家粮食安全保障基地的定位,与全面建设小康社会、发展壮大农村经济的目标之间存在一定的方向错位;而根本的出路在于抢抓新农村建设机遇,大力发展现代农业。特别是通过建立和完善现代农业发展政策,大力发展农业产业化经营,推进农业结构战略性调整,促进农业市场化、标准化建设。中部地区崛起的产业扶持政策应向加大对农业产业化龙头企业和农民专业合作经济组织的支持倾斜,落实对内资重点农业龙头企业从事种植业、养殖业和农林产品初加工业所得暂免征企业所得税的政策。引导大型龙头企业、农民合作组织与广大农户建立稳定的利益机制。重点建设一批优质、专用、规模化和标准化的现代农产品生产与加工基地,延长产业链,增加农民收入。

第五节 农业与农村发展的政策建议

一、加大对农业基础设施建设投入力度

1. 粮食主产区农田基本建设

根据典型调查分析,近些年来,来自农户的个人投资在农户固定资产原值构成中的比重呈上升趋势,而非个人投资增速明显变缓。因此,增强国家及地方政府对农业基础设施建设投资力度,势在必行。随着区域经济实力的增强,增加对农业生产的投入完全可以实现。

继续重视改造中低产田、改善灌溉条件、购置农机具、增加机耕面积和农机总动力、营造农田防护林、扶持农机服务站等农业基础设施建设。农业综合开发应因地制宜,确立项目建设标准,逐步提高单位面积投资强度,将项目区建设成为适应农业主导产业发展需要的优势农产品生产基地。

加强以水利为重点的中部地区农业基础设施建设。在搞好重大水利工程建设的同时,不

断加强农田水利建设,特别是加强对提高农业综合生产能力具有直接作用的中小河流治理、大中型灌区节水改造和中低产田改造等工程建设;引导和支持农民建设田间灌排工程、小型灌区、非灌区抗旱水源等小型农田水利工程;按照"谁投资,谁受益,谁所有"的原则,推行小型农田水利产权制度改革,吸引社会资金投入小型农田水利建设。

2. 农业公共物品投入增加

长期以来城乡隔离的"二元结构"导致农村公共物品的供给不足,严重影响了农村私人产品的产出效率,这是阻碍农民增收和农村经济发展的重要原因。能否解决中部地区农村公共产品供给不足的问题,直接关系到能否从根本上减轻农民负担。改善农村公共物品的供给,要着力解决一家一户办不了、办不好、办了不经济的服务项目。要通过建立对农业的反哺机制,解决反哺需求比较突出的农业科技创新和技术推广、农业保险服务。农业反哺需求实际上还包括对农村生态的恢复和保护、退耕还林工程(因受到非农产业特别是工业污染的危害),对农业有机构成的支持(包括农业后续产业发展的支持,农业生产经营者主导下的农业物流、市场流通的建设)。此外,还包括对直接从事农业生产经营者知识技能的提高、核心农户的扶持、农民经营组织化的改造等。要通过稳定和完善国家农技推广队伍建设,提供农业生态建设和生态安全监测服务,农产品质量的安全论证和检测服务,环境友好型、资源节约型技术推广服务,先进适用农业技术适应性试验、示范和培训服务,农业经营管理知识的指导及培训。

二、加强农业科技支撑能力

1. 提高劳动者素质

农户是农业综合生产能力建设的主体,是中部地区农业综合生产能力转化为现实产出的基本生产单位。农民的思想观念决定着农业生产的发展方向,因而必须通过政策支持和科学引导,使广大农民树立科学种田、科学养殖的观念,激发他们对农业生产的积极性、主动性和创造性,逐步实现农业生产方式转变,提高自身积累能力和自我发展能力,推进农业向深度和广度发展。农户在加大农业投入、提高农业生产效率的同时,应增强对农业基础设施、农业资源和农业生态环境的保护意识,以实现农业可持续发展。

然而,目前农民的综合素质相对低下,是提高中部地区农业生产能力的主要"瓶颈"之一。加快农业现代化,教育是基础,科学是关键,人才是核心。当前,农业和农村经济已经进入产业结构调整及其知识化的发展阶段,要用信息化带动农村工业化,实现农业现代化,其核心问题是农民的知识化和文明化。提高农民素质,要从教育入手,着重提高农民的科技和文化素养,增强农民的市场和法制观念。

重视推进农民科技和文化培训工程,全面提高农民素质。要把培训重点放到文化程度相对较高的青年农民身上。要充分利用农业职业学校、农函大、农广校、农技推广培训中心、农科教中心、农民夜校、农民协会文化学校等多渠道的培训体系,培训出大量懂科技、善经营、会管理的新型农民;有计划、有目的地组织农民开展市场经济知识和法制知识的专门培训,强化农民的市场、法制观念,使他们尽快融入市场;加强基层农技推广体系建设,通过病虫预测预报、新技术引进、新品种试验推广、农资集中供应等工作,带动农民素质全面提高。

2. 加大农业科技支撑能力

科技在提升农业综合生产能力中的作用越来越重要。中部地区农业资源利用效率和农业经济效益的提高,将在很大程度上取决于农业科技的先进程度及其推广应用程度。因此,加快农业科研创新体系建设,健全完善农业科研推广体系,不断提高农业科技对农业生产的贡献率,对中部地区农业综合生产能力至关重要。

以政府为主导,将农业科技攻关作为国家科技攻关计划的重要组成部分,在基因资源保护和利用、农作物育种和栽培技术、耕地质量建设、生物灾害防控等方面加强联合攻关。以品种培育、栽培技术创新集成、农业技术成果转化为主要内容,整合现有农业科研机构的农业科研资源,逐步建立布局合理、分工明确、运转高效的农业科研科技创新体系。以品种创新为重点,进一步加强小麦、水稻和玉米等粮食作物的良种繁育中心建设,打造一批区域粮食科研技术创新中心。尽快建立全国或区域性育种协作网,加强对品种选育工作的整体设计和宏观指导,促进品种资源的共享,加速优良品种选育进程;加强畜禽良种繁育和改良,提高规模化、集约化饲养水平,优化水产养殖结构。

加快农业技术集成示范、应用,建设中部地区农业科技创新基地和区域性农业科研中心。促进农作物和畜禽水产良种繁育、饲料饲养、疫病防治、资源节约、污染治理等技术的应用;加快粮食新品种选育,培育并形成一批粮食主导品种在全国较大面积大范围推广,带动全国水稻单产水平明显提高。

加大现有科技推广体系改革与建设。农业生产力的提高离不开科学技术的推广和普及,应尽快改变农技推广站"线断、网破、人散"的尴尬局面。寻求有效途径努力做到以下几点。一是推广组织的多元化。打破单一的政府推广体系,适应市场农业发展的需要引导企业、农协等非政府组织共同参与到科技推广工作中来。二是积极调动用户的积极性,国家投资建设一系列科技推广示范工程,让农民看到实实在在的科技成果,鼓励用户以多种方式参与推广。三是政府行为与市场配置结合的运行机制。坚持"谁受益,谁推广"的原则,实现推广费用的合理分担。政府引导与市场推动相结合,公益性的工作由政府支持,效益明显的技术由企业去推广。四是多部门配合、相互协作,共同做好推广工作。政府要把企业、大学以及金融机构联合起来,充分发挥各自的专长,以提高农技推广的效率。五是建立和健全农业科技信息网络系统。

三、制度及机制改革与创新

1. 完善农业生产经营制度

要在稳定家庭联产承包经营基本制度的基础上,推进粮食生产适度规模化和产业化经营,积极发展农民合作经营组织,提高粮食生产的组织化程度。第一,稳定和完善农村家庭联产承包责任制,认真落实农村土地承包政策,依法保护农民的土地承包权及各项权益。根据农户自愿、有偿的原则依法流转土地承包经营权,促进粮食生产的适度规模经营。第二,积极发展农村专业性合作经济组织。加快相关立法,明确农民专业合作组织是农民所有,是由农民管理、为农民服务的特殊法人。明确其注册登记机关及在审批、注册、税收等方面的相关优惠和支持措施;在公平竞争的前提下,通过税收减免、贷款贴息、提供担保资金等措施,对处于起步阶段和功能升级阶段的农业专业合作组织提供财政金融支持;引导和支持农民成立各类粮食互助合作经济组织,发挥合作组织在粮食产前、产中、产后的服务功能,提高粮食产业的组织化程度和产业化水平,增强粮食生产抵御市场风险的能力。第三,大力推进粮食产业化经营。重点抓好三个方面的工作:一是规范订单农业,建立监督检查机制,提高订单的履约率,切实保护农民和龙头企业的利益;二是以产权制度改革为核心有效整合资源,组建和培育粮食加工龙头企业或企业集团,做大做强中部粮食企业;三是建立合理的分配机制,把粮食产业化经营中各方的利益关系处理好,使农民由单纯的原料提供者转变为加工增值利益的分享者。

2. 建立健全农业保险制度

农业生产是具有极大风险性的产业,特别是粮食生产,不仅风险大,而且收益较低;经济作物生产往往需要较大的投入且面临更大的来自市场的经济风险,一旦遭遇风险便会给并不富裕的农户带来巨大的打击。因此,无论是具有一定外部性的粮食生产,还是面临多重风险的经济作物生产,都亟须农业保险制度来改变其外部发展环境,增强其发展能力。应借鉴各国及我国发达地区有益经验,立足中部地区实际建立健全农业保险制度,充分发挥其对农村经济、社会生活的风险保障和社会管理职能,使得农业保险成为该区解决"三农"问题的重要保障,推动我国国民经济的可持续发展。

(1)建立健全农业保险相关法规,把农业保险纳入法制化轨道。尽快制定和颁布《农业保险法》,对农业保险的经营目的、性质、经营原则、组织形式、承保范围、保险费率、保险责任以及相关机构对农业保险的监管做出明确的规定,明确农业保险的地位,并借助于税收杠杆的财政积累来补贴农业保险,将实现社会稳定作为首要目标。随着农业和整个国民经济的发展,我国农业保险制度的建立亟须健全的法律体系予以保障。法律条文的明确界定和法律系统化是农业保险制度立法支持的基本体现。加快农业保险的立法,明确农业保险的政策性,以法律形式规范农业保险的经营主体、参与主体、受益主体的权利和义务关系,明确政府在开展农业保险中应发挥的作用和职能,从法律法规和政策制度上,保证农业保险制度的建立健全。

(2)建立农业保险政策性业务、商业化运行模式。加大政府对农业保险的支持力度,建立各级政府财政、税收、金融的政策支持体系,多渠道、多经营主体(包括引进经营农业保险业务的外资保险机构)地发展我国农业保险。由于农业保险具有很强的外部性,对增进消费者福利和社会稳定具有重大作用,但它本身经济效率不高,商业保险公司不愿经营或无力经营。作为政府,应该出资建立政策性农业保险机构,像过去建立政策性银行一样,开展农业保险业务。

由于农业保险的特殊性及其在保证农业稳定经营和可持续发展乃至保证整个国民经济稳定发展中的作用,国家和政府应承担起保障农业保险健康发展的责任,加大对农业保险的政策扶持,如对经营农业保险的保险公司的经营费用进行补贴,实行税收减免,以弥补保险公司经营农业保险的亏损,鼓励其积极经营农业保险,增加农业保险供给。另一方面,对农业保险投保人即农民给予保费补贴,增强其对农业保险的投保购买能力,以增加其农业保险需求。

(3)建立农业巨灾专项风险基金。巨灾专项风险基金是用以应对特大灾害发生而积累的专项基金,用于发生巨灾时的大额保险赔付。中部地区每年都会因洪涝、病虫、干旱等灾害遭受巨大损失,巨灾专项风险基金确实是解决当前问题的一个有效措施和手段。建立农业巨灾保险基金应从以下三个方面着手:一是国家采取财政补贴和财政拨款方式建立专项基金;二是各级地方政府每年拿出部分支农资金和救灾款,专款专用,充实后备;三是建立由政策性保险机构发行债券和以国家投资为主,企业、社会团体等参股方式筹集的风险专项基金。

3. 建立粮食安全长效机制

粮食主产区承担着国家粮食安全的主要责任和由此产生的资源环境压力,在全国分工体系中处于劣势地位。无论是从维持粮食主产区的可持续发展能力,还是从区域公平的角度来看,国家都应该建立对粮食主产区的长期补偿机制。补偿机制的建立,在提高粮食主产区农民收入的同时,可以将更多的资金投入到农业基础设施和农业生态环境建设中去,进一步提高粮食综合生产能力和巩固国家的粮食安全,并有效保护和调动主产区及农民的种粮积极性,最终实现国家粮食安全与农民增收的相互协调。

建立粮食主产区和主销区间利益协调机制。要明确主产区在粮食安全建设中的责任,按照"谁吃粮,谁花钱"的原则,设立粮食消费税,筹集一笔资金,用于支持主产区粮食综合生产能力建设。初步测算,如果按我国粮食年均消费量4 900亿公斤,粮食商品率45%左右,粮食平均价格1元/公斤和消费税5%计算,大约可征收粮食消费税110亿元左右。或者考虑由销区政府通过向中央政府交税而承担粮食的补贴费用,即国家作为全国粮食安全的总负责人、总代理人通过想享受粮食安全的地区和居民征税来补贴粮食生产者。为了体现公平,粮食主产区内部满足本省粮食需求的粮食,其补贴由本省省级政府负责承担;向外省提供的商品粮食,补贴费用由中央政府负责承担,其产量可以由前三年粮食主产省份提供的商品粮和输向外省的商品粮为基础确定。

适应新时期国家农业发展对中部地区的功能定位、中部崛起的区域发展需求及中部地区农业与农村发展的自身要求,仍需要深入探讨促进中部地区农村经济发展、保障农业增效、农民增收的长效机制,以及研究制定促使城乡市场建设、完善投资机制、促进管理体制创新等方面的可行政策。

参 考 文 献

1. 胡树华、汪秀婷:"中部农业发展战略思考",《软科学》,2004年第6期。

2. 贾蕊:"我国农业污染现状、原因及对策研究",《中国农业科技导报》,2006年第1期。
3. 李明贤:"增加农业投入,提高湖南省农业综合生产能力",《湖南农业大学学报(社会科学版)》,2005年第6期。
4. 刘长运、李尊明:"郑州市都市农业发展的有利条件及产业模式研究",《地域研究与开发》,2007年第1期。
5. 刘彦随、陆大道:"中国农业结构调整基本态势与区域效应",《地理学报》,2003年第3期。
6. 刘振伟:"我国粮食安全的几个问题",《农业经济问题》,2004年第12期。
7. 裴建锁:"人力资本与粮食产量关系初探",《农业系统科学与综合研究》,2006年第4期。
8. 谭国雄:"规模经营与家庭联产承包责任制的关系",《经济研究参考》,2006年第1期。
9. 吴凯:"区域农业结构的灰色关联分析与优势产业发展",《中国农学通报》,2006年第10期。
10. 肖明军:"关于湖北农业产业化经营战略的思考",《地域研究与开发》,2006年第1期。
11. 张明林:"我国农产品加工业成长机制及对策研究",《生产力研究》,2006年第5期。
12. 邹凤羽:"优化粮食生产布局提高粮食综合生产能力",《农业经济》,2004年第10期。

第六章 能源原材料工业发展态势与方向

能源原材料工业是社会经济的基础性战略产业,其发展一直受到国家的高度重视。在丰富的矿产资源与水能资源的基础上,经过新中国成立后50多年的建设,中部地区已成为我国重要的能源原材料工业聚集地区。本章首先简要阐述中部地区能源及主要矿产资源的特征,而后分析中部地区能源原材料工业发展态势及存在的问题,最后提出其发展的战略方向。在结构上,本章分为能源工业和原材料工业两个部分,分别进行阐述。形成的主要观点如下。

- "十五"期间,在市场需求的推动下,中部地区以煤炭、电力、钢铁、有色冶金、建材等为主的能源原材料工业获得了长足发展,不少产品占全国的比重明显提高。产品特色、产业规模和优势企业进一步增加,在全国的地位有所提升。
- 能源原材料工业在中部地区工业总产值中的比重迅速提高,同时呈现出产品加工深度逐步提高、产业链不断延长、产业集中度明显增加的良好发展态势。
- 在国家整体经济持续快速增长和消费市场迅速扩大等市场利好因素的驱动下,立足于当地丰富的资源基础和产业优势,再加上承东启西、纵贯南北的有利地理区位和交通运输条件,中部地区原材料工业发展仍有很大的空间。
- 中部地区能源工业发展的战略选择是进一步巩固和提升中部地区作为全国能源生产供应基地的地位与作用。应依靠科技进步和技术创新,促进能源工业发展,推动能源工业结构调整和优化,加快发展洁净能源、可再生能源工业发展,逐步形成与国家和区域社会经济发展相适应的稳定、高效、清洁的能源工业产业体系。
- 中部地区原材料工业发展的战略选择是基于自身原材料工业在资源、产业和市场上的优势,以提高质量、降低消耗、增加效益和提升竞争力来实现可持续发展。应以科技进步为先导,以结构调整为主线,在优化区域布局和控制规模盲目扩大的基础上,重点提升产品的质量与技术含量,打造装备先进、品质优异、竞争力强、效益良好、环境友好的先进原材料工业产品制造基地。

第一节 能源工业发展态势与方向

一、能源资源的特征

1. 能源资源总量丰富,但内部差异显著

中部地区能源资源丰富。按剩余可开采资源量计算,全区能源资源基础储量达到972.2

亿吨标准煤,约占全国的40%,在四大政策区(沿海地区、东北地区、中部地区和西部地区)中,仅次于西部地区,而高于东北和沿海地区。人均能源资源量是衡量能源富裕程度的重要标志。中部地区人均能源资源拥有量约为276.2吨标准煤,比全国平均水平高出近50%,在四大政策区中也仅低于西部地区,是全国能源资源富裕的地区。

能源资源在中部地区的分布并不均匀,存在显著的内部差异。总体上呈现"北富南贫"的特征,位于北部的山西与河南能源资源明显要比位于南部的湖北、湖南和江西丰富得多(表6—1)。其中,山西省是中部六省中能源资源基础储量最丰富的,基础储量分别占中部地区和全国的77.5%和30.7%,人均储量分别是中部地区和全国平均值的8倍和12倍。紧随其后的安徽、河南两省,基础储量总量分别占中部地区的10.7%和4.2%以及全国的9.5%和3.8%,人均储量分别是中部地区和全国的61.5%和90.6%、35.5%和52.2%。相比较而言,江西和湖南的能源资源很贫乏,基础储量分别只有中部地区和全国的0.6%和1.5%、0.2%和0.6%,人均储量分别只有中部地区的4.7%和6.9%以及全国的8.4%和12.3%。湖北省是中部地区能源资源最贫乏的省份,基础储量不足中部地区的0.3%,人均储量分别只有中部地区和全国的1.7%和2.6%。

表6—1 中部地区能源资源的基础储量　　　　单位:亿吨标煤、吨标煤/人

	全国	中部地区	山西	河南	安徽	湖北	湖南	江西
能源总计	2 451.26	972.21	753.46	91.85	103.95	2.73	14.63	5.59
煤　炭	2 376.05	970.66	753.44	90.79	103.93	2.36	14.57	5.57
石　油	35.57	1.01	0.00	0.84	0.02	0.15	0.00	0.00
天然气	37.49	0.27	0.00	0.21	0.00	0.05	0.00	0.00
水　电	2.15	0.27	0.01	0.01	0.00	0.17	0.06	0.02
人均拥有量	187.47	276.18	2 245.78	97.92	169.86	4.78	23.12	12.96

注:① 人口为2005年数据;② 水能资源采用经济可开发量计算。
资料来源:《中国统计年鉴》(2006);《2004年全国水力资源复查成果汇总表》。

2. 能源资源以煤炭和水能为主,空间上呈明显的北煤、南水

中部地区的能源资源结构以煤炭和水能为主。2005年,全区煤炭资源基础储量1 358.9亿吨,占全国总量的40.9%,比其人口占全国的比重(26.9%)高出了14个百分点。中部地区的水能资源也较为丰富。《2004年水力资源复查成果汇总表》显示,全区水电理论蕴藏量达4 274.6亿千瓦时,占全国的7%;技术可开发的电站装机容量达6 070万千瓦,占全国的11.2%;经济可开发的电站装机容量达5 856.4万千瓦,年发电量2 213.4亿千瓦时,分别占全国的14.6%和12.6%,高于其国土面积占全国的比重(10.7%)。相比而言,中部地区的油气资源较为匮乏,除河南和湖北有部分储量外,中部地区还没有形成具有工业开采意义的油田和

气田,其石油和天然气的基础储量分别只占全国总量的2.8%和0.7%。

中部地区能源资源的空间分布与全国大体相似,都呈现出明显的北煤南水格局。煤炭资源主要分布在山西大同、宁武、西山、沁水、霍西和河东,河南鹤壁、焦作和平顶山以及安徽淮南、淮北和皖南等煤田。这三个省的煤炭资源基础储量占中部总储量的97.7%。湖南和江西虽然也有一部分煤炭资源,但由于"小"(以小型井田为主)、"散"(不连片)、"劣"(含硫和含灰分高、低发热量)等特点,大规模开发和利用条件均不理想。全区的水能资源则主要集中在南部的湖北和湖南等省份。湖北省内众多河流源于边缘山地,成向心状,水流急,落差大,技术可开发的水能装机容量达3 535.6万千瓦以上。湖南全省水能蕴藏量达1 327万千瓦,年发电量1 162.5亿千瓦时,其中技术可供开发的水电装机容量1 202.1万千瓦,年发电量486.2亿千瓦时。这两省水能资源的技术可开发装机容量和年发电量分别占中部地区的78%和82%。

3. 能源资源具有突出的经济区位优势

能源资源的价值除了体现在自然地理条件形成的丰度和赋存条件方面,还反映在其经济地理区位方面。后者主要是能源资源与可能的主要消费区和经济核心区的远近关系。中部地区的能源资源除了满足自身需要外,可以就近供应京津冀、长三角、珠三角等经济发达地区。与同样具有丰富能源资源的西部地区相比,不管是煤炭运输还是电力输送都存在突出的区位和市场优势。

二、能源工业发展的基本态势

1. 主要能源产品产量进一步提高,占全国的比重有所增加

"十五"以来,以钢铁、有色冶金、建材等为主的原材料工业以及机械装备制造、造船、汽车和房地产等产业的快速发展导致了全国各地能源供应紧张,从而带动了能源工业的快速发展。中部地区中除了原油和天然气产量小、占全国比重减少外,原煤产量、总发电量、水电发电量等主要能源工业产品的增长均高于全国平均增长速度,占全国的比重有所增加。其中,原煤产量由2000年的3.6亿吨增加到2005年的9.2亿吨,年均增长达到20.6%,占全国的比重由2000年的40.4%上升到2005年的41.8%。总发电量由2000年的2 778.6亿千瓦时增加到2005年的5 682.8亿千瓦时,年均增长达到15.4%,占全国的比重由20.9%上升到了22.7%。水电发电量由2000年的559.2亿千瓦时增加到2005年的1 223.6亿千瓦时,年均增长达到17.0%,占全国的比重由25.1%上升到了30.8%(表6—2)。

从各大区之间的对比来看,中部地区能源工业增长的态势更为明显。2000年中部地区一次能源生产量仅为3.6亿吨标煤,到2005年增加到了9.2亿吨标煤,年均增长20.6%,比全国9.7%的增长速度快了10.9个百分点,高于西部地区16.5%的年均增长速度。绝对量和增长速度在四大政策区中都居于首位(图6—1)。

表 6—2 中部地区能源工业产品产量及在全国的地位

	原煤(亿 t)		原油(万 t)		天然气(亿 m³)		发电量(亿 kWh)		♯水电(亿 kWh)	
	2000年	2005年	2000年	2005年	2000年	2005年	2000年	2005年	2000年	2005年
全国	8.8	22.0	16 262.0	18 135.3	272.0	509.4	13 277.8	25 002.6	2 224.2	3 970.2
中部地区	3.6	9.2	637.3	585.3	17.0	24.5	2 778.6	5 682.8	559.2	1 223.6
占全国的比重(%)	40.4	41.8	3.9	3.2	6.3	4.8	20.9	22.7	25.1	30.8

资料来源:《中国统计年鉴》(2001,2006)。

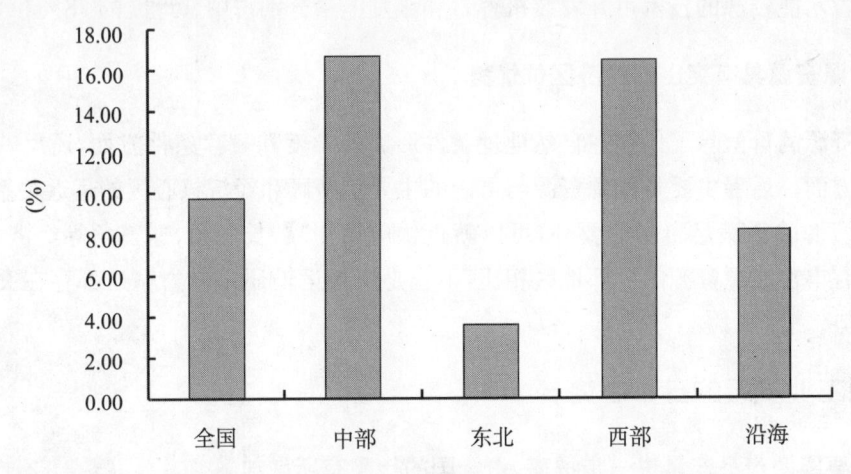

图 6—1 2000~2004 年能源生产的增长速度
资料来源:《新中国五十五年统计资料汇编》(2005)。

2. 已形成了较大的装机规模,成为我国重要的水、火电分布地区

在丰富的煤炭资源与水能资源的基础上,中部地区已成为我国重要的电力工业聚集地区和水、火电并举的综合电力生产地区。2004年,全区电网统调水、火电装机容量达到9 966.2万千瓦,约占全国的22.5%(其中火电装机容量达到7 063.1万千瓦,约占全国的21.4%;水电装机2 903.1万千瓦,约占全国的27.6%)。"十五"期间,中部地区电力工业的发展主要来自两方面的推动。一方面,山西、河南和安徽等省利用其煤炭生产基地的优势,分别在大同、神头、阳城、焦作、姚孟、淮北和淮南等煤炭生产地区建设了一批大中型燃煤电厂,成为我国重要的火电生产基地;另一方面,在湖北、湖南和河南的长江和黄河干支流已建或新建了包括三峡、葛洲坝、丹江口、隔河岩、五强溪、东江、三门峡等在内的大型水电站,成为我国重要的大型水电站分布地区(表 6—3)。尤其是三峡二期主体工程完工并投产发电,使中部地区的水电装机容量和年发电量分别从2000年的1 782.6万千瓦和559.2亿千瓦小时,增加到2004年的

2 903.1万千瓦和1 171.2亿千瓦小时,年均增长分别为13%和20%。

表6—3 2004年中部地区电网通调装机容量   单位:万千瓦、%

电网名称	总容量	水电	火电	核电	其他
全国	44 238.7	10 524.2	32 948.3	683.6	82.0
中部地区	9 966.2	2 903.1	7 063.1	—	—
占全国比重	22.5	27.6	21.4	—	—

3. 能源生产总体上富余量增加,但内部余缺不均状况依旧

中部地区能源生产在规模不断扩大的同时,富余能源量也不断增加。2000~2004年,中部地区能源生产量占全国的比重从29%提高到了37%,增加了8个百分点,而同期能源消费量占全国的比重只从24%增加到了26%,只提高了2个百分点。中部地区的能源盈余量相应地从2000年的3 600万吨标煤,提高到了2004年的1.9亿吨标煤,对外供应能力得到了显著提高。从表6—4可以清楚地看出,中部能源盈余量的增加很大程度上要归因于山西的能源产业,尤其是煤炭工业的发展。2000年山西煤炭生产量为19 602.7万吨,消费量为14 262万吨,盈余5 340.7万吨。2004年山西煤炭消费量增加到22 433万吨,但是煤炭生产量增加更多,达到48 392.7万吨,使得盈余量猛增到25 959.7万吨。

虽然中部地区总体上能源生产量明显大于消费量,但从分省状况来看,除山西消费量远小于生产量外,其余各省的消费量均大于生产量。其中,2004年湘、鄂、赣三省的能源产消缺口还有所扩大,分别由2000年的4 669.6万吨、2 307.6万和956.9万吨标煤,增加到5 927.4万吨、3 183.3万吨和2 083.6万吨标煤。而安徽的产消缺口明显减小,由2000年的1 494.1万吨标煤减小到2004年的190.4万吨。河南的产消缺口也有所减小,由2000年的1 314.0万吨标煤减小到2004年的1 225.0万吨(表6—4)。

4. 能源工业在中部地区经济的地位得到进一步提升

"十五"期间,中部地区的能源工业不仅在全国能源生产中的比重提高,在全区工业经济中的地位也不断上升。根据煤炭开采和洗选业、石油和天然气开采业、石油加工和炼焦业以及电力、燃气和水的生产与供应业等行业的汇总数据,2000~2004年全国能源工业在全部工业总产值的比重从15.7%提高到16.5%,增加了0.8个百分点。同期,中部地区能源工业总产值在全区工业中的比重则从18.7%迅速提高到2004年的24.4%,增长5.7个百分点,比全国比重变动高出近5个百分点(表6—5)。

表6—4 中部地区能源产消供应平衡状况　　　　　　　　　　　　单位:万吨标煤

		中部地区	山西	河南	湖北	湖南	江西	安徽
2000年	生产	36 002.6	21 457.6	6 605.0	1 486.7	1 763.1	1 263.2	3 427.0
	消费	32 371.0	7 009.4	7 919.0	6 156.3	4 070.7	2 220.1	4 921.1
	盈(+)亏(-)	3 631.6	14 448.2	-1 314.0	-4 669.6	-2 307.6	-956.9	-1 494.1
2004年	生产	69 899.9	43 350.6	11 849.0	3 192.6	3 950.7	1 730.4	5 826.6
	消费	50 410.0	9 547.1	13 074.0	8 458.0	7 133.9	3 377.0	6 209.4
	盈(+)亏(-)	19 489.9	32 099.6	-1 225.0	-5 927.4	-3 183.3	-2 083.6	-190.4

资料来源:《中国能源统计年鉴》(2005),《新中国五十五年统计资料汇编》(2005)。

表6—5 2000～2004年中部地区能源工业在地区经济中的比重变动　　　　单位:%

	煤炭工业	石油天然气开采	石油加工和炼焦	电力工业	能源工业
山西	4.97	0.00	6.71	-0.37	11.31
安徽	1.43	0.00	-1.57	2.99	2.85
江西	0.05	0.00	-2.40	4.11	1.76
河南	1.76	-0.98	-0.51	2.02	2.29
湖北	0.01	-0.23	-0.37	7.30	6.72
湖南	0.71	0.00	-2.30	3.73	2.14
中部地区	2.46	-0.40	0.09	3.51	5.66
全国	0.50	-1.37	-0.74	2.38	0.76

资料来源:《中国工业经济统计年鉴》(2001),《中国经济普查年鉴》(2004)。

煤炭和电力工业是中部地区能源工业的两大支柱产业。2000～2004年,两者占全区工业总产值的比重分别提高了2.46和3.51个百分点。相比而言,油气资源的开采和加工业则增长缓慢。空间分布上,山西能源工业在全省工业中的比重提高得最多,超过了11个百分点。2005年,山西能源工业总产值达到2 549.6亿元,在全省工业中的比重超过50%。这主要是煤炭开采业和炼焦业迅速发展的结果。湖北能源工业由于以三峡工程为主的水电工业的发展,在本省经济中的地位提高得也很快,比重的增长幅度超过全区的能源工业。

5. 中部电网成为"西电东送"的重要节点和南北联网的主要枢纽

中部地区电力工业的规模并不大。2005年的发电量为5 682.8亿千瓦时,在四大政策区中只高于东北,低于沿海和西部地区。但是随着"十五"期间"西电东送"工程的全面实施和三峡工程的并网发电,中部电力工业在全国电力输送和中转中的作用越来越突出。一方面,中部电网是"西电东送"北通道和中通道的重要组成部分。"西电东送"工程包括北、中、南三个主要送电通道。除了南部通道外,其他两大通道都与中部电网有着密切的联系。其中,北通道是黄河上游水电站和山西、陕西、内蒙古西部地区坑口电厂向华北电网的京津冀以及山东电网送电的主通道,而中通道则是将四川的水电和三峡的水电向华中和华东电网送电的主通道。由于西部电源点与东部电力消费中心距离几千公里,在我国超高压传输技术还不很成熟的情况下,中部电网在"西电东送"中的中继作用显得尤为重要。另一方面,以三峡为核心的中部电网也是实现全国电力联网的枢纽。中部电网还不是一个整体,山西属于华北电网,安徽归属于华东电网,湖北、湖南、河南和江西形成华中电网。规划的全国联网工程以三峡电站为中心向东、南、西、北的扩展,首先实现东西向华中、华东和川渝电网的互联,然后再实现南北向华中和华北电网的互联,直至全国电网的联通。其中起核心和枢纽作用的电源点包括三峡水电站、山西火电基地、河南与安徽的坑口电站等。

三、能源工业发展中存在的主要问题

1. 生产过于依赖煤炭资源,能源发展与环境保护的矛盾比较尖锐

我国是世界最大的煤炭生产和消费国,也是世界少数几个一次能源以煤为主的国家。2004年,全国一次能源生产总量17.8亿吨标煤,其中原煤占76%,石油占13.4%,天然气占2.9%,水电占6.7%,核电占0.95%。与全国能源生产结构比较,中部地区的能源生产更加依赖于煤炭。煤炭在一次能源生产构成中的比重达到95.5%,比全国平均水平高了近20个百分点;而石油、天然气和水电在一次能源生产构成中的比重分别比全国水平低12.2、2.5和5.1个百分点(表6—6)。

以煤炭为主的能源生产结构最直接的后果就是大量燃煤所产生的SO_2、烟尘和氮氧化物等有害气体对环境的污染。无论是发电用煤、工业终端用煤还是生活用煤,都将向大气中排放大量的SO_2、烟尘和氮氧化物等。2004年的中国环境状况公报显示,中部六省中的山西、河南、湖北、湖南是SO_2污染严重的地区。据统计,山西全省SO_2和烟尘的排放量中,燃煤造成的排放量分别占61.6%和43.6%。此外,山西、湖南、江西都处在酸雨污染严重的地区,其中尤以湖南和江西的酸雨发生频率最高。对于一个酸性土壤为主的地区而言,长此以往将影响当地农业、林业及其他种植业的发展。

表6—6　2004年中部地区一次能源生产结构　　　　　　　　　　　　单位:%

能源生产结构	全国	中部地区	山西	河南	湖北	湖南	江西	安徽
原煤	75.6	95.5	99.7	89.4	31.7	91.4	79.7	99.8
石油	13.5	1.3		6.3	7.9			
天然气	3.0	0.5	0.2	1.9	0.9			
水电	7.9	2.7		2.4	59.6	8.6	20.3	0.2

资料来源:《中国能源统计年鉴》(2005),《新中国五十五年统计资料汇编》(2005)。

2. 进一步发展的后续资源潜力不足

煤炭和水能资源是中部地区能源工业进一步发展的保障,但这两者都面临后续开发潜力不足的问题。一方面,虽然中部地区的煤炭资源较为丰富,但是经过50多年的大规模、高强度的开采,资源渐趋枯竭。作为全国最重要的煤炭生产基地,山西省煤炭开采强度达到23.13%,分别高于陕西14.3%、内蒙古(西)14.7%的开采强度。2000~2005年,山西重点煤矿中已有一局(原轩岗矿务局)17矿,因资源枯竭关闭破产,减少生产能力1 600万吨/年。预计2005~2020年间,山西五大国有重点煤矿集团将有36处生产矿井面临资源枯竭,减少生产能力4 800万吨/年;地方国有煤矿也有近1/3矿井因资源枯竭而关闭,减少生产能力3 000万吨/年;乡镇煤矿近一半矿井关闭,减少能力近亿吨。煤炭生产大省河南也存在同样的问题。2005年河南省煤炭产量占全国总产量的8.5%,但是其煤炭资源的保有储量仅占全国2.4%,储采比低于全国平均水平。

另一方面,中部地区水电开发和水电发电量的增长也受到水能资源的制约。中部地区的水能资源开发利用的程度已经很高,进一步发展的潜力不大。最新的全国水能资源普查显示,中部地区水能资源的理论蕴藏量和技术可开发量分别占全国的7%和9%。但是其水电装机容量却占全国的31%。除了山西以外,中部其他省区水力资源的开发利用程度都远远高于全国平均水平。尤其是作为水电大省的湖北,水能资源的利用程度已达88.6%。据估计,按照目前的开发进度,湖北3 172万千瓦的水能资源到2010年将有92.7%被开发(图6—2)。

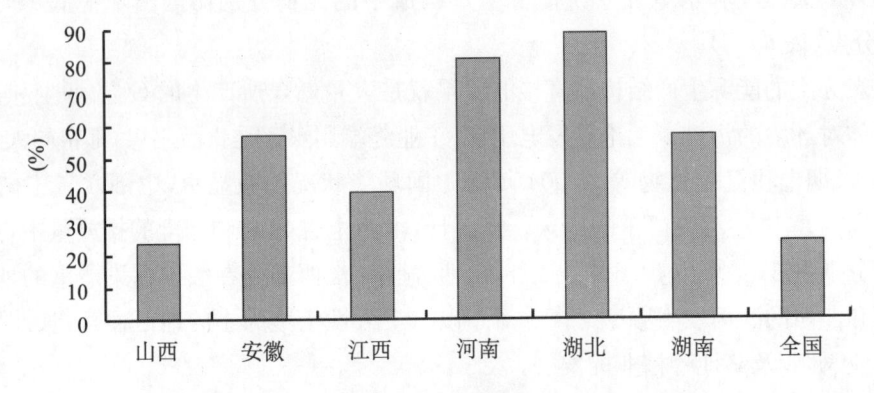

图6—2 中部地区水力资源的开发利用程度

资料来源:《2004年全国水力资源复查成果汇总表》。

3. 扩大能源工业规模受到运输和水资源条件限制

煤炭是中部地区能源工业的主要产品。2004年中部六省煤炭产量占全国的41.8%,但其煤炭消费量只占全国的28.1%。与全国能源"西煤东运"、"北煤南运"的基本流向一致,中部地区富余的煤炭资源主要流向东部和南部,供应京津冀、长三角、珠三角等地区。尤其是山西省,70%以上的煤炭外调其他省区,煤炭外调量占全国的2/3,其中70%以上运往沿海省市。河南和安徽省每年也有近8 000万吨的煤炭调往华南地区和华东地区。

中部地区的煤炭外运主要有北路、中路和南路三大运煤通道。北路起点主要为山西北部的大同、朔州、忻州地区,主要依靠大秦铁路、丰沙大(大同—北京)铁路和京原(北京—原平)铁路。北路运出的煤炭除供应京津冀地区外,大部分在秦皇岛港转海运。中路起点主要是山西阳泉、古交和太原附近的矿区,大部分通过石太铁路运出,除一部分由京广线南运外,大部分经石德(石家庄—德州)铁路转津浦线南运,并有一部分在青岛港转海运。南部通道起点主要为山西南部和东南部各矿区,通过南同蒲(太原—风陵渡)、太焦长邯(太原—焦作—长治—邯郸)外运,除经京广线南运外,一部分经新菏线(新乡—菏泽)、兖石线(兖州—石臼所)从山东日照港转海运,一部分转焦枝(焦作—枝城)南运,还有一部分经陇海线在连云港转海运。

由于中部地区煤炭生产量增长过快,煤炭外运的铁路线路运输都很紧张,运力与运量的矛盾很突出。大秦、陇海、石太铁路利用率已达100%,邯长、丰沙大、京原铁路均在90%左右。特别是承担了中部地区60%运煤任务的大秦线,虽然设计运能只有1亿吨,2005年运量已达到2亿吨,处于超饱和状态。因铁路运力不足,部分煤炭只能由公路外运,导致公路经常发生煤车拥堵,路面损毁严重。交通运输已成为制约中部地区煤炭生产规模近一步扩大的主要"瓶颈"。

水源不足也是制约中部地区能源工业增长的重要因素。装机100万千瓦的燃煤电厂每年大约需耗用2 400万立方米的水,每座装机超过百万千瓦的大型火电站就需要一座中型水库提供水源。虽然中部地区煤炭产量占全国的40%以上,但是其水资源却只有全国总量的20%。更为严重的是,中部地区水资源的分布与煤炭产区存在空间错位现象。山西、河南是中部地区煤炭生产的主要省区,煤炭产量占中部总产量的80%,人均水资源分别只有457立方米和441立方米,约是全国平均的1/5。而水资源丰富的湘、赣两省煤炭产量不到中部地区的4%。

四、能源工业发展的战略方向

1. 总体发展方向

基于中部地区的能源资源条件、能源工业基础及其产品的市场需求,结合有关国家能源发展规划要求,我们认为今后一段时期中部地区能源工业的主要发展方向是:①以煤炭为基础、电力为中心,加快能源工业发展,适当扩大能源生产规模,使能源的总供给与总需求保持同步增长,满足中部地区自身及国家不断增长的能源需求,进一步巩固和提升中部地区作为全国能源生产供应基地的地位与作用;②依靠科技进步和技术创新,促进能源工业发展,推动能源工业结构调整和优化,加快洁净能源、可再生能源工业发展,逐步形成与国家和区域社会经济发展相适应的稳定、高效、清洁的能源工业产业体系。

2. 主要能源工业发展方向

(1)煤炭工业发展方向。中部地区以煤为主的能源资源特点决定了在今后很长一段时间内煤炭仍将在中部能源供应体系中扮演重要的角色。根据中部地区煤炭资源储量丰富、交通区位条件好、煤炭市场大等有利条件,按照保障煤炭有效供给的原则,今后一段时期内中部地区煤炭工业发展方向为:一是加强地质勘探工作,加大投入,拓宽融资渠道,建立有效投入机制以增加精查储量;二是整合改造中小型煤矿,淘汰关闭资源回收率低、安全隐患大的落后小煤矿,推进煤炭资源向大型、安全、高效生产企业的集中,提高煤炭产业集中度,培育大型煤炭生产基地,保障煤炭供给;三是大力发展循环经济,积极探索清洁生产技术的研发和推广使用,建设好煤层气开发利用示范项目,提高煤炭资源的综合利用水平,建设资源节约、环境友好的煤炭产业;四是积极发展煤电产业和煤化产业,延伸产业链,实现上下游产业联动;五是积极进行矿区环境综合治理,进一步改善矿区生态环境。

(2)电力工业发展方向。按照区内外用电需求变化、能源资源特点和产业基础等情况,中部地区电力工业发展方向应围绕"大力发展水电,重点发展煤电,积极推进核电、风电等洁净与可再生电能发展"的原则,建设大容量、高参数、节能型、环保型的机组和稳定、高效的输送电网络,进一步提高中部地区电力装机规模和输送电能力,走安全、高效、经济、环保发展电力工业的路子,满足中部地区自身日益增长的用电需求和对外供电的需要。

火电工业发展应以"上新上大"与"关小改旧"相结合,火电工业发展与保护环境并重为原则,在水资源有保证的煤炭产区或交通便捷地区新建一批电源点,进一步扩大电力装机规模,巩固中部地区作为全国能源基地的地位。重点在沿路、沿江地区建设大型坑口、路口火电机组工程,变输煤为输电。特别是大同、朔州、晋中和晋东南、豫北、豫南、沿陇海线、安徽两淮地区及其周边地区,均有条件建设大型的坑口和路口电站,以有效解决铁路运煤能力紧张的矛盾。此外,鼓励发展一批容量大的洗中煤、煤矸石、煤气综合利用电厂和热电联产电厂,提高资源利用率。

水电工业发展按照有序开发,大中小并举的原则,加大对水电工业发展的投入,进一步扩大水电装机规模,提高水电比重,优化电能结构。一是优先在水能丰富的地区积极安排建设调节性能好、水能指标优、对生态环境破坏小的大、中、小型水电站。二是在火电集中地区适当建设抽水蓄能电站和调峰水电站,以提高电网的稳定性。

从优化地区能源生产结构,提高能源利用效率,减轻生态环境压力的角度考虑,中部地区应在相应资源的基础上扩大风能、生物质能等新能源与清洁能源的生产和利用。一是充分利用国家的优惠政策和相关措施,加快风能资源评价,科学预测风力电站的建设规模和布局。二是利用中部地区秸秆、沼气等农业资源丰富的特点,积极发展农村沼气、秸秆发电等生物质能发电。三是积极发展煤层气发电。中部地区煤层气资源丰富,山西的沁水盆地南部、河东煤田等都获得了大量煤层气勘探的突破。据估算,山西煤层气资源量为 10.39 万亿立方米,约占全国煤层气资源量的 1/3。此外,"西气东输"管线从源头的新疆塔里木北煤田、准格尔南煤田开始,向东经过沁水盆地、豫西煤田直到安徽的两淮矿区,并在山西八角、河南郑州和安徽两淮留有分输口。陕京天然气管线则经过山西的河东煤田和沁水盆地北侧,并在山西柳林留有分输口。这些都为中部地区煤层气产业的规模发展创造了有利条件和时机。四是做好核电项目的前期工作。中部地区有着调节性能较好的水、火电源,与核电能形成有益的互补,特别是湖南、江西两省水资源有保证,地质构造稳定,并远离地质构造断裂带和地震多发地区。因此应创造条件争取早日在中部地区动工建设核电项目。

电网建设按照输电网与配电网、一次系统与二次系统、电源与电网协调发展的原则,加大电力输送系统建设,加快超高压骨干网建设、城市与农村电网改造,完善电网结构,形成适应电源接入、高效灵活、安全可靠、输送能力强的电力输送供应系统。

第二节 原材料工业发展态势与方向

一、矿产资源基础及其变化态势

1. 区内矿产资源基础及其变化态势

中部地区原材料工业发展的区内资源既有优势,又存在不足。一方面,不仅矿产资源种类多、品种齐全,开发利用前景较好,而且优势矿种储量大,多种矿产储量位居全国同类矿种前列,在全国的地位重要,具备综合发展原材料工业的优势;另一方面,重要矿产后备接替资源准备不足,矿产品供需总量失衡,资源保证程度趋于下降,存在矿产资源开发利用方式粗放、资源浪费、矿山生态环境破坏严重等问题,正在对中部地区原材料工业的进一步发展形成资源与生态环境制约。

(1)矿产资源种类多、品种齐全,是我国矿产资源配套程度较高的地区。中部六省位于环太平洋成矿带内,具有矿产资源种类多、品种齐全的特点。多种矿产储量位居全国同类矿种前列,是我国矿产资源配套程度较高的地区,具有综合发展原材料工业的优势。到2004年底,中部地区共发现各类矿产171种,有已探明储量的矿种158种,其中不仅有蕴藏量大的铁、铜、铝、铅、锌、锡、锰、钨、钼、锑、钒、铋和稀土等金属矿产,还有丰富的煤、磷、硫、岩盐、石膏、芒硝、天然碱、水泥灰岩、溶剂灰岩、石英砂、陶土、耐火黏土等能源与非金属矿产。山西的煤炭、铝土矿、湖盐等探明储量位居全国首位;安徽煤炭和铁矿资源储量居全国前列;江西的铜、金、银、钽、铷、滑石、粉石英、冶金砂岩、化工白云岩、伴生硫、化肥灰岩、铀、钍等的储量居全国首位;河南的煤炭、铝、钼等储量丰富;湖北的磷、铁、铜、盐、石灰石、石膏等储量位居全国前列;湖南的钨、铋、萤石、石墨、海泡石、石榴子石、玻璃用白云岩、陶粒页岩8种矿产的保有储量居全国首位。

(2)优势矿种储量大,分布集中,发展原材料工业的资源优势明显。已探明储量矿产资源中,中部地区以铜、铝土、铅、铁、锰、钒、煤炭、磷、硫铁矿、高岭土等矿种的储量大,在全国同类矿种中所占比重高,地位突出,适合于规模化开采。2005年,铜的基础储量达到1 452.9万吨金属铜,占全国的50.9%,集中分布在江西东北的鹰潭地区、湖北的大冶地区和山西的中条山区等。铝土矿的基础储量达到30 285.5万吨,占全国的41.5%,集中分布在河南的洛阳、山西的阳泉与孝义等地。硫铁矿的基础储量达到74 092.2万吨,占全国的38.9%,集中分布在安徽的马鞍山、铜陵与庐江等地及赣东北和豫东地区。磷矿的基础储量达到13.3亿吨,占全国的35.9%,集中分布在鄂西南、湘西北等地区(表6—7)。

此外,锰矿达到6 274.1万吨,占全国的29.1%,集中分布在湖南的湘潭、永州、湘西等地区;钒矿达到296.6万吨,占全国的22.4%,主要集中分布在湘中与湘南、赣西北地区;铁矿达到24.1亿吨,占全国的11.1%,集中分布在安徽的芜湖与马鞍山、湖北的大冶与阳新、山西的五台山区与吕梁山区以及湖南的湘潭与涟源和河南安阳与舞阳等地(表6—8)。

表6—7 2005年中部地区主要有色金属、非金属矿产资源基础储量

	铜矿	铝土矿	硫铁矿	磷矿
	铜,万吨	矿石,万吨	矿石,万吨	矿石,亿吨
全国	2 856.4	73 057.8	190 328.2	37.0
中部合计	1 452.9	30 285.5	74 092.2	13.3
中部占全国的比重(%)	50.9	41.5	38.9	35.9

资料来源:《中国统计年鉴》(2006)。

表6—8 2005年中部地区主要能源、黑色金属矿产资源基础储量

	煤炭	铁矿	锰矿	钒矿
	亿吨	矿石,亿吨	矿石,万吨	万吨
全国	3 326.4	216.0	21 539.9	1 323.5
中部合计	1 358.8	24.1	6 274.1	296.6
中部占全国的比重(%)	40.9	11.1	29.1	22.4

资料来源:《中国统计年鉴》(2006)。

(3)后备接替资源不足,资源保证程度呈下降态势。从总体上看,中部地区工业化初期发展所需的传统矿产资源(如煤炭、铁、铜、硫、水泥与化工用灰岩等)有一定的保证程度;工业化中期所需的现代矿产资源除了钾、铬、金刚石、天然气等缺乏外,铝、石油、锰、镓、钒储量也很大;而工业化后期需要的新兴矿产资源(如钴、锗、铂、钛和稀土元素等)也不少。但经过较长时间的开采和勘探工作滞后等方面的原因,出现了重要矿产资源的后备储量与开采规模、冶炼能力不相适应,矿产品保证程度下降的态势。

山西的铁、铜矿资源虽较丰富,但贫矿多富矿少。全省铁矿可利用的保有资源储量约为23亿吨,加之矿石品位低,主要钢铁企业需要大量进口成品矿,才能保证正常生产。"十五"期间,山西中条山有色公司实施10万吨粗铜和电解铜加工配套改造工程后,铜矿石紧缺的形势

将更加严峻。目前年需铜矿石多达2 000多万吨，而自产的铜矿石仅有500多万吨/年[①]。

铜、铁矿都曾是安徽的优势矿种，但可开发利用资源减少，自产铜矿只能满足冶炼能力的10%~20%、电解能力的10%；铁矿因资源枯竭也逐步闭坑，新增生产能力不足以完全弥补老矿区产能的衰减。

江西主要矿产资源可采储量已多年呈负增长。可利用的矿产储量明显不足，接替资源严重短缺，一些优势矿产面临失去优势，一些重要矿山因资源枯竭正处于减产状态。全省41种主要矿产中，到2010年无法保障国民经济建设需要的有铜、锡、煤、钛、锑、玻璃用砂（岩）、膨润土、石膏8种。

河南矿产资源中可充分保证今后5~10年需要的矿种有煤炭、钼矿、盐矿、天然碱、冶金辅料、水泥原料、玻璃原料矿产、饰面花岗岩、珍珠岩、膨润土、伊利石黏土、沸石、陶土、石墨等；石油、天然气难以保证5~10年内的生产需要；硫铁矿、铜、铅、锌、锰、铬等矿产储量将不能满足省内需求。

在湖北的矿产资源中，磷、盐、石膏、芒硝、铜、铁较为丰富，比较优势突出。但是，由于这些资源的采选与加工能力大，其保证程度也呈下降态势。

湖南因勘探投入减少，探索性工作止步不前。一些驰名的大中型矿山，按目前的储量消耗速度最多只能维持5~10年。煤、铅、钨、锌、金、铜、铝、锑、锰、铁、磷、硫等重要矿种的保证程度呈下降态势[②]。

（4）资源开发利用方式粗放，造成的环境污染、生态破坏、资源浪费和地质灾害问题有加重的趋向。一是采主弃副、采富弃贫、采易弃难、重采轻掘、乱采滥挖现象仍较普遍，形成的大矿小开、优矿滥开，使资源优势趋于消失。小煤矿采易弃难、采厚弃薄、大矿小开的情况较多。在沉积变质铁矿、铝土矿、高铝黏土矿、硫铁矿等矿区，采富弃贫现象也相当普遍。有些小矿为采富矿不惜采一丢九，将大量的中、低品位矿石丢弃沟谷。由于滥开乱采，湖北的磷矿的资源优势也因开发利用不当，正在消失。

二是矿山企业采选技术和装备水平较低，矿石采选综合回收率和共、伴生矿产综合利用率较低，造成资源浪费现象仍很严重。例如，在山西除部分国有大矿回收利用了部分共伴生资源外，很大一部分矿山企业根本未进行综合回收利用。在湖南开展综合利用的矿山仅占可综合利用矿山数的30%左右，已综合利用的矿种仅占可综合利用矿种的50%以下。

三是占矿山总数90%以上的个体和集体小矿山的设备、技术、工艺落后，经营管理方式粗放，效率低，事故多，使矿产资源的可持续开发受到威胁。

四是矿山开发利用造成的环境生态破坏问题很严重。煤矿矿产开发造成的环境污染、生态破坏及矿山地质灾害严重，采矿引起的土地塌陷、裂缝、地下水疏干、河道及地表水污染、矸

---

① 山西省国土资源厅：《山西省矿产资源总体规划（2000~2020）》。
② 安徽省国土资源厅：《安徽省矿产资源总体规划》；江西省国土资源厅：《江西省矿产资源总体规划》；河南省国土资源厅：《河南省矿产资源总体规划》；湖北省国土资源厅：《湖北省矿产资源总体规划》；湖南省国土资源厅：《湖南省矿产资源总体规划》。

石等废渣占地、自燃、大气污染等问题突出。在矿产开发过程中的"三废"达标排放率低,矿山恢复治理率和土地复垦率低,使区域水源、大气、土地受到严重污染。采空区的地面塌陷、沉降、山体开裂、崩塌、滑坡、泥石流、尾矿库溃坝等次生地质灾害[①]危及附近居民的生命财产安全。

2. 利用国外矿产资源的环境条件及其变化

(1)环太平洋地区是世界矿产资源最为富集的地区,为中部地区原材料工业发展提供了优良的资源环境条件。不论是欧洲的俄罗斯、北美的加拿大与大洋洲的澳大利亚,还是南美洲太平洋沿岸国家和与我国临近的东南亚国家都是矿产资源富集的国家。

俄罗斯、巴西、加拿大和澳大利亚已探明的铁矿储量分别位居世界的第一、第二、第三和第四位,智利、美国、加拿大和墨西哥已探明的铜矿储量分别位居世界的第一、第二、第五和第六位,澳大利亚、巴西和牙买加已探明的铝土矿储量分别位居世界的第二、第三和第四位,俄罗斯和澳大利亚的已探明的锰矿储量分别位居世界的第二和第三位,新喀里多尼亚、加拿大和印度尼西亚的已探明的镍矿储量也都位居世界前列,印度尼西亚、泰国和马来西亚的已探明的锡矿也分别位居世界前列。

东南亚国家和澳大利亚等国家与我国的距离较近,矿产资源丰富,开发程度较低,潜力极大。特别是印度尼西亚、马来西亚和文莱的石油和天然气,越南的煤炭、富铁矿、铬矿和锰矿,菲律宾的铜矿都很丰富;澳大利亚更是世界上富铁矿、铝土矿和煤炭资源的富集地区。这些国家的矿产量都较大,自身消耗量又不多,有大量的矿产产品需要出口到国际市场中去,矿产资源贸易在它们各自的贸易总额中占有重要地位。这为我国中部地区利用国外矿产资源发展工业提供了优良的资源条件。

(2)国内外环境变化为中部地区原材料工业参与国际竞争以及在更广、更大的程度上利用国外矿产资源创造了条件。"十五"以来,我国发展的国内外环境发生了重大变化,市场经济体制进一步完善。特别是在我国正式加入WTO后,原材料工业发展与企业经营的国际环境发生很大变化。

一方面,加入WTO对中部地区原材料工业发展是有利的。一是有利于吸引国外资金和先进技术,促进中部地区原材料工业结构调整和技术升级,参与国际竞争。二是有利于扩大和稳定中部地区紧缺又急需矿产品的进口渠道和原材料工业产品的出口。加入WTO后,我国进口原油、天然气、铁矿砂、废钢铁、铜精矿、氧化铝的进口关税均已下调,有的已是零关税了。这有利于中部地区利用国外原油、天然气、废钢铁、铁矿砂、铜精矿、氧化铝,来缓解相关资源不足的矛盾。三是有利于推进中部地区原材料工业企业赴外勘察、开发矿产资源,建立稳定的原

---

① 安徽省国土资源厅:《安徽省矿产资源总体规划》;江西省国土资源厅:《江西省矿产资源总体规划》;山西国土资源厅:《山西省矿产资源总体规划(2000~2020)》;河南省国土资源厅:《河南省矿产资源总体规划》;湖北省国土资源厅:《湖北省矿产资源总体规划》;湖南省国土资源厅:《湖南省矿产资源总体规划》。

料供应基地。四是就矿产资源而言,我国短缺的矿产在国外都有较高的储量保证,而且尚有一部分资源丰富、勘察开发程度较低的地区可供介入。

另一方面,从近期来看,国外高质廉价原材料产品也可能对中部地区的矿产品与原材料工业形成一定的冲击。特别是国外强劲原材料工业的竞争对手以其先进的技术、优质和低价的产品,将对中部地区那些规模较小、生产成本高的原材料工业企业形成有力的竞争。从长远看,这种竞争也有利于促使原材料工业企业自身主动进行结构调整和技术升级,从而提升其竞争能力。

(3)优越的地理区位与日益发达的交通基础设施,已成为中部地区利用国外资源的重要基础条件。从地理区位上看,中部六省地处我国内陆地区的前沿地带,具有承东启西、连接南北的区位优势。安徽大部、江西北部紧邻长三角地区;江西和湖南南部毗邻珠三角和港澳地区;湖北、河南和湖南处于东、中、西和南、北联系的中心位置;山西、河南紧靠京津冀地区和山东半岛。特别是在近几年兴起的新一轮国际和沿海地区原材料产业转移中,中部地区以其临近沿海地区的区位与生产成本低等优势,正成为我国沿海地区和国际原材料产业转移的主要接受地区。其中,山西、河南地区正成为京津冀地区与山东半岛等北部沿海地区产业转移的主要地区;安徽、江西中北部正成为长三角地区产业转移的主要接受地区;湖南和江西南部则成为珠三角地区产业转移的主要接受地区。

在交通基础设施方面,京广、京沪、京九、焦柳、洛湛、同蒲、朔黄等干线铁路及京珠高速公路纵贯南北,陇海、浙赣、湘黔、石太、大秦、宁西等铁路与长江干线航道、新近建成的仪征—长岭输油管道以及众多高速公路和高等级公路贯通东中西(详见第十章)。多种交通运输方式在地域上组合,分别形成了连通全国、走向海外的包括铁路、公路、水路等运输方式的京广综合运输大通道和京九综合运输大通道,包括铁路、公路等运输方式组成的同蒲—太焦—焦枝—枝柳运输通道、大秦/神华煤炭运输大通道,包括铁路、公路、水路、管道等运输方式组成的北疆—兰新—陇海综合运输大通道、浙赣—湘黔与长江综合运输大通道等。这些构成我国中部地区纵贯南北、连通东西、通江达海、走向世界、吸纳国外资源的重要交通基础设施条件。

二、原材料工业的发展态势

1. 地位与作用

(1)钢铁工业产品特色与规模优势进一步显现,在全国占有了更重要的地位。"十五"时期,通过贯彻国家"产业结构调整和升级"的有关政策,中部地区钢铁工业的规模与产品特色得到了提升。分别形成以武钢硅钢片、舞钢宽厚板、涟钢冷轧薄板为特色的板带材产品生产基地,以太钢为主体的不锈钢生产基地,以马钢的大型材、湘钢的优质板材和线材为特色的建筑用钢生产基地,以衡钢无缝钢管为特色的管材生产基地。钢铁产品由原来的普通长材为主,转向薄板带、宽厚板、无缝钢管和优质棒线材以及优质特钢等。

衡阳钢管厂的无缝钢管产能在短短几年内达到100多万吨,成为位居全国第二的、世界级无缝钢管生产企业。山西太原钢铁公司在实施不锈钢改造和不锈钢冷轧改造项目后,已形成300万吨不锈钢产能,成为全国最大的不锈钢生产基地。武钢在与鄂钢、柳钢联合重组后,已成为年产钢2 000万吨规模的特大型企业集团,位居全国前列。马钢产能已达1 000多万吨,华菱集团的钢铁产能由1997年的250万吨迅速增加到目前的1 200万吨水平,均已跻身我国十大钢铁集团行列。太钢、安钢、新钢、萍钢等企业也已跻身年产钢500万吨以上的特大钢铁企业行列。

(2)有色冶金工业产业规模进一步扩大,进一步巩固了在全国的地位。"十五"期间,通过改造改组和兼并重组,中部地区有色冶金优势得到空前的发挥,凸显了其有色冶金工业在全国的优势。产业规模进一步扩大,形成了一批规模大、实力强的骨干企业。中铝集团河南分公司、中铝集团山西分公司、中铝集团中州分公司的氧化铝产能分别达到150万吨、140万吨和130万吨,分别位居全国第一、第二和第三位。2005年,仅河南的氧化铝产量就达到353万吨、电解铝产量达到194万吨,均居全国第一位;铝材加工97万吨,居全国第二位。中铝山西分公司在实施新增80万吨氧化铝技术改造后,产能将增加到220万吨。在山西关铝、阳煤兆丰、新东方、振兴铝业等企业通过实施大型预焙槽技术改造后,将使山西的电解铝规模达到100万吨以上,尤其是在鲁能晋北铝业工程建成后,山西铝工业将跨上一个新台阶。

我国的铜冶炼和电解骨干企业主要集中在中部地区。最近几年,通过技术改造和结构调整,江铜集团、铜陵有色金属集团、大冶有色金属总公司和中条山有色金属总公司的铜冶炼能力和金属铜产能分别达到50万吨、48万吨、20万吨和10万吨以上。其中,江铜集团、铜陵有色金属集团公司的铜产品产量分别位居全国第一和第二位。山西和河南的镁工业经过近几年的快速发展,已在全国和世界同行业中形成规模优势,分居全国第一和第二位。山西的原镁的生产能力、产品产量和出口量均居全国第一。

此外,中部地区的铅锌等有色金属产品产量也在全国居于领先的地位。其中,铅、锌、锑、钨和钼等产量居全国第一,并拥有株洲冶炼集团、水口山有色公司、柿竹园有色公司、株洲硬质合金集团、襄汾有色实业公司等一大批大型有色金属企业。

(3)化工优势企业得到了加强,煤化工在全国的优势开始显现。"十五"期间,中部地区各省通过利用高新技术改造传统行业,涌现了一大批具有较大规模与特色的石油化工企业。其中洛阳、武汉、荆门、岳阳、安庆、九江石化等企业的一次原油加工能力都达到了500万吨以上。中原乙烯的生产能力在2000年改造到18万吨后,2005年乙烯产量达到19.2万吨。双环化工集团已成为亚洲最大的联碱生产企业,铜陵化工集团、宜化集团、洋丰集团等成为我国重要的磷化工、盐化工及化肥生产综合性企业,中石化湖北化肥公司、中石化巴陵公司等成为我国重要的氮肥生产企业,沙隆达集团则成为我国重要的农药生产企业。佳通轮胎发展成全国最大的子午线轮胎生产企业。

"十五"期间,中部地区的晋、豫、皖等省利用自身的煤炭资源优势,积极发展煤化工。如山西围绕"肥、醇、炔、苯、油"五条发展主线,使煤化工总量规模大幅度扩大。2005年全省化学工业总产值、实现销售收入和实现利税分别为2000年的2.9倍、2.8倍和4.1倍。2005年,主要化工产品中的尿素、甲醇、PVC、电石、粗苯加工量、煤焦油加工量分别为2000年的3.2倍、4.5倍、10.8倍、1.5倍、9倍和5倍。随着重点项目的建成投产,尿素生产能力达到400万吨,甲醇80万吨,PVC40万吨,粗苯加工25万吨,煤焦油加工100万吨。太原化工集团、榆社化工公司的电石法PVC,三维集团的1.4—丁二醇(BDO)、PTMEG,合成橡胶集团的氯化橡胶(CR)等在产量、技术和装备等方面在国内均处于领先地位。河南围绕甲醇、三聚氰胺、甲胺系列、煤焦油加工等形成了中原大化、永煤集团、安化集团、义马煤气化、骏马化工、心连心化工、豫港焦化、蓝天集团等一批优势煤化工企业。

(4) 建材工业优势企业增多、产业规模扩大,在全国的地位明显提升。"十五"期间,在强大的资金和市场力的驱动下,中部地区利用其丰富的矿产资源和市场优势,建材工业在大型化、规模化发展方面取得了重大进展。通过重组兼并和大规模的技术改造,引进资金与技术,中部地区出现了一批大型和特大型建材工业企业。其中,有国家首批认定的全国性大型水泥企业3家(海螺、华新、天瑞),占全国的25%;区域性大型水泥企业10家,占全国的21%。其中海螺水泥集团不仅已发展成为全国水泥工业的排头兵,而且在生产规模、技术水平等方面已成为世界级的水泥生产巨头。海螺公司已在我国中部地区和沿海地区先后建成熟料工厂17家,粉磨企业21家,已有36条日产2 000～10 000吨新型干法水泥熟料生产线,其中3条日产10 000吨的生产线,代表着当今世界水泥行业最先进的水平。目前公司的水泥年产销量达8 000万吨以上,水泥产能将很快达到1.5亿吨。

"九五"末,中部地区年产水泥3 000万吨以上和平板玻璃1 000万重量箱的省份均只有一个(全国分别有6个和5个),都是河南省。而到"十五"末,在全国年产水泥3 000万吨以上和平板玻璃1 000万重量箱以上的12个省区中,分别有5个和3个分布在中部地区。2005年,河南水泥和平板玻璃年产量分别达到6 487.2万吨和3 434.7万重箱,湖北分别达到4 485.7万吨和1 626.9万重箱,湖南分别达到3 742.3万吨和1 091.2万吨,江西分别达到3 700.5万吨和626.4万重箱,安徽分别达到3 352.6万吨和507.7万重箱。

2. 发展的基本态势

(1) 产业呈快速发展的态势。在投资与市场的强力拉动下,"十五"期间中部地区主要原材料工业经济产出和主要产品产量均呈现出快速发展的态势。

从经济产出上看,"十五"期间中部地区原材料工业以高于全国原材料工业、全国工业和中部工业的增长速度发展。原材料工业增加值[①]年均增长速度达到26.3%,分别要比同期全国原材料工业的26.2%、全国工业的23.2%、中部地区工业的22.9%增长速度高出0.2个百分点、3.1个百分点和3.4个百分点(表6—9)。

[①] 由于目前全国和各省的工业行业增加值数据只有当年价数据,没有相应的指数数据,文中所用数据均为当年价数据。尽管所计算的增长速度不具有完全的可比性,但还是能反映基本变化情况。

表6—9 "九五"与"十五"期间中部地区原材料工业增加值年均增长速度   单位:%

时期	区域	石油加工、炼焦及核燃料加工	化学原料及制品业	化学纤维	非金属矿制品	黑色金属冶炼加工	有色金属冶炼加工	原材料工业合计	全部工业合计
"九五"	全国	7.0	8.5	7.8	4.6	4.3	11.2	6.5	10.5
	中部	10.4	6.4	6.4	2.5	5.5	13.1	6.4	7.3
"十五"	全国	20.3	25.4	10.4	20.0	34.8	30.4	26.2	23.2
	中部	24.5	20.7	9.7	19.7	32.9	34.3	26.3	22.9

资料来源:《中国统计年鉴》(1996,2001),《山西统计年鉴》(1996,2001),《安徽统计年鉴》(1996,2001),《江西统计年鉴》(1996,2001),《河南统计年鉴》(1996,2001),《湖北统计年鉴》(1996,2001),《湖南统计年鉴》(1996,2001)。

"十五"期间中部地区原材料工业以高于"九五"年均水平近20个百分点的速度快速发展。就工业增加值而言,"十五"期间26.3%的年均增长速度要比"九五"时期的6.4%高出近20个百分点(表6—9)。各主要原材料部门都呈现快速发展态势,增加值年均增长速度均在9%以上。其中,有色金属冶炼加工和黑色金属压延加工工业的年均增加值增长速度分别达到34.3%和32.9%,分别比"九五"时期的13.1%和5.5%高出21.2个百分点和27.4个百分点;石油加工、炼焦及核燃料加工、化学原料及制品业和非金属矿制品业的年均增加值增长速度分别达到24.5%、20.7%和19.7%,分别比"九五"时期的10.4%、6.4%和2.5%高出14.1个百分点、14.3个百分点和17.2个百分点;最低的化学纤维也达到9.7%,比"九五"时期的6.4%高出3.3个百分点(表6—9,表6—10)。

从产品产量上看,中部地区主要原材料工业产品中,除了乙烯、化纤、平板玻璃、水泥、硫酸等产品的增长速度相对略低外,其他主要基础原材料工业产品产量均有很大幅度的增长,年均增长速度都是在20%左右,大部分高于全国平均速度。"十五"期间,中部地区生铁产量的年均增长速度达到19.7%;粗钢产量的年均增长速度达到21.5%;钢材产量的年均增长速度达到23.4%;纯碱产量的年均增长速度达到17.1%;烧碱产量的年均增长速度达到13.5%。

除了化纤产量增长速度(9.4%)低于"九五"的速度(13.8%)外,"十五"期间中部地区主要原材料工业产品产量的年均增长速度都明显高于"九五"的速度。生铁产量的年均增长速度比"九五"(2.4%)高出17.3个百分点;粗钢比"九五"(7.4%)高出14.1个百分点,钢材比"九五"(9.2%)高出14.3个百分点;水泥比"九五"(2.8%)高出10.1个百分点;平板玻璃比"九五"(2.4%)高出8.4个百分点;硫酸比"九五"(3.1%)高出8.8个百分点;纯碱比"九五"(7.5%)高出9.5个百分点;烧碱比"九五"(4.3%)高出9.2个百分点。

表6—10 "九五"与"十五"期间中部地区原材料工业产品产量增长速度 单位:%

时期	区域	石油加工、炼焦及核燃料加工	化学原料及制品业	化学纤维	非金属矿制品	黑色金属冶炼加工	有色金属冶炼加工	原材料工业合计	全部工业合计
"九五"	全国	7.0	8.5	7.8	4.6	4.3	11.2	6.5	10.5
	中部	10.4	6.4	6.4	2.5	5.5	13.1	6.4	7.3
"十五"	全国	20.3	25.4	10.4	20.0	34.8	30.4	26.2	23.2
	中部	24.5	20.7	9.7	19.7	32.9	34.3	26.3	22.9

资料来源:《中国统计年鉴》(2001,2006)。

(2)产品加工深度逐步提高,产业链延长。中部地区主要原材料工业正在由矿石采掘、冶炼、初加工和向采掘、冶炼与初加工和精深加工为主的方向发展,使得产品加工深度逐步提高,产业链不断延长。

首先,原材料工业从原料开采到初加工和深加工,已形成产业链。如江西的铜产业已形成铜精矿、粗铜、阴极铜、铜材加工和铜深加工的链条,且正在形成生产规模和产品品种优势。2005年,江西铜矿山铜精矿生产能力接近全国1/3,铜冶炼能力达40万吨,阴极铜产量约占全国18%,铜材加工能力达50万吨。正在建设的10万吨铜板带、2万吨特种漆包线、3.8万吨新型合金铜管、38万吨铜杆、3万吨铜细线一期工程等项目,均采用了先进的工艺。河南、山西的铝产业已形成了从铝土矿、氧化铝、电解铝和铝材加工的产业链。山西的关铝、阳泉铝业等在较大电解铝规模的基础上,也已形成了较大的铝深加工能力。河南的铝材深加工呈现快速发展的势头,例如,中色万基、河南明泰等企业已形成年产15万吨铝板带箔加工能力。

其次,不同产业紧密结合,形成了产业链。如煤—电—铝—铝产品深加工产业链;煤—电—原镁—镁深加工产业链等。河南和山西的煤—电—铝产业链已初步形成,围绕能源和铝土矿资源优势,电解铝企业兴建了自备电厂和铝材加工企业。2005年,河南80%以上的电解铝企业拥有自备电厂,电解铝企业的自备电比重超过70%。河南中铝郑州铝加工厂、伊川电力、神火集团、河南安隆等企业的铝加工项目正在加快推进。山西的煤炭—电力—电石—化工—建材产业链也已初步形成。

此外,"十五"期间,湖南、湖北、河南、安徽和江西的石油炼制、石油化工、化肥农药、有机(无机)化工原料、染料、涂料、橡胶制品产业链得到了进一步完善。

(3)产业集中度明显增加,企业布局呈基地化和集群化态势。产业发展的规模化、布局的空间组织形式园区化和集群化已成为近几年来中部地区原材料工业发展中的重要态势。

首先是通过企业重组或并购,中部地区钢铁工业集中度明显提高。武钢在重组鄂钢后在湖北境内的钢铁产能达到了1 700万吨,仅武钢在湖北的产业集中度就达到了80%以上;湖南的湘钢、涟钢和衡钢重组成华菱集团后,钢铁产能在2006年达到了近1 200万吨,使华菱在湖南的产业集中度达到了80%以上；马钢在并购了合钢后综合钢铁产能达到了1 000万吨以上，使马钢在安徽的产业集中度达到了80%左右；江西的萍钢在改制后短短的几年里钢铁产能达到500万吨，新钢与萍钢一起使江西的钢铁产业集中度达到70%以上；河南钢铁工业中仅安钢、舞钢、永通特钢3家企业的产量就占到了全省的70%左右；山西的太钢、海鑫、宇晋、长钢、安泰5户企业钢产能也已占到全省总产能的72%。

其次是通过关闭小企业和技术改造，电解铝和镁工业也不断集中。例如，在关闭了10多户中小企业后，山西的电解铝产能集中在关铝、中铝山西分公司、阳煤兆丰、新东方、振兴铝业5户企业。其中，关铝和中铝山西分公司的产能已达到或接近30万吨，两户企业产能占全省总产能达60%。此外，山西镁工业由发展初期的单产小规模、分散布点的状况，向部分竞争实力较强的企业集中。2005年，全国原镁产量前10位的企业中，山西有7户。

第三是围绕资源的开发与加工利用在一定地域上建设专业化生产地区。如河南近几年围绕铝土矿和煤炭资源的开发利用，分别在郑州、洛阳、三门峡和焦作等地建立起了铝工业生产地区，集中了河南省90%以上的氧化铝产能和70%的电解铝产能，形成了全国最大的铝工业生产集中区。其中郑州已成为全国最大的铝冶炼、加工基地之一，集中了包括铝冶炼、电解和铝材加工企业44个。2005年，郑州氧化铝产量达到171.4万吨，铝材产量48.4万吨。中铝公司、伊川电力、新安电力等企业的铝加工产能整合重组已经起步，完成后将形成30万～50万吨深加工能力。巩义、长葛、荥阳、温县等以铝加工为主的产业集群迅速发展，仅巩义铝加工园区已形成40万吨铝材加工能力。

第四是围绕多种矿产资源开发与加工利用，以大型企业为核心在一定地域上形成的原材料工业生产基地或产业集群。如湖北以武钢、鄂钢、冶钢、大冶有色、江汉油田、黄麦岭磷化工集团、荆襄化工、宏博实业、双环碱业、银光盐化、沙隆达（盐化工）、武汉葛化、荆门石化、华新水泥、当玻集团、三峡新材、恒达石墨等一大批具有较强实力的矿产开发与加工企业为核心，在地域上分别形成了武汉—鄂州—黄石冶金、建材工业生产基地，云应—天潜—荆州盐化工生产基地、荆襄—宜昌磷化工、建材生产基地等的原材料工业空间格局。

湖南以长岭分炼化、巴陵石化公司等企业为核心在岳阳形成了石油化工产业群；以株洲化工集团、智成化工公司、株硬集团、株冶集团等企业为核心在株洲形成了基础化工与铅锌硬质合金及深加工产业群；以建滔化工公司、湘衡盐矿、水口山有色集团等为核心形成了衡阳盐化工与铅锌铜冶炼加工产业集群；以海利高新技术集团、湘江涂料集团、丽臣公司、晟通科技公司、经阁铝业、长沙铜铝材公司等企业为核心形成了长沙精细化工与铝材深加工产业群；以东方锰业、振兴化工股份公司、西部矿业保靖公司等企业为核心形成了湘西锰深加工产业群；以钻石钨制品公司、兴光冶炼有限公司等为核心在郴州形成稀贵金属冶炼加工产业群。

江西在鹰潭—上饶形成了铜冶炼加工基地，仅鹰潭就聚集了铜加工企业30多家，年铜加工能力40多万吨，约占全国10%；在赣州形成了从钨精矿生产到冶炼与加工基地，产品品种由原来的单一钨精矿发展到APT、钨粉、炭化钨粉、钨铁、钨条、钨丝、硬质合金及工具等系列产品；在赣南形成了稀土矿产品和分离冶炼基地，已形成分离能力近2万吨，成为全国离子型稀土产品的主要产地和稀土产品出口基地。

此外，山西、河南和安徽则依托煤炭资源和大型企业，在资源集中地初步或正在形成了集中联片发展的特色煤化工集群。如依托核心企业带动、已具规模的晋东南、洪洞和丰喜煤化工产业群，具有较大发展潜力的吕梁、原平和朔同煤化工产业群以及正在发展建设之中的淮北矿业集团煤化工与盐化工产业群等。

三、原材料工业发展中存在的主要问题

1. 产业结构不合理，制约原材料工业发展

产业、产品和企业结构不合理，精深加工和应用产品比例低，小企业多，产能过剩等是中部地区原材料工业发展中的主要问题之一。

从产业结构上看，中部地区原材料工业生产主要集中在资源加工的初级与中级层次上，导致落后产能过剩，而深加工和精深加工的比重明显偏小。如铜铝工业产能主要集中在电解和初加工上，铜铝的深加工与精加工产品仍然缺乏。

从产品结构上看，中部地区原材料工业产品主要以一次加工产品为主，产品结构初级化特征明显。如化工产品中氮肥、尿素、甲醇、电石等一次加工产品所占比重很大；钢铁产品中线材等长材产品多，板带材产品比重仍然偏低；铝工业产品产量主要以电解铝和铝锭及简单压制的型材为主；水泥工业中，尽管新型干法水泥发展较快，但落后水泥生产能力没有同步退出，造成水泥出现供过于求的矛盾，市场竞争加剧，立窑水泥低价格冲击市场，新型干法水泥的发展受到制约。

从企业结构上看，中部地区原材料工业的小企业多。如河南167家钢铁企业中，除安钢、舞钢、济钢外，绝大部分企业的产量不足100万吨。其中只有安钢的产能达到500万吨以上，达到了广泛认可的经济规模。在山西2 300万吨钢铁产能中，规模在100万吨以上的大型钢铁联合企业仅有10家，其中也只有太钢的钢铁产能达到了500万吨以上。江西和安徽的铜铝加工企业有相当一部分是来自长三角地区的产业转移，基本属成长型的小企业，生产规模也普遍很小，产品缺少特色，进一步发展受到制约。

2. 生产装备落后和管理水平低，影响原材料产品竞争力

同国内外先进水平相比，中部地区原材料工业的生产装备水平与管理水平偏低，制约着原材料工业市场竞争力的提升。"十五"期间，山西虽然有一批原材料工业企业通过技术改造，装备水平有了大幅度提高，但大部分企业生产装备水平不高。如炼铁高炉，全省1 000立方米以上高炉仅5座，100～300立方米高炉204座，不少100立方米以下高炉仍在运行。河南多数钢铁企业的装备仍是20世纪70年代的水平，在全省所拥有的68座各种容积的高炉、21座转炉和16座电炉中，按照国家钢铁产业政策的技术指标要求，需要淘汰的高炉至少达49座，占总数的72.06%；需要淘汰的转炉8座，占总数的38.10%；需要淘汰的电炉6座，占总数

的37.50%。

建材工业方面,尽管"十五"期间中部各省都进行了技术改造和更新,生产技术装备水平得到了很大提高,但仍有为数众多的小水泥厂、小玻璃厂、小玻纤厂、小砌块厂等,使用落后的技术装备。湖南与山西的整体水泥工业生产技术装备要明显落后于国内先进水平。如在山西现有的251家水泥企业中,新型干法窑16家,中空窑及带预热器窑32家,湿法窑3家,立窑企业167家,工艺技术装备落后的水泥企业数量达到70%。其中,新型干法企业数量不足10%,新型干法水泥产量仅占31%,年产量不足20万吨的水泥企业占75%,水泥实物质量在325#等级的水泥产品占到80%左右。

在"十五"的后几年,由于市场对主要原材料工业产品的需求强劲,钢铁、有色金属、化工和建材产品供不应求,中部地区许多原材料生产企业的注意力主要放在规模的扩张上,忽视生产管理水平的提升。如江西和湖南的水泥工业,近几年刚刚从中小型机立窑水泥生产模式转移到新型干法水泥生产模式上来,加以熟悉新型干法水泥生产工艺技术的人员不足,出现了管理水平跟不上生产工艺水平变化的现象。这使一些企业的技术经济指标同国内外先进水平尚有较大差距,企业生产成本偏高,产品竞争力较弱。

3. 资源利用程度低,环境污染重,影响原材料工业的可持续发展

中部地区原材料工业对资源环境的影响主要表现为矿山作业对地表植被破坏比较严重,引起水土流失;原材料加工企业生产环节的废水、固体废弃物对土地、地表和地下水污染严重;企业生产产生的废气、粉尘对周围大气产生污染(详见第十一章)。

中部各省现有的众多小钢铁厂、小冶炼厂、小水泥厂、小化工厂,普遍存在装备简陋、工艺水平低、管理方式落后、环保意识差等问题,导致资源利用回收利用率低,物耗、能耗、水耗偏高,固体废弃物随意堆放,污水与废气任意排放。如湖北建材工业环境污染情况仍普遍存在,其中以立窑水泥企业的粉尘污染问题尤为突出。湖南与山西的水泥立窑、湿法窑、中空窑等落后工艺的生产能力仍占较大比重,造成水泥工业整体能耗还比较高。水泥粉尘污染虽然在逐年降低,但污染问题仍很严重,目前多数立窑、湿法窑、中空窑企业粉尘排放浓度还难以达标,传统墙材产品、耐火材料等企业许多仍停留在粗放型生产阶段。

随着城市的扩张,那些建厂时间较早的原材料企业,现在已处在城市包围中,已经成了布局不合理的企业。有的企业处于河流的上游,大量排放的工业"废弃物"对中下游地区造成了严重污染。而其他随意布点的小企业环保意识差,对周围环境的污染程度更加严重。此外,中部地区还分布着一批单一的炼铁、铅锌冶炼、炼焦等企业。这种企业布局状况,不仅不利于资源的优化配置,而且还恶化了企业发展环境。

目前,在我国,节能、降耗、节水与资源综合利用及对污染的有效控制正成为产业发展主旋律。今后中部地区原材料工业的发展,若不注重加强资源的综合利用,降低水耗、能耗和污染物排放量,将面临巨大的资源环境"瓶颈"。

四、原材料工业的发展方向

1. 进一步发展面临的环境因素分析

(1)宏观环境因素分析

未来一段时期,中部地区原材料工业发展所面临的环境因素,既有有利的因素,也有不利的因素。

从有利的因素方面看,今后较长一段时期内,中部地区原材料工业发展主要面临如下几大机遇。①世界经济又进入了新一轮重化工业升级与转移的发展时期,经济全球化趋势依旧明显。从自身产业结构调整与升级和对开发我国巨大的市场需求出发,世界各国,特别是制造业发达的国家正在不断地将生产基地、研发基地甚至总部转移到我国。而我国东部沿海地区,尤其是珠三角和长三角地区,因要素成本与商务成本上升明显,廉价生产要素的优势在减弱。今后,中部地区将成为产业空间转移的目的地。②国家推行的"新农村建设"将为中部地区原材料工业发展开拓出更大的市场需求。③国家实施"中部崛起"战略。为促进中部崛起,加强能源原材料工业基地建设,实现区域经济协调发展,国家将逐步出台相应的扶持政策。④中部地区各省的发展意识和主动性明显增强。

从所面临的风险看,今后中部地区原材料工业发展将面临以下一些不利因素。①原材料工业发展所需的重要资源对外依存度愈来愈大,风险增高。随着经济发展,中部地区对石油、铁矿、铜矿等重要矿产资源的需求量越来越大。而在今后较长一段时期内可供大规模工业生产所需并已探明的储量,与需求相比明显不足。有的矿种经过较长时间的开采已趋于枯竭。今后原材料工业持续发展所需的主要资源将不得不依赖进口。国际石油、铁矿和铜矿等资源的价格上涨或地区紧张局势都会影响到中部地区原材料工业的发展。②我国主要原材料工业中除了石油化工产品外,钢铁、有色冶金和建材工业的生产规模已经很大,存在产能过剩的风险。特别是"十五"后期,受市场需求的强力驱动,我国钢铁、有色金属和水泥等产品的产能增长过快,导致钢铁、有色金属和水泥产能过剩十分明显。

(2)市场环境因素分析

第一,持续良好的宏观经济形势为中部地区原材料工业发展提供了良好的市场环境。工业化阶段是对原材料工业产品需求快速增长的时期。发达国家和地区的经验显示,如果经济增长7%,对钢材等原材料工业产品的需求会增加8%～10%。从整体上看,目前我国还处于工业化的中期阶段,工业发展刚进入以汽车、船舶、成套机械设备制造、化工、冶金等为主的重化工业全面发展时期,对基础原材料工业产品仍将保持旺盛的需求。据预测,今后10年我国仍有可能保持8%左右的高速经济增长,形成对原材料产品的大幅度需求增长。

第二,我国多层次的消费结构及其升级为中部地区原材料工业发展提供了多样化的市场。我国不仅区域经济发展的差异很大,而且不同区域对原材料产品的需求存在明显的差异,对不同档次的原材料工业产品都存在很大需求。如在我国城镇地区在普及了一般家用电器等消费品后,家用轿车、商品房、移动通信设备已开始成为当今及未来一段时期的消费热点。同时,随着政府减轻农民负担、增加农民收入、改善农村消费环境和新农村建设等政策措施的实施,农村居民的购买力将逐步增强,农村地区家用电器等耐用消费品的需求将呈加速增长趋势。这种多层次的城乡居民消费结构及其升级,将成为我国经济持续增长的重要驱动力,也将为各产业进一步发展带来机遇。以汽车、造船和成套制造为主的机械工业,冶金工业,化学工业,以家用电器为主的耐用消费品工业以及电力工业和房地产等热点行业,将继续成为我国的支柱产业。它们的快速增长将对整体经济产生巨大拉动作用。这些产业的产业链长、产业关联度高,其快速发展不仅可以带动钢铁、机械、化工、电子、建材等上下游产业的发展,而且也将直接或间接地带动其他产业的发展,从而为原材料工业发展提供各种市场机会。

第三,我国城镇化对原材料产品的需求进一步扩大。我国正处在快速城镇化阶段,对钢铁、有色金属、石油化工和建材产品的需求还会进一步增加。固定资产投资仍将是拉动我国经济增长的主要力量,基础设施建设仍将保持较大规模。快速铁路、高速公路、城市轨道交通设施和新农村建设等,对基础原材料产品无疑将产生巨大需求。尽管我国钢铁、有色冶金和建材等原材料工业存在产能已经过剩的问题,但绿色环保、品质好、成本低、竞争力强的钢铁、有色冶金和建材产品仍不能满足需要。石油化工产品中,2005年的乙烯产量(700多万吨)只能满足国内需求的50%左右。据预测,到2010年我国乙烯产能需新增100万吨级乙烯成套装置约8套,到2020年需再新增约9套,才能基本满足国内市场需要。

第四,原材料工业进入调整升级和淘汰落后产能的关键时期,将为技术先进、效益高、污染小、竞争力强的产能发展提供空间。目前,中部地区各省原材料工业中,小钢铁、小有色冶炼、小化工、小水泥、小陶瓷、小玻璃等产能还占各自产能的30%~80%。这些规模不经济的产能对资源能源的浪费很大,对环境污染重,产品质量差、效益低。按照国家有关产业政策和专项规划,将会被逐步调整淘汰。随着这些落后产能的逐步淘汰,将为技术含量高、消耗低、效益高、污染小、竞争力强的产能发展提供空间。

2. 原材料工业总体发展方向

根据国家基础原材料工业战略布局和基础原材料发展自身的要求,结合中部地区发展原材料产业的基础、资源条件和市场需求,从发挥该地区原材料工业的资源优势、产业基础优势和市场优势出发,以提高质量、降低消耗、增加效益、提升竞争力、实现可持续发展为原则,按照"控制总量、淘汰落后、加快重组、提升水平"的总体要求,今后一段时期内,中部地区原材料工业发展的总体发展方向为:以科技进步为先导,以效益为中心,以结构调整为主线,在优化区域布局,控制规模盲目扩大的基础上,重点提升产品的质量与技术含量,打造布局合理、装备先进、品质优异、竞争力强、效益良好、环境友好的先进原材料工业产品制造基地。

3. 主要原材料工业发展方向

(1) 钢铁工业发展方向

按照"抓品种、抓质量、抓整合"的总体要求和"扶大压小、扶优汰劣"的原则,以市场需求为导向,以结构调整与产业升级、控制新增产能、淘汰落后工艺与装备、提高产品档次与质量以及实现节能、降耗、减排为重点,通过科学规划与统筹协调,促进中部地区钢铁工业结构调整和产业升级,加速淘汰落后的生产企业。通过鼓励现有企业进行资产并购与战略重组,实现大型化、规模化、专业化经营。积极发展技术含量高、附加值高、国内外市场需求量大的硅钢片、不锈钢、宽厚板、冷轧薄板、大口径无缝钢管、特种钢和优质建筑用材等优质钢铁产品,使中部地区成为我国重要的优质高端钢铁产品生产地区。

应积极支持武钢集团发展汽车板、硅钢片等高附加值钢铁产品,淘汰能耗高、污染大、生产技术落后的钢铁产能。重点发展硅钢片、镀锌板、镀锡板、彩涂板、钢构件、钢帘线等钢材深加工产品,建设全球最大的硅钢片和全国汽车板材主要生产基地。

依托太钢等钢铁企业,积极发展特殊钢及其产品精深加工。在完善太钢已形成的 300 万吨不锈钢生产能力,使其成为全球最大不锈钢生产企业的同时,加快钢铁工业整合与重组的步伐,淘汰落后生产能力,重点发展不锈钢深加工,建设全国最大、世界知名的不锈钢及其产品加工基地。

围绕马钢、华菱、安钢、新钢等骨干企业的进一步发展,加快中部地区钢铁企业兼并重组的步伐,优化钢铁工业企业结构。重点发展冷热轧薄板、超薄带钢、宽厚板、大口径无缝钢管、优质棒线材、(大型) H 型钢、车轮轮箍,建设成为全国性的钢铁板材、管材、大型材、线棒材、铁路用材生产基地。

(2) 有色冶金工业发展方向

控制电解铝生产能力,适度发展氧化铝,鼓励发展铝产品精深加工和新型合金材料,提高铝工业资源综合利用水平。围绕促进铜、铅、锌的发展,加大铜、铅、锌等矿产资源的勘察力度,增加后备资源;在稳定矿山生产的基础上,控制铜、铅锌冶炼与精炼生产规模的盲目扩大,重点发展深加工产品和新型合金材料。有保护地开发稀土、钽铌和钨锡锑等稀缺资源,推动稀土、钽铌与和钨锡锑等资源在高技术产业上的应用。大力发展技术含量高的有色金属深加工产品、新型合金材料和高端应用产品,使中部地区成为我国规模大、水平高、品种多、效益好、污染小的先进有色金属产品生产地区。

依托中铝河南分公司、中州分公司、山西分公司以及山西襄汾有色公司、银光镁业、鸿富晋、广灵精华镁业等大型企业,重点发展铝合金及深加工、镁合金及深加工,以做大做强煤—电—铝镁—铝镁材加工产业链为重点,形成铝镁冶炼、铝镁电解和铝镁材加工相互配套的铝镁产业链,使中部地区成为我国铝镁冶炼、铝镁电解与铝镁材精深加工等生产相互配套、规模宏大的铝产业基地。

根据市场需求,重点抓好铜矿扩建与冶炼系统改造,适当发展电解铜,积极发展再生铜,大力发展铜合金材料和铜材精深加工,形成电解铜箔、精密铜板带、变压器用铜带、内螺纹铜管、蚀刻印刷电路、电子引线框架、特种漆包线与特种线缆、铜管等系列铜深加工系列产品,形成以江铜、铜陵有色、大冶有色和中条山有色等为核心的铜冶炼、电解与加工的铜产业体系,使中部地区成为我国重要的铜与铜合金材料深加工及其副产品综合利用基地。

围绕资源的综合利用,积极发展铅锌钨和稀土等产品的深加工产品,重点发展高性能硬质合金、钨制品、钼产品、稀土储氢材料、稀土永磁材料、稀土发光材料以及高性能电容器级钽粉、钽丝等高新技术产品。提升中部地区作为我国重要的铅锌、锑、钨和稀土等有色材料及高档应用产品生产基地的地位。

(3)石油与化学工业发展方向

利用中部地区的沿江近海与拥有长江航运的地理交通区位优势以及资源丰富、化工基础好、配套全的产业优势和市场容量大的优势,紧紧抓住发达国家产业转移和国家扩张石油化学工业规模的有利时机,以石油化工产业规模扩张、结构调整和产业升级为主线,进一步扩大炼油能力、新建大型乙烯项目。发展以炼油、乙烯及其产品后续加工为主的石油化工;以煤炭资源转化加工及其产品深加工为主的煤化工;以硫、磷、盐、碱等资源开发与(综合)利用为主的基础化工与农用化工等产业。

利用石油化工产业上下游联动能力强、关联度高的特点,大力促进石油化学工业进一步向规模化、集约化和园区化发展。积极开展资源综合利用,推行清洁生产,合理布局大型炼油与乙烯项目,完善中部沿江石化产业带。在煤炭资源丰富的山西、河南和安徽等省建设煤炭资源转化和煤化工基地。根据中部地区及其周边地区农业发展需要,加快发展缓控释尿素、高浓度复合肥、高浓度磷肥、微量元素肥、复合菌肥和生物活性有机肥等农用化工产品。

(4)水泥工业发展方向

发挥中部地区资源丰富、交通方便和环境容量较大的优势,以提高经济效益、提升产品竞争力、综合利用资源与发展清洁生产为切入点,从"控制总量、优化结构、提高质量、综合利用资源、保护环境"的原则出发,走高效低耗优质的可持续发展道路。积极发展新型干法水泥,淘汰落后的立窑水泥生产工艺。根据市场需求,支持发展日产 2 000 吨及以上新型干法水泥生产线,鼓励在交通方便、水土和矿产资源有保证的地区发展日产 4 000 吨及以上的新型干法水泥,并加速淘汰立窑等落后的生产能力,为新型干法水泥发展腾出发展空间。支持和鼓励重点骨干新型干法水泥生产企业进行区内外战略投资和资产重组,使之进一步做大做强,提高水泥生产集中度,提升水泥企业的竞争能力,使中部地区成为我国重要的新型干法水泥集中生产地区。

根据中部地区水泥资源和市场分布以及交通和经济发展情况,引导区内外水泥骨干企业在市场消费中心附近建设水泥粉磨站,尤其是在大中城市周边及工业废渣集中区域,建设大型水泥粉磨站、砼搅拌站,形成水泥熟料基地—粉磨站—散装水泥—砼搅拌站一条龙的水泥产业链。重点支持海螺、华新、天瑞等全国性和区域性骨干企业进一步做强做大中部地区水泥工业,推进水泥企业联合重组,加快淘汰立窑和湿法窑等落后工艺,提高产业集中度。依托资源与市场优势,依托长江黄金水道和京广等铁路线,采取"熟料基地＋粉磨站＋水泥制品"模式,建设形成沿路、沿江水泥产业集群。

参 考 文 献

1. 国家发改委:"调整原材料工业结构和布局",《经济日报》,2006年4月10日。
2. 郭腾云、陆大道、周世宽:"我国东部沿海地区原材料工业发展与基地建设研究",《科技导报》,1998年第7期。
3. 李培亮等:"如何有效利用国外铁矿石资源",《冶金矿山设计与建设》,2002年第6期。
4. 李文彦:《地区开发与工业布局》,科学出版社,1999年。
5. 李小林:"优势带动战略形成发展新格局",《中国化工报》,2006年2月8日。
6. 刘朝马、张修志:"加入WTO对江西有色金属工业的影响及对策研究",《有色矿冶》,2003年第6期。
7. 刘毅:"沿海地区能源供需保障与解决途径研究",《地理学报》,1999年第6期。
8. 王远璋:"加快发展湖北电力工业",《政策》,2006年第7期。
9. 阎长乐:《中国能源发展报告》,经济管理出版社,1994年。
10. 阎长乐、赵志林:《中国能源发展报告》,中国计量出版社,2003年。
11. 张雷:《中国矿产资源开发与区域发展》,海洋出版社,1997年。
12. 张修志等:"利用国外铝矿资源的对策研究",《矿业工程》,2003年第5期。
13. 张修志、周霞:"有效利用国外铜矿石资源的探讨",《上海有色金属》,2004年第1期。

第七章 人口与城镇化发展

中部地区是我国人口数量较多、城镇化水平较低以及城乡结构调整相对滞后的经济区域。近年来,通过中部崛起战略的实施以及承接长三角、珠三角和京津地区快速发展的辐射影响,中部地区不仅是沿海地区劳动力输入的主要地区,而且也正在成为沿海传统产业梯度扩散的承接区域。随着我国人口分布与城镇化发展格局的变动,地处承东启西、衔接南北的区位优势,使得中部地区发展的独特性及其所具有的战略意义正在显现。强化中心城市及城镇密集地区发展的龙头作用,有序、合理地推进城镇化进程,促进城乡结构调整,建立以各级城镇为依托的区域城镇体系,是促进中部地区开放开发,协调地区产业结构的优化与升级,实现区域可持续发展的重要途径。本章主要观点如下:

- 中部地区发展要吸取东部地区发展的经验与教训,注意发挥各级城市的规模和集聚效益,处理好工业化,特别是传统产业承接转移与城镇发展的关系,按照构建主体功能区的要求,强化区域空间管理。
- 城乡结构失衡和城镇化滞后问题凸现。引导农村剩余劳动力的有序转移,加快城乡结构调整已成为各级政府的普遍共识。
- 推进健康城镇化,需要发挥中心城市和城镇密集地区的作用,建立有利于城乡协调发展的集聚机制和政策环境。

第一节 人口与城镇化发展特征及面临的问题

一、人口增长速度趋缓,但总量增长压力依然很大

中部地区是我国水土条件和农业发展基础比较好的地区,也是历史上我国人口密度较高、人口总量较大的地区。新中国成立以来,中部地区的人口增长大致经历了3个阶段。1965年以前的相对缓慢增长时期。1965~1990年人口出现持续增长高峰,其间虽然实施了计划生育政策,但人口总量快速增长势头持续到90年代初才开始逐步放缓。从中部地区内部来看,各省区人口增长变化态势基本一致。1995年以后,在人口总量增长放缓的同时,出现了以农村剩余劳动力跨省区流动为特征的较大规模人口区域流动现象。按照"五普"统计口径,2006年中部地区的常驻总人口约占全国的28.11%,仅比1980年下降0.14%,常住人口总数增加了9 000万人(图7—1)。

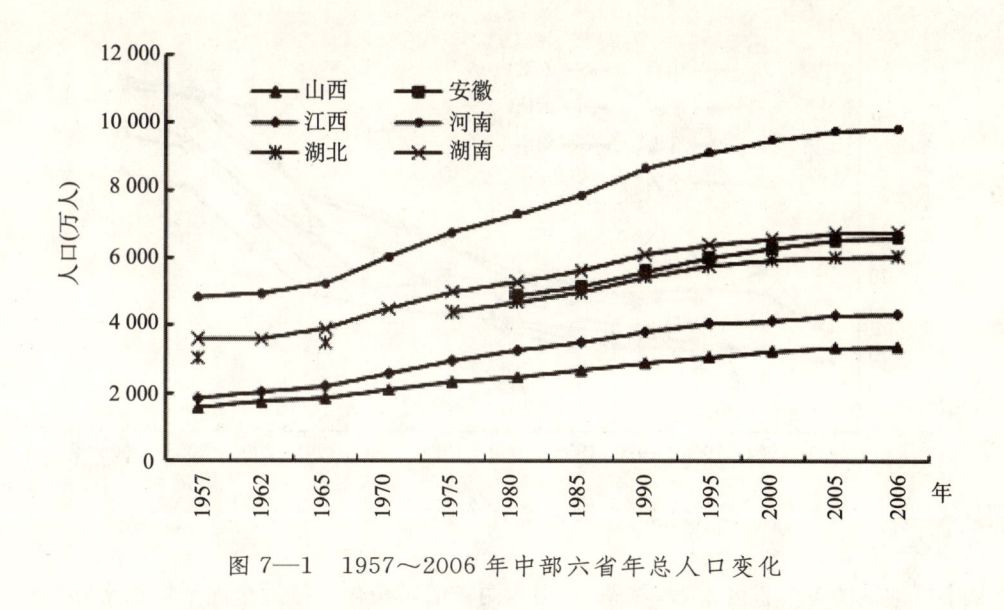

图 7—1　1957~2006 年中部六省年总人口变化

二、流动人口规模和农村剩余劳动力跨省区流动比重较大

改革开放以来,中部地区流动人口规模持续增大。2005 年流动人口总数已达到 3 735 万人,约占全国的 25.3%,占中部地区总人口的 10.2%。其中,河南、安徽、江西、湖南等农村剩余劳动力比较多的省份,农村劳动力流出的比重超过 25%~30%,并一直保持这样一个高位水平。从流动人口流向格局来看,近年来呈现出以下几个特征:①以近距离流动为主,且比重有所上升,平均上升了 5~8 个百分点,这与中部地区经济发展速度加快密切相关,一些经济活跃、发展较快的经济核心区、产业带以及中心城市正在成为人口的主要流动地区;②受流入地区工资、生活成本以及产业转移因素等变化的影响,流动人口的跨省区流向出现了一些新的变化。流入长三角地区、京津地区的比重在显著上升,而流入珠三角地区的比重略呈下降趋势。

三、城镇人口有较大幅度增长,但城镇化总体水平仍偏低

中部地区经济发展水平总体比较低,产业结构和城乡结构调整也相对滞后。特别是 20 世纪 80~90 年代,中部地区工业化和城镇化发展速度、发展水平与沿海地区比较,差距明显扩大。进入 2000 年以来,中部地区发展态势有所改变。一些省份如湖北、河南、江西等省民营经济、基础原材料产业得到较快发展。特别是随着城镇化战略的实施,各省城镇化年均速度大体保持在 1 个百分点以上。中部地区大中城市的发展得到高度重视,并带动了以郑州为中心的中原城镇群、武汉为中心的长江中游城镇群、长株潭为核心的湘东城镇群以及皖江产业带、昌九产业发展走廊的发展。与此同时,中部地区的城镇人口也呈现出较快的增长态势,各省区城镇化水平逐步提高(图 7—2)。2006 年中部地区城镇人口 13 400 万人,城镇化水平达到 36.26%。但这一比例仍低于全国城镇化水平 7.5 个百分点。

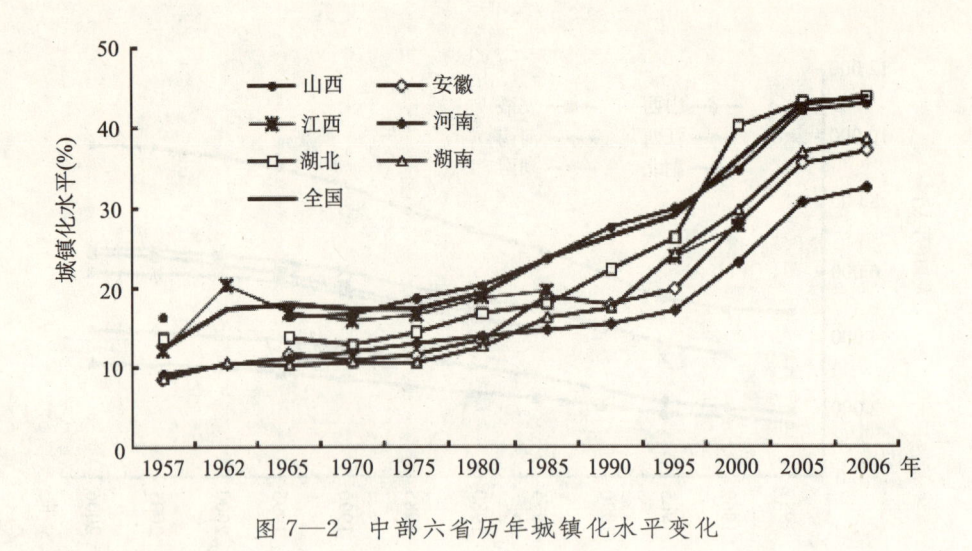

图 7—2　中部六省历年城镇化水平变化

从中部地区的各个省区来看,除湖北、山西两省的城镇化率接近全国平均水平外,河南、湖南、江西及安徽四省城镇化水平大大低于全国平均水平。如河南省 2006 年城镇化水平仅为 32.5%,约低于全国平均水平约 11 个百分点。到目前为止,中部地区农业人口比重过大的特征没有改变,人口向城镇转移的压力和难度依然很大(图 7—3)。

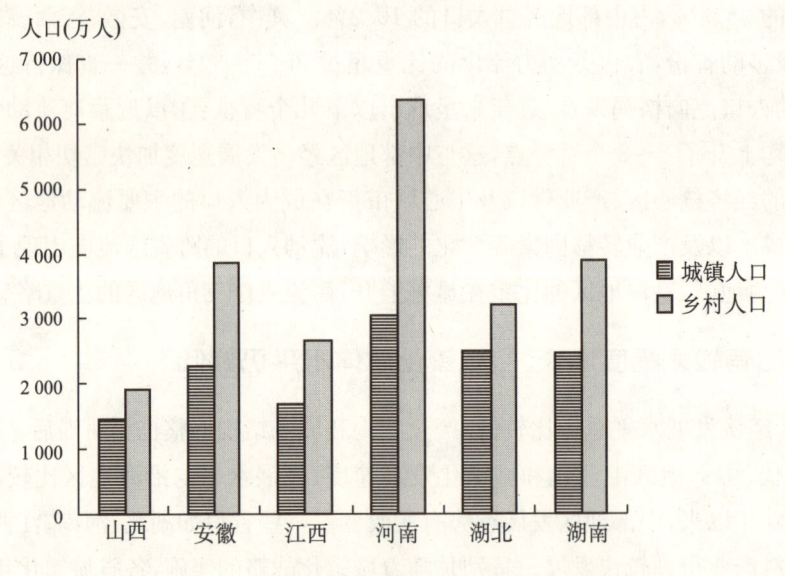

图 7—3　2006 年中部六省人口的城乡构成

资料来源:《中国统计年鉴》(2007)。

四、城镇体系功能结构相对偏平,核心城市辐射带动能力薄弱

从城市规模结构上来看,2006 年中部地区城市人口规模超过 100 万的特大城市有 8 个,

50万~100万的大城市有21个,20万~50万的大城市有44个,20万以下的城市有16个。与沿海地区比较,有以下3个特点。①百万以上的特大城市多为省域中心。目前这级城市的综合辐射功能还未达到在全国层面上产生影响力。武汉市虽然人口超过500万,但主要是通过县改区方式扩张的。因此,城市对全国的影响仍局限于交通、物流等方面。而郑州、长沙、南昌、太原等城市依然处于自身集聚做大阶段,还很难在更大的区域中担负起组织中心的作用。②在50万~100万规模的城市中,除部分功能相对综合的地区级中心城市外,多为资源型城市和功能相对单一的城市,如大同、平顶山、焦作、株洲、景德镇等。③与沿海地区比较,50万以下的中小城市,数量相对较少,发展活力相差较大。

总体来看,由于中部地区缺乏具有全国意义,并能引领整个中部地区经济发展的核心城市或都市经济区,因此,使得整个中部地区城镇体系的功能结构相对扁平,省际的城镇联系相对松散。

五、城镇化区域差异与多元城镇化发展途径问题

中部地区城镇化水平的区域分布不均衡。从自然条件来看,城镇化水平较高的地区都是地势较平坦、资源较丰富的地区,这些地区的经济发展水平也较高。从交通布局上看,城镇化水平较高的区域主要集中于铁路沿线,大体沿交通走廊分布。一些交通不便的山区和民族地区城镇化水平较低。另外,人口密度较大的黄淮海平原所在的豫中南与皖北地区,城镇化水平并不高,说明这些地区的经济水平相对落后,剩余劳动力较多,劳动力转移的任务十分艰巨。

根据中部地区城镇化水平的分布情况示意图(图7—4)可以看出,不同发展条件的地区,城镇化发展水平也呈现巨大的差异。①以省会为中心的城市群地区,如中原城市群,该类地区一般分布在地形较好的平原地区,城镇化水平较高。②依托资源或三线企业发展起来的重工业城市或资源型城市地区,如十堰、攀枝花等地,这些地区核心边缘结构明显,工业以重工业或资源型产业为主,大多分布在山区,城镇化水平也相对较高。③大部分偏远山区因交通闭塞,区域经济发展基础条件较差,城镇化发展水平也很低。如湘西地区、赣南地区、豫西地区以及皖南地区、晋西地区等。④传统平原农牧业地区,工业化水平较低,城镇化水平与周边相比明显偏低,如豫东地区、皖北地区、两湖地区。总体上看,湖北省、山西省和江西省的城镇化水平相对较高,而湖南省、安徽省和河南省的城镇化水平较低。中部地区只有湖北城市化水平高于全国平均水平。因此,迫切需要解决因地制宜地选择城镇化发展模式,协调区域发展、城乡发展不协调问题。

六、城镇化过程中的区域资源与环境问题

中部地区位于我国大江大河的中游,也是我国重要的农业发展,特别是粮油种植业发展的重点地区。然而,近十年来,随着工业化无序发展和城镇化快速扩张,局部地区乃至流域性的水土资源与环境问题日渐显现。①大范围区域性环境恶化对城市发展构成巨大威胁。近年来酸雨区范围不断扩大和酸雨出现频率增加,已经使得以长沙、赣州、芜湖和宜昌为中心的酸雨

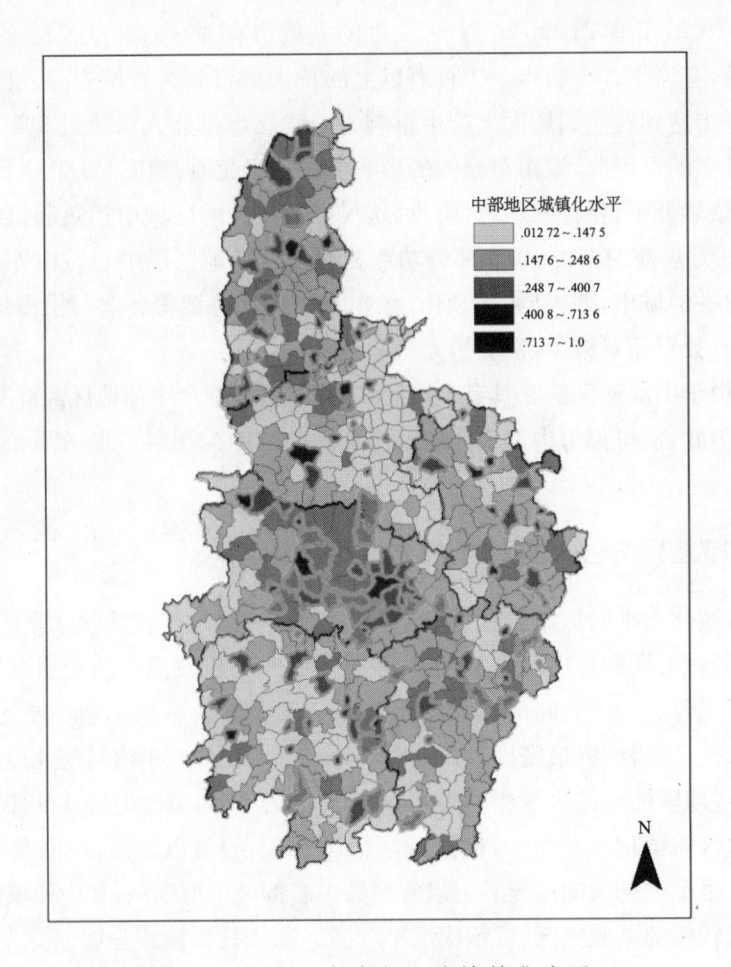

图7—4 2005年中部六省城镇化水平

区成为全国最严重的酸雨危害地区之一。流域性水环境问题依然严峻,并开始严重威胁中下游城镇居民的供水安全。特别是污染性乡镇民营产业的盲目发展,禁而不止,加之沿海地区淘汰性产业的内迁转移,使得这一问题的严重性和潜在危害性加大。这也是导致淮河"十年治理、面貌依旧"的重要原因。②城市建设以地生财、城市用地过度扩张的发展思路依然在蔓延。不仅造成大量的优良耕地流失,土地资源浪费,也使得失地农民问题凸现,加剧了城乡发展的失衡。因此,吸取东部沿海地区发展的经验与教训,按照建设资源节约和环境友好型社会的要求,引导本区有序、健康地推进城镇化,也已成为未来发展必须面对的重要问题。

第二节 影响人口与城镇发展格局变化的因素分析

一、人口总量变化与人口素质的提高

人口总量与人口素质问题是制约农村劳动力有效转移和促进区城镇化发展的重要因素。

长期以来,中部地区人口基数大、人口总量多,农村劳动力素质及受教育程度也不高(图 7—5)。这种局面一直困扰着中部地区城乡结构调整和农村剩余劳动力的有效转移。从目前来看,中部地区人口总量增长仍将维持在一个较高的水平和较长的时期。而人口素质提高问题,将随着国家逐步推进农村基本公共服务均等化,着力加强农村教育基础设施以及拓展在 9 年义务教育基础上的职业技术教育与职业培训等重大战略的实施,会有很大程度的改善。此外,各级政府对服务于农村剩余劳动力转移的政策环境、社会化就业公共服务平台建设以及制度性保障政策措施的出台,也会进一步从多角度提升劳动力流动、就业融入城市社区的综合能力。

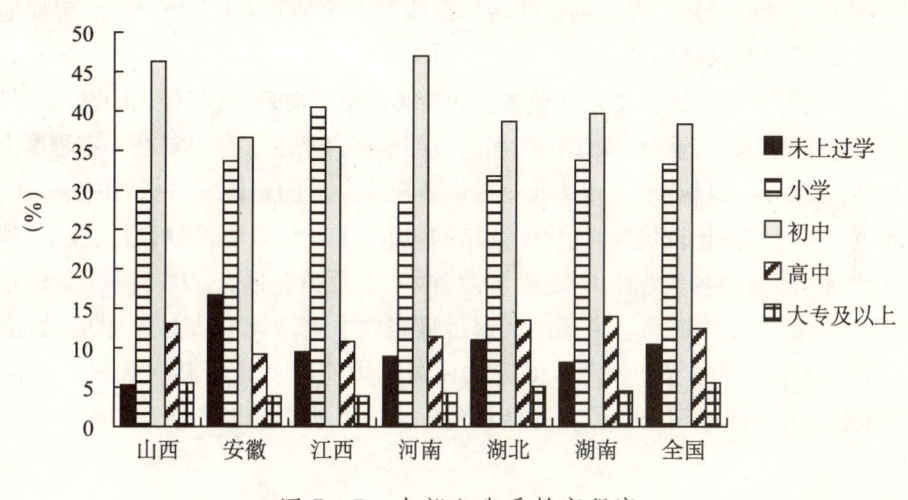

图 7—5 中部六省受教育程度

资料来源:根据中国统计年鉴 2005 年人口抽查资料统计。

二、沿海三大城市密集区发展仍将对劳动力保持旺盛需求

改革开放以来,我国沿海地区表现出极强的经济活力,释放出巨大的经济潜力,经济一直保持持续快速增长,特别是长江三角洲地区、珠江三角洲地区和环渤海地区,已经建立起完整的产业结构体系,成为外来劳动力的主要吸纳地。中部地区劳动力富足,成为东部沿海外来劳动力的主要来源地。从今后的发展态势看,人口和产业的空间集聚将是一个长期的趋势。在珠江三角洲、长江三角洲、京津冀等大都市经济区和辽东半岛、山东半岛、福建沿海等人口产业集聚带的蓬勃发展中,将会有更多的劳动力需求。因此,沿海劳动力需求的多少成为影响中部地区人口与城镇化空间格局的一个重要因素。随着沿海地区的产业结构调整和产业结构升级,劳动力密集型产业在沿海地区的布局将逐渐减少,技术密集型产业将越来越重要,因此对低素质劳动力的需求将日趋减少,对高素质劳动力的需求将逐渐增加。

三、正在成为沿海地区产业转移的主要承接地

产业结构是一个不断调整和升级的过程,东部沿海地区的产业结构将逐渐向技术密集型

和资金密集型产业转变,劳动力密集型产业将不断向外转移。现阶段正处于东部向中部产业转移的有利时机,东部地区劳动力成本上升、产业结构升级压力显著增加。在这样的背景下,中部地区所具有的承接产业转移的条件与优势明显凸现出来。一是地缘优势,离东部沿海地区较近,运输成本更低。目前珠三角地区的劳动密集型产业已经出现向江西、湖南等邻近地区转移的发展态势。二是劳动力成本较低,劳动力资源较丰富,劳动力素质较高。另外,中部地区资源禀赋条件比较优越,又处于承东启西、连南接北的重要枢纽位置,交通及各项基础设施等支撑条件较好。因此具有承接产业转移的优势条件,在东部沿海的产业转移中,中部地区将成为产业转移的主要承接地。产业的空间转移意味着承接地就业机会的增加,中部地区本地吸引劳动力的趋势将越来越明显。

因此,未来将是中部地区接受东部地区产业转移的重要时期,这将强化中部地区城镇化的产业支撑,加快推进中部工业化、城镇化进程。中部地区经济的快速发展在一定程度上增加了劳动力的市场需求,给农村劳动力转移就业提供了机会。伴随着国家扶持"中部崛起"政策的出台,中部地区可以发挥比较优势,优化产业结构,加速工业化进程,采用适当技术,积极发展劳动密集型产业,缓解城乡就业压力,走经济效益好、资源消耗低、人力资源得到充分发挥的可持续发展的新型工业化道路。中部地区通过推进农业产业化和农村工业化,加快发展农村服务业,提高农村产业非农化水平,促进农村劳动力实现就地转移。农村人口向本地城市的转移可能成为中部地区未来劳动力转移的一个新动向,也将有助于推动本地城镇化的快速发展。

四、有利于城镇化发展的制度障碍将会逐步消除

改革开放以后,中部地区户籍制度发生了变化,尤其是近些年来户籍制度历经了两次重大的变革,户籍制度越来越宽松,对农村劳动力向城市转移,尤其是向小城镇的转移所发挥的限制作用越来越弱,但从大中城市的情况来看,户籍制度仍起着重要作用,农民工进城务工,享受不到市民的各种社会待遇和社会福利,子女的教育也面临着很大的困难。这种城乡二元分割的户籍制度强化了外出务工人员短期化意识与行为,形成了农村劳动力向城镇长期稳定转移就业的一个主要体制性障碍。

随着城镇化战略实施进程的深化,户籍制度改革已经受到各级政府的高度关注。新一轮改革也在悄然进行。中部地区一些大城市如郑州、武汉等城市也在尝试户籍制度改革的方案,努力降低农民工落户的门槛。同时,我国劳动法的颁布实施,也使得附加在户籍制度上的种种福利性待遇正在被逐步剥离出来。如正在推进的全覆盖的社会保障"三险"制度将会大大改善人口流动与就业的社会门槛,并对未来中部地区人口与城镇化的空间格局变化产生积极影响。

五、以高速公路为重点的重大基础设施建设

在中部崛起战略的实施下,国家将加快中部地区的基础设施建设。根据有关规划,未来中

部的高速公路将作重大调整和建设,高速公路网将大大完善,这势必极大地影响中部地区城镇化的区域空间格局。根据《中部地区崛起的交通发展规划纲要》,中部地区的高速公路的建设将强化跨省公路的合理与有效衔接,重点构造区域公路网骨架,形成域内贯通、承东启西、联南接北、服务全国的开放型高速公路网,尤其注重与东南部沿海省市的连接和与西部省市的合理连通。到 2020 年将完成规划总里程 2.3 万公里,构建"七纵十七横六环"的高速公路交通网络。高速公路的构建,一方面有利于在"出入口"形成新的"节点",使得"节点城市"进一步壮大;也有利于在沿线地区开展生产力布局,促进产业走廊的形成,从而影响该地区的空间布局。

第三节 人口与城镇发展格局变化趋势

一、近期将保持持续增长,人口就业转移的压力十分艰巨

近年来,中部地区人口自然增长率基本保持在 6‰左右的水平。根据各省区的预测分析,这一增长速度仍将保持一个较长的时期。从人口金字塔生育年龄结构分析(图 7—6),未来 5~10 年中部地区人口的自然增长仍可能再次出现一个小高峰。对比 2000 年 10~14 岁年龄与 20~24 岁年龄段的人口总量差值,前者高于后者约 1 500 万。因此,当这个年龄段的人群于 2010~2015 年陆续进入生育期后,人口自然增长速度将明显快于 1995~2005 年的平均水平。受生育周期的影响,中部地区将迎来第四次人口出生高峰,加之人们生育意愿还比较强烈,继续保持人口低速平稳增长的任务仍相当艰巨。

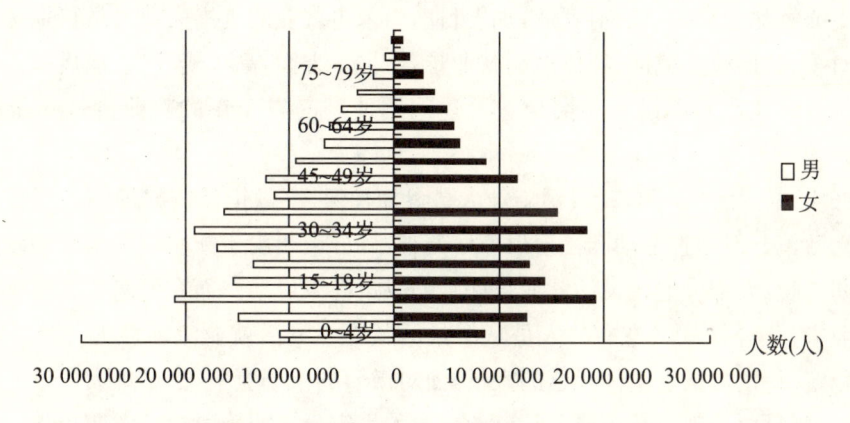

图 7—6 2000 年中部地区人口金字塔

目前对农村剩余劳动力的测算办法不一。我们采用地劳比例测算法对目前农村剩余劳动力总量进行初步测算结果如下(表 7—1)。

表7—1 2005年中部六省农业劳动力需要量

省份	耕地面积（千公顷）	农业所需劳动力（万人）	农业劳动力（万人）	农业剩余劳动力（万人）
山西	3 793.19	56.90	641.80	584.90
安徽	4 092.45	61.40	1 783.30	1 721.90
江西	2 098.10	31.50	951.03	919.53
河南	7 926.30	118.90	3 138.83	3 019.93
湖北	3 161.17	47.40	1 101.29	1 053.89
湖南	3 815.98	57.20	1 846.90	1 789.70
中部总计	24 887.19	373.30	9 463.20	9 089.90

专栏7—1

湖南今年城镇新增就业55万人 农村劳动力转移80万人

今年,湖南省要实现城镇新增就业55万人,农村劳动力转移就业80万人,城镇登记失业率控制在4.5%以内。近日,湖南省今年就业与再就业工作大盘敲定。据劳动保障部门测算分析,到今年底湖南省要基本完成国有企业改革改制工作,将有60万国有企业职工变更或解除劳动关系后再就业,加上目前尚未再就业的下岗失业人员特别是大龄就业困难对象,已形成区域性、群体性的就业难题;另一方面,高校毕业生、退役军人以及失地农民等新的就业矛盾进一步突出。上述问题使湖南省今年的就业再就业压力非常集中。

2006年,湖南出台了包括灵活就业人员参加社保、小额担保贷款等一系列新一轮再就业优惠政策。但据省劳动和社会保障厅调查,部分市州由于配套政策出台和政策全面启动时间较晚,大部分地区灵活就业社保补贴政策尚未启动。而在湖南省实现再就业的下岗失业人员中,有30%左右的人员从事灵活就业。灵活就业流动性大,岗位不稳定,收入不稳定,特别是从事个体经营的人员,面对激烈的市场竞争,困难更大。

"这主要是由于现有政策对灵活就业概念的界定尚未明确所致。"省劳动和社会保障厅有关人士分析说,湖南省将加大就业资金补助力度,确保这项优惠政策的全面实行。省劳动和社会保障厅表示,湖南省今年将在农村全面推行农村劳动力技能培训计划,提高农民工技能水平和市场竞争能力,全年完成培训45万人的目标。同时,落实针对农民工的职业介绍补贴、职业培训补贴政策。做好农民工输出地和输入地的区域劳务合作,实行培训、就业、维权"三位一体"的服务农民工新模式。

中部地区 2005 年共有耕地面积为 24 887.19 千公顷,合 37 330 785 亩,则需要的农业劳动力为 373.3 万人,而中部地区实际拥有农业劳动力 9 463.2 万人,由此可推算出中部地区 2005 年实际剩余农业劳动力人数约有 9 000 万人。与此同时,由于目前正处于劳动力的增长阶段,中部地区每年新增农业劳动力的数量也非常庞大。因此,中部地区农业劳动力转移的压力十分巨大。

二、城镇化将呈现加快的发展趋势

中部地区的城镇化水平目前处于 30%～40% 的范围。按照国际经验,未来 15～20 年中部地区也面临着城镇化加速发展惯性。支持这一发展趋势判断的依据还在于以下两个方面。①沿海地区加速产业升级所带来的产业向内地梯度转移的态势愈来愈明显。中部地区地缘优势,使得其恰处于承接沿海地区产业大规模转移的前沿地区。像江西、湖南以及安徽沿江地区已经出现了承接产业转移带来的发展机遇。并为增加就业机会,吸纳更多的农村劳动力转移提供了条件。②在中央着力推进城乡统筹发展、区域协调发展和中部崛起战略的背景下,中部地区将面临更加宽松的发展环境和国家政策的有力支持及财政补贴。长江中游、中原城市群、长株潭城市群以及皖江走廊、昌九走廊等也将逐步纳入国家重点开发地区。这些战略性的机遇将会极大地改善中部地区工业化与城镇化发展的宏观环境,推进城镇化进程。据预测,2020 年的城镇化水平有望突破 50%。五个人口—产业集聚区以及一批工业基础较好的中等城市将成为承载农村剩余劳动力的主要区域。

三、区域发展战略呈现多元化态势,区域内部整合难度加大

人口和产业的空间集聚是一个长期的发展趋势。从人口密度分布图来看,2005 年的人口密度比 2000 年更加集中,集聚范围也进一步扩大。在未来一个时期内,城镇人口空间分布的集聚态势将越来越明显。一些区位条件优越、经济基础好的大中城市将得到更快的发展,规模将进一步扩大。

然而,由于中部地区强烈地受到长三角、珠三角和京津都市区发展的深刻影响,加之传统的经济联系方向与文化、人脉关系的潜在影响,各省区实施区域发展战略的实际效果出现了"向心力不足,离心力强化"的趋势。在"沿海指向"的导引下,各省区更加注重与沿海地区的对接和融合。各省正从以省会为中心的空间战略向以适应各地经济联系主导方向的空间战略转变,如江西提出"对接长珠闽"、湖南提出打造"长株潭"和"湖南向南"的发展战略。这在客观上增加了中部地区内部整合的难度和阻力。当然这也与中部地区长期缺乏全国影响意义的中心城市或核心经济区有很大关系。

四、国家区域协调发展战略思路的深化将深远影响中部地区人口与城镇的发展格局

中部地区自然本底、发展条件以及人口产业承载能力的区域差异很大。在国家推进按照

主体功能定位要求,规范国土空间秩序,构建国土开发格局的战略过程中,中部地区亦将通过不同区域的功能定位,明确优化和重点开发地区以及限制和禁止开发地区。不同区域被赋予不同的功能定位和发展政策,将会直接影响其人口流动与城镇化发展的基本模式。如中原城市群、武汉都市经济圈、长株潭城市群以及皖江走廊等,凭借其相对优越的区域发展条件,未来将成为中部地区人口及产业集聚的核心区域,并对全国人口与产业布局格局产生重要影响。如湘西、鄂西、豫西、湘赣、皖赣等生态环境相对脆弱的地区,环境保护与生态建设功能将显著提升,人口集聚与城镇大规模发展将受到一定的制约。中部地区人口与城镇化的区域格局与区域功能定位将趋于更加协调。

第四节 人口与城镇化发展战略

一、合理控制区域人口增长,优化人口结构

面对持续的人口总量增长的压力及其带来的社会经济影响,在严格控制人口总量增长过快的同时,要有序引导农村剩余劳动力合理的区域流动。①通过政策扶持,鼓励剩余劳动力向发达省区和地区流动、向发展条件较好的地区流动。一方面缓解人口总量增长给中部地区发展带来的压力,另一方面也缓解人口流出地区,特别是生态环境脆弱地区的人口承载压力。②积极提高人口素质。除加大落实和提高国家义务教育水平外,要注意以增强就业技能为重点的职业教育和技术培训,提升现有劳动力的技能水平和就业竞争能力。通过扩大对流动务工人员的市民意识教育,引导其思想和生活方式的转变,提升融入城市社会的能力。

二、建立有利于城镇化发展的集聚机制和政策环境

如何消除制约制度障碍,因地制宜地鼓励和促进人口与产业的空间集聚,将直接关系到中部地区健康城镇化发展战略的实施。①实行积极的人口迁移政策。放宽城市常住人口的农转非条件,逐步用准入条件取代进城人口控制指标。考虑到不同地区主体功能定位的要求,建议在不同等级和规模城市之间,逐步推进户籍制度改革,以促进人口合理流动与合理集聚。②实行引导要素集聚的用地政策,建立适合当地实际情况的城乡土地资源统一优化配置、节约用地、集约用地的新机制。近期特别要处理好进城农民宅基地的置换问题,并同时加强城市建设用地的宏观管理。③实行有较强吸引力的城镇社会保障政策。包括加快现有城镇社会保障制度的改革,规范的劳动力市场管理体系的建立以及中小城镇的教育、卫生等条件的改善,显著增强其吸引力。

三、促进大、中、小城市和小城镇协调发展

城市和城镇之间的发展,既相互促进,又相互制约。不同类型、不同等级规模的城市各有其不同的地位和作用。基于中部地区城镇体系发展所处的阶段以及区域发展背景条件的客观

差异,城镇化发展应该是多元化的,需要不同类型城镇的分工合作和大、中、小城市及小城镇的协调发展。大城市特别是特大城市发展,要从原来的规模扩张的框框中解脱出来,走向集约化发展的更高级阶段。中小城市尤其是小城镇,在有效吸纳农村剩余劳动力、加快城镇化进程方面发挥着重要作用。但要改变其粗放的发展模式,鼓励农村二、三产业发展,并合理引导民营企业、农村社会化服务设施和农业剩余劳力向重点城镇"适度集中",形成规模,加快农村中心城镇建设。

四、推进城镇群地区的整合发展与规划协调

2000年以来,武汉都市区、长株潭地区、郑洛汴地区等呈现出较快发展势头,并正在成为中部地区对外开放、对接沿海三大城市密集区的重要门户。目前,这些地区虽已开展了城镇群的总体规划和专项规划,总体发展环境得到极大的改善。但各城镇群内部空间整合效果并不理想。由行政分割而造成的各自为政的现象仍然比较普遍。因此,要着力加强上述城镇群或产业集聚区的整合发展,大力培育以武汉为中心、郑州为中心和长沙为中心的都市经济区建设,增强核心区域的竞争力和辐射带动力。通过加强长江水道的基础设施建设,完善国家"T"字形一级轴线,发挥长江作为"黄金水道"承东启西的带动作用和串联作用,促进长江中游各城市密集区的持续快速发展。与此同时,要重视城镇群地区跨行政地域规划管理的协调。通过统筹各层次城市的空间组织和区域内大型公共服务设施的规划建设,逐步实现区域交通一体化和其他公共设施的共享。通过建立合理的投资管理机制和共同发展的基金制度,使不同层次行政区的规划协调机构具有相当的经济调控能力和投资管理能力。

五、积极发展县域经济和民营经济,促进中小城镇合理发展

发展壮大县域经济是实现中部崛起,提升中部整体经济发展水平,缩小区域经济发展和城乡经济发展的差距,促进"三农"问题的解决的一个重要途径。

目前中部地区共有县和县级市497个。总体上看,这些县市的综合经济实力不强,包括大城市周边的一些县市,与沿海经济发达的县市差距甚远。因此,加强县域经济的发展,特别是在资源富集性地区和位于大中城市周边地区的县市,县域经济的发展潜力很大。①注意发挥比较优势,改善县城和中心城市之间的交通条件,增强通达性,改善区域各种生产要素流动的综合环境。②注意引导生产性企业向县城工业园集中,发挥园区集聚效益和规模效益。③通过重点城镇建设,营造良好的人居环境,引导人口流向县城和重点城镇,促进土地集约利用。

六、按照主体功能定位,引导不同区域城镇化合理发展

根据国家主体功能区规划要求,中部地区将按照优化开发、重点开发、限制开发与禁止开发四类主体功能,规范国土开发秩序,形成国土空间开发格局。在这一框架之下,不同类型区域各自所依托的自然背景和发展条件不同。因此,在人口产业集聚过程中,其人口与城镇化发展所面临的问题往往也不尽相同,并会影响城镇化发展模式的选择。

1. 重点开发地区的城镇化发展

中部地区的长江中游地区、长株潭地区、郑洛汴地区以及昌九产业走廊、皖江产业走廊、晋中地区等是目前中部地区经济发展具有活力、人口和产业经济得到较快发展的地区,也是未来中部地区引导区域工业化和城镇化,承接限制开发和禁止开发区域的人口转移,支撑区域经济发展和人口集聚的重要空间载体。然而,与沿海地区比较,这些重点开发地区的社会经济整体发展不足,工业化和城镇化水平不高,区域比较优势还没有得到充分发挥,仍有很大的发展余地和潜力。①引导中心城市综合功能提升和都市经济区架构的形成。改变中心城市过分依赖扩大规模、做大做强的发展思路。在人口和产业集聚过程中,注意引导产业功能做强与城市综合服务功能提升以及软硬环境改善的协调。在强化处于龙头地位的中心城市对区域经济的组织协调、辐射带动功能的同时,要着力培育次一级中心城市的发展,形成合理的都市经济区构架,以增强区域竞争的整体优势。②点轴架构引导城镇、产业空间的有机整合与集约发展。与优化开发地区比较,虽然重点开发地区人口和产业集聚的相对发展潜力和空间都比较大,但应该注意到其资源环境的承载能力仍十分有限。因此,通过点轴架构引导产业和城镇空间的有序发展,有利于促进空间资源和环境资源的集约利用。重视发挥区域规划的合理引导与约束作用,避免重蹈优化开发地区在大开发过程中出现的资源浪费、环境污染的失误。③改变外来人口及环境问题的边缘化现象,注重提高城镇化质量。在引进和承接产业转移的过程中,要改变重项目轻环境、重发展轻保护的倾向。应根据区域生态环境主导约束因素和承载容量,筛选和布局适宜性项目。在城镇化和城市建设过程中,要更多地关注外来人口和失地农民就业、生活居住环境以及公共服务保障等问题。把握好城镇化速度与扩大就业、住区建设以及公共服务产品供给的协调。④引导开发区、城市新区合理建设,促进城市的健康发展。要注意改变新建开发区远离城镇,自成管理体系,与城市发展规律完全背离的现象。目前不少城市新区和开发区缺乏人气,功能不全,严重影响了城市服务业的正常发展以及居民生活质量。因此,今后必须加强对城市新区和开发区建设的统一规划管理。在科学的城市总体规划指引下,分阶段集中成片建设,紧凑布局,重视环境质量,由近及远地逐步推进,这样才能使城市建设较好地产生经济效益、社会效益和生态效益。

2. 传统农业限制开发地区的城镇化发展

传统农业地区是中部地区农村区域经济中最基本一类区域,也是"三农"问题较为突出,农业剩余劳动力较多和城镇化难度比较大的地区,如两湖平原农区、豫东平原农区、皖北平原农区、江汉平原农区等。由于这些地区的城镇主要依赖农副产品交易市场、农副产品加工业、农村服务业等近农产业而发展,所以除积极推动人口流迁之外,加快中小城镇的发展在区域城镇化进程中具有不可替代的作用。对于这类地区的城镇化发展,要因势利导,在发展机制、功能地位和布局重点方面都要力求有创新的思路与做法,避免沿袭遍地开花的粗放发展模式。①注意引导城镇化与农业产业化、农村工业化有机结合。依托中小城镇,着力发展近农产业,推动农村产业结构调整和农业剩余劳动力的转移。同时要依靠人口和劳动力向大中城市和经济发达地区的迁移,逐步缓解人地关系紧张压力,为农村产业结构调整和农业产业化创造条件。②调整和强化小城镇功能。应鼓励农村二三产业、农村社会化服务设施和农业剩余劳力向重点城镇"适度集中",形成规模效益。重点小城镇的功能定位,也要注意多元化。将农村教育中心、服务中心、技术培训中心与商贸交通中心、产业基地结合起来,真正使以县城为重点的小城镇成为联系城乡、服务农村发展的纽带,并成为调整农村非农产业布局、优化乡村空间结构的重要手段。③创新小城镇建设模式,形成政府主导下的投资多元化的小城镇发展机制。逐步改变小城镇投资少或少投资,农民城镇农民建的状况。国家不仅要在小城镇基础设施建设投资方面予以倾斜,而且,还应进一步开放小城镇基础设施建设与经营管理市场,广泛吸纳民间资本投入小城镇建设。

3. 生态环境脆弱地区的城镇化发展

这类区域涉及豫西北、鄂西、湘西、皖赣、湘赣以及大别山区等生态环境脆弱地区,其生态环境状况直接影响到大区域范围内的生态安全保障问题。总体来看,这类地区的资源环境承载能力较弱,难以支撑大规模人口和经济集聚。因此适度地扶持这类地区的城镇发展是必要的,但应本着据点式开发、适度建设的原则,根据发展条件和生态环境承载能力,确定城镇发展和布局。①要突出政府投入为主导的扶持策略,通过积极的政策性生态移民,引导人口向支撑条件较好的城镇转移,疏解资源环境承载的压力。②依托发展条件相对较好的城镇,进行据点式开发,以点带面,建设各级中心城市。③根据区域生态环境约束的主导因素和生态环境问题,分类调整城镇发展方向和发展模式,并给予相对应的专项政策支持。如在水源涵养地区的外围地区,应确立绿色环保、生态旅游、商贸产业发展战略等等。④通过加大财政转移支付力度,完善区域间生态补偿机制,健全公共服务体系,提高城乡居民享受均等化公共服务的水平。

参 考 文 献

1. 何筠、彭兴莲:"论中部六省劳动力的转移",《南昌大学学报(人文社会科学版)》,2005年第6期。
2. 陆大道:"中国区域发展的新因素与新格局",《地理研究》,2003年第3期。
3. 莫秋婵:"论我国农村剩余劳动力的合理有序转移",《农村经济与科技》,2006年第11期。
4. 张文尝等:《中国中部地区21世纪持续发展》,湖北科学技术出版社,2000年。

第八章 空间重组的战略方向

作为一个政策类型区,中部地区是相关各省共同的区位特征被已有区域政策框架塑造出来的,是其他政策类型区(即西部、东北和沿海)确立后的剩余国土部分。由于这个背景原因,中部地区过去并不是一个空间组织非常紧密的区域,缺少具有较大范围影响力的经济核心,围绕中心城市形成的(都市)经济区也比较弱。因而,实施科学合理的空间组织战略,是提高中部地区竞争力、加快中部崛起的重要措施。

本章在分析中部地区空间组织现状以及主要城市之间空间联系状态的基础上,提出了该地区空间重组的战略方向和目标。形成的主要观点如下。

- 中部地区目前的空间格局呈现区域发展不平衡状态,社会经济活动主要沿京广铁路和长江黄金水道等交通干线分布,省会城市和主要工业中心城市人口和产业集聚程度较高。该格局的形成主要是受到自然条件、社会经济发展水平和科学技术进步因素的影响,此外历史因素和特殊事件等也起着重要作用。
- 通过对中部地区城市的中心性和空间联系进行分析,发现中部地区城市的中心性远低于沿海同级别城市,几个省会城市的中心性相差不大,缺乏明显的经济核心。城市之间的空间联系也呈现出明显的"两极分化"特征,即主要体现在区内城市与区外城市的联系以及省内城市之间的联系紧密,尤其是体现在与东部沿海地区的经济联系较强,而城市省际之间的联系相对较弱。这充分表明中部地区目前只是一个政策类型区,而不是一个有机结合的经济区。
- 根据我国目前国土开发的基本格局和区域空间重组的主要方向,提出中部地区的空间组织要围绕一些重点发展轴线和人口产业集聚区进行组织。重点轴线主要包括长江轴线和京广轴线这两条一级轴线以及京九、大湛、陇海、浙赣—湘黔四条二级轴线。主要的人口产业集聚区则需要重点建设武汉都市经济区、培育发展中原城市群,并建设一批具有省内意义的人口产业集聚区与重点的工矿和商业城市。

第一节 空间格局的现状特征

一、空间格局形成的主要影响因素

由于自然环境条件较好,中部地区人类经济活动的历史悠久。自远古时代,就有人类活动的痕迹。经过几千年的演变发展,中部地区形成了目前主要沿长江和京广铁路发展的空间格局。在这个空间格局形成与演变的过程中,除了社会经济发展水平和科学技术进步因素外,历史因素、特殊事件等也起着重要作用。

1. 自然条件

中部地区是黄河和长江两大水系的中下游地区,自然环境相对优越,气候湿润、地形多样、河湖遍布、土地肥沃、生物资源多样,十分有利于农业的发展和居民点的营建(详见第二章)。在农业经济占主导的封建时期,农业生产条件较好的汾河谷地、黄河中游地区、淮河流域以及长江流域的中下游地区,就一直是全国经济发展的重心和商贸的集聚地。如山西省的城市主要分布在汾河谷地,而在沿江的皖、赣、湘、鄂四省,城市则主要集中分布在长江及其主要支流沿岸。

2. 历史因素

中部地区是中国文明的起源地之一。根据顾朝林等学者对中国城镇体系历史的研究,大约六七千年前的新石器时代,在黄河流域的晋南、豫西一带就形成了氏族社会的原始村落。而且文献考证表明,三皇五帝的都城大多数也分布在晋南和豫西地区。到商代末期,我国的 26 座早期城市就主要集中分布在黄河中下游和淮河上游地区,其中以晋南、豫北和豫东最为集中。周代后,随着农业经济的发展以及诸侯分封制的实施,推动了各地城邑建设活动。到秦、汉时期,以政治行政中心为主的郡县体制逐步完善。秦设 36 郡,主要分布于黄河中下游地区(约占到全国城市总数的 40%)和江淮地区(城市数约占到全国的 14%)。汉时中原居民向两湖、两广地区的迁移,促进了中部地区南部城镇的发展。这些行政中心,混合了地区中心管理、农业经济管理、商品交换和手工业生产等职能,绝大多数被延续下来,表现为规模不等的中心城市,奠定了区域空间格局的基础。

在以农业经济为主导的时代,农业生产工具和生产技术的进步,促进了棉布、粮食、漆器、茶叶等商品性农业的发展,形成了一些主要商品性农产品出产地;而商品性农业的发展又促进了手工业的发展,形成了以新兴手工业为主的城市。如宋州(河南商丘,主产绢)、婺州、岳州、寿州以及景德镇(瓷器)、祁门(茶)、宣州(宣纸)、襄阳(漆器)、徽州(墨)、湖州(笔)等。商业的兴起,还进一步促进了沿长江、黄河、淮河的河港城市发展。如汴州(开封)为黄河的重要港口,鄂州是长江中游的重要港口,南昌、长沙、汉阳等为赣江、湘江、汉江的重要港口。

3. 矿产资源分布与交通建设

资源富集的工矿城市以及交通区位优越的城市容易成为地区经济发展的重心。在中部地区,最初的近代工业主要以外国资本兴办的与港口、贸易相联系的船舶修造、出口加工工业以及官僚、买办及民族资本兴办的近代军事工业(包括机器工业)为主体。沿江的汉口、九江等城市就成为工业投资的重点。随着后期近代工业的进一步扩张,一些交通条件较好的芜湖、九江、安庆、长沙等长江中下游沿线城市以及沿津浦、京汉、粤汉、同蒲铁路分布的蚌埠、郑州、株洲、太原等城市成为工业重点集中地。在大城市发展的同时，随着近代工业发展对能源、原材料需求的增强，也刺激了一些工矿城镇的发展。如主要的煤矿城镇（矿区）山西阳泉、河南焦作、安徽淮南、江西萍乡；金属矿开发城镇（矿区）安徽马鞍山、大通和铜陵，湖北汉阳、大冶，湖南水口山等。

交通技术的进步也促进了不同时期交通沿线城市的发展。在以马车和河船为主要交通工具的时代，城市的分布主要沿江河和驿路分布。如武昌、九江、南昌、吉安、长沙、湘潭、衡州、郴州等城市主要位于陕—鄂—洪—岭南驿路上，而洛阳、宿迁、凤阳主要位于陕—洛—苏—福泉驿路上，太原、阳曲等城市因陕—晋—冀驿路而兴。湖南省的城市也主要沿江、河、湖分布，如位于湘江干流和支流浏阳河汇合处的长沙市、湘江干流与涟水汇合处的湘潭市、湘江干流与耒水和蒸水汇合处的衡阳市以及资水干流和邵水汇合处的邵阳市。铁路技术出现后，一些旧时的河港城市地位逐渐衰落，沿铁路的城市地位逐步上升。自甲午战争后到新中国成立前，全国共建设了35条铁路干线，其中在中部地区有6条。铁路线路的铺设和开通，促进了沿线一些铁路枢纽城市的兴起，如京汉铁路与汴洛铁路交会的郑州、津浦铁路和淮河交会处的蚌埠、粤汉铁路沿线的株洲等，而已有城市的地位得到增强，如太原、南昌、衡阳、九江等。此外，还促进了沿铁路线一系列县城和城镇的发展。

4. 新中国成立后的生产力布局

新中国成立以后，随着国家生产力布局的调整和一系列重大建设项目的布局，一些已有的工业城市和交通枢纽城市得到加强，另外涌现出了一批新的工矿城市。中部地区依托其丰富的资源、优越的区位条件和一定的工业基础，成为国家投资的重点。"一五"期间苏联援建的"156项"工业基本建设项目中，有37项布局在中部。投入施工的150个项目实际投资为196.1亿元，其中中部地区占32.9%（表8—1）。在省市分布上，主要分布在山西、河南两省。这些项目的布局，一方面增强了中部地区在全国的地位，另一方面也强化了中部地区经济发展的空间格局。太原、郑州、武汉、长沙、株洲、南昌等一批沿主要铁路干线和长江沿线的城市地位得到了加强；并出现了一批新兴工业化城市，如大同、侯马、洛阳、淮南、湘潭等。

表8—1 "156项"在中部地区城市的布局

省份	项目数	主要产业	布局城市	"一五"时期完成投资（万元）	占全国比重（%）
山西	15	电力、军工、采矿、制药、化工	太原（11），大同（2），侯马（1），潞安（1）	63 073	5.9
河南	10	水利、机械、电力、采矿	三门峡（1），洛阳（6），郑州（1），平顶山（1），焦作（1）	46 705	4.4
安徽	1	采矿	淮南（1）	472	0.0

续表

省份	项目数	主要产业	布局城市	"一五"时期完成投资(万元)	在全国比重(%)
江西	4	采矿、军工	虔南(1),大虔(1),定南(1),南昌(1)	16 196	1.5
湖北	3	钢铁、机械、电力	武汉(3)	39 820	3.7
湖南	4	机械、电力、军工	株洲(3),湘潭(1)	12 915	1.2
全国合计	156			1 073 628	16.7

资料来源:董志凯、吴江:《新中国工业的奠基石——"156项"建设研究(1950～2000)》,广东经济出版社,2004年。

"大跃进"期间,"一五"时期开工的马鞍山、武汉、太原等钢铁基地得到大规模新建和扩建。20世纪60年代初至70年代初,"三线"建设促进了中部地区的"三西"地区(豫西、鄂西和湘西)城市发展。1972年以后,国家开始了以引进项目为中心的工业建设。虽然主要工业项目开始向东部沿海地区转移,但沿江一些城市也凭借能源原材料优势和靠长江的区位优势,吸引了一些工业项目的布局,如安庆化肥厂、武汉一米七轧机、湖北化肥厂、洞庭化工厂等。20世纪80年代初期,我国加强了能源、原材料基地的建设,在中部地区新建了一批重要工业项目,如山西、豫西、安徽、湖北等地的能源基地建设,山西和河南的铝工业基地,江西和安徽的铜工业基地以及湖南的铅工业基地。这些工业项目的建设,除了强化部分已有工业中心外,还使一些能源原材料富集地区迅速发展成为地区的经济中心。如山西省,除沿同蒲线的大同能源基地、太原重型机械及纺织和煤化工基地、运城冶金工业基地外,太焦和石太铁路线上的长治、阳泉发展成为煤化工和煤电基地;安徽省的淮北、淮南成为当时华东地区最大的原煤生产基地和长江三角洲重要的能源和原材料基地,沿江的马鞍山和铜陵市成为我国重要的冶金工业基地。此外,蚌埠是皖北地区的食品和机械中心,芜湖是皖东南的纺织和机械工业中心,安庆是皖西南的化工和纺织工业中心。

二、空间格局现状特征

1. 人口密度及经济发展水平的区域差异大

中部地区人口总量多,密度大。2005年,中部六省总人口为3.52亿人,平均人口密度为349人/平方公里,是全国平均人口密度的2.6倍。人口密度的区域差异明显。其中,河南省人口密度最高,为595人/平方公里,是全国平均水平的4.4倍;其次是安徽省,为439人/平方公里,是全国平均水平的3.2倍。而人口密度最低的山西省,只有214人/平方公里,不到河南省的2/5。

表 8—2 2005 年中部地区人口密度、经济密度与全国对比

	年末总人口（万人）	人口密度（人/km²）	人均地区生产总值（元）	经济密度（万元/km²）
山西	3 355	214	12 495	267
河南	9 380	595	11 346	631
湖北	5 710	308	11 431	351
湖南	6 326	304	10 426	327
江西	4 311	258	9 440	243
安徽	6 120	438	8 675	385
中部六省	35 202	349	10 381	362
全国	130 756	136	14 040	190

资料来源：《中国城市统计年鉴》(2006)，《中国统计年鉴》(2006)。

2005年，中部各省的平均经济密度为362万元/平方公里，高于全国平均水平(190万元/平方公里)。但由于人口数量多，中部省区的人均地区生产总值(GDP，下同)比全国平均水平低25%。特别是安徽和江西两省人均GDP仅相当于全国平均水平的62%和67%(表8—2)。以县市来衡量，经济发展水平区域差异更大。2005年，人均GDP最高的安徽省马鞍山市(市区)，与最低的山西省临县相差100多倍。中部地区以县市为单元的人均GDP相对值空间分布见图8—1。

2. 省会城市周围人口和产业集聚程度相对较高

在多种因素的影响下，中部地区人口和产业在空间上形成不同的集聚格局。但总体上，各省的省会城市，即太原、郑州、武汉、合肥、长沙、南昌，人口和经济集聚程度相对较高，是省域经济最发达的核心区域。其中，武汉市的人口密度、经济密度和人均GDP分别是湖北省平均水平的3.1倍、7.5倍和2.3倍，是湖北省也是中部地区人口和经济集聚程度最高的城市；南昌和太原的人口密度和经济密度也远高于所在省份(表8—3)。郑州、长沙和合肥虽然人口和经济密度也高于所在省份的平均值，但差别程度较其他三个省会城市要小。从城市的总体规模看，2005年武汉市人口达801万，其余5个省会城市的人口均在150万～260万人之间。此外，在河南省以郑州为中心的200公里范围内城镇密集；安徽省沿长江的马鞍山、芜湖等城市的人口和经济规模相对较大，而安徽北部大部分城市人口数量多，但经济发展实力比较薄弱(图8—1)。

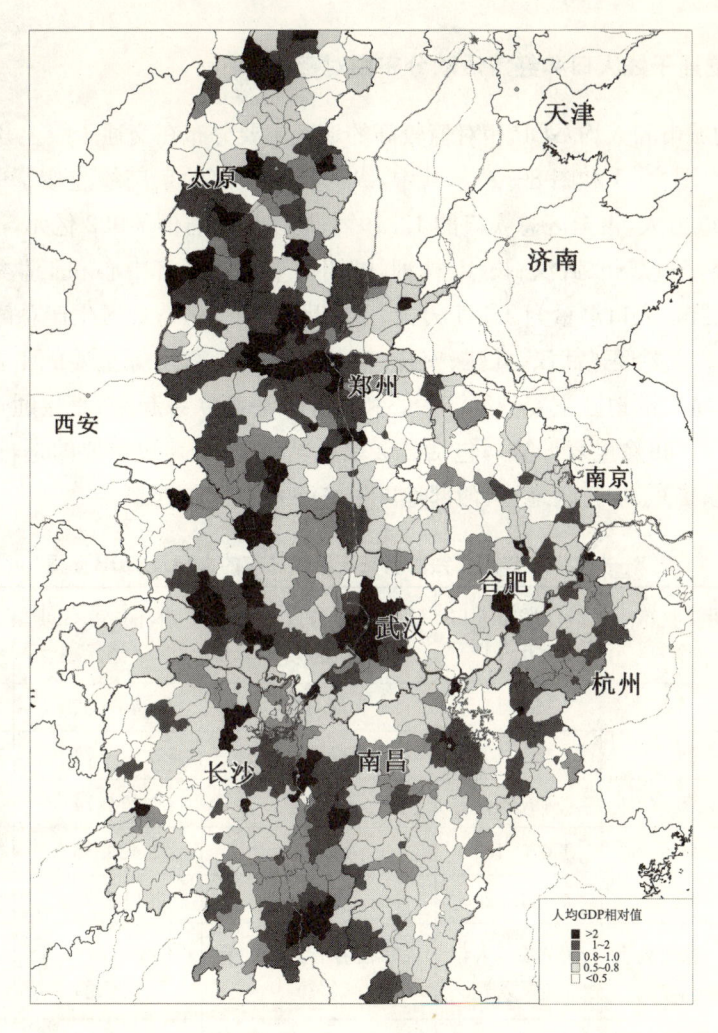

图 8—1 中部地区人均 GDP 相对值的分布
（中部地区平均值＝1）

表 8—3 中部地区省会城市人口及经济集聚程度对比

城市	人口密度（人/ km²）	人均地区生产总值（元）	经济密度（万元/km²）
武汉	943（3.1）	26 238（2.3）	2 634（7.5）
郑州	913（1.5）	25 474（2.2）	2 230（3.5）
长沙	525（1.7）	23 968（2.3）	1 286（3.9）
太原	487（2.3）	26 107（2.1）	1 278（4.8）
合肥	648（1.5）	18 960（2.2）	1 214（3.2）
南昌	642（2.5）	22 390（2.4）	1 361（5.6）

注：表中数据为市域的数据；括号内数据为城市与所在省份平均水平的比值。
资料来源：《中国城市统计年鉴》(2006)，《中国统计年鉴》(2006)。

3. 沿主要交通干线人口和经济活动分布相对密集

中部地区的城市和人均GDP相对值较高的地区主要分布在交通干线上,特别是京广铁路和长江黄金水道(图8—1和图8—2)。其中,纵向贯通中部的京广线连接了中部48个县市,人口总量为4 490万人,占全区总人口的12.19%;地区生产总值7 922亿元,占全区的21.3%(表8—4)。主要经过郑州、武汉、长沙、株洲、郴州等重要的经济中心和工业中心城市。沿长江分布了49个县市,人口总量为4 111万人,占全区的11.16%;地区生产总值6 087亿元,占全区的16.35%。主要经过武汉、九江、安庆、铜陵、芜湖、马鞍山等重要的工业中心城市。这两条轴线基本上将中部地区主要的经济中心和工业中心都联系起来,直接通过的县市人口总量达7 500多万人(扣除重复计算),包括县级以上城市39个。更重要的是,这两条线路还是中部地区与华北、华东、珠三角地区、西部地区经济联系的重要通道。

表8—4 2005年京广铁路和长江沿线县市的人口及GDP比重

	沿江县市(个)	沿江城市人口(万人)	人口占全省人口比重(%)	沿江县市GDP(亿元)	占全省GDP比重(%)
湖北	4	293.15	4.94	465.52	7.10
湖南	24	2 550.20	37.92	3 917.71	61.49
江西	5	197.67	4.49	274.74	6.94
安徽	16	1 070.10	16.23	1 429.36	26.19
总计	49	4 111.12		6 087.33	
	京广沿线县市(个)	沿线城市人口(万人)	人口占各省人口比重(%)	沿线县市GDP(亿元)	占全省GDP比重(%)
河南	22	1 666.73	16.91	2 728.38	25.68
湖北	7	1 213.52	20.45	2 545.48	38.81
湖南	19	1 609.97	23.94	2 647.86	41.56
总计	48	4 490.23		7 921.73	

资料来源:同表8—3。

除了京广铁路和长江外,中部地区的主要铁路干线有东西向的陇海线与浙赣—湘黔线以及南北向的同蒲线、京九线、太焦—焦枝—枝柳线等铁路,公路干线有京珠高速、105、106、107、207、209、318、312、320国道等。沿这些交通干线的地区,城市数量多,人口和经济活动也比较密集。通过计算可以发现,中部地区48%的人口和70%的经济活动都分布在这些主要交通干线上(含京广线和长江)。

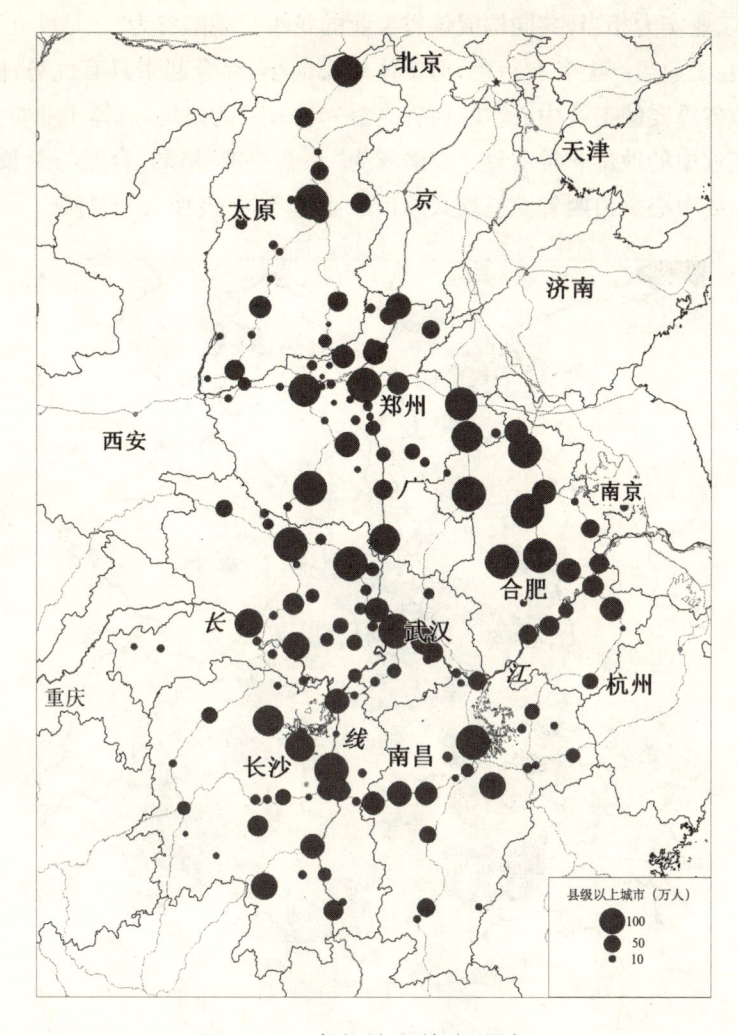

图 8—2 中部地区城市分布图

4. 各省工业中心明显,空间格局各具特色

在国内外产业转移和经济发展要素重组等多重作用力的推动下,近年来中部地区制造业空间集聚趋势明显,形成了一批制造业加工基地。特别是安徽、江西、湖南等省毗邻珠江三角洲和长江三角洲的城市,围绕汽车、家电、工程机械、化工及新型建材等支柱产业形成了一批名优新产品,产业集聚效应开始显现。例如,芜湖市依托核心企业,集聚了一批为之配套的中小企业群体,并逐步形成分工合理的专业化协作体系,汽车、电子电器、铜合金材料三大产业集群已初步形成。以"奇瑞"轿车为主的汽车及零部件制造业基地,以"海螺"品牌为主的建材制造基地,在全国已形成一定竞争力。

数据分析表明,各省都出现了优势地位突出的工业中心(图 8—3)。河南省呈现"双核"格局,郑州与洛阳工业实力相当,共同构成该省工业的龙头。湖南省为"三足鼎立"的格局,长沙、株洲、湘潭三市在工业生产上各有特色,但单体规模偏小,综合起来具有优势;同时,北部的岳阳市正在成为该省重要的工业中心。江西省为"一大一小"的格局,总体工业实力较差,但南昌与九江在全省工业中的地位非常明显。安徽省为"一点一带"格局,合肥与沿长江城市是安徽省工业生产的主要中心。山西省则呈现太原市工业生产"一极独大"的特征。

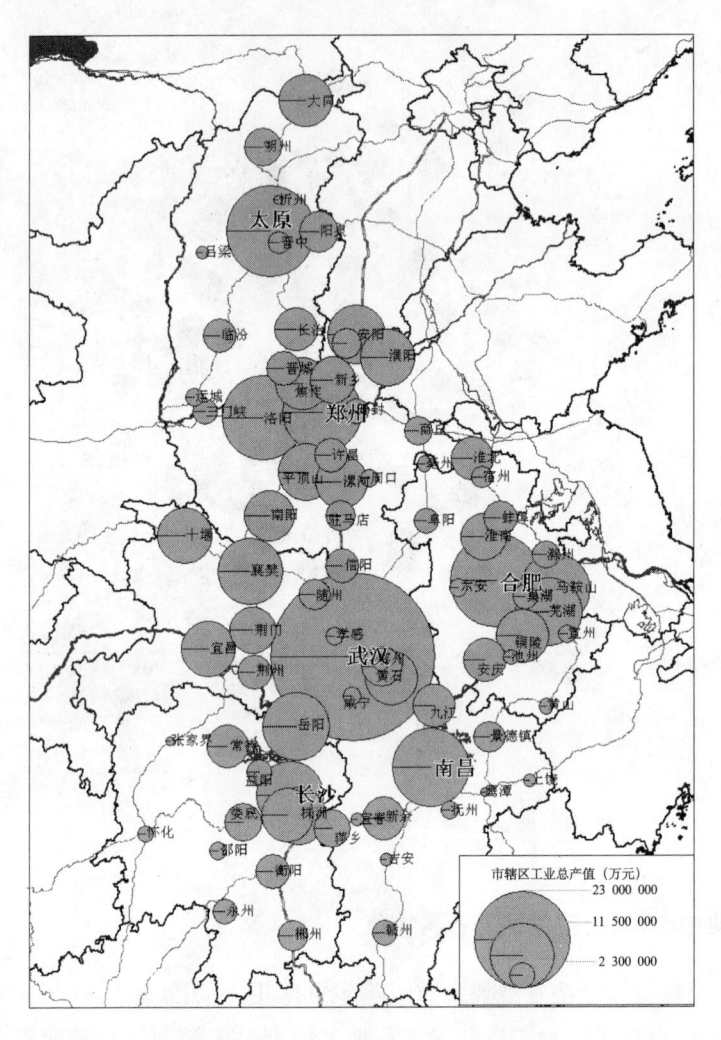

图 8—3 2005 年中部地区城市工业总产值分布(地级以上城市市辖区)

5. 省会城市和一些核心城市成为外资集聚地

虽然通信技术和交通技术的进步减弱了空间距离对生产要素区位布局的影响,但是,国内外许多学者在研究外商直接投资在东道国的区位分布时发现,外资并没有均匀分布在东道国的每一个区域,而是集聚分布在一些区位条件优良、地方经济基础较好的地区。从投资者的角度分析,外商投资的区位选择主要取决于三个方面的因素:第一,投资区域的市场容量和消费水平,这将在很大程度上决定着区域市场在全球市场体系中的位置,从而决定着金融和投资流入的规模;第二,全球性的生产运作和国际贸易环境,是否拥有符合现代高效组织管理运行的保障和支撑体系,这将决定在该地区生产运作能够与全球生产网络和市场网络保持可靠、良好、便捷的沟通通道;第三,区域内拥有一批专业水平高,产品质量有保证的配套企业能够与之合作,是经济全球化的主要载体——跨国公司企业区位选择的主要因素。因此,在这些因素的影响下,中部地区经济基础较好,且是地区市场和经济中心的武汉、南昌、长沙、太原、合肥、郑州等省会城市以及芜湖、九江、赣州等工业中心城市就成为外资分布的集聚地(图8—4)。

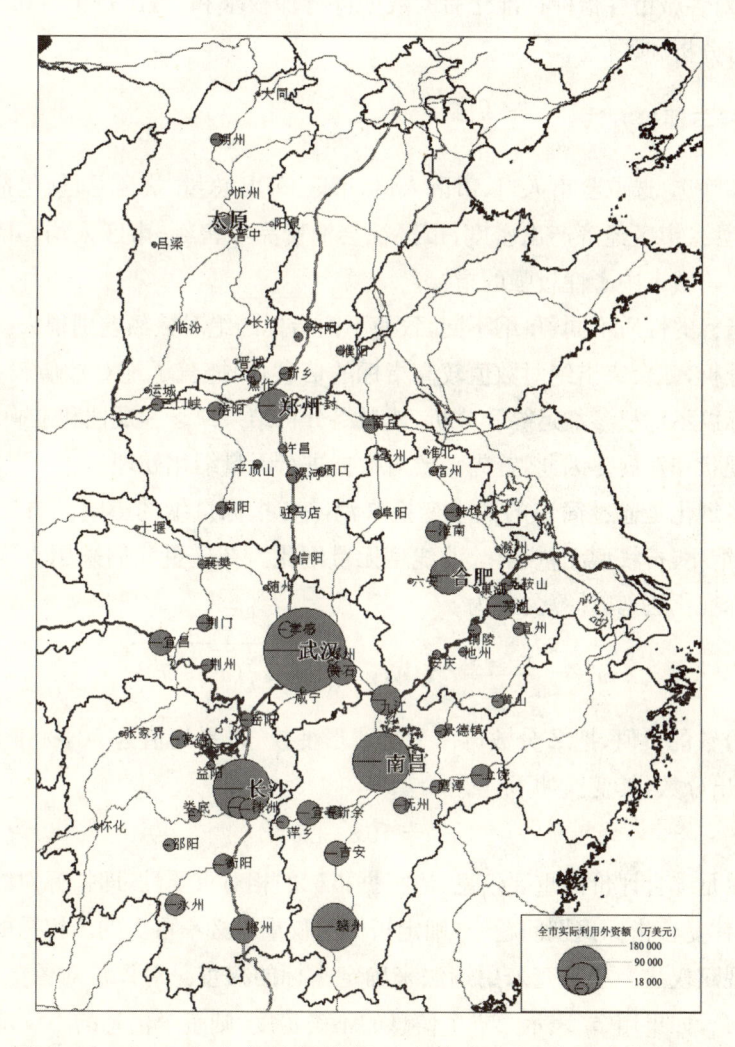

图8—4 2005年中部地区地级以上城市实际利用外资额变化

第二节 中心城市及其空间联系分析

一、中心城市的确定

选取中部地区(山西、河南、湖北、湖南、安徽、江西)以及周边的北京、天津、河北、内蒙古、上海、江苏、浙江、福建、山东、广东、广西、重庆、四川、贵州、陕西 15 个省市的地级市,共 222 个城市作为研究对象进行对比研究,主要评价它们中心性的相对情况。具体方法是:首先建立指标评价体系,搜集各个城市各指标的数据,将数据标准化后用熵法对数据进行分析,得出各指标的权重,然后对各城市各指标标准化后的数据进行加权求和,得出每个城市中心性的得分,最后对得分进行分析和评价。

1. 指标选择与评价方法

经过分析和筛选,选取全市人口、市区人口、市区 GDP 总量、货运总量(包括市辖县)、客运总量(包括市辖县)、市区经济产出密度、市区社会消费品零售额、市区人均 GDP、人均邮电业务总量共九个影响城市中心性较强的指标。

由于各个指标的性质不同、量纲不同,致使不同指标的绝对数额差别很大。如果直接用原始指标值进行分析,就会突出绝对数值较高指标的信息,而掩盖了绝对数值较小指标的信息。最后导致各指标以不等权参加运算和分析,使最终分析结果缺乏客观性和准确性,不能准确反映社会经济的现状和发展。因此,首先需要对数据进行无量纲化处理。

数据的无量纲化是通过简单的数学变换来消除各指标量纲的影响的方法。常用的方法有:直线型无量纲化、折线型无量纲化、曲线型无量纲化。在这里我们采用直线型无量纲化方法中的标准差标准化法,其计算公式为:

$$x'_i = \frac{x_i - \overline{x}}{s}, 其中, s = \sqrt{\frac{1}{n}\sum(x_i - \overline{x})^2}$$

为避免 Z 分数的负值,把 Z 分数再作一次线形变换,以平均值为 50,标准差为 10 作参照点,得到新的导出分数,其变换如下:

$$x''_i = 10x'_i + 50$$

指标的权重是综合评价的重要信息,应根据指标的相对重要性,即指标对综合评价的贡献来确定。因此,在复合指标识别问题中,确定指标的权重是必不可少的。权重的确定主要有主观赋权法和客观赋权法。本研究采用熵法来确定指标的权重。对评价对象的识别需要 m 个指标 $I_1, I_2, \cdots, I_m$,如果用 p_j 表示第 j 个信息的不确定度,则整个信息的不确定性度量可用:

$$Q = -k\sum_{j=1}^{m} p_j \log p_j$$

来表示,此即为熵。其中 k 为正常数。设评价对象 S_i 在评价指标 I_j 下的取值为 x_{ij},用:

$$p_{ij} = \frac{x_{ij}}{\sum_{i=1}^{n} x_{ij}}$$

表示指标 I_j 下对象 S_i 的贡献度,这种贡献度包含有一定的信息内容,因此,可以用熵 E_j 来表示所有的评价对象对指标 I_j 的总贡献度:

$$E_j = -k \sum_{i=1}^{n} p_{ij} \log p_{ij} \quad j = 1, 2, \cdots, m$$

常数 k 取值为 $1/\log n$,可保证 $0 \leqslant E_j \leqslant 1$。从上式中可以看出,当某个指标下各个对象的贡献度趋于一致时,E_j 趋于 1,而贡献度一致,则说明该指标在评价所有的对象时可有可无。所以,当 E_j 等于 1 时,就可以不考虑该指标,即该指标的权重为零。为此,可定义 d_j 为指标 I_j 下的各城市贡献度的一致性程度:

$$d_j = 1 - E_j, \quad j = 1, 2, \cdots, m$$

d_j 是指标 I_j 对识别起作用大小的"确定性"度量,称 d_j 是指标 I_j 的峰值。当 $d_j = 0$ 时,一致性程度最高,指标 I_j 的权重取为 0,其他指标可用下式求得权重:

$$W_j^o = \frac{d_j}{\sum_{j=1}^{m} d_j} \quad j = 1, 2, \cdots, m$$

这样得到客观权向量:

$$W^o = (W_1^o, W_2^o, \cdots, W_m^o)$$

最后用各指标的权重对各城市的指标得分进行加权平均,即可得出每个城市的中心性评价结果。

2. 城市中心性分布特征

根据《中国城市统计年鉴》(2005)和相关各省 2005 年统计年鉴获得各城市 2004 年的数据,并根据上述公式,计算出中部地区及其周围省市的各地级市中心性(表 8—5)。通过比较发现,中部地区各城市的中心性分布具有如下特征。

(1)中部地区城市的中心性远低于沿海同级别城市。通过对中部城市及其周边地区城市的中心性进行比较可以看出,中部地区主要城市的中心性在沿海和西部之间形成了一个"洼地"。中部地区不仅没有一个中心城市可以与北京—天津、上海、广州—深圳这三个沿海核心相提并论,而且其省会城市的中心性也低于沿海不少地级城市。这表明,中部地区的城市在很大程度上在沿海核心城市的辐射影响范围之内。

(2)在中部地区内部,京广铁路和长江沿线城市的中心性显著高于其他城市。其中,位于京广铁路和长江黄金水道枢纽交叉地的武汉市的中心性最高,其次是位于京广铁路和湘黔铁路交叉点的长沙市以及位于京广铁路和陇海铁路交叉点的郑州市。位于京广铁路上的株洲、南阳、襄樊、安阳、衡阳等城市以及位于长江沿线的岳阳、宜昌、九江、芜湖、马鞍山等城市的中心性也显著高于周边的城市,呈现出中部城市中心性沿京广铁路和长江的隆起带。在几条主要交通干线中间地带,包括豫西、鄂西、湘西地区以及豫东、皖西南的大别山地区以及江西与湖南、福建交界的罗霄山地区和武夷山地区,城市的中心性则形成了"洼地"。

表8—5 2004年相关城市的中心性评价结果

沿海地区				中部地区				西部地区			
上海	97.29	汕头	50.95	武汉	67.50	许昌	47.34	重庆	81.79	遂宁	44.41
北京	85.49	江门	50.90	长沙	56.67	永州	47.16	成都	64.73	广元	44.26
广州	81.38	惠州	50.90	郑州	55.73	荆州	47.16	西安	57.04	防城港	44.16
深圳	74.74	威海	50.77	太原	52.45	宿迁	47.15	包头	54.34	咸宁	44.12
天津	70.30	秦皇岛	50.73	洛阳	52.01	临汾	47.14	南宁	51.79	乌兰察布	44.08
宁波	66.08	泰州	50.72	南昌	52.01	衢州	47.13	贵阳	51.66	汉中	43.98
杭州	66.03	盐城	50.71	合肥	51.84	宁德	46.93	呼和浩特	50.04	延安	43.94
佛山	65.94	镇江	50.62	常德	51.67	晋中	46.93	鄂尔多斯	50.01	崇左	43.80
青岛	65.08	莆田	50.48	南阳	51.48	阳泉	46.75	柳州	49.14	贺州	43.77
苏州	62.85	沧州	49.77	岳阳	51.01	朔州	46.71	桂林	48.80	巴中	43.72
南京	62.19	泰安	49.48	宜昌	50.38	六安	46.67	绵阳	48.04	榆林	43.67
东莞	61.06	连云港	49.38	晋城	50.21	开封	46.65	宝鸡	47.95	安顺	43.37
中山	61.05	淮安	49.21	株洲	50.00	漯河	46.61	南充	47.85	铜川	43.10
无锡	60.71	张家口	48.91	襄樊	49.68	铜陵	46.49	遵义	47.43	雅安	43.09
温州	59.99	邢台	48.87	大同	49.27	上饶	46.36	咸阳	47.31	商洛	42.43
济南	59.15	三明	48.68	十堰	49.02	三门峡	46.25	梧州	46.97		
东营	57.29	德州	48.59	周口	48.78	黄冈	46.22	赤峰	46.87		
石家庄	57.00	肇庆	48.57	安阳	48.77	孝感	46.15	泸州	46.85		
淄博	56.49	枣庄	48.49	平顶山	48.77	淮北	46.05	益阳	46.84		
常州	56.43	廊坊	48.46	九江	48.69	焦作	46.00	自贡	46.76		
福州	56.30	龙岩	48.23	芜湖	48.61	景德镇	45.99	玉林	46.64		
唐山	55.64	云浮	48.17	滁州	48.59	运城	45.96	通辽	46.58		
茂名	55.34	潮州	48.10	信阳	48.58	巢湖	45.94	北海	46.51		
南通	55.18	承德	47.95	驻马店	48.58	亳州	45.91	达州	46.49		
徐州	55.12	韶关	47.95	衡阳	48.55	蚌埠	45.91	六盘水	46.41		
烟台	54.67	舟山	47.80	马鞍山	48.52	宜春	45.82	内江	45.90		
珠海	54.66	梅州	47.64	郴州	48.51	宣城	45.69	巴彦淖尔	45.82		
厦门	54.56	揭阳	47.63	濮阳	48.31	淮南	45.61	河池	45.79		

续表

沿海地区				中部地区				西部地区			
台州	54.42	阳江	47.61	娄底	48.28	萍乡	45.46	来宾	45.59		
泉州	53.24	日照	47.20	安庆	48.18	鄂州	45.09	贵港	45.59		
邯郸	52.53	菏泽	47.18	长治	48.14	池州	45.05	德阳	45.55		
保定	52.47	南平	47.11	黄石	48.10	抚州	44.95	乌海	45.29		
湛江	52.23	衡水	46.89	赣州	48.00	新余	44.85	呼伦贝尔	45.22		
扬州	52.16	宿州	46.88	新乡	47.99	资阳	44.83	乐山	45.17		
济宁	52.16	滨州	46.71	邵阳	47.93	黄山	44.76	渭南	45.07		
绍兴	52.06	清远	46.48	商丘	47.90	吕梁	44.64	河源	45.03		
潍坊	51.77	丽水	46.37	阜阳	47.86	吉安	44.61	百色	44.92		
湖州	51.44	莱芜	46.14	湘潭	47.85	随州	44.58	安康	44.87		
嘉兴	51.36	聊城	45.78	宜宾	47.71	鹤壁	44.52	钦州	44.61		
金华	51.20	汕尾	45.48	怀化	47.56	忻州	44.28	广安	44.53		
漳州	51.15			荆门	47.54	鹰潭	43.60	眉山	44.45		
临沂	51.14			攀枝花	47.51	张家界	43.42				

(3)几个省会城市中心性相差不大,缺少明确的经济核心。虽然中部地区围绕武汉、长沙、郑州、太原、南昌、合肥等省会城市的经济活动和人口分布比较密集,但这几个省会城市的中心性基本相当,并没有形成明显的经济核心。其中,中心性排前三位的是武汉、长沙和郑州,分别为67.50、56.67和55.73,之间的差距不大。其他三个省会,即太原、南昌和合肥的中心性相差更小,分别为52.45、52.01、51.84。

二、主要城市间的空间联系分析

空间联系是认识区域空间组织的重要指标。它可以被理解为不同的空间位置(如城市)在经济活动中产生的相互依存、相互制约的关系,其联系的内容既可以是物质交流,也可以是信息和技术等非物质交流。物质交流通常是通过空间运输联系完成的,后者则通过通信网络或知识溢出等来完成。在实际研究中,运输流、电信流、资金流、能源流等可以很好地反映空间经济联系。受数据可获得性的影响,仅从不同角度对中部地区主要城市之间及其对外的人流与资金流进行分析。

1. 铁路客流的空间指向

铁路客流是不同地区之间日常社会经济交往的表现之一,特别是中长距离(500公里以上)的交往。城市之间的社会经济联系越密切,铁路客流联系就越强。我们利用铁道部2004年主要城市之间的客流数据,对中部地区内部及其与东西部主要城市之间的铁路客流联系进行了分析。从图8—5可以看出,中部地区受自身自然环境的限制或区位的特殊性,体现出了不同的联系特征。

中部地区城市与区外的联系普遍较强。由于中部地区位于我国国土中部,是东部沿海地区和西部地区交通联系的必经之地。我国许多重要的交通通道都位于或经过该地区。位于京广、京九、陇海、焦枝—枝柳、浙赣—湘黔铁路、长江黄金水道等重要交通通道沿线的城市,与区外的联系通道条件相对优越。图8—5在一定程度上显示出,中部各城市与区外的联系要强于区内联系。2004年,除山西省外,其他五省的区际客流都占总客流的1/2以上。"九省通衢"的湖北省高达74%;安徽省次之,为65%;河南、湖南、江西三省的区际客流比重在53%左右。

北京、上海和广州是中部地区主要城市区际联系的重要指向地。从中部各城市发出的客流分布比例看,平均有15%的客流发向这三个城市的其中之一。北京是山西所有城市区际联系的首位城市,占太原发出区际客流的20%,大同的40%,阳泉的20%,长治的59%,晋城的67%,朔州的44%,运城的35%,临汾的27%。同时,北京也是河南省大部分城市以及安徽省部分城市区际联系的首位城市,占郑州发出区际客流的15%、开封的20%、洛阳的17%、安阳的30%、鹤壁的51%、焦作的52%、南阳的32%、商丘的24%、驻马店的31%。安徽省的合肥(30%,占发出区际客流的比例,下同)、安庆(46%)、巢湖(38%)、亳州(40%)等位于中西部的城市由京九线而与北京的联系强度超过了与上海的联系。

上海是安徽省大部分城市区际联系的首位城市,这些城市大多位于京沪、宁西、皖赣、淮南铁路沿线,并经过京沪、宁芜铁路直接与上海及长三角地区连通。主要包括滁州(30%)、蚌埠(25%)、宿州(21%)、淮北(37%)、淮南(43%)、阜阳(32%)及位于沿长江的宁芜铁路沿线的城市芜湖(23%)、马鞍山(21%)、铜陵(32%)等。此外,江西省东北部位于浙赣线、皖赣线上的城市与上海及长三角地区的联系也很密切,如南昌(14%)、景德镇(18%)、上饶(11%)、鹰潭(14%)等。作为江西与东部沿海地区联系的重要枢纽,鹰潭与福建、浙江的联系也比较密切。2004年,鹰潭市发出的客流中有16%流向了福建省。

广州则是湖北大部分城市、湖南所有城市以及江西西部、南部城市区际联系的首位城市。平均而言,湖南省城市发出的区际客流超过1/2以上都流向了广州市;其中,衡阳为66%、郴州为62%、岳阳为68%、益阳为81%、常德为85%、邵阳为93%。湖北省与广州客流密切的城市主要有宜昌(45%)、襄樊(37%)、荆门(38%)、孝感(26%)、咸宁(63%)、随州(63%)等。江西省则包括西部的宜春(40%)、萍乡(41%)、新余(25%)以及南部的吉安(20%)、赣州(13%)等。京九铁路开通后,加强了赣南地区与广东省的经济联系,主要体现在赣州、宜春等地区与深圳的联系加强。

中部地区内部省际客流联系相对薄弱。2004年,中部各省发往省外的客流中,平均只有18%流向区内其他各省。在各省内部,则形成了以省会城市为核心的经济联系网络。如山西省受自然条件的限制,省内城市之间的联系要密切于省际联系。由于位于东西两侧的吕梁山和太行山相对阻隔了省内城市与区外的联系,山西各城市平均56%的发出客流发生在省内城际之间。太原作为全省的政治、经济和文化中心,是省内各城市主要的空间联系指向地。阳

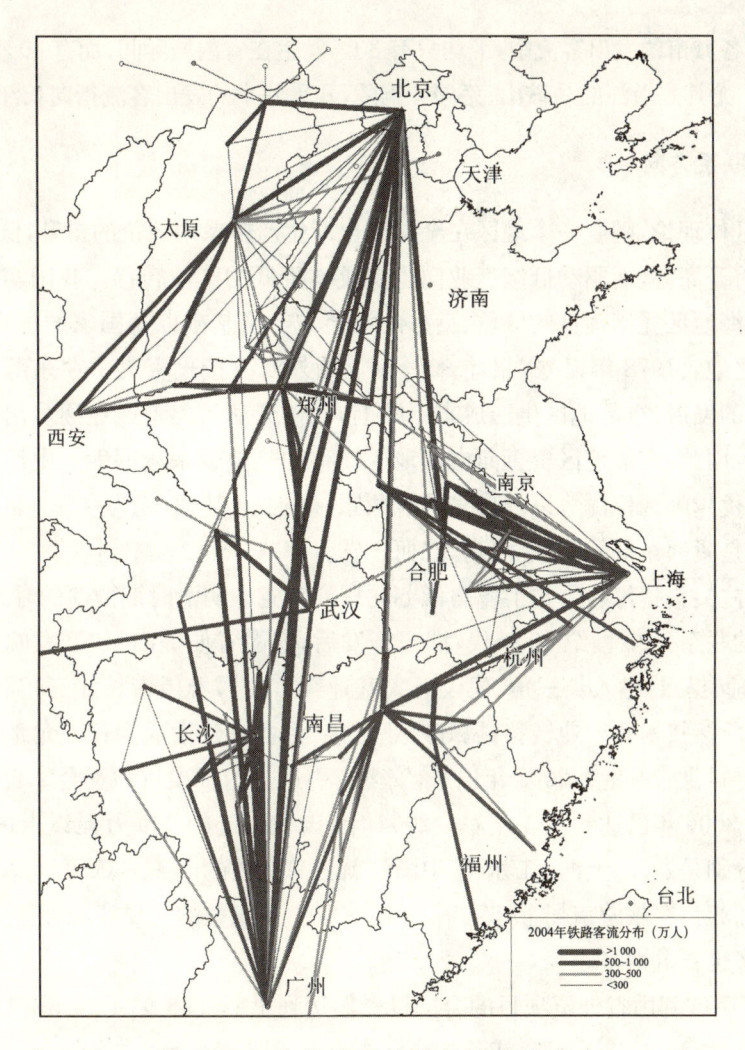

图 8—5 中部地区城市铁路客流分布

泉、朔州、运城、忻州、临汾等城市发出的客流中有 20% 以上指向太原,忻州市更是高达 60%。与省外联系密切的城市主要集中在位于该省边缘、与省会城市交通相对不便的城市。如长治省际客流所占的比重为 68%,晋城为 68%。

自然地理条件类似的江西省,省内城市之间的联系同样密切于省际联系,平均有 60% 的发出客流发生在省内城际之间。南昌作为全省的政治经济中心,同样是省内各城市主要的空间联系指向地。平均而言,37% 的省内发出客流发生于各城市与南昌之间。九江、赣州、吉安等城市与南昌的联系更为密切,发出客流的 40% 以上指向南昌。河南、湖北、湖南三省也存在类似的流向格局,省内城际客流量分别占发到中部区内客流量的 81%、55% 和 87%,而流向省会城市的客流则平均占到省内城际客流量的 44%、38% 和 34%。

安徽省是一个例外。由于紧靠长江三角洲地区,交通干线主要通向周边的江苏和浙江,因而安徽省内城际客流联系并不密切。各城市与上海、南京、苏州、无锡以及杭州的联系密切。

2004年,安徽省各城市的发出客流中,平均只有30%发生在省内城际间,而有40%的客流指向长江三角洲地区。尤其是沿江的马鞍山、芜湖和铜陵,几乎一半的发出客流指向长江三角洲地区。

2. 资金流联系方向

根据投资区位理论,随着一个地区在全国或全球生产体系中地位的提升,低级产业在该地区的存在成本将升高,从而驱动低级产业向生产成本更低的区位转移。我国实行改革开放三十年来,东部沿海地区凭借优良的区位、良好的社会与经济基础以及国家的优惠政策,成为外商投资的首选之地。1978年以来,累计80%以上的外商直接投资集中在东部沿海地区。但是,经过三十年的发展,东部地区生产成本不断上升,使劳动密集型产业逐步出现了向内陆地区转移的趋势。因此,东部地区资金向内陆地区转移的趋势越来越明朗。中部地区凭借比邻东部、交通条件优越的区位优势以及自身的能源原材料工业基础,成为东部地区产业空间转移的目标地,尤其是紧邻东部的安徽、河南、江西三省。

安徽省号称"吴头楚尾",历史上曾与江苏同属江南省。明清时期徽商的崛起,更加强了安徽与苏、浙、沪的联系。20世纪90年代,浦东开发后,安徽省便提出了"开发皖江、呼应浦东"策略。2003年,又提出"融入长三角、建设五大基地"的口号,希望借长江三角洲地区的资本、技术优势,通过承接技术和产业转移,搞好产业对接,将自身建设成为长三角地区的产业承接基地和能源原材料供应基地。2003年以来,安徽省引进的内资项目和资金来自苏、浙、沪的比例逐年提高,到2006年已达到2/3左右。2004年,该省引进的300万元以上内资项目,居前三位的来源地分别是浙江、上海、江苏,其中浙江就占总个数的1/4。300万元以下的项目更多地来自浙江和江苏。在旅游市场上,苏、浙、沪游客一直是安徽的主要客源,通过苏、浙、沪进入安徽的境外游客也日益增多。

2005年,河南省利用省外资项目的合同投资额达到1 827.38亿元,实际利用资金551.15亿元。来自北京、浙江、广东、上海、江苏的合同资金为816.4亿元,占全部合同利用省外资金的56.2%;实际到位资金285.1亿元,占全部到位资金的52.8%(表8—6)。江西也呈现了同样的趋势(表8—7)。2004年,江西实际吸引省外资金383.51亿元,其中来自长三角地区的高达41%,来自福建省的比例为13%,来自广东省的比例为20%。2005年,虽然比例有所下降,但长三角地区、广东和福建依然是主要投资来源地,合计占全省实际吸引资金规模的71%。

表8—6 2004年河南省吸引省外资金的主要来源与比重

	实际利用资金(亿元)	比重(%)
北京	74.4	13.8
浙江	69.6	12.9
广东	53.0	9.8
上海	45.6	8.5
江苏	42.5	7.9

表 8—7　2004～2005 年江西省引进省外资金的主要来源地

	2004			2005		
	项目数（个）	资金规模（亿元）	比例（%）	项目数（个）	资金规模（亿元）	比例（%）
浙江	164	118.11	30.80	244	134.09	28.39
上海	37	25.71	6.70	51	36.05	7.63
江苏	21	13.40	3.49	30	18.25	3.86
山东	12	18.48	4.82	9	15.16	3.21
长三角合计	234	175.70	45.81	334	203.55	43.09
广东	131	78.42	20.45	163	90.98	19.26
福建	91	50.65	13.21	87	58.87	12.46
北京	31	31.77	8.28	36	52.31	11.07
总计	574	383.51		752	472.39	

3. 外出务工人员主要流向

近三十年的外向型经济发展，不仅使中部地区在产业层次上与东部沿海地区形成了区际分工，在劳动力的规模与结构上也同样形成了区际劳工分工。一方面，东部沿海地区快速的经济发展和高层次人才的需求环境和生活环境，吸引了中部地区大量的高级科技人员外流；另一方面，沿海的高速经济增长也为低层次的务工人员提供了就业机会。2005 年，安徽省流向省外半年以上的人口中有 74.6% 流向了长三角地区，8.3% 流向了广东省，6.3% 流向了京津地区，2.2% 流向了福建省。总体上，近 91% 的人员流向了东部沿海地区（表 8—8）。同年，湖南省全省外出务工人员达到 912.23 万人，其中省外就业 711.5 万人，占 78%。在省外务工人员中，在广东务工者达 430 万人[①]。

表 8—8　2005 年安徽省流向省外半年以上的人口分布

流向地区	比例（%）	流向地区	比例（%）
上海	24.66	广东	8.32
浙江	24.40	北京	4.89
江苏	23.58	天津	1.41
山东	1.92	福建	2.23
长江三角洲地区合计	74.56	中部区内其他省份	2.77

资料来源：《安徽省统计年鉴》(2006)。

---

① 湖南省发改委人口处提供。

第三节 空间重组的战略方向

一、宏观背景

1. 我国正处于人口空间格局剧烈变化时期，人口迁移的就业指向非常明显

根据世界各国城市化的经验预计，直到2020年我国将一直处于快速城市化阶段，将有大量乡村人口流入城市地区。根据"新一轮全国国土规划纲要预研究"的结果，通过对全国城市化水平的预测、结合国家计划生育委员会对全国总人口的预测，预计2020年我国城镇人口将达到8.3亿~8.7亿人。即未来15年我国新增城镇人口2.8亿~3.3亿人，意味着每年1 700万左右农村人口要转移到城市。同时，我国人口迁移还表现出鲜明的区域性特征，即经济发达的东部地区持续成为人口的主要流入地，而中、西部地区则成为流动人口的主要流出地。1985~1990年东部地区迁入人口占到总流入人口的54.7%，到1995~2000年则上升到78.2%。因此，可以预测未来在就业机会引导下，东部沿海地区和中西部若干经济核心区，凭借其较强的经济竞争力和活力，对外来人口具有极大的吸引力，将成为今后人口流动的主要集聚地。

2. 我国面临的资源约束越来越紧，要求塑造一个相对集中、高密度的空间格局

我国绝大多数资源的人均占有量都落后于世界平均水平。改革开放三十多年来的高速经济增长已经消耗或占用了大量自然资源，使我国面临巨大的资源压力。今后的经济增长将面临更为严重的资源短缺威胁，不断扩大进口资源也将面临越来越大的国际政治压力和冲突。因此，我国的国土开发需要高度重视资源的节约和集约利用。按照节约的原则，需要塑造一个相对集中、高密度的空间开发格局。

由于庞大经济规模的巨大需求，我国主要矿物资源都已高度依赖国际市场（煤炭除外）。例如，2005年我国石油进口量为1.7亿吨，对外依赖度为52.7%；铁矿石进口量为2.1亿吨，对外依赖度为30%~40%左右；氧化铝587万吨，对外依赖度超过40%（我国进口量已占世界贸易量的60%）。我国面临的水土资源压力更严峻。特别是耕地减少速度过快，水体污染日趋严重。无论是世界资源储量和国际政治压力，还是有限的人均国土空间和水土资源，都不容许我国这样一个大国将经济繁荣和社会富裕建立在高强度的资源消耗基础之上。集约、高效利用国土空间和资源，是我国实现可持续发展和全面建设小康社会的唯一选择。

3. 经济全球化将强化我国的"T"字形空间格局，并形成若干大都市经济区

未来一个时期内，我国生产力布局的总体格局在大区尺度上不会发生巨大变化。根据我国现有的发展基础和未来的发展机遇，以沿海地带和长江沿岸构成的"T"字形发展轴在今后几十年内仍将是我国国土开发和经济布局的一级轴线（图8—6）。其中，沿海轴线是我国发展程度和开放程度最高、城市人口和产业最为密集的地带,也是我国参与国际经济交流和合作的重要门户地区。"沿江经济带"横贯我国东、中、西三大地带,交通区位和资源禀赋条件优越,人口和产业集聚程度比较高,也是一条发展潜力巨大的开发轴线,并将是沿海带动内陆地区发展的重要载体。

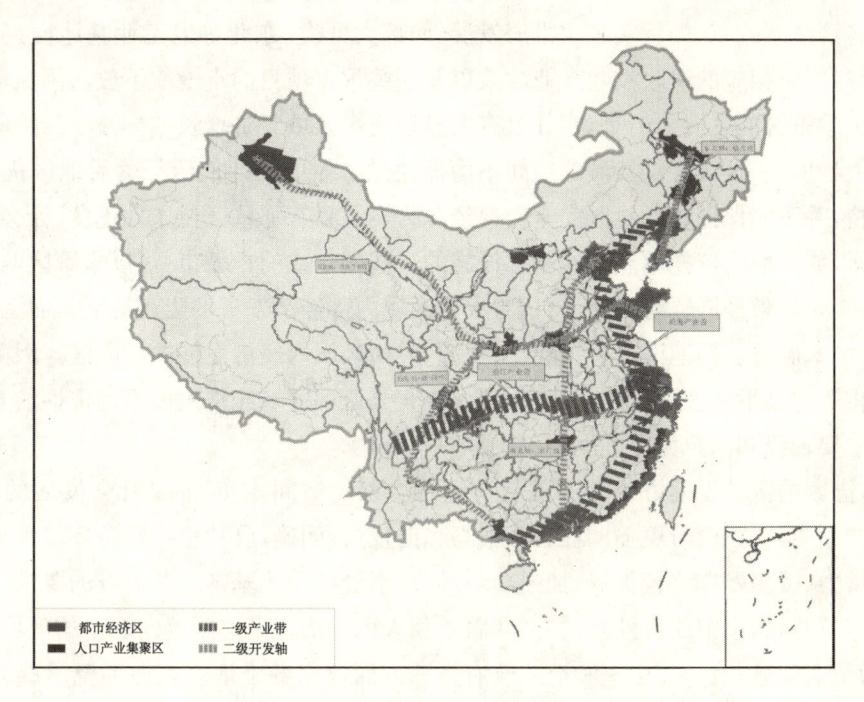

图8—6 我国国土开发总体格局

过去二十多年,参与经济全球化在很大程度上强化了我国国土开发的"沿海—内地"格局。今后,进一步参与经济全球化将促进和强化我国的"T"形空间格局的形成。一般来说,垂直外资倾向于选择有利于出口的沿海区位,而水平外资倾向于选择市场中心。总体上,外资流入的空间格局最有可能是:沿海为主,沿江次之,而后为其他地区,即"T"字形空间分布。由于外贸发展也要求交通便利的区位,因而它的空间作用方向与外资基本一致。

研究表明,在全球化趋势下,由"门户城市"及其腹地组成的、具有有机联系的大都市经济区正在成为全球经济竞争的基本单元。这种空间组织形态,凭借其门户城市在全球城市网络中的地位,将成为地方企业与机构参与全球市场竞争的区域平台,国家经济与全球经济的重要接口。门户城市与周边地区有机经济联系所形成的经济辐射能力,也使大都市经济区成为国家经济增长最重要的基石。事实上,我国在珠江三角洲和长江三角洲分别以香港和上海为中心已经形成了这类具有一定全球竞争力的大都市经济区。今后,在京津冀、辽中南、山东半岛、成渝、武汉等地区还有可能出现这种大都市经济区,成为我国参与国际竞争的主要支撑点(图8—6)。这决定了我国未来区域发展空间格局的主体框架是:在"T"字形空间骨架上发展出若干具有国际竞争力的大都市经济区。

4. 区域经济发展的空间不均衡将长期存在,但基本公共服务将趋于均等化

我国区域经济发展一直是不均衡的。这种不均衡的发展是资源的不平衡分布、发展的历史基础、中央—地方关系变化以及国家区域发展政策等因素综合作用的结果。改革开放以来,我国实行经济体制改革,先后实施了沿海发展、西部大开发、东北等老工业基地振兴等区域发展战略,通过匹配相应的财政税收产业政策以及一些重点项目的审批权下放与国家资金支持,刺激了相关政策区的发展。但是,这并没有明显地缩小区域经济增长差异。

在很大程度上,区域经济发展的空间不均衡性是必然的。即使给予落后地区优惠的区域政策与支持,并不能保证这些地区完全实现经济腾飞。只有那些区位条件优良、社会经济基础良好的地区,如区域内依托重点交通基础设施的一些轴带或门户城市,可以集聚区域内的优势资源,容易接受外来经济辐射和经济机会,成为区域内部经济发展的隆起地区。而区位条件较差、社会经济基础薄弱的地区,则可能流失资源,成为区域内经济发展的塌陷区。因此,不能完全均衡地将资源公平地分配给每个地区,而应该充分认识区域经济发展不均衡性的客观事实,重点支持主要轴线和门户城市的发展。

因此,国家的区域发展方针并不是追求经济增长的空间均衡,而是社会发展的均衡。在"十一五"规划中,中央政府更强调社会公平与和谐发展,明确提出"根据资源环境承载能力、发展基础和潜力,按照发挥比较优势、加强薄弱环节、享受均等化基本公共服务的要求,逐步形成主体功能定位清晰,东中西良性互动,公共服务和人民生活水平差距趋向缩小的区域协调发展格局"。为了实现这一目标,中央和地方政府将一方面根据各个地区资源环境承载力、发展基础和潜力,确定其在全国和区域经济发展中的主体功能,并设定分类考核的区域政策体系;另一方面将提高财政支出中公共社会服务的比例,包括公共基础设施条件的改善、社会服务事业的发展、公共福利与社会保障等,提高公共服务的保障力度。同时,通过财政转移支付,加大对中西部地区的支持。

二、空间重组的战略意义与方向

1. 空间重组的战略意义

在过去二十年中,在全球性生产企业和国际金融机构主导下,跨国界生产、贸易和投资的迅速增长在促进全球越来越整合和相互依赖的经济体系形成的同时,也导致了全球范围内经济结构调整和空间重组。这种全球化的力量对不同区域的社会经济发展及其空间过程也产生了深刻的影响,使区域直接暴露在全球竞争之下,既为区域发展带来新的机遇,也对其提出了挑战。这主要表现在经济全球化打破了传统的区域和国家界限,使原有空间体系已不能适应经济发展的需要,使得考虑区域发展轨迹时,需要一个新的和全球性的视野。也就是说,影响区域发展的要素和发展空间将不再局限于国家和地区之中,而需要在更大范围内来考虑。因此,中部地区社会经济的空间组织必须从全球性视野考虑,促进其空间重组以适应全球竞争的需要,这对于中部崛起具有重要的意义。

2. 空间重组的战略方向——依托重点发展轴线,培育和发展人口—产业集聚区

经济全球化促进了世界主要国家的经济和社会重整,其中包括了区域和城市的重新定位。首先,这种"社会—空间"变革重塑了城市的功能和全球城市等级体系。许多学者认为,随着运输和通信技术的进步,距离的阻隔作用日益削弱,资金、物资、商品等经济要素不再固定在一个地点上,而是以流的形式在不同的节点之间移动。世界经济的"地点空间"正在被"流空间"所代替。但是,这些"流"并非是以一种没有逻辑和规律的方式运动着,而是沿着由经济活动集聚的节点和连接节点间的通信、运输通道构成的网络运动。这些运动的重要结果就是塑造了一批对于世界经济发展至关重要的"节点",它们是各种"流"的汇集地、是连接区域和世界的节点、区域经济体系的控制中心,是该区域通往世界经济的"门户城市"。许多学者认为,在经济全球化趋势下,由"门户城市"及其腹地组成的、具有有机联系的"城市区域"(city-region)正在成为全球经济竞争的基本单元。这不仅包括发达国家中一些金融和先进服务业中心以及高科技产业中心,如纽约、伦敦、东京等;还包括发展中国家,特别是亚太地区的一些传统的国际性城市,它们及其周围地区由于接受了大量制造业外资而成为地区的命令和控制中心,如泰国的曼谷地区、中国的珠江三角洲和长江三角洲地区。总体上,在全球范围内,围绕特定区域性中心城市而形成的、具有活力的"城市区域"(也被称为"功能性城市体系")已经成为一种新的空间现象。这些区域相互连接起来,已经构成为巨大的全球经济网络,而城市正是网络中的节点。

其次,这种作为区域竞争单元的"城市区域"是有空间层次性的。不是所有的城市区域都是参加全球经济竞争的一级单元,而是根据其在区域网络中的地位分为不同级别的城市区域。如处于全球经济竞争顶端的城市区域被称为"全球城市区域"(global city-regions),它们不仅是跨国公司区域总部的聚集地、区域性金融中心、物流中心和高级生产者服务业中心,也是控制和影响一个区域运行的管理控制中心。而在区域或国家内部,也存在参加区域性和国家内经济竞争的地区性"门户城市",它们在经济上是地区性的命令和控制中心,在空间结构上是全国或区域性城市网络的重要节点,在区域上是引领区域发展承接上级区域经济辐射的重要"门户"。

中部地区由于其独特的地理位置和发展历史,既不属于我国迎接全球产业转移和经济扩散的前沿地带,也不属于被全球化忽视的西部边远地区。根据其基础原材料和能源装备工业基础,未来中部地区的发展定位将不仅成为支撑东部地区继续接受全球经济辐射的重要基地,也是承接东部地区产业转移和经济扩散的重要地区。因此以全球化和全国国土布局的视野,根据目前区域社会经济空间组织的主要特征,对中部地区的空间结构进行有效调整和组织,重点培育一些具有发展潜力的经济发展轴线和人口—产业集聚区,将有助于提高中部地区的空间组织效率,促进中部地区的崛起。

三、重点发展轴线与人口—产业集聚区

作为区域国土开发的基本骨架,重点发展轴线的功能主要是作为主要人口—产业活动聚集地之间空间联系的重要载体和通道。重点发展轴线的选择必须从促进国土合理开发,促进区域交流的角度进行。因此,重点发展轴线应该是综合交通运输通道经过,且附近有较强社会经济实力和开发潜力的地带,以利于经济要素的集聚。

1. 重点发展轴线

中部地区是我国主要交通运输通道的必经之地。全国"七纵七横"综合运输通道中就有"三纵五横"经过中部地区(表8—9)。这八条运输通道,不仅是我国南北联系和东中西联系的重要通道,也是我国国土开发和区域发展的重要骨架。根据中部地区在全国空间格局中的地位、人口经济活动分布的空间特征,城市之间空间流的分布(图8—5)以及现有基础设施通道,结合全国国土开发框架(图8—6),我们确定了中部地区发展的两条一级轴线和四条二级轴线(图8—7)。

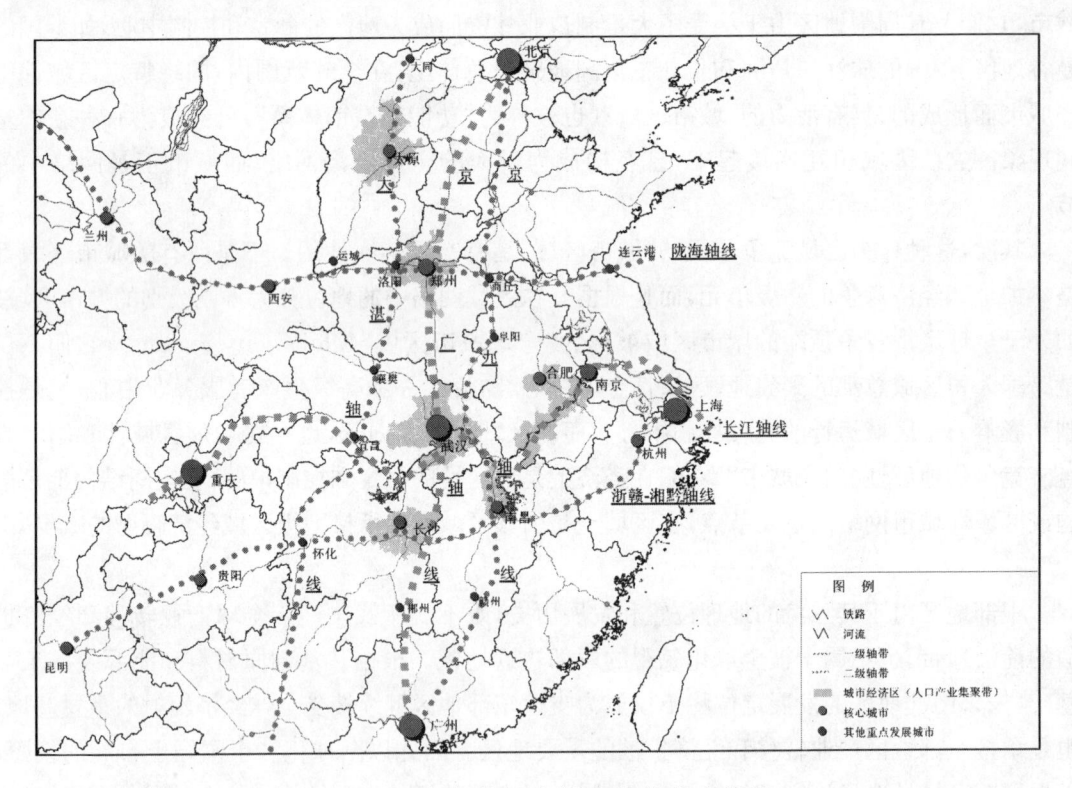

图8—7 中部地区空间布局的基本格局

(1) 一级发展轴线

长江轴线:东起上海,西至成都,重点依托"长江黄金水道"以及正在修建的沿江高速公路、

沿江铁路。长江轴线既是我国国土开发的一级轴线和"T"字形骨架的组成部分,也是中部地区发展的一级轴线。轴线经过的马鞍山、芜湖、铜陵、安庆、九江、武汉、岳阳和宜昌,是中部地区人口分布和经济活动最密集的区域之一,2005年这些城市的GDP占中部地区总量的16.35%(表8—10)。可以说,沿江四省的重要工业基地和城市主要分布在该轴线上。沿江轴线是中部地区接受沿海发达地区经济辐射,尤其是接受长三角地区技术、资金和产业转移的重要通道,对于中部地区沿江地带经济崛起具有重要战略意义。

表8—9 全国"七纵七横"综合运输通道在中部地区的分布

通道	位于或经过中部地区的通道	位于我国其他地区的通道
七纵	二连浩特—大同—太原—焦作—洛阳—枝城—柳州—湛江 北京—郑州—武汉—长沙—广州 北京—商丘—九江—南昌—深圳—九龙	哈尔滨—沈阳—大连—北京—上海—广州 北京—天津—济南—徐州—南京—上海 榆林—西安—安康—重庆—贵阳—柳州—南宁—防城港 中卫—宝鸡—成都—昆明
七横	青岛—济南—石家庄—太原—西安 连云港—徐州—郑州—西安—兰州—阿拉山口 上海—南京—武汉—重庆—成都(长江) 上海—杭州—南昌—株洲—贵阳—昆明 衡阳—柳州—南宁—昆明	丹东—沈阳—北京—包头—兰州 绥芬河—哈尔滨—满洲里

京广轴线:北起北京,南至广州,依托京广铁路、京珠高速和107国道等公路干线。虽然京广轴线在全国国土开发格局中仅是二级轴线,但对于中部地区发展而言是重要的一级轴线。该轴线穿过河南、湖北和湖南的省会以及新乡、信阳、株洲、郴州等城市,是中部地区另一个人口和经济活动最密集的区域。2005年,轴线经过县市的GDP占中部地区GDP的21.3%。该轴线连通了京津冀地区和珠江三角洲,中间串联了以郑州为中心的中原城市群、武汉都市圈以及以长沙为中心的长株潭城市群,是中部地区承接沿海经济重心向内陆推移以及大都市经济区辐射的载体,有望发展成为继沿海、长江经济带之后我国第三条经济带。

表8—10 2005年中部地区主要运输通道沿线城市与经济概况

名称	地级以上城市	GDP规模及其全区比重		人口规模及其在全区比重	
		规模(亿元)	比重(%)	规模(亿元)	比重(%)
京广通道	郑州、安阳、新乡、鹤壁、许昌、漯河、驻马店、信阳、孝感、武汉、岳阳、长沙、株洲、衡阳、郴州	7 921.73	21.30	4 490.23	12.70
京九通道	商丘、亳州、阜阳、黄冈、九江、南昌、宜春、吉安、赣州	2 514.51	6.75	2 621.24	7.40

续表

名称	地级以上城市	GDP规模及其在全区比重 规模（亿元）	GDP规模及其在全区比重 比重（%）	人口规模及其在全区比重 规模（亿元）	人口规模及其在全区比重 比重（%）
同蒲—太焦—焦枝—枝柳通道	大同、忻州、原平、太原、晋中、长治、晋城、焦作、洛阳、南阳、襄樊、荆门、张家界、怀化	4 069.25	10.93	2 630.24	7.40
长江通道	宜昌、荆州、岳阳、武汉、黄冈、鄂州、黄石、九江、安庆、池州、铜陵、芜湖、马鞍山	6 087.33	16.35	4 111.12	11.70
陇海通道	商丘、开封、郑州、洛阳、三门峡	2 701.04	7.25	1 464.97	4.16
浙赣—湘黔通道	上饶、鹰潭、南昌、新余、宜春、萍乡、株洲、长沙、湘潭、娄底、怀化	3 464.29	9.30	2 312.94	6.60

(2)二级发展轴线

京九轴线：北起北京，南至九龙，与京广轴线平行，主要依托京九铁路、京九高速公路和105国道等。该轴线是1996年京九铁路修通后才逐渐形成的，是沟通我国南北的另一条通道。该轴线主要经过中部地区的商丘、阜阳、九江、南昌、赣州等城市。2005年，该通道经过县市的GDP为2 514亿元，占到全区地区生产总值的6.75%。尽管这个比重在中部所有轴线中是最低的，但由于它经过豫东、皖西北、鄂东以及赣南等经济相对欠发达地区，重视该轴线的开发对于促进中部地区的区域协调发展具有重要意义。

大湛轴线：北起大同，南到湛江，依托同蒲、太焦、焦枝、枝柳等铁路干线，是北煤南运的重要通道。主要经过中部地区的大同、太原、长治、焦作、洛阳、南阳、襄樊、张家界、怀化等城市。2005年，轴线经过县市的GDP为4 069亿元，占到中部地区国民生产总值的10.93%。该轴线不仅是我国能源输送的主干线，而且由于其位于我国东部宽阔平原与丘陵山地向西部广大高原与山地的过渡地带，途经豫西、鄂西和湘西等欠发达地区，对于沿线地区的能源、农林及旅游资源开发具有重要意义。

陇海轴线：东起连云港和日照，西至中哈边境的阿拉山口，依托陇海铁路以及与之平行的新兖、新焦、侯月铁路和连霍高速等公路，是一条横贯我国东西、运距最长的交通大动脉，欧亚大陆桥的重要组成部分。经过中部地区的商丘、开封、郑州、洛阳、三门峡等城市。2005年，轴线经过县市GDP为2 701亿元，占到中部地区生产总值的7.25%。这条轴线也是全国国土开发的二级轴线。

浙赣—湘黔轴线：东起长江三角洲地区，西至西南地区的贵阳、昆明等地，依托浙赣—湘黔铁路，是沟通长三角、赣中、湘中、黔中直至云南的重要通道。主要经过中部地区的上饶、鹰潭、南昌、株洲、长沙、娄底、怀化等城市。2005年，轴线经过县市的GDP达3 464亿元，占到中部地区生产总值的9.30%。该轴线是江西和湖南两省接受长江三角洲地区经济辐射的另一条通道。

(3) 潜在发展轴线

此外,随着国家交通网络格局的逐步完善,新的交通干线的开通,中部地区也可能会出现一些新的轴线。如石家庄—太原—中卫轴线。从全国格局看,该轴线东起石家庄,西至中卫,主要依托现有的石太铁路和即将修建的太中铁路以及石太高速公路等公路干线。该轴线东可延伸到天津、北京,西可延伸到中卫、银川,甚至可以与陇海轴线接轨,是中部地区北部的一条重要发展轴线。该轴线的开发将打破山西省千年来主要以南北联系为主的格局,扩展起东西联系通道,促进山西、宁夏等能源重化工基地的开发和建设。该轴线主要经过中部地区的阳泉、太原、吕梁等城市。

2. 主要节点城市与人口—产业集聚区

根据中部地区现有的空间发展格局、未来的发展机遇以及在全国国土开发格局中的地位,在中部地区需要重点培育两个都市经济区和四个人口产业集聚区以及一些重点城市(图8—7)。这些都市经济区及人口产业聚集区的功能定位和发展方向,将在第十一章中详细论述。这里我们仅简单阐述其战略意义和基本范围。

首先,重点建设武汉都市经济区。以武汉市中心,沿长江、京广铁路"十"字形扩展,包括黄石、鄂州、孝感、黄冈、咸宁、仙桃,是中部地区最有可能建设成为具有全国意义的、在国家国土开发框架中具有重要地位的都市经济区。从城市的中心性看,其不仅城市中心性位于中部六省各省会城市之首,而且其位于长江和京广两个一级轴带交汇点的优越地理区位,使其不仅成为承接东部沿海地区产业转移、辐射带动西部地区发展的重要枢纽,也是承接京津冀都市经济区和珠三角都市经济区经济辐射和联系的重要枢纽。武汉都市经济区具有巨大的发展潜力,将成为长江中游四省的经济核心。

其次,将中原城市群培育建设为北方地区重要的都市经济区。虽然在中部地区各城市中,郑州的中心性要小于长沙,但由于它位于京广一级轴带和陇海二级轴带的交界处,是中部开发的一个重要节点。长沙距离武汉很近,未来可能在武汉都市经济区的辐射范围之内。相对而言,郑州的经济辐射范围比长沙大,中原城市群的战略意义也高于长株潭城市群。中原都市经济区以郑州市为中心,以陇海、京广铁路以及开封—洛阳高速为骨架,包括郑州、洛阳、开封、新乡、焦作、许昌、济源、平顶山、漯河九个城市。

此外,还要建设一批具有省内意义的人口产业集聚区(主要包括太原、昌九、合肥—皖江、长株潭等)以及一些重点的工矿和商业城市(如商丘、皖北(阜阳)、赣州、郴州、宜昌、大同、运城)。

第四节 促进中部地区空间结构调整的举措

1. 加快都市经济区的发展,提高中心城市的竞争力

首先要强化中心城市的中心地位,尤其是明确和强化武汉和郑州的门户城市的地位与功

能。积极将武汉市培育为在全国国土开发格局中具有重要地位的、承接中国区域经济由沿海向内陆辐射的、带动长江中游地区整体协调发展的重要门户城市。将郑州培育为协调带动河南全省以及晋南、皖北地区发展的重要门户城市。积极强化长沙、南昌、合肥、太原作为省级门户城市的地位。对于这些中心城市,要在基础设施建设、重大项目安排、城市规划、用地审批、资金投入、投融资体制改革方面给予倾斜。

其次要完善区内协调机制,重点建设武汉都市经济区、中原都市经济区以及太原城市群、长株潭城市群、昌九经济走廊、皖江城市群等人口产业集聚带。在都市经济区和人口产业聚集带内,实现区域基础设施和大型社会服务设施的统筹共建,推进区内城市经济、社会、文化资源的一体化整合,促进都市区整体竞争力的提升。

此外,在大城市周围要积极发展具有市场活力的中小城市,通过合理的城市等级体系提升区域的发展活力。

2. 完善交通基础设施建设,强化重点轴带的地位与发展

中部地区的发展要以点、轴开发为核心,带动区域整体的快速发展。对于轴线经过的地区,中央政府和各级地方政府应在交通运输基础设施建设、重大项目布局、土地政策等方面予以重点支持。

要加紧京广沿线城市的发展,促进京广经济带的形成。河南、湖北和湖南三省要以加速城市化进程为契机,全力推进体制创新,促进沿线城市产业结构调整,优先发展现代制造业,提高农业产业化水平,促进人口和产业向中原都市经济区、武汉都市经济区、长株潭城市群以及沿线其他主要城市的集聚,提高该轴线的经济实力和辐射能力。

加强沿江四省之间的经济联系与整体规划。在"十一五"规划中,湖北、湖南、安徽、江西四省都提出了依托长江黄金通道发展区域经济的思路,并把重点开发地带沿长江布局。如湖北省提出了以武汉为中心,包括鄂州、黄石在内的武汉都市圈发展策略;安徽省提出了沿江城市群发展战略等。但是,一直以来,长江沿线由于岸线管理混乱、产业发展相对雷同,没有形成良好的分工合作关系。针对现有的问题,为了促进沿江四省之间的经济联系,一方面要协调好基础设施建设,统筹长江两岸的岸线利用与开发、长江防洪工程以及重点项目的布局问题;另一方面应加强相互之间的横向经济联合,充分重视沿江产业布局,处理好主要城市之间的职能分工,促进沿岸城市的功能互补与产业协调配套。

3. 加强区域合作,积极承接东部地区的产业转移

由于中部地区位于东、西部之间,具有承接东部地区产业转移的优势。因此,积极加强中部地区与东部沿海地区的区域经济合作,也是促进中部地区空间格局优化的重要措施。

首先,要积极加强安徽沿江四市与长三角地区的经济联系,尽可能将其纳入长三角区域规划。安徽省的马(鞍山)芜(湖)铜(陵)宜(安庆)四个城市紧邻长三角地区。通过长江黄金水道,京沪、沿江、宣杭等多条铁路干线以及合宁、沪蓉、蚌宁、芜宣、沿江等多条高速公路,与长三

角地区紧密联系在一起。这几个城市工业化水平较高,冶金、汽车、建材、家电等产业在全国都具有一定的地位,拥有马钢、铜陵有色、安庆石化、海螺、奇瑞等一批骨干企业,具备较强的产业配套能力,并且在某些产品和产业上已经与长三角地区形成了产业分工;而且,这一地区劳动力成本和土地等生产要素价格相对低廉,已经具备接受长三角地区产业转移、作为长三角地区产业扩展后备空间的优势。因此,从产业空间联系的角度,安徽沿江四市已经属于长三角经济区的范畴,其发展应该纳入长三角地区区域规划的范畴,予以统一考虑。

其次,要加强湖南、江西与珠三角地区的区域合作。从空间联系可以看出,湖南和江西南部地区通过京广通道和京九通道,与珠三角地区经济联系密切。在产业分工上,这些地区为珠三角地区提供了农副产品和基础原材料,而且每年有大量的农村剩余劳动力从江西和湖南流入珠三角地区。与此同时,珠三角地区面临着扩大经济腹地、资源紧张、降低成本等要求,迫切需要拓展经济空间和产业转移基地。江西和湖南凭借其产业基础、广阔的发展空间为有效承接珠三角的资本和产业转移创造了条件。而且,湖南和江西同珠三角地区在资源、市场、人才等方面具有很强的互补性。因此,湘南和赣南要加强与珠三角地区的经济联系,将自身建设成为珠三角地区产业转移的承接基地、劳动输出基地、优质农产品供应基地和休闲旅游的后花园,并在商贸、资源开发、区域生产建设方面展开分工协作。

参 考 文 献

1. 陈才:《区域经济地理学原理》,中国科学技术出版社,1991年。
2. 董志凯、吴江新:《中国工业的奠基石——"156项"建设研究》,广东经济出版社,2004年。
3. 方江山、汪世忠主编:《中部崛起的路径探索——宣城市深化融入苏浙沪经济圈战略课题研究报告集》,研究出版社,2005年。
4. 顾朝林:《中国城镇体系——历史·现状·展望》,商务印书馆,1999年。
5. 金凤君等:《东北地区振兴与可持续发展战略研究》,商务印书馆,2006年。
6. 李小建、李庆春:"克鲁格曼的主要经济地理学观点分析",《地理科学进展》,1999年第2期。
7. 刘锋:"中部生产力布局与城市群建设",载《中部崛起战略与对策》,经济科学出版社,2006年。
8. 陆大道:《区域发展及其空间结构》,科学出版社,1995年。
9. 陆大道:"论区域的最佳结构和最佳发展",《地理学报》,2001年第2期。
10. 王铮:《地理科学导论》,高等教育出版社,1993年。
11. 周绍森、陈栋生主编:"以城市为主导的中部崛起战略",载《中部崛起论》,经济科学出版社,2006年。

第九章 主要人口—产业集聚区

区域经济发展环境和发展水平的变化客观上会导致区域生产要素和产业格局在空间上的重新配置,而明确的政策措施可以促进区域空间重组,或者一定程度上改变空间重组的方向,以形成具有竞争力的空间结构形态。第八章对中部地区空间组织的调整方向进行了阐述,指出加快都市经济区和人口—产业集聚区的发展是促进中部地区形成高效空间组织形态的重要举措。在此基础上,本章将结合中部地区的社会经济基础及未来发展条件,分析主要人口—产业集聚区的功能定位与发展方向。形成的主要观点如下。

- 区域发展水平和发展阶段的差异会形成不同的集聚状态。在相当长的时期内,中部地区社会经济活动在空间上将呈现持续集聚的态势。
- 都市经济区是在人口—产业集聚区的基础上发展演化而来的,比后者在内部结构上更加优化,内部联系也更密切。中部地区具有参与国际竞争潜力的核心区域是武汉都市经济区。中原和长株潭两个人口—产业集聚区具有跨区域的组织功能。合肥、南昌、太原为核心的集聚区应强化在省域社会经济发展中的引领作用。
- 集聚区的发展应整合区域资源和经济优势,实施区域性中心城市带动战略,构筑中部地区对外开放、承接产业转移的平台,建造国内重要的以汽车、冶金、家电、建材、装备制造业等为代表的先进制造业基地以及能源基地、农产品生产加工基地和劳务输出培训基地,形成中部崛起的重要增长极和具有较强竞争力的开放型经济区。

第一节 构建人口—产业集聚区的战略意义

人口—产业集聚区是区域发展过程中形成的社会经济活动在空间上密集分布的区域。社会经济活动的空间集聚是一个持续的过程,是区域发展的一般规律。区域发展水平和发展阶段的差异,会形成不同的集聚状态。集聚的目的是通过更大区域尺度的扩散推动区域发展水平向更高层次相对均衡状态的演进。中部地区人口总量多,人口密度大,但人均经济发展水平低于全国。因此,如果中部地区社会经济发展能力显著增强,将对全国社会经济发展水平的全面提升具有重要意义。

一、人口—产业空间集聚的战略意义

1. 有助于中部地区参与国际和国内竞争

自改革开放以来,我国通过吸引外资和扩大对外贸易,积极地参与了经济全球化的过程。

这一方面成为推动全国经济增长的重要驱动力,另一方面也成为改变地区发展格局的重要力量。在经济全球化、区域一体化快速发展的今天,要素在地区间流动和转移的步伐大大加快。与此同时,越来越多的经济实践表明,经济要素更倾向于向优势地区集聚。在这种形势下,中部地区部分区位条件好、市场健全、资源优势明显的地区,经济要素集聚的能力将会进一步增强,并有可能进一步发展成为全国乃至全球重要的经济中心。

经济活动全球化的作用力已经对近年来中部地区经济发展产生了显著的影响。对中部地区近年来利用外商直接投资的数据分析表明,该区近年来利用外资增长显著(表 9—1)。特别是部分综合优势突出的城市已逐步融入全球化体系,成为跨国公司投资的重点地区。如武汉 2005 年实际利用外商投资额为 17.4 亿美元,成为中部地区利用外资最多的城市。同时,与东部沿海省份临近且具有发展潜力的部分城市近年来利用外资增长速度十分显著,其中最突出的是江西南昌、九江和赣州以及安徽的芜湖等,与此形成鲜明对比的是深居内陆的城市利用外资增长缓慢。因此培养中部地区具有优势的核心区域参与国际经济联系十分必要。

表 9—1 中部六省近年外商投资企业外方资本增长情况

	2006 年末外方注册资本(万美元)	年均增长(%) 2004/2003	2005/2004	2006/2005	三年平均
全 国	74 062 533	19.80	13.25	17.20	16.75
山 西	374 375	10.77	12.57	60.36	27.90
安 徽	726 812	14.17	23.57	22.51	20.08
江 西	1 174 035	31.66	38.67	26.61	32.31
河 南	839 642	17.51	33.50	11.45	20.82
湖 北	1 049 882	24.93	17.08	5.01	15.67
湖 南	848 749	24.51	34.40	19.92	26.28

资料来源:《中国贸易外经统计年鉴》(2007)。

从国内来讲,长江产业带开发、东部沿海城市产业转移与扩散趋势明显,中部地区部分城市近年来经济发展呈现良好势头,要素集聚能力明显增强。上海、江苏、浙江等东部省市已逐步进入工业化后期,产业升级和经济要素向外扩散和转移的速度加快。尤其是近长三角地区的南昌、合肥、九江、芜湖等中心城市,接受上海、南京、杭州等城市的辐射效应日益显著。沿长江分布的各大中心城市构成了长江经济带"链式"发展格局,它们相互之间有着密切联系和协同效应,将成为长江经济带发展的中坚力量。

2. 有助于中部地区工业化与城市化的协同推进

工业化与城市化空间演化的一般规律表明,工业化和城市化的发展不仅是一个空间集聚的过程,而且还是一个空间关联的过程。通过发展城市经济,充分发挥城市对经济资源的集聚力、转换力和扩散力，不断地从外部集聚各种要素，经过加工、制造、开发、配置等资源转换过程，形成具有新形式或新内涵的经济资源，再将之扩散至周边地区。这种关联过程的结果之一就是人口就业结构的变化加速了农村地区人口收入水平的提高和生活方式的转变，改善了城乡地域系统的有机构成，不断优化城乡联系的内容和方式。通过工业化和城市化发展的有机结合，实现社会经济要素的空间重组，构造一个高效、有序的空间组织，使区域发展的综合效益最大化(图 9—1)。

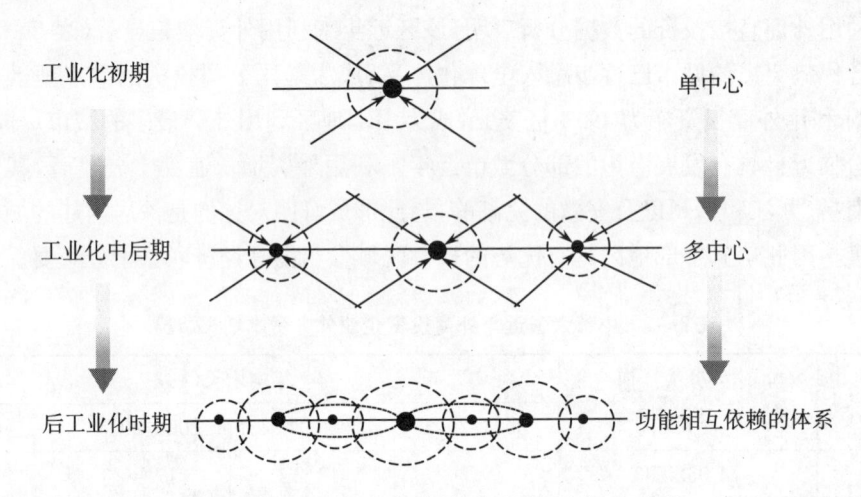

图 9—1 工业化与城市化的协同推进过程
资料来源：谢守红：《大都市区的空间组织》，科学出版社，2004 年。

2005 年，中部地区人口城镇化水平为 37%，比全国平均水平(43%)低 6 个百分点。农业在区域经济中仍占有较高比重，比全国平均水平高近 30%(山西省除外)。与此同时，中部地区存在大量农业剩余劳动力，人口的就业结构与地区经济的产值结构之间存在显著偏离。用 S 表示产业就业偏离度：

$$S = (v/e) - 1$$

式中，S 表示偏离度，v 表示某产业产值占全部产业的比重，e 表示该产业的就业人员占全部就业人员的比重。

$S>0$ 为正向偏离，偏离度越大，说明某产业对产值的贡献程度远高于对就业的贡献程度，该产业的劳动密集程度低；$S<0$ 为负向偏离，$|S|$ 越大即偏离度越大，说明某产业对产值的贡献程度远低于对就业的贡献程度，表明该产业单位就业人员创造的产值低，产业的比较劳动生产率低。我国目前的就业状况一般表现为第一产业的负向偏离高，即农业剩余劳动力大量存在。

产值/就业结构的偏离度分析表明，中部地区第一产业表现出显著的负向偏离(表 9—2)。虽然偏离度稍低于全国水平，但由于中部地区人口基数大，农业剩余劳动力数量大，转移压力大。第二产业存在显著的正向偏离，表明工业化进程中没有吸纳较多的从业人员，与中部地区工业重型化的特征较为一致。第三产业表现为正向偏离,但偏离度不高,且各省间存在较大差异,表明加快第三产业增加就业渠道的任务仍然相当艰巨。2005年,中部地区平均工业化水平为39.6%,远低于东部沿海地区的45.6%。因此,要充分释放工业主导型经济增长的潜力和效益,未来相当长一段时期内中部地区应重点推进新型工业化战略,以工业振兴加速经济振兴,通过就业机会的增加进而有效地提高人们的生活水平、改变人们的生活方式,促进农村及落后地区的发展。

表9—2 2005年中部六省城镇化与产业结构、就业结构状况

	城镇人口比重（%）	产值/就业结构偏离度		
		第一产业	第二产业	第三产业
全　国	42.99	−0.72	0.99	0.28
山　西	42.11	−0.86	1.15	0.23
安　徽	35.50	−0.65	0.89	0.50
江　西	37.00	−0.61	1.15	0.09
河　南	30.65	−0.68	1.36	0.34
湖　北	43.20	−0.61	1.21	0.06
湖　南	37.00	−0.63	1.28	0.40

资料来源:根据《中国统计年鉴》(2006)相关数据计算。

与工业化发展相对应的是要素空间集聚程度的提高,只有通过大量资源和资金在优势地区的空间集中,才能产生集聚经济和规模效应,从而提高经济增长的效率。因为制造业活动本身需要投融资、管理咨询、物流、教育科研等现代服务业的支撑,集聚在促进制造业内部的分工与协作的同时,将催生对现代服务业的强大需要。制造业和现代服务业在空间上的相互依赖与相互促进将推动城市发展呈现新的空间格局。目前,中部地区的部分城市优势产业、支柱产业的产品竞争能力快速提升,生产规模进一步扩张。这些产业基地与产业集群的持续发展和高级化有赖于投入更多、更有效率的生产型服务业,如研发、电子商务、物流、电信、金融、教育等。同时,服务业本身的发展也为促进经济持续增长、创造就业机会提供有利的条件。所以,从增长产业竞争力的角度,健全城市的功能、实现工业化与城市化进程的同步推进对于中部地区而言至关重要。

国内外产业的转移与经济发展要素的空间重组趋势,要求中部地区进一步明确现有优势区域的发展方向与战略定位,以便增强相关地区的经济集聚能力,提高中部地区的竞争优势。尊重地区经济发展中的不均衡布局规律,重新构建中部地区人口、产业、经济要素的空间结构,使之形成富有活力的组织体系,对于实现"中部崛起"具有重要的战略意义。

二、人口—产业空间集聚的主要形式

1. 都市经济区是具有竞争力的空间组织单元

随着世界范围内工业化与城市化进程的加速,作为经济活动要素的空间载体,由核心城市及其腹地组成的、具有有机联系的"都市经济区"正在成为全球经济竞争的基本单元,在区域经济活动中的中心地位将进一步强化。自20世纪50年代始,西方发达国家的城市化进程中因城市集聚和扩散的双向运动推动了大城市地域的迅速扩张,与周围小城镇连成一体,形成大都市连绵区。大城市以其通达的对外和对内交通、通信、行政及金融中心和优质人才集中地的优势,成为资金流、物流、技术和信息流交汇的区域。这些"流"将加快推动城市产业结构的转换以及城市功能在空间上的重组。先行工业化国家的发展实践表明,以特大城市和大城市为核心的大都市区已成为世界经济最为活跃的区域,并开始逐步主导全球经济。大都市区已经被看做是全球经济新秩序、社会发展的基本建设单元,是地区经济发展中非常重要并且富有效率的空间组织形态,学术界已将这一概念成功地运用到区域发展战略与规划领域。

都市经济区的核心区(城市)一般都是一个国家或大区域的金融中心、交通通信枢纽、人才聚集地和进入国际市场最便捷的通道,即资金流、信息流、物流、技术流的交汇点;土地需求强度较高的制造业和仓储等行业则扩散和聚集在核心区的周围。核心区与周围地区存在极为密切的垂直产业联系。核心区的作用突出地表现为生产服务业功能(如金融、中介、保险、产品设计与包装、市场营销、广告、财会服务、物流配送、技术服务、信息服务、人才培育等),而周围地区则体现为制造业基地的功能。具有这样一种垂直产业分工和空间结构的都市经济区是当今世界上最具竞争力的经济核心区域。都市经济区在空间上表现为由大运量的高速通道联结的、庞大的、多核心、多层次的城市群。在这个空间里,由于集聚形成的规模经济和范围经济,加之高速通道缩短了城市间空间距离和经济距离,生产和服务的交易成本、运营成本和管理成本大大降低,投资回报率和要素收益率明显提高。

中部地区人口—产业集聚区发展的战略方向即构建这种具有较高运行效率的都市经济区。都市经济区具有国际意义,体现国家竞争能力,并直接参与国际竞争,是国家综合竞争力的重要组成部分,也是引导国家实现全面发展的核心地区。人口—产业集聚区具有国家发展战略意义,承担国家大区域经济发展的职能,是我国在区域层面上发展的重要地区。因此,都市经济区与人口—产业集聚区在发育阶段、集聚规模、在全球经济体系中的地位以及在全国经济空间组织中的作用是不同的。

2. 都市经济区是人口—产业集聚的高级形式

把都市经济区作为未来中部地区人口—产业空间集聚的战略导向,需要重点澄清的概念有两点:一是都市经济区的重点是构建相互协作的分工体系;二是都市经济区并不是包括的城市数量越多就越好。

目前中部各省区的管理部门对城市经济带动作用的认识逐渐明确,基层政府对于由"行政区经济"向"经济区经济"、"城市经济"转变的必要性已逐步达成共识。各级政府建设城市群的热情空前高涨。河南省中原城市群、湖北省武汉城市圈、湖南省推进长株潭一体化、江西省昌九景城市群、安徽省合肥经济圈和皖江城市带、山西省太原城市圈等规划相继出台。

各地在相关规划中不断扩大城市群的地域覆盖范围。但地方出台的不少规划对于如何探索打破行政区划界限,从区域经济一体化、空间布局扩容和功能提升的角度出发,建立跨区域协调合作的机制,推动产业结构的调整和整合,协调跨区域的重大项目建设,实现产业、经济一体化发展的具体措施并不明确。致使诸多"一体化"的规划虽已颁布十多年(如"中原城市群一体化战略"1996年出台、"长株潭一体化战略"1998年即酝酿实施),但由于缺乏强有力的保障实施措施和手段,城市及各部门之间的行政壁垒依旧没有打破,公交同城、通信同网等社会期盼多年的一体化专项也未能如期实现。所以,必须强调的是都市经济区侧重于城市间、城市与周围地区间功能以及产业体系的相互依赖和联系,也并不是包括的城市数量越多就越好。如何打破制约机制,构建类似于"葡萄串式"的空间体系应作为规划实施的重点。否则,现有的城市群规划只是类似于"一篮子鸡蛋"式的简单加总,各城市依旧各自独立发展。

(1)都市经济区的定位[①]

都市经济区是中部地区参与国际竞争的核心区域,在我国国土开发利用的总体格局中,具有很强的控制力和影响力。综合中部地区主要人口—产业集聚区的优势而言,武汉都市经济区应承担中部地区"门户城市"的职能。今后,要以提升参与经济全球化的能力为主体功能,建立高密度、集约型、高效率的区域经济社会运行系统和空间格局。为此,都市经济区应首先成为国家创新体系和现代服务业网络系统中的主要节点和支撑区域,工业发展应以先进制造业和高技术产业为主导。以区域整体观念审视单个城市的发展取向和规划,城市化和工业化切实走资源节约和环境友好型的道路。把营造发达的区域基础设施体系和资源环境保障系统,作为进一步加大都市经济区人口和经济集聚的根本举措。

(2)人口—产业集聚区的定位

人口—产业集聚区是未来地区社会经济活动在空间上进一步集聚的载体和重点区域,在组织大区域经济、支撑全国整体实力进一步提升中发挥着重要作用。改革开放以来,这类区域在所处的大区或省域范围内,都是经济最具活力、人口和产业持续快速增长的地区,大多形成了优势产业群。目前,多数人口—产业集聚区在区域发展的自然条件、区位因素、经济基础、竞争能力和发展前景等方面与都市经济区相比有一定的差距,但这些地区整体上发展不足,工业化和城镇化水平不高,区域比较优势还没有充分得到发挥,资源环境承载能力依然较强,仍有很大的发展余地和发展潜力。今后,要进一步强化处于龙头地位的中心城市对区域经济的组织协调、辐射带动功能,推进城镇化健康发展,在积极吸纳外来人口过程中,注重提高城镇化质

[①] 参考由中国科学院地理科学与资源研究所、国土资源部规划司及有关单位编制的《新一轮全国国土规划前期预研究》报告,2006年3月。

量。着力发展优势产业,立足区域合作,加强产业配套能力,形成产业发展集群。特别要注重传统产业的改造,在技术提升过程中培育新的经济增长点。重视发挥人口—产业进一步集聚过程中区域规划的合理引导与约束作用。

国内外区域发展的经验表明,地区的竞争是城市经济实力的竞争,是产业体系之间的竞争。城市集聚产业、人口的能力越大,相互之间的分工协作越合理,则地区的经济效率越高。中部崛起应该以城市发展入手,努力构建富有竞争能力的门户城市和都市经济区。中部各省应在现有人口—产业集聚区基础上,以核心城市为基础,强化其在城乡联系中的主导功能,直接推动郊区和原有核心城区的转型,使城市的经济系统、社会系统和文化系统等不同的功能单元互相连接、高度整合,最终发展成为都市经济区体系。通过都市经济区的发展密切城市与区域之间的联系,构建城市与城市之间互补与整合的关系,成为拉动地区社会经济持续发展的主导力量。此外,通过区域性基础设施系统或重大的区域性生态环境工程建设,强化区域联系与区域协作,有效引导人口和产业在空间上的适度集中,形成具有强大竞争力的空间组织体系。

第二节 主要人口—产业集聚区的基本特征

都市经济区的形成是在现有人口—产业集聚区的基础上分层次、分阶段逐步推进的。因此应明确中部地区目前人口—产业在空间集聚的基本状态,在此基础上根据核心城市空间辐射强度和辐射范围确定集聚区的战略发展重点,以便构筑经济活动合理分布的区域格局。

一、划分集聚区空间辐射范围的基础模型

1. 引力模型

对中部地区人口—产业集聚区地域范围的划分参考学术界对都市圈的划分方法。基于空间相互作用理论和距离衰减规律,对区域主体间相互作用及空间联系研究的理论模型有引力模型、潜能与场强模式、最大熵模式、通勤模式和系统模式等。这里主要采用引力模型和场强模型确定中部地区主要人口—产业集聚区核心城市的空间联系范围。

引力模型可以写成:

$$Y_{ij} = \frac{\sqrt{P_i E_i} \cdot \sqrt{P_j E_j}}{D_{ij}^2}$$

式中:Y_{ij} 为城市 i 与城市 j 的引力,P 为城市市辖区人口(不包括下辖县),E 为市辖区地区生产总值,D 为两城市之间的距离(这里采用两地之间铁路距离,数据来自于《2007年中国铁路列车时刻表》)。

场强模型主要用于研究区域主体间经济联系力度,城市 i 与城市 j 之间的场强 C_{ij} 计算公式为:

$$C_{ij} = \frac{Y_{ij}}{D_{ij}}$$

式中，Y、D 含义同上式。

进一步利用断裂点定律计算出两城市间相互作用的平衡点所在位置到核心城市的距离 B_{ij}，计算公式为：

$$B_{ij} = \frac{D_{ij}}{1+\sqrt{\frac{P_i \cdot E_i}{P_j \cdot E_j}}}$$

式中，P、E、D 含义同上述二式。

根据上述模型可以初步判断核心城市空间联系范围的大小和影响力强弱。

2. 核心城市竞争优势分析

引力模型和场强模型的分析中突出的是城市的总体规模优势，按照上述模型，人口规模和经济规模大的城市，其地域辐射范围自然要广阔。但都市经济区本质上是以各种要素"流"为基础的地域关联系统和网络，不同性质和层次的"流"是城市间相互作用的实质载体，居于网络高级节点的区域往往更有潜力演变为区域的社会经济增长中心；而这需要进一步根据城市社会经济要素的集约程度、总体运行效率进行综合分析，以明确城市的发展优势及潜力。根据数据的可得性，选用2005年中部地区地级以上城市市辖区相应指标进行评价，指标的选取方法如表9—3所示。

表9—3 城市综合发展优势评价指标

指标	含义	量化方法
I_1	人口规模	总人口
I_2	人口密度	单位土地面积人口数
I_3	经济规模	地区生产总值
I_4	经济密度	单位土地面积产生的地区生产总值
I_5	经济发展水平	人均地区生产总值
I_6	消费市场规模	社会消费品零售总额
I_7	工业生产能力	工业总产值
I_8	信息流量	人均邮政和电信业务收入
I_9	资金流量	人均金融机构存贷款余额

利用 SPSS 软件的主成分分析法将上述指标所包含的信息进行浓缩。提取两个公因子，利用方差最大化实施正交旋转，结果表明，在第一公因子有较高载荷的指标有：人口规模、经济规模、消费规模、工业生产能力共4个指标。根据各指标包含的信息，可以将第一公因子综合命名为经济规模因子。在第二公因子有较高载荷的指标有：经济密度、总体经济发展水平、人口密度、信息流量、资金流量共5个指标，根据各指标包含的信息，可以将其综合命名为经济集

约程度因子。第一因子、第二因子的方差贡献率分别为42.34%、39.75%,两个因子共解释了原有变量总方差的82.09%。采用回归分析法估计因子得分系数,计算出中部地区81个城市第一因子、第二因子的得分,即为城市相应的经济规模指数、经济集约程度指数。这种方法更能清晰地勾勒出核心城市的优劣势(表9—4)。

表9—4 中部地区地级以上城市经济规模指数与集约指数的对比

城市	规模指数	集约指数	城市	规模指数	集约指数
太原	1.858	1.172	南昌	0.710	2.066
大同	0.333	−0.129	景德镇	−0.542	0.503
阳泉	−0.293	0.131	萍乡	−0.221	−0.257
长治	−0.357	0.834	九江	−0.204	0.333
晋城	−1.064	2.799	新余	−0.140	−0.399
朔州	−0.260	−0.545	鹰潭	−0.764	0.223
晋中	−0.476	−0.205	赣州	−0.475	0.066
运城	−0.349	−0.492	吉安	−0.397	−0.826
忻州	−0.407	−0.888	宜春	−0.196	−1.107
临汾	−0.158	−0.423	抚州	−0.125	−1.028
吕梁	−0.532	−0.595	上饶	−0.572	−0.063
合肥	1.051	2.580	郑州	1.745	1.708
芜湖	−0.289	2.232	开封	−0.351	0.144
蚌埠	−0.141	−0.048	洛阳	0.656	1.144
淮南	0.269	−0.649	平顶山	−0.064	0.415
马鞍山	−0.074	1.560	安阳	−0.020	0.313
淮北	−0.159	−0.075	鹤壁	−0.367	−0.372
铜陵	−0.370	1.002	新乡	−0.266	0.693
安庆	−0.133	−0.117	焦作	−0.203	0.199
黄山	−0.454	−0.381	濮阳	−0.379	1.018
滁州	−0.374	−0.421	许昌	−0.836	1.696
阜阳	0.152	−1.034	漯河	0.180	−0.504
宿州	0.119	−1.130	三门峡	−0.644	0.341
巢湖	−0.235	−0.799	南阳	0.458	−0.730
六安	0.088	−1.216	商丘	0.099	−0.872
亳州	−0.029	−1.130	信阳	0.094	−0.947

续表

城市	规模指数	集约指数	城市	规模指数	集约指数
池州	−0.328	−0.964	周口	−0.679	0.538
宣城	−0.274	−0.928	驻马店	−0.343	−0.393
长沙	1.487	3.139	武汉	7.645	−1.026
株洲	−0.061	0.778	黄石	−0.464	1.566
湘潭	−0.285	1.304	十堰	−0.095	0.465
衡阳	−0.189	−0.045	宜昌	0.479	−0.196
邵阳	−0.407	−0.489	襄樊	0.923	−0.885
岳阳	0.314	0.071	鄂州	0.026	−0.784
常德	0.264	−0.693	荆门	−0.079	−0.658
张家界	−0.454	−0.701	孝感	−0.260	−0.770
益阳	−0.053	−0.928	荆州	−0.008	−0.669
郴州	−0.108	−0.610	黄冈	−0.717	0.190
永州	−0.072	−1.017	咸宁	−0.369	−0.896
怀化	−0.507	−0.199	随州	0.210	−1.261
娄底	−0.491	0.272			

资料来源：根据《中国城市统计年鉴》(2006)相关数据计算。

中部城市的经济规模指数与经济集约指数的对比分析表明如下五个结论。①武汉市的规模指数(7.645)显著高于其他城市，位居第二等级的是郑州、太原和长沙(得分在1.5~2.0之间)，南昌与合肥位居第三等级。但集约指数的对比却显示武汉的经济集约程度和运行效率显著低于其他城市；武汉周边地区的城市等级体系断层明显，集约指数位居湖北省第一位的黄石市其规模指数不到武汉市的1/10。表明如果以武汉为中心构建中部地区的"门户城市"，关键在于提高武汉市经济增长的效益和集约程度，否则难以承担为更大尺度区域提供高端服务的职能。②河南省中原地区除省会城市郑州外，洛阳、新乡、许昌、濮阳的经济基础较好。郑州的规模指数稍高，但集约指数与洛阳、许昌、濮阳相比优势并不显著。③湖南省的长沙、湘潭与株洲分别构成省域范围的主、副中心，特别是长沙集约指数优势相当突出。④合肥无论是规模指数还是集约指数都表明它在安徽省的中心地位，同时沿长江分布的芜湖、马鞍山、铜陵的集约指数也较高。这表明未来如果安徽省的发展放弃合肥，单一强调沿江城市带的发展是不科学的。⑤山西的太原、江西的南昌具有在省域范围内不可替代的核心地位。

二、主要集聚区的空间组织体系

1. 以武汉为中心的人口—产业集聚区

根据国内外研究惯例,以核心城市为中心,以其周边"1小时交通圈"内的区域是核心城市的强经济辐射区,可以划为都市经济区的范围。以武汉为核心城市使用引力模型和场强模型的计算结果表明(表9—5),武汉大都市经济区的核心圈层基本位于以武汉为中心,以100公里为半径的范围内,包括武汉、鄂州、孝感、咸宁、黄石、黄冈共6个地级以上城市。这一区域是湖北省乃至长江中游人口和经济规模最大、最密集的城市区域。

由中国科学院地理科学与资源研究所毛汉英研究员于2006年主持完成的"武汉城市圈总体规划"中,提出的武汉城市圈行政区划范围除了包括武汉、鄂州、孝感、咸宁、黄石、黄冈6个城市外,还包括仙桃市、天门市、潜江市3个湖北省直辖的县级城市。2005年,上述9个城市(含县)行政区划面积占湖北省的31.2%;总人口3 076万人,占湖北省的53.9%;实现地区生产总值4 000.24亿元,占湖北省61.7%;无论是人口规模还是经济总量均占据湖北省的"大半壁江山"。从集聚程度看,9城市2005年人均地区生产总值、人口密度、经济密度分别相当于湖北省平均水平的1.14倍、1.72倍、1.97倍,表现出明显的集聚特征(表9—6)。

表9—5 以武汉为核心城市使用引力模型和场强模型的计算结果

城市	引力 Y	场强 C	断裂点到武汉的距离(公里)
鄂州	246 612	3 007	75
孝感	132 781	1 475	85
咸宁	114 479	1 431	77
黄石	123 803	1 136	101
黄冈	56 280	592	92
随州	50 981	261	176
岳阳	47 566	221	192
信阳	33 647	144	212
襄樊	34 031	102	276
九江	21 309	81	242
荆门	18 315	70	243
荆州	12 880	37	322
宜昌	19 214	51	329
十堰	5 297	11	466

资料来源:根据《中国城市统计年鉴》(2006)相关数据计算整理。

表 9—6 2005 年武汉人口—产业集聚区概况

区域	总人口（万人）	区域面积（km²）	地区生产总值（万元）	人均地区生产总值（元）	人口密度（人/km²）	经济密度（万元/km²）
武汉	801.4	8 494	22 380 000	26 238	943	2 635
黄石	252.1	4 583	3 432 100	13 537	550	749
鄂州	104.3	1 504	1 469 700	13 908	694	977
孝感	506.0	8 910	3 602 300	7 660	568	404
黄冈	726.3	17 446	3 485 600	4 799	416	200
咸宁	276.7	9 861	2 038 300	7 362	281	207
仙桃	147.2	2 538	1 440 670	9 787	580	568
潜江	100.0	2 004	1 065 600	10 656	499	532
天门	162.1	2 622	1 088 171	6 713	618	415
①9 市合计	3 076.1	57 962	40 002 441	13 004	531	690
②湖北省	5 710.6	185 900	64 845 000	11 390	308	351
①/②	0.539	0.312	0.617	1.142	1.723	1.966

资料来源：根据《中国城市统计年鉴》(2006)、《中国统计年鉴》(2006)相关数据计算。

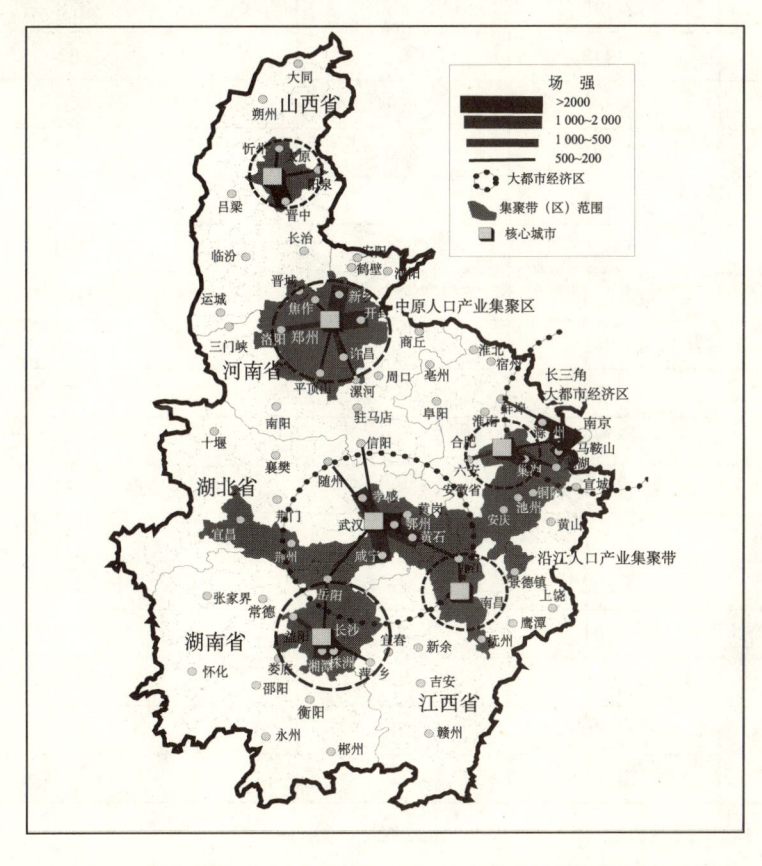

图 9—2 中部地区主要人口—产业集聚区的空间格局

207

从全国的角度,以武汉为中心的人口—产业集聚区不仅是湖北省而且是长江中游人口和产业规模最大、最密集的城市区域。因此,应以武汉为中心构建中部地区参与国内外竞争的门户城市,形成武汉大都市经济区。同时,武汉大都市经济区影响范围可进一步通过岳阳、信阳、九江等城市扩展到湖北、河南、江西等省,并进一步与长株潭、南昌等中心城市在空间上相互协作,形成具有全国竞争优势的地域体系(图9—2)。

2. 中原人口—产业集聚区

河南省是全国人口规模最大的省份,其人口密度是全国平均水平的4.4倍。在省会郑州市周边150公里范围内集聚了全省60%以上的城镇,形成我国中西部省区城镇空间分布与人口密度最大的地区。以郑州为核心城市使用引力模型和场强模型的计算结果表明,开封、洛阳、新乡、许昌与郑州的经济联系强度最高,其次是漯河、焦作、安阳、平顶山、鹤壁(表9—7)。

表9—7 以郑州为核心城市使用引力模型和场强模型的计算结果

城市	引力 Y	场强 C	核心城市到断裂点的距离(公里)
开封	76 287	1 060	60
洛阳	72 495	585	78
新乡	83 248	1 041	63
许昌	33 880	394	76
漯河	35 791	256	102
焦作	22 281	156	116
安阳	17 645	94	141
平顶山	17 074	91	142
鹤壁	14 241	98	126
商丘	15 654	77	152
周口	6 720	37	162
驻马店	7 401	36	177
晋城	6 197	31	179
濮阳	4 792	16	244
信阳	6 601	22	230
三门峡	2 758	11	226
南阳	6 540	18	252
长治	5 126	17	240

资料来源:根据《中国城市统计年鉴》(2006)相关数据计算。

2005年中原人口—产业集聚区10个省辖市行政区域总面积6.6万平方公里,占河南省的40.2%;总人口共计4 658万人,占全省的46.8%(其中市辖区人口总计1 078万人,占全省城市辖区总人口的62.2%);地区生产总值6 925亿元,占全省的58.2%;工业增加值3 278亿元,占全省的67%,是河南省经济活动最密集的地区(表9—8);全社会固定资产投资、社会消费品零售总额占全省的比重在60%以上,利用外商直接投资及进出口贸易额占全省的比重更是高达75%以上,表现出显著的"集合优势"。该区域在空间上与山西省人口和经济密度较高的晋城、长治相连,形成我国中部地区重要的人口—产业集聚区域。但中原人口—产业集聚区各城市之间的总体经济实力相互差距不大,尤其是郑州、洛阳、新乡、许昌几个城市的集约程度均较高,经济基础较好,缺少具有引领作用的核心城市。因此,未来该区的重点应是明确区域整体向更高层次推进的支点和加快一体化协作的突破口。

2006年3月由河南省发展和改革委员会制定的《中原城市群总体规划纲要(2006~2020)》出台,规划中所指的中原城市群,是以省会郑州为中心,包括洛阳、开封、新乡、焦作、许昌、平顶山、漯河、济源(县级市)共9个城市在内的人口产业密集区域[①]。中原城市群的空间范围略小于本报告中的中原人口—产业集聚区范围。但是,结合场强分析结果(表9—7)、城市规模指数与集约指数的分析结果(表9—4),现阶段中原城市群的发展重点不宜扩大地域范围,而应该以郑州、洛阳、新乡、许昌、开封5个城市为核心,强化几个城市之间的功能定位与分工协作,以打造区域的核心竞争优势。

表9—8 2005年中原人口—产业集聚区概况

区域	总人口 全市(万人)	总人口 市辖区(万人)	人均地区生产总值(元)	经济密度(万元/km²)	人口密度(人/km²)	工业增加值(亿元)
郑州	680	256	25 474	2 230	913	759.7
开封	488	83	8 570	633	757	147.2
洛阳	653	149	17 383	732	430	566.1
平顶山	499	95	11 407	712	633	316.2
安阳	547	103	10 472	752	738	284.1
鹤壁	151	53	12 976	854	690	103.4
新乡	569	88	9 876	666	697	233.9
焦作	352	81	17 145	1 434	865	333.4
许昌	458	39	13 468	1 212	917	344.9
漯河	261	130	12 759	1 231	998	189.5

[①] 河南省发展和改革委员会:《中原城市群总体发展规划纲要(2006~2020)》,2006年3月。

续表

区域	总人口 全市（万人）	总人口 市辖区（万人）	人均地区生产总值（元）	经济密度（万元/km²）	人口密度（人/km²）	工业增加值（亿元）
①中原人口—产业集聚区	4 658	1 078	14 042	985	723	3 278.4
②河南省	9 944	1 734	11 346	634	595	4 896.1
①/②	0.468	0.622	1.237	1.553	1.178	0.670

资料来源：根据《中国城市统计年鉴》(2006)、《中国统计年鉴》(2006)相关数据计算。

3. 长株潭人口—产业集聚区

湖南省的省会城市长沙与周边的株洲、湘潭2个城市地域相接，两两相距约45公里，成"品"字形分布，山水相依，一江相连，素有湖南的"金三角"之誉。相对于武汉城市圈、中原人口—产业集聚区而言，长株潭地区的空间范围略小。2005年长株潭三个城市的行政区域面积28 106平方公里，占湖南省面积的13.3%；总人口1 277万人，占全省的19.8%（其中市辖区总人口359万人，占全省城市市辖区总人口的30%）。长株潭地区的总体经济发展水平与要素集聚程度显著高于湖南全省平均水平，三市人均地区生产总值18 875元（湖南省10 426元）、人口密度454人/平方公里（湖南省304人/平方公里），经济密度858万元/平方公里（湖南省327万元/平方公里），是湖南省经济最发达的地区（表9—9）。

表9—9　2005年长株潭人口—产业集聚区概况

区域	人口（万人）总人口	人口（万人）市辖区	面积（km²）	地区生产总值（万元）	人均地区生产总值（元）	经济密度（万元/km²）	人口密度（人/km²）
长沙	620	208	11 819	15 199 001	23 968	1 286	525
株洲	372	79	11 272	5 241 377	14 497	465	330
湘潭	284	72	5 015	3 668 374	13 604	731	567
①长株潭	1 277	359	28 106	24 108 752	18 876	858	454
②湖南省	6 440	1 187	211 800	64 736 000	10 426	327	304
①/②	0.198	0.303	0.133	0.372	1.810	2.623	1.495

资料来源：根据《中国城市统计年鉴》(2006)、《中国统计年鉴》(2006)相关数据计算。

以长沙为中心使用引力模型和场强模型的计算结果显示，长沙与株洲、湘潭的联系强度最大，其次是与北部城市益阳和岳阳（表9—10）。表明湖南省在强化长株潭地区发展的同时，应加快岳阳市的核心职能，密切湖南省与武汉大都市经济区及沿长江人口—产业集聚带的社会经济联系，以实现区域发展的联动效应。

表 9—10　以长沙为核心城市使用引力模型和场强模型的计算结果

城市	引力 Y	场强 C	核心城市到断裂点的距离(公里)
株洲	226 878	4 363	39
湘潭	88 447	1 134	61
益阳	54 369	561	77
岳阳	33 186	226	107
萍乡	26 825	202	112
衡阳	13 932	75	148
常德	20 932	106	138
宜春	8 471	43	169
娄底	8 797	50	155
新余	7 177	28	206
邵阳	3 603	13	247
张家界	1 518	4	348
郴州	1 686	4	402
永州	4 239	13	267
怀化	563	1	559

资料来源：根据《中国城市统计年鉴》(2006)相关数据计算。

4. 皖中人口—产业集聚区

位于安徽省中部，包括合肥、巢湖以及沿长江的马鞍山、芜湖、铜陵、池州、安庆等城市组成的"△"形区域是安徽省经济最发达的地区。2006 年底，由安徽省发改委与中科院南京地理与湖泊所共同编制的《安徽省沿江城市群"十一五"规划纲要》出台，提出将皖江（即长江流经安徽省的地段）沿线地区的 8 个城市，即马鞍山、芜湖、铜陵、安庆、巢湖、宣城、池州、滁州作为重点开发区域。本研究认为，安徽省的区域经济发展架构不能忽视省会城市合肥的重要作用。虽然地理区位上合肥不靠近长江，但合肥是安徽省经济发展的核心之一，人均地区生产总值是全省平均水平的 2 倍以上，经济密度是全省平均水平的 3 倍以上。同时合肥是安徽省对外经济联系的门户城市，进出口总额占全省的 48%，实际利用外资占全省的 1/3 以上。表 9—4 对城市的规模指数与效率指数的分析也表明，合肥市的优势十分突出。

对合肥与南京的引力与场强的数据分析表明，以合肥市为中心 100 公里范围内作用强度最大的城市是巢湖、六安、芜湖和蚌埠。但由于合肥与周边城市基本处于南京的辐射范围之内，南京对马鞍山、芜湖、铜陵等城市的作用强度都高于合肥，这在一定程度上制约了合肥与其周边城市经济的相互作用强度（表 9—11）。因此在合肥的城市发展与功能定位上应充分考虑省域经济与长江三角洲之间的相互作用关系。

表9—11 以合肥、南京为核心城市使用引力模型和场强模型的计算结果

核心城市	联系城市	引力 Y	场强 C	核心城市到断裂点的距离(公里)
合肥	巢湖	77 554	1 212	50
	六安	45 327	493	69
	芜湖	24 192	172	100
	蚌埠	24 048	184	97
	马鞍山	13 443	72	134
	淮南	12 800	59	144
	宿州	10 165	46	156
	淮北	5 627	21	202
	铜陵	5 488	24	184
	安庆	9 392	48	150
	黄山	1 862	6	274
	滁州	3 505	14	215
	阜阳	3 975	11	248
	亳州	2 986	8	272
	池州	2 675	10	235
	宣城	6 578	32	167
南京	合肥	37 113	118	238
	马鞍山	209 812	2 498	74
	芜湖	87 329	667	116
	铜陵	20 548	99	193
	滁州	223 734	3 925	54
	蚌埠	37 982	206	165
	宣城	22 872	117	181

资料来源:根据《中国城市统计年鉴》(2006)相关数据计算。

5. 太原人口—产业集聚区

2005年太原市总人口340.4万人(其中市辖区人口263万人),人口密度487人/平方公里,人均地区生产总值26 107元,均比山西省平均水平高出1倍多;经济密度1 278万元/平方公里,比山西省平均水平高5倍以上,是山西省人口和经济最密集的核心地区。但总体而言,

太原市周边的城镇发育程度不高,对城市引力分析结果表明,太原与晋中市的作用强度最高,其次是阳泉和忻州(表9—12)。

表9—12 以太原为核心城市使用引力模型和场强模型的计算结果

城市	引力 Y	场强 C	核心城市到断裂点的距离(公里)
晋中	370 661	13 728	24
阳泉	30 568	257	98
忻州	22 930	261	81
大同	7 448	21	243
朔州	6 791	30	193
长治	5 962	21	227
临汾	5 686	20	227
吕梁	2 317	10	212
晋城	1 887	5	331
运城	1 663	4	362

资料来源:根据《中国城市统计年鉴》(2006)相关数据计算。

6. 赣北人口—产业集聚区

江西省北部以南昌、九江为核心的区域是江西省经济最发达的区域。2005年,昌九地区实现生产总值1 436.6亿元,占全省的35.4%,比人口比重高14.1个百分点;人均生产总值15 284元,是全省平均水平的1.62倍;财政总收入165.9亿元,占生产总值的11.5%,比全省高1个百分点;固定资产投资667.1亿元,占全省的34.5%,比人口比重高13.2个百分点。该区是江西省的商贸、物流中心,人流、物流、信息流密集。2005年,限额以上批发零售贸易企业有309家,占全省总数的55.5%,实现销售额483.5亿元,占全省总量的63.2%。九江港客、货运输量分别居长江主要港口的第二和第四位;全社会消费品零售总额428.6亿元,占全省总量的34.7%[①]。总之,该区是江西省人口和经济最密集的地区,在全省经济发展中占重要地位。其中南昌市的核心地位更加明显,2005年全市生产总值占江西省的22%,规模工业增加值占28%,进出口总额占47.0%,实际利用外资占36%。

引力模型和场强分析结果表明目前南昌市周边地区人口和产业的集聚程度不高,周边城镇体系不发育,还没有形成紧密协作的圈层体系(表9—13)。但南昌市地处长江中下游,是唯

---

① 江西省发改委:"江西省昌九工业走廊'十一五'区域规划"。

——一个与长江三角洲、珠江三角洲和闽中南三角洲相毗邻的省会城市,未来在省域经济与宏观区域的合作与联系中承担着重要的战略地位。

表9—13 以南昌为核心城市使用引力模型和场强模型的计算结果

城市	引力 Y	场强 C	核心城市到断裂点的距离(公里)
抚州	44 975	500	72
九江	23 157	172	105
景德镇	2 940	10	256
萍乡	5 132	18	223
新余	16 306	101	125
鹰潭	4 274	30	136
赣州	1 632	4	348
吉安	3 831	17	200
宜春	6 132	28	184
上饶	2 580	10	233

资料来源:根据《中国城市统计年鉴》(2006)相关数据计算。

第三节 集聚区的战略定位与发展方向

中部地区人口—产业集聚区的总体战略目标是提高以大中城市为核心载体的要素集聚与扩散能力,构筑具有地区特色的区域空间体系与形态;配套建设高效的支撑体系;统筹安排区域城市功能,充分发挥各类城镇在区域经济和社会发展中的核心作用;统筹建设沿江产业带。战略的总体框架如图9—3所示。

一、沿江产业带

中部地区首先应重视沿江产业带的发展。沿江产业带涉及湖北、湖南、江西、安徽四省,涉及的城市主要包括合肥、巢湖、芜湖、马鞍山、铜陵、池州、安庆、南昌、九江、武汉、黄石、咸宁、鄂州、黄冈、荆州、宜昌、岳阳、长沙、湘潭、株洲等。长江经济带是全国国土开发的一级轴线,其发展将有利于打破省际界限,从而在城市结构与功能、规划与布局、模式与类型等方面实现相互呼应,共同发展。因此,沿江产业带既是中部崛起的突破口,又是中部崛起的重要支撑。

沿江产业带的发挥目标是：充分发挥各级都市经济区的带动作用，推进东、中、西联动和上、中、下游经济协作区互动合作，以延伸产业链为主线，培育壮大各具特色的产业群，形成资源型、加工型、高技术产业和生产型服务业有机联接的产业带。近期的发展方向是率先与长三角对接，整合区域资源和经济优势，实施区域性中心城市带动战略，构筑中部地区对外开放、承接产业转移的平台。结合地区主要工业行业的比较优势，建造国内重要的汽车、冶金、家电、建材、装备制造业等先进制造业基地，农产品生产加工基地和劳务输出培训基地，形成中部崛起的重要增长极和具有较强竞争力的开放型经济区，辐射和带动中部地区经济的发展。

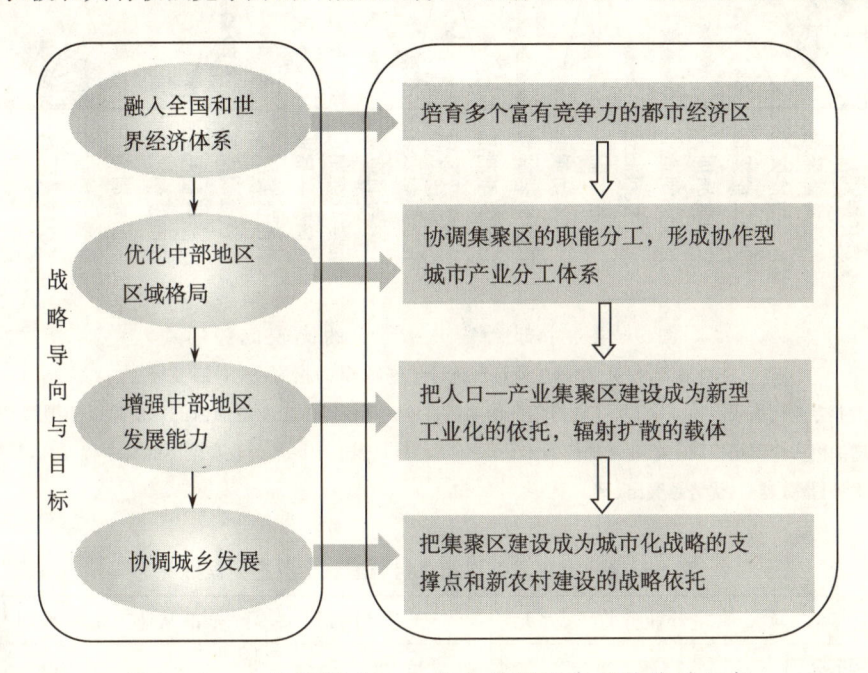

图 9—3　中部地区人口—产业集聚区发展的战略目标

二、武汉大都市经济区

武汉市位于湖北省的中部，地处中国经济腹地中心，是内地通往东部的重要地带。在全国区域经济梯度开发中发挥着"承东启西"、"贯南通北"的独特区位优势，在中国国土开发"T"字形总体格局中处于优越的中心位置。

在产业的发展方向上，该区近期仍然以提高工业化发展水平为重点，实现工业化、城市化的协同推进，进而带动第三产业的发展。湖北省在全国具有显著比较优势的工业部门主要有以汽车工业为代表的交通运输设备制造业、以钢铁工业为主的黑色金属冶炼及压延业、烟草加工业等（图 9—4）。这些具有全国比较优势工业行业的核心企业全部都位于武汉都市经济区的中心城市（表 9—14）。其中东风汽车公司在 2005 年全国制造业 500 强排名中位居第 3 位，武汉钢铁集团公司位居第 10 位。

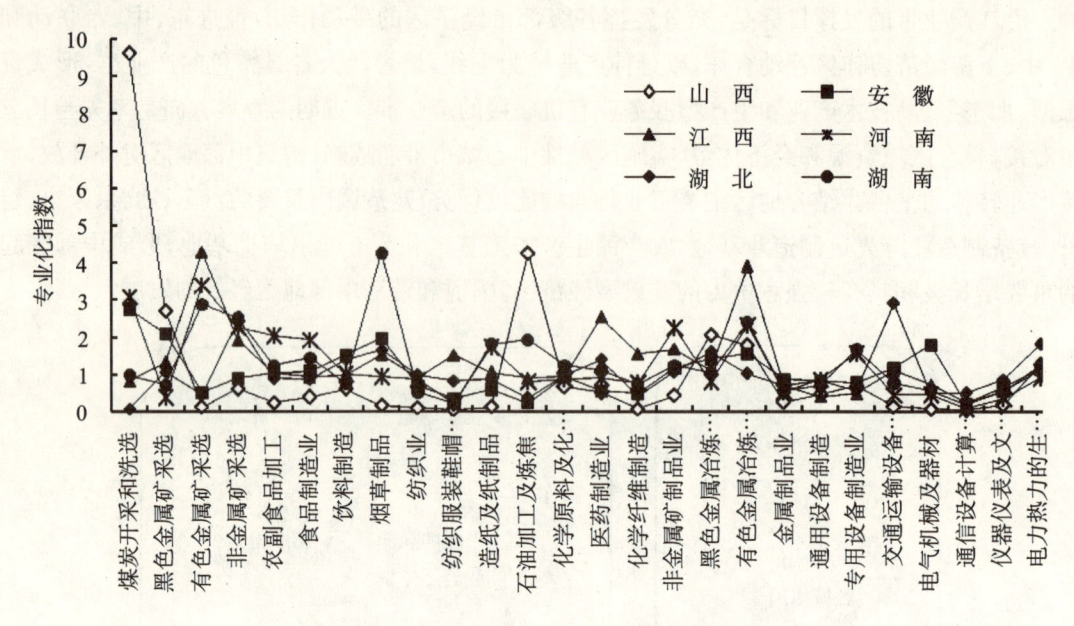

图9—4 中部六省工业行业的比较优势*

资料来源：根据《中国工业经济统计年鉴》(2006)相关数据计算整理。

*地区工业专业化指数＝地区第i类工业部门的增加值占地区规模以上工业增加值的比重除以全国第i类工业部门的增加值占全国规模以上工业增加值的比重。指数大于1，表明地区某行业在全国的集中程度高，具有一定的比较优势，指数越高，优势越突出。

表9—14 2005年武汉市优势制造业企业主要指标

企业名称	主营业务收入(万元)	资产总计(万元)	全部从业人员年平均人数(人)
东风汽车公司	11 238 863	12 981 335	114 606
武汉钢铁集团公司	5 437 421	7 109 864	98 190
神龙汽车有限公司	1 335 076	1 621 152	5 080
武汉烟草集团有限公司	1 072 785	1 091 915	6 134
湖北新冶钢有限公司*	856 685	684 255	6 773

*总部位于黄石。

资料来源：《中国工业经济统计年鉴》(2006)。

综合全国国土开发的基本格局，结合地区优势，武汉大都市经济区的战略定位是：中部崛起的重要战略支点；我国重要的先进制造业基地、科教文化中心、高新技术产业基地和现代服务业中心；长江中游地区的金融中心、商贸中心、科教中心、信息中心、人才中心；长江中游最大的综合交通枢纽和以电力、石油化工、汽车及精密机械、特色冶金和光电子信息产业基地。在制造业发展方向上，应逐步实现与中部其他核心城市的分工与协作，避免重复投资和低水平竞争。以汽车工业的发展为例，中部地区应结合现有汽车生产企业的优势，明确分工，逐步形成综合型汽车生产基地、客车生产基地、货车生产基地等不同功能的汽车生产体系,提高中部地区在全国汽车生产中的总体竞争能力(图9—5)。

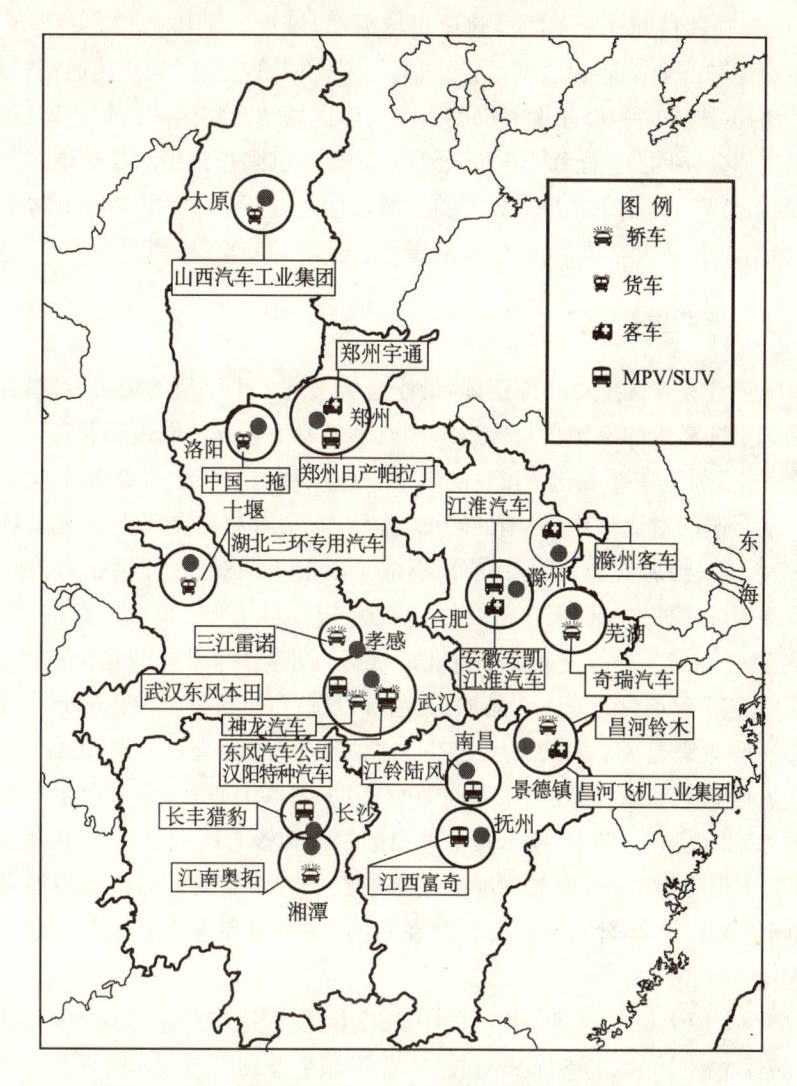

图 9—5 中部地区汽车工业分工协作的空间体系
资料来源:中国产业地图编委会、中国经济景气监测中心:《中国产业地图:汽车(2004~2005)》,社会科学文献出版社,2005年。

第三产业发展导向应大幅提升武汉核心区新兴服务业特别是生产型服务业的比重,尽快使金融、信息、物流、科技、中介等现代服务业有较大突破,初步形成较完备的现代服务体系。农业方面,应积极开发和保护国家战略性的稳高产商品粮油基地,重视农业产业化和农产品加工业的发展,以增加就业机会为渠道,推进农村剩余劳动力的有序转移,协调城乡发展。

此外,通过区域性基础设施系统、重大的区域性生态环境工程建设,强化区域联系与区域协作,有效引导人口和产业在空间上的适度集中。既有交通设施主要有京广、京九、汉丹等铁路和京珠、沪汉、武汉—宜昌等高速公路及107、316、318国道和武汉天河机场。目前，武汉港发展缓慢，长江货运量仅占水陆运输的2.3%；京广铁路运输压力大，武广段利用率超过90%，部分区段达100%；同时，长江干支防洪建设仍然薄弱，城市防洪压力较大。为了支撑武汉都市圈综合交通枢纽和产业基地的地位，加强同全国主要城镇密集区的快速通畅联系，引导中部乃至国土开发格局，未来应积极建设武汉都市圈与全国城镇密集区间的快速客运系统，构筑及时化的都市圈高速公路网；加强武汉港和天河机场建设，巩固长江中游枢纽港和华中枢纽机场的地位，构筑联系世界的都市圈门户；高度关注城市防洪建设，力争主要城市防洪达200年一遇，长江支堤和汉江干堤达百年一遇，保障沿岸社会经济的安全[①]。

三、中原人口—产业集聚区

中原人口—产业集聚区地处中原腹地，处于全国交通大十字架的中心位置，拥有亚洲最大的列车编组站和全国最大的零担货物转运站。该区是河南省以及周边相邻省区经济发展基础较好的区域之一，特别是在煤炭、电力、食品加工、冶金、建材、机械、轻纺等工业发展方面具有相当的规模。从全国的对比来看，河南的能源、食品加工、有色冶金工业在全国具有明显的竞争优势（图9—4）。以铝加工业为例，目前已形成了以中州铝业、万方铝业为核心的铝业生产基地，2005年，河南省原铝产量、氧化铝产量分别达193.96万吨、353.35万吨，占同期全国的比重分别高达24.9%、39.7%；食品加工行业的优势逐步集中在以"双汇"为龙头的肉类加工业、以"三全"、"思念"为龙头的速冻食品加工行业；机械行业以洛阳一拖、郑州宇通为龙头。

中原人口—产业集聚区未来的发展方向是：全国重要的制造业基地、能源基地、农产品加工基地与现代农业示范基地，区域性服务业中心、科技创新中心；河南省乃至中部地区承接发达国家及中国东部地区产业转移、西部资源输出的枢纽和核心区域之一；全国重要的物资流通中心；中原历史文化旅游中心；中部崛起的战略中心。区域发展方面应着力推进郑汴洛一体化，形成以郑州为核心载体，建设包括郑汴洛在内的、在华中和华北地区具有重要影响力的人口—产业集聚区。

郑州：发展为中原人口—产业集聚区的中心城市，全国区域性中心城市，全国重要的现代物流中心，区域性金融中心和现代服务业中心，先进制造业和高新技术产业基地。近期应以物流业为突破口，以市场为导向，以现代信息技术为支撑，以降低物流成本和提高物流效率为核心，统筹规划，整合资源，培育和完善现代物流市场体系和设施网络体系，增强郑州都市经济区为周边地区服务的能力。

洛阳：郑州都市经济区重要的功能单元，中原人口—产业集聚区的副中心，河南省重要的科研基地，全国重要的装备制造业、原材料基地和先进制造业基地，中国以历史文化和花卉为主的旅游中心城市。

开封：郑州都市经济区的重要功能单元，中国历史文化名城，国际文化旅游城市，中原地区

---

① 此段内容由课题组王成金博士提供。

重要的轻纺、食品、医药和精细化工基地。

许昌和新乡重点发展机械工业、现代农业示范基地与职业技术培训基地。

在基础设施建设方面,既有基础设施主要包括陇海、京广、焦枝和新菏等铁路和京珠、连霍、二广、郑州—登封等高速公路及207、310、107国道,拥有郑州新郑和洛阳等机场,是全国重要的综合交通枢纽地区。目前,交通干线运输压力较大,京广铁路和京珠、连霍高速拥堵严重,城市群快速交通网尚未建立,基础设施建设缺乏统筹考虑,保障能力相对较弱。为了加强中原城市群的交通枢纽地位,支撑城市群的社会经济发展,为东部产业的逐步西移提供保障,未来应重视以下基础设施建设:加快建设客运专线,构筑主要城市间的快速客运系统,实施干线铁路的电气化改造;推进高速公路和大容量快速通道建设,完善城市群内外快速交通网络;加快南水北调的中线工程建设,强化生态环境建设。

四、长株潭人口—产业集聚区

长沙位于湘中偏东北处,湘江下游,洞庭湖南,东接浙赣,西引川黔,北控荆楚,南领桂粤,素有"荆豫唇齿,黔粤咽喉"之称,既是内陆通向两广和东部沿海及西南边陲的枢纽地带,又是长江经济带和华南经济圈的结合部,具有与两大经济区域进行密切经贸合作的得天独厚条件[①]。

对于有着6 400万人口、城乡二元结构突出的湖南省而言,急需培养一个带动全省经济发展的核心。从三市发展的现状及优势出发,在功能整合的基础上,长株潭人口—产业集聚区未来的战略方向是:带动湖南省工业化和城市化的核心引擎、联系华中和华南的区域性中心、长江经济带的重要支撑点。在充分发挥三大城市各自比较优势的基础上,重点推进资源、产业、重大基础设施和生态环境建设的空间整合,增强集聚能力,通过优势融合和互补,实现区域经济一体化。

长沙:集聚区的核心与战略支点。通过大力培育壮大工程机械、汽车制造、绿色家电、高档卷烟、电子信息、新材料、高科技食品、精品纺织、生物医药、精细化工十大标志性工程企业,改造提升烟草食品、建材、纺织服装、花炮四大传统产业,加快发展金融、科技、教育、文化、信息、旅游业,着重构筑现代科教中心、商贸中心、文化中心及信息中心。

株洲:株洲是我国江南地区重要的铁路枢纽和重工业基地,拥有株洲冶炼集团、湘火炬汽车集团等全国著名的制造业企业。作为有基础优势的工业中心,要依托自身的交通中心地位,增创工业新优势,重点改造提升交通设备制造、有色冶金工业、化工、食品加工业、陶瓷业、建材业,并且培育发展新材料、医药保健制品、电子信息、先进制造技术和环保节能降耗等高新技术产业。

湘潭:加速黑色冶金、精细化工、机电、机械制造、建材、纺织及原料等传统工业的优化升

---

① 湖南省长株潭经济一体化发展协调领导小组办公室、湖南省发展和改革委员会:"长株潭经济一体化'十一五'规划",2006年8月。

级,努力培育光机电一体化、新兴材料、生物制药等高新技术产业和教育、文化、旅游等第三产业,力争建成新型的制造工业中心和新兴的科教基地。

此外,应把岳阳作为长沙与武汉大都市经济区、长江经济带对接和联系的重要桥梁。岳阳为沿江对外开放城市和湘北地区的门户城市,是洞庭湖地区首位城市,随着长江经济带的建设及洞庭湖治理力度的加大,其增长潜力明显。通过石化、机电、造纸、纺织等产业的发展,把岳阳发展成为湘北地区重要的增长极。

该区既有基础设施主要包括京广、浙赣—湘黔等铁路和长益、沪昆等高速公路以及黄花机场和长沙、株洲、湘潭等港口,是我国交通网络的密集区。目前,长株潭城市群的主干线压力大,路网尚不完善,京广铁路超负荷运营,黄花机场吞吐规模高于承载容量;横向交通联系较弱,环线公路尚未形成;中心城市地势较低,防洪形势严峻。未来建设在满足交通、能源等需求的同时,积极引导城镇发展,培育区域增长点;重点通过客运专线和干线铁路的电气化改造构筑快速主通道,提高铁路的支撑能力;构筑高速公路快速交通网,并实现交通组织公交化和同城化,推进城市群的协同发展;适度扩建长沙黄花机场,强化主要城市间的交通职能分工;整治湘江航道,强化港口建设,构筑北通长江的水运通道;加强防洪设施建设,提高城市防洪标准,长沙达200年一遇,株洲和湘潭达百年一遇;此外,积极建设横向交通线,强化城市群的东西联系,带动周边地区发展。

五、皖中人口—产业集聚区

皖中人口—产业集聚区是安徽省经济的心脏,特别是近年来主导产业加速成长,对省域经济的支撑作用显著增强。汽车、工程机械、电器设备等为特色的优势装备制造业实力雄厚,钢铁、有色金属、水泥建材、化工等传统的优势产业依然发展良好。拥有奇瑞汽车、江淮汽车、马鞍山钢铁、铜陵有色等全国制造业优势企业。

从安徽省域发展的角度,需要一个区域性中心担负组织管理与服务职能,使区域参与到更大尺度的分工与协作中。合肥的重点是增强省会城市的经济实力和提供高端服务的能力,特别是应发挥合肥在科研教育、高端服务方面的职能,与省域其他城市形成分工合作的体系。1994年合肥被国家批准为金融对外开放城市,同时合肥拥有科研教育实力,是全国重要的科研基地之一,因此在这方面具有较好的发展潜力。未来要力争发展成为全国区域性中心城市、区域性金融中心、先进制造业基地和科技创新基地,长江经济带的重要支撑点,安徽省参与更大区域尺度竞争与合作的门户城市。工业以结构调整和资本营运为契机,重点开拓区域市场,发展成为全国重要的家电生产基地、装备制造业基地[①]。大力发展服务业,提高服务业比重,吸引资金、人才,加快旅游、中介服务、金融、证券、商贸流通、城市公用事业等领域的开发,提高服务业的档次和水平,充分发挥服务业在提高城市功能和扩大联系方面的作用。

合肥市发展的战略导向应把巢湖、芜湖作为与长江经济带对接和联系的重要桥梁,通过汽

---

① 合肥市政府:《合肥市城市总体规划(2006~2020)》,2006年。

车、新型建材、纺织等产业的发展,把合肥发展成为长江经济带的重要支撑点,皖北地区的服务中心。沿江核心城市的功能定位如下。

芜湖:沿江重要的先进制造业基地和产品加工出口基地,国内最大的水泥熟料生产基地和新型建材基地;重点发展汽车及零部件产业、新型建材产业和电子电器产业,提升造船、造纸、纺织、服装等传统产业。马鞍山:沿江重要的钢铁工业基地。铜陵:主要发展以铜为主导的有色冶金,促进电子基础材料、精细化工产业等产业发展。安庆:皖西南地区的贸易中心、区域性经济中心和港口城市;重点发展石化、轻纺工业。

六、其他中心城市

1. 太原

太原市位于华北地区黄河流域中部,是国家重要的特种钢、主焦煤、棕刚玉、化工和重型机械制造基地,资源工业发达。从增强地区竞争力的角度,山西省需要构建一个服务于省域、面向全国的核心区域。

太原战略定位是:山西省政治经济发展的组织中枢和科教文化中心;全国重要的清洁能源、新材料加工基地和技术创新基地;全国重要的能源、合金钢、重型机械和重化工基地;全国煤炭资源交易中心和流通管理中心;华北地区交通枢纽;山西省参与国内外竞争的门户城市。

太原市经济联系的核心圈层由太原、晋中、阳泉和忻州组成。但近期应重点强化以太原和晋中为主体的城市建设。进一步构建以太原为中心的晋中人口—产业密集区域,强化"同蒲—大运"城镇与经济密集带的发展,推进产业和人口的空间集聚。太原作为山西省省会,华北西部区域性中心城市,全国重要的清洁能源和新材料加工和技术创新基地,强化综合服务功能和省域中心的组织与管理功能;改善城市的基础设施,构建省域现代化综合交通枢纽;改造能源、冶金、机电、化工等产业,实现产业结构的升级和优化。晋中市作为太原市的重要功能区,重点发展交通运输、机电、轻纺工业和物贸流通业。

2. 南昌

南昌市地处长江中下游,是唯一一个与长江三角洲、珠江三角洲和闽中南三角洲相毗邻的省会城市。南昌是江西省人口和经济最密集的地区,在全省经济发展中占重要地位。以南昌为核心,构建全省参与大区域竞争与合作的门户,对于带动江西省社会经济的发展和产业结构的升级具有重要的意义。因此南昌市的战略定位是:江西省经济增长的心脏,全省对外联系的门户,中部地区重要的制造业基地,沿长江经济带的重要支撑点。

南昌与北部城市九江所组成的昌九地区是江西省境内区位条件优越、基础设施完善、产业优势明显、经济社会发展最具活力和潜力的重要区域。未来应强化以南昌市和九江市为核心的城市建设与产业协作,把该区建成全省对外开放的平台和载体、推进新型工业化的示范区,打造江西崛起强力引擎。南昌市应进一步完善城市功能,加快发展先进制造业和现代服务业,强化南昌在江西省域范围内的综合服务功能和省域中心的组织与管理功能；以汽车、家电、机械制造业为依托,建设成为中部地区重要的制造业基地。九江要进一步发挥通江达海的区位优势,建成省域经济的重要支撑点、区域性物流枢纽以及沿长江重要的工业开发基地。

参 考 文 献

1. 安筱鹏、韩增林:《城市区域协调发展的制度变迁与组织创新》,经济科学出版社,2006年。
2. 方创琳等:《区域规划与空间管治论》,商务印书馆,2007年。
3. 金凤君、张平宇、樊杰等:《东北地区振兴与可持续发展战略研究》,商务印书馆,2006年。
4. 林斐:"推行多极城市群的中部崛起战略",见:周绍森、陈栋生主编:《中部崛起论》,经济科学出版社,2006年。
5. 李国平等:《首都圈:结构、分工与营建战略》,中国城市出版社,2004年。
6. 刘卫东等:《中国西部开发重点区域规划前期研究》,商务印书馆,2003年。
7. 刘卫东、陆大道:"新时期我国区域空间规划的方法论探讨",《地理学报》,2005年第6期。
8. 陆大道:"中国区域发展的新因素与新格局",《地理研究》,2003年第3期。
9. 谢守红:《大都市区的空间组织》,科学出版社,2004年。
10. 张晓平:"我国中部地区都市经济区空间组织体系研究",《地理科学进展》,2007年第6期。
11. 周一星、胡智勇:"从航空运输看中国城市体系的空间网络结构",《地理研究》,2002年第3期。
12. 中国产业地图编委会、中国经济景气监测中心:《中国产业地图:汽车(2004～2005)》,社会科学文献出版社,2005年。

第十章 基础设施发展态势与战略方向

基础设施是国土开发和区域可持续发展的重要支撑条件,直接影响着区域发展的潜力和居民生活的质量。中部六省地处我国基础设施网络的中枢区位,战略地位极其重要,其基础设施网络对本地乃至全国社会经济发展都具有深远影响。本章通过深入分析中部地区基础设施的发展现状,解析其存在问题,探讨未来的发展趋势,并提出相关的发展战略方向和建议。形成的主要观点如下。

- 中部地区的基础设施建设经历了"起步—快速—持续推进—高速"的发展过程,目前进入高速发展时期,加强基础设施建设符合中部崛起的战略需求。
- 中部地区地处我国中心地带,是我国基础设施网络的中枢,其基础设施是我国基础设施网络的核心组成部分,对全国基础设施网络的运转具有战略意义。
- 中部地区的基础设施已颇具规模,并形成了一定的空间格局与体系,对其社会经济发展具有坚实的支撑和保障作用。
- 中部地区的基础设施网络仍存在众多的问题需重点加以解决,未来全国和中部的社会经济发展要求中部地区继续加强基础设施建设。
- 未来应重点加强人口—产业集聚区和主要国土开发轴线的基础设施建设。

第一节 基础设施现状格局及特征

一、发展过程回顾

1. 基础设施建设起步早

中部作为我国的腹心地区,其基础设施建设起步较早。长江自古就是我国重要的水运干线,现代交通设施的建设历史也较长。新中国成立前,交通、电力等就已开始建设,尤其是以铁路为主的交通设施建设有了很大发展。20世纪初,石太、陇海、新焦、浙赣、京广等铁路建成通车,并建设了部分地方铁路;30年代,同蒲线和宁芜线建成通车,并围绕淮南、大同等煤矿建设了运煤专线。这些铁路建设奠定了中部铁路网络的基本框架。公路建设起步较早,1913年的长潭公路是我国最早的公路。防洪基础设施的建设历史悠久,黄河和长江是我国防洪建设的重点河流,洛河、沁河、汾河、伊河等黄河支流早在明清时期就有堤防建设,民国时期有所加强,但标准不高。

2. 新中国成立至20世纪80年代初,基础设施体系发展迅速

新中国成立后,基础设施建设同区域政策直接相关。新中国成立初至"文革"前,我国实施"以内地为重点,沿海与内地兼顾"的区域政策,交通建设和投资以铁路为主,并以内地为布局重点,同时发展公路、内河等交通基础设施。这使中部的交通设施有了长足发展,为国家建设和工业发展提供了重要支撑。1950年,对淮河进行了全面整治,修建水库、排水沟渠和水闸,开辟行蓄洪区,形成比较完整的防洪体系。1950～1959年,对黄河下游进行了第一次规模化的修堤,并对沁河、洛河、伊河和汾河等支流进行了堤防建设。"三五"和"四五"时期,交通建设重点转移到"三线"地区,新建铁路主要集中在四川和中部,如湘渝线、焦枝和枝柳线,使京广线以西的铁路建设发展迅速。同时,地方铁路持续建设,公路快速发展,综合交通运输网络逐步形成。1962～1965年,对黄河及沁河、伊河、洛河等支流进行第二次规模化的堤防建设。这时期中部基础设施加强建设,明显改善了我国腹心地区的基础设施条件,为当时的内地和"三线"建设及内迁企业的发展提供了保障。

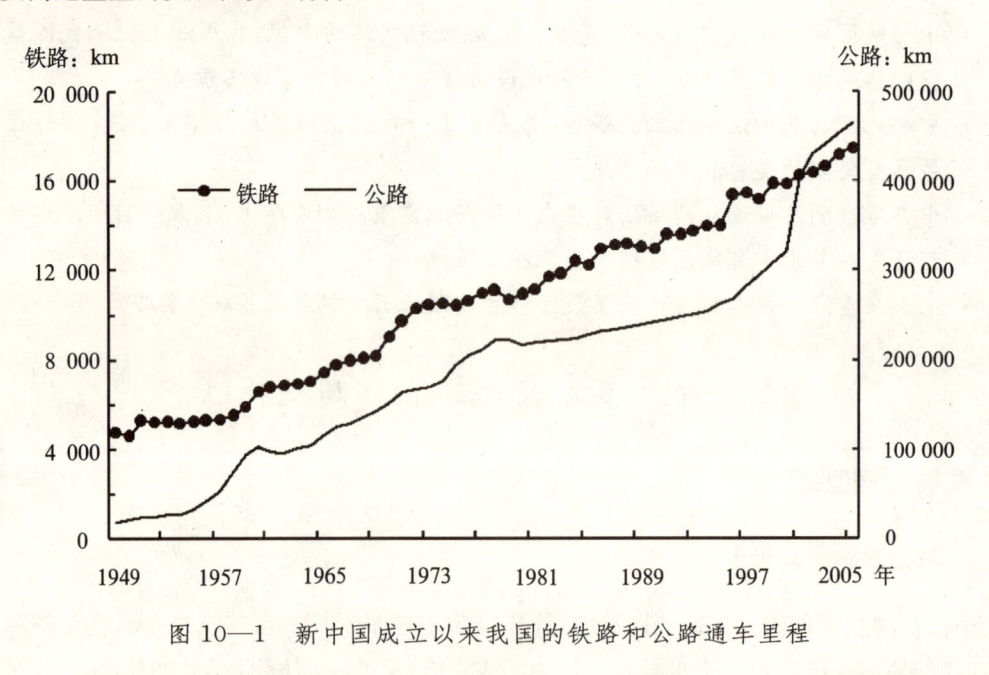

图10—1 新中国成立以来我国的铁路和公路通车里程

如图10—1所示,中部地区的铁路通车里程从1949年的4 747公里扩张到1973年的10 454公里,增长了1.2倍。1949年,中部铁路通车里程约占全国铁路总通车里程的21.78%,1973年这个比重提高到22.4%。1949年中部公路通车里程为18 178公里,而1973年上升到169 780公里,增长了8.3倍,占全国的比重也从1949年的22.5%提高到1973年的23.7%。

20世纪70年代中期,我国区域开发的重点开始转向沿海,交通建设的重点随之转移。但受建设时限的影响,中部仍是重要的建设区域。襄渝、枝柳、太焦、焦枝等铁路到80年代初才

相继通车。同时续建了皖赣线、邯长线等铁路,长江中游的港口也得到了建设。

3. 20世纪80～90年代,基础设施建设持续推进

20世纪80年代始,我国实行改革开放政策,区域发展的重点是东部沿海地区,交通建设随之转向沿海。这期间中部基础建设投资规模仍持续扩大,尤其90年代中期以来呈现快速增长趋势,为中部建设综合运输通道、完善基础设施网络和提高基础设施等级提供了强大支撑。突出特征是为配合晋煤外运,能源通道建设得到了加强,如京秦、大秦、新兖、邯长、侯月、新菏等铁路以及阜淮线和皖赣线。此外,实施了部分铁路的复线建设和电气化改造,如同蒲、陇海线郑州—徐州段、京广线衡阳—广州段、京秦和新焦等复线和京广线郑州—武昌段电气化。

如图10—1所示,1980年,中部地区的铁路通车里程为10 878公里,占全国的20.6%;到1990年,铁路通车里程达到12 959公里,占全国的比重提高到22.4%,期间的总量增长比较小。同时,1980年公路通车里程为216 802公里,占全国的24.54%;到1990年通车里程达到

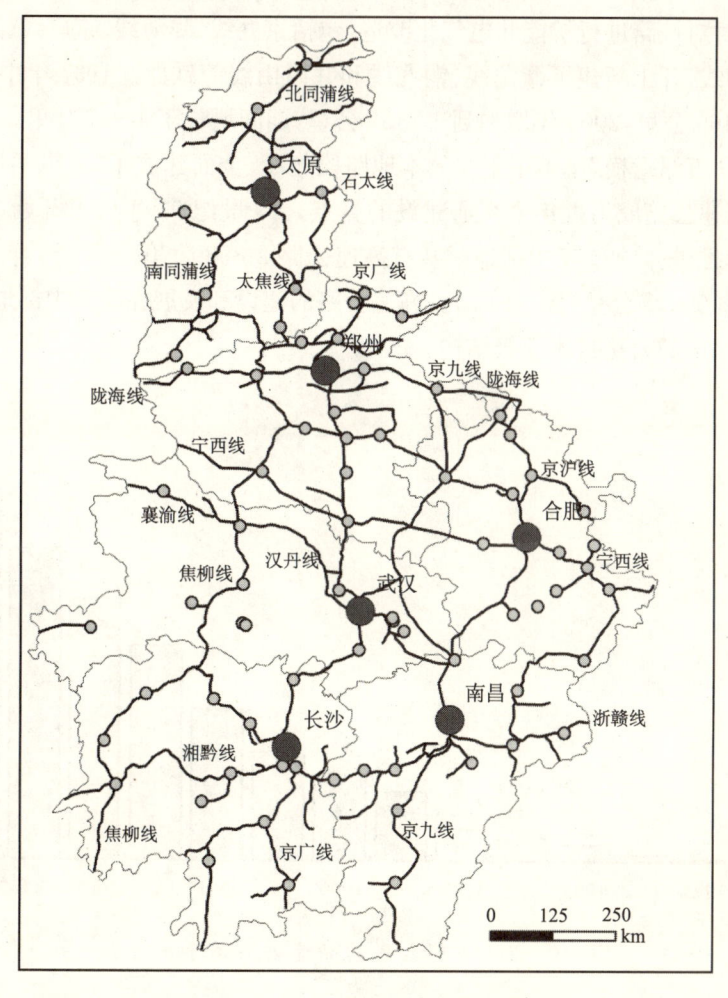

图10—2 中部地区铁路网络

242 234公里,占全国的比重下降到23.56%。20世纪90年代初,中部地区开始建设高速公路。1991年湖北省的武黄高速建成通车,1993年安徽省的合宁高速和江西省的昌九高速建成通车,1996年山西省的太旧高速、河南的郑汴高速、湖南省的长潭高速等相继通车。

4. 20世纪90年代末以来,基础设施体系快速发展

进入20世纪90年代后,国家开始关注区域差距,加快建设连接东中西部的区际通道,使中交通建设得到加强。先后实施建设了京广和湘黔铁路的电气化,浙赣和焦枝铁路的复线以及京九铁路,后者的贯通在中部地区形成了新的纵向通道。公路开始建设国道主干线,京珠、连霍、沪蓉等路线均经过本地区。此外,民航、航运建设也有长足进步。20世纪90年代末,我国实施西部大开发战略,继续强化区际通道建设,为中部基础建设带来了机遇,投资规模持续扩大。2004年交通投资增加到2 093.6亿元,为1981年的330倍。重点建设了宁西铁路,构筑了关中城市群至长江三角洲的运输通道;加强了昆明、成都至上海的通道建设以及沿江通道建设,同时对铁路进行扩能和电气化改造,包括京九线、陇海线、京广线、京沪线、北同蒲线、洛湛线、焦柳线,开工新建了赣龙线、铜九线和井冈山线等铁路。1997年中部地区的铁路通车里程达15 460公里,2005年增加到17 457公里,期间增长了1 997公里。

公路加强了"五纵七横"国道主干线的本地路段建设,全面建成了"三纵两横"国道主干线的本地路段。高速公路成为近年来交通建设的亮点。20世纪90年代末开始,中部地区的高速公路建设快速推进。1999年中部地区共有高速公路2 353公里,到2005年达到10 476公里,期间增长了8 000多公里(图10—3)。高速公路的建设和发展在改善中部地区通达性的同时,提高了整个地区的公路技术等级结构。

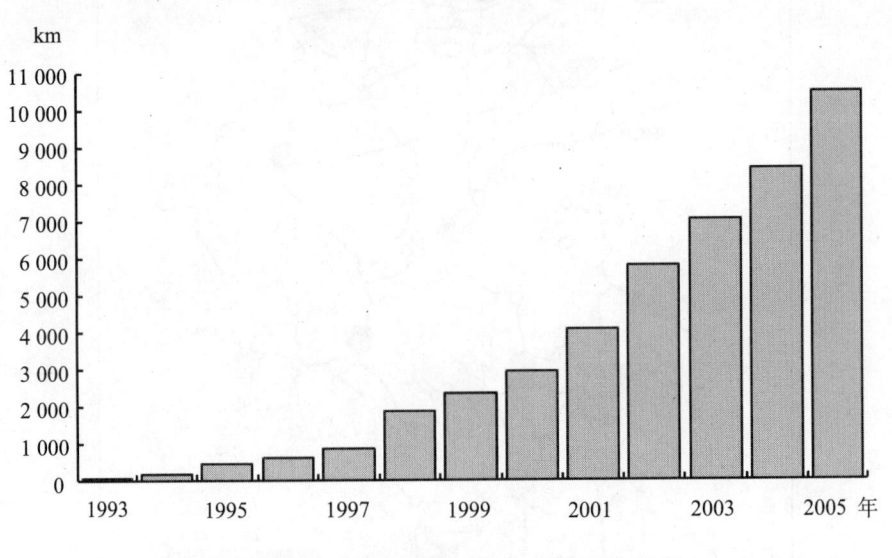

图10—3 中部六省的高速公路通车里程

1998年长江洪水后,国家实施了以堤防为重点的防洪建设,重点是长江中游。对干支流河道、湖区进行了整治及清淤疏浚;对病险水库进行了除险加固;建设了紫坪铺、皂市、江垭、廖坊、大房郢等防洪水库;加强了重点分蓄洪区和重点城市的防洪建设,防洪能力得到很大提高。至2004年底,共投资769亿元加高加固了长江中下游干支流堤防5 341公里,对1 400余处圩垸实施平垸行洪、退田还湖,恢复水面2 900平方公里和蓄水能力130亿立方米。

二、主要驱动因素

1. 区域发展政策主导着基础设施发展的重点区域

从国家宏观战略的层面来看,中部地区的基础设施建设进程主要受国家区域发展政策影响。新中国成立初至"文革"前,我国实施"以内地为重点,沿海与内地兼顾"的区域政策,中部地区作为内地的重要组成部分,基础设施建设得到了长足发展。铁路、公路、内河等设施迅速扩张,明显改善了中部地区的基础设施条件。20世纪70年代中期开始,区域发展的重点逐渐转向沿海。中部虽然不是当时布局的重点地区,但受建设周期的影响,仍是重要的建设区域。20世纪80年代始,我国区域发展重点全面转移到东部。期间中部的基础建设投资规模仍持续扩大,能源、铁路建设有所加强,基础设施建设进程持续推进。进入90年代,国家开始关注区域差距,加快区际通道建设,中部基础设施建设进入了快速发展时期。

西部大开发战略的实施给中部基础设施的发展带来历史机遇。"十五"西部开发总体规划的目标之一就是改善基础设施条件,建设水利、交通、能源、通信等领域重大基础设施。交通建设以公路建设为重点,加强铁路、机场、内河航运建设,扩大西部与东部的运输通道,实现通江达海。其中,铁路要强化西北至华东陆桥、西安至南京、昆明和成都至上海、包头至柳州等通道;公路建设要加快"五纵七横"国道主干线和西部省际公路通道建设;内河航运重点建设长江航运设施,打通西部与东部地区沟通的水运通道。在西部大开发战略的带动下,中部地区的基础设施建设也得到加快,包括宁西、渝怀(重庆—怀化)、新菏线、长荆(长江埠—荆门)、朔黄、武汉—安康、宜昌—万州、襄渝、合肥—武汉等铁路。其中,最为引人注目的是宁西铁路,为西部地区穿越中部、连通长江三角洲提供了保障。

2. 国家交通规划起着重要的控制和指导作用

相关部门的中长期发展规划或计划,是中部基础设施建设的宏观纲领,主导着基础设施体系的构成、组织方式与规模。①铁路规划:20世纪80年代,铁道部制定了《铁路发展长期规划提纲》,确立了全国铁路发展的基本框架;"九五"期间制定了《铁路四大干线提速规划》,实施京沪、京广、京哈、陇海四大干线提速,为中部铁路改造提供了重大机遇;《"十五"计划和2015年规划思路》提出建设"八纵八横",其中京沪、京广、大(连)湛(江)、包柳等纵向通道和北煤南运、陆桥、宁西、沿江、沪昆等横向通道均通过中部,为中部铁路网的进一步完善与技术改造提供了契机。②公路规划:1992年交通部制定了《国道主干线规划》,建设"五纵七横"的主干道网,其中北京—福州、北京—珠海、二连浩特—河口等纵向干线与连云港—霍尔果斯、上海—成都、上海—瑞丽、青岛—银川、衡阳—昆明等横向干线均途经中部；该规划是20世纪90年代至21世纪初我国公路建设的纲领,直接影响了中部地区的公路建设。③防洪规划:防洪设施的建设主要受各流域的防洪规划与综合利用规划的影响。在长江流域,影响比较大的有1959年的《长江流域综合利用规划要点》和1992年的《长江中下游蓄洪防洪规划》；在淮河流域,主要有1991年的《关于进一步治理淮河和太湖的决定》和2002年的《淮河流域防洪规划》；在黄河流域,主要是1964年制定的《黄河下游防洪十二年规划(草案)》和1997年的《黄河治理开发规划纲要》。以上各种国家级规划对中部地区的交通与水利防洪设施建设和组织模式产生了巨大影响。

专栏10—1

"五纵七横"国道主干线规划

20世纪80年代,随着改革开放的推进和经济社会的发展,社会对交通需求迅速增加,我国多数干线公路、城市出入口和沿海发达地区堵车、压港现象严重,交通基础设施对国民经济发展的"瓶颈"制约进一步加剧。为此,我国交通部于80年代末制定了《"五纵七横"国道主干线系统规划》,1992年获国务院审批,并于1993年正式部署实施。该规划提出,我国未来国道主干线应采取"五纵七横"的布局方案,总长约3.5万公里,由12条国道主干线和公路主枢纽及信息系统构成,是全国公路网的主骨架,主要路线采用高速公路技术标准。其中,"五纵"是指五条南北走向国道主干线,分别指同江至三亚、北京至福州、北京至珠海、二连浩特至河口、重庆至湛江；"七横"是七条东西走向国道主干线,分别指绥芬河至满洲里、丹东至拉萨、青岛至银川、连云港至霍尔果斯、上海至成都、上海至瑞丽、衡阳至昆明。"五纵七横"国道主干线连接了首都、各省省会、直辖市、经济特区、主要交通枢纽和重要对外开放口岸,覆盖了全国所有人口在100万以上的特大城市和93%的人口在50万以上的大城市,是具有全国性政治、经济、国防意义的重要干线公路。1998年以来,依据该规划,国道主干线建设进入加快发展阶段,而2003年以来进入全面建成阶段。

3. 地方基础设施建设的积极性起着重要的推动作用

随着我国基础设施投资结构的变化,地方政府开始在基础设施建设中发挥重要作用。在公路建设投资中,地方政府的作用非常重要,尤其是在省道和县乡道路建设中发挥了巨大作用,成为建设投资的主体。同时,随着港口管理权力的下放,地方政府和企业在水运和港口的建设中也开始发挥巨大作用,一些企业成为专用码头的投资与经营主体。随着铁路建设的改革,地方政府也开始发挥重要作用,积极独资或与铁道部合资建设并经营部分铁路线。其中,

"十五"期间,山西省投资建设了宁武至静乐、武乡至墨灯、沁源至沁县等铁路,河南省投资建设了临汝至登封铁路,湖北省和铁道部合资修建了长荆铁路,安徽省和铁道部合资建设了合九铁路。截止到2005年底,中部地区的合资铁路共有1 329公里,约占全国合资铁路总量的15.7%,主要分布在山西省。同时,中部地区的地方铁路达1 707公里,约占全国地方铁路总量的35.8%,主要分布在河南省(表10—1)。这说明地方政府在中部地区的基础设施建设中发挥了巨大作用。

表10—1　中部地区的铁路构成　　　　　　　　　　　　　　　　单位:公里、%

	铁路营业里程	国家铁路	合资铁路	地方铁路
山西	3 154	2 512	485	157
安徽	2 353	1 984	281	88
江西	2 424	2 309	44	71
河南	4 099	2 846	41	1 212
湖北	2 525	2 172	219	134
湖南	2 902	2 598	259	45
中部	17 457	14 421	1 329	1 707
全国	75 438	62 201	8 462	4 775
占全国比重	23.14	23.18	15.71	35.75

资料来源:根据《中国交通年鉴》整理。

三、在全国运输网中的地位

1. 全国交通网络的中枢

具有全国意义的重大交通线大多经过中部地区,如京广、京九、陇海、浙赣—湘黔、焦枝等铁路和长江航道,重要的区际高速公路和国道也经过该地区,由此形成了众多具有全国意义的综合运输走廊。

首先,我国重大交通路线,尤其是横向交通线和纵向交通线在中部地区交汇和衔接,客货流在此进行中转或编解或联运,促使中部成为我国交通枢纽地区。京广铁路自北向南依次与陇海铁路、宁西铁路、长江航道、浙赣—湘黔铁路,分别在郑州、信阳、武汉、株洲相交汇。焦枝铁路则分别与陇海铁路、汉丹铁路、长江航道、湘黔铁路在洛阳、襄樊、枝城、怀化等城市交汇。京九铁路分别和陇海铁路、宁西铁路、长江航道、浙赣铁路在商丘、潢川、九江和南昌相贯通。重要铁路线路的交汇,促使郑州、株洲、襄樊、怀化、南昌等成为全国重要的铁路编组站,而武汉、枝城、九江等成为全国重要的水铁联运基地。

其次,全国重要的高速公路和国道主干线也在中部交汇和贯通。连霍高速与京珠高速在郑州交汇,构成我国高速公路纵向和横向交通的枢纽。106、107、105、206、207、205、209、208、220等纵向国道线与307、309、310、311、312、319、316、318、320、322、323等横向国道线分别经过中部地区,并在此交汇,使郑州、南昌、长沙、武汉、合肥、太原等成为重要的公路交通枢纽。

2. 区际过境交通流巨大

作为全国交通网络中枢的区位,给中部地区带来了规模庞大的区际过境交通流,并成为中部地区综合运输体系的重要特征。这进一步说明中部地区交通网络对集散全国客货流具有战略意义。

区际过境铁路客货流持续增多。如表10—2所示,1985年中部过境铁路货流为7 723万吨,占全国铁路货流的6.1%,而2005年达21 990万吨,占全国的9.5%。其中,过境货流以纵向为主,1985年占63.1%,集中于京广和京沪铁路,但该比重逐步降低,2005年为52.1%,而横向货流增长较快。同时,区际过境铁路客流增长也很迅速(表10—3)。对我国具有代表性的228个城市间的铁路客流分析表明,1990年中部地区的铁路过境客流为4 034.1万人次,2004年上升到9 949.3万人次。这说明中部地区是重要的交通通道。

表10—2　中部地区过境铁路货流　　　　　　　　　　　单位:万吨、%

区际	1985年 运量	1985年 比重	2005年 运量	2005年 比重	区际	1985年 运量	1985年 比重	2005年 运量	2005年 比重
华北—华东	770	10.0	2 559	11.6	华东—华东	1 331	17.2	2 503	11.4
华北—华南	373	4.8	573	2.6	华东—华南	434	5.6	1 149	5.2
华北—西南	285	3.7	948	4.3	华东—西南	559	7.2	2 583	11.7
华北—西北	499	6.5	1 219	5.5	华东—西北	993	12.9	4 888	22.2
东北—华东	1 008	13.1	1 995	9.1	华南—西南	411	5.3	1 367	6.2
东北—华南	226	2.9	265	1.2	华南—西北	148	1.9	703	3.2
东北—西南	299	3.9	770	3.5	中部小计	7 723	6.1	21 990	9.5
东北—西北	387	5.0	468	2.1	全国	127 516	100.0	230 919	100.0

资料来源:根据《中国交通年鉴》整理。

表10—3　中部地区过境铁路客流　　　　　　　　　　　单位:人次、%

区段	1990年 客流	1990年 比重	1995年 客流	1995年 比重	2005年 客流	2005年 比重
东北—华东	5 150 732	1.05	5 931 325	1.11	10 355 000	0.96
东北—华南	106 358	0.02	99 421	0.02	1 318 000	0.12
东北—西北	556 074	0.11	136 020	0.03	551 000	0.05
东北—西南	1 401 775	0.29	229 978	0.04	402 000	0.04
华北—华东	14 257 459	2.90	14 528 400	2.72	26 483 000	2.44

续表

区段	1990年 客流	比重	1995年 客流	比重	2005年 客流	比重
华北—华南	2 045 387	0.42	2 201 116	0.41	3 945 000	0.36
华北—西北	3 383 072	0.69	4 045 419	0.76	8 013 000	0.74
华北—西南	2 662 867	0.54	3 377 524	0.63	5 601 000	0.52
华东—华南	2 352 682	0.48	3 003 334	0.56	8 143 000	0.75
华东—西北	3 233 398	0.66	3 842 255	0.72	7 896 000	0.73
华东—西南	2 356 205	0.48	4 802 951	0.90	13 998 000	1.29
华南—西北	506 431	0.10	985 037	0.18	1 867 000	0.17
华南—西南	2 328 991	0.47	5 029 607	0.94	10 921 000	1.01
过境小计	40 341 431	8.22	48 212 387	9.04	99 493 000	9.18
中部客流流入	34 809 470	7.09	46 384 239	8.69	106 048 000	9.79
中部客流流出	34 387 040	7.01	46 371 069	8.69	103 180 000	9.52
全国客流	490 872 495	100.00	533 511 201	100.00	1 083 394 000	100.00

资料来源:根据《中国交通年鉴》整理。

公路过境交通流持续增长。如表10—4所示,我国纵向和横向公路干线的车流量增长很快。纵向公路交通流以北京为起点直达华南,尤其以京珠通道为多。横向公路交通流以上海为起点直达西北和西南。1995～2002年期间,各方向的公路交通流增长都较快。

表10—4 中部地区干线公路车辆交通流　　　单位:辆标准车/日

通道名称	交通车流 1995年	2002年	通道名称	交通车流 1995年	2002年
北京—珠海	18 884	36 191	宁波—瑞丽	6 729	13 846
上海—成都	12 476	28 824	南京—黄山	26 740	11 960
南京—郑州	19 488	26 510	连云港—霍尔果斯	8 090	11 812
北京—福州	9 883	24 249	日照—兰考	10 929	11 382
上海—昆明	6 652	23 580	济南—深圳	5 976	10 649
北京—深圳	9 270	21 811	青岛—兰州	4 880	10 530
上海—西安	7 362	18 966	二连浩特—广州	5 061	7 885
北京—昆明	6 521	18 845	黄山—南平	3 294	6 811
青岛—银川	12 223	18 239	武汉—兰州	3 198	5 567
衡阳—桂林	8 424	15 561			

四、现状特点

1. 综合交通设施规模相对较大

经过多年的建设与发展,中部地区已初步形成由铁路、公路、航空、水运等交通方式组成的综合交通设施网络,具有相对较大的运网规模,成为全国综合交通运输网络的核心部分(表10—5)。这是支撑和保障区域发展的基本物质条件。

表10—5 中部地区主要交通设施构成

类型	主要构成	总量规模	占全国比重
铁路	京广线、京沪线、焦柳线、太焦线、南北同蒲线、宁西线、陇海线、侯月线、浙赣线、湘黔线、京九线、襄渝线	17 457 km	23.1%
编组站	大同、太原、郑州、江岸西、武昌、襄樊、阜阳、淮南、鹰潭、向塘西、株洲、衡阳和怀化南	13个	26.5%
公路	104、105、106、107、108、109、205、206、207、208、209、220、307、309、310、311、312、318、319、320、322、323	463 507 km	24.0%
公路主枢纽	太原、合肥、南昌、郑州、武汉、长沙、衡阳	7个	15.6%
高速公路	京珠高速、连霍高速、京沪高速、大运高速、宁合—合安—宜黄高速、太焦高速、太旧—太柳高速、宁洛高速、太焦高速、合巢芜高速、合徐—合安—昌九—泰赣高速、宁马—马芜—芜宣—宣广高速、孝襄—襄十高速、南洛—许襄—襄荆高速、濮鹤高速、兰许高速、九景高速、昌九—乐温—温沙高速、梨温—温厚—昌金高速、长张高速等	10 476 km	25.5%
机场	长沙、武汉、郑州、南昌、太原、张家界、合肥、宜昌、黄山、徐州、洛阳、长治、景德镇、常德、恩施、运城、襄樊、南阳、赣州、井冈山、安庆、永州、芷江、大同	24个	14.4%
港口	芜湖、马鞍山、铜陵、安庆、池州、南昌、九江、武汉、黄石、荆州、宜兴、枝城、洪湖、长沙、城陵矶	6 572个(泊位)	21.3%

目前,中部地区较为重要的铁路主要有京广、京沪、京九、陇海、焦柳、宁西、同蒲、浙赣—湘黔等铁路,此外还有部分地方铁路。2005年营业里程达17 457公里,占全国的23.1%。同时,拥有13个编组站,编解量约占全国的32%。其中郑州是我国最大的编组站,编解规模占全国的5.4%。

上世纪90年代末开始,公路建设加快,尤其高速公路发展迅速,通车里程不断增加。2005年公路里程达463 507公里,占全国的24%;其中高速公路达10 476公里,占全国的25.5%。同时,形成的公路枢纽较多。1997年交通部确定的45个公路主枢纽中,中部有太原、合肥、南昌、郑州、武汉、长沙、衡阳7个。

民用机场不断增多,航空网络不断扩展。目前,中部地区有23个机场。长沙黄花和武汉天河机场吞吐规模较大,分别位居全国第十六和十七位。武汉天河机场为华中地区的枢纽机场。黄山和张家界机场为旅游机场。

中部地区拥有庞大的长江水系,港口较多,包括芜湖、马鞍山、铜陵、安庆、南昌、九江、武汉、荆州、长沙等。其中,武汉和芜湖两港规模较大(前者为长江中游的枢纽港),其他港口规模较小。中部共有大小泊位6 572个,占全国内河泊位总量的21.3%,主要分布在鄂、湘、皖和赣四省的长江干支流水系。

2. 初步形成了"三纵三横"综合运输走廊

目前,中部地区已形成"三纵三横"的综合运输走廊,成为区域综合运输网络的骨架和具有全国意义的交通通道,在沟通我国南北方和联系东中西部方面发挥了巨大作用,并成为区域发展或国土开发的主要轴线。

"三纵"自东向西依次为京广通道、京九通道、焦柳通道。京广通道由京广铁路和京珠高速及其他公路和沿线机场组成,京九和焦柳通道分别依托京九和焦柳铁路及沿线公路、机场所形成,是中部纵向联系的重要综合运输通道。京广通道始于京津冀都市圈,途经中原城市群、武汉都市圈和长株潭城市群,连通珠江三角洲,是我国纵向联系主通道和二级国土开发轴线。焦柳通道途经豫西、鄂西和湘西等欠发达地区,京九通道途经鲁西、豫东、皖西北、鄂东、赣南等欠发达地区,对带动落后地区的开发和发展具有重要意义。

"三横"自北向南依次为陇海通道、长江通道、浙赣—湘黔通道。陇海通道依托陇海铁路和连霍高速及相应公路、机场形成,长江通道依托长江"黄金水道"形成,浙赣—湘黔通道主要依托铁路而形成,是中部横向联系的重要综合运输通道。陇海通道连通西部、中原城市群和东部沿海,长江沟通长江三角洲、武汉都市圈和成渝城市群,浙赣—湘黔通道沟通长江三角洲、赣中、湘中、黔中直至云南,这些通道是沟通沿海地区和中西部地区的重要保障和国土开发轴线。

3. 客货运输总量规模大

随着中部经济的发展和交通设施网络的完善,区内外交通联系不断加强,客货运输有了大幅增长。如表10—6所示,2005年中部客货运量分别为43.9亿人次和43.8亿吨,客货运周转量分别为4 337亿人公里和9 539亿吨公里。以上指标除货运周转量外均占全国总量的23%左右。其中,铁路客货运量分别为2.6亿人和9.9亿吨,客货周转量分别为2 187.1亿人公里和6 248.5亿吨公里,这些指标除客运量外均占全国的30%以上。由此可以看出中部铁路的运输地位和物资输送功能。公路客货运量在全国的比例小于铁路,但仍占25%;水运占有一定比重,约10%以上。2005年,中部航空客流为2 238.5万人次,航空货运量为23.6万吨,规模相对较小,分别占全国的7.9%和3.7%。规模巨大的客货运量,既反映中部社会经济发展对交通运输的需求,也反映出中部在全国交通运输体系的重要地位。

表10—6　2005年中部地区运输量概况　　　　　　　　　　单位：万吨、万人

	货运				客运			
	总计	铁路	公路	水运	总计	铁路	公路	水运
全国	1 862 066	269 296	1 341 778	219 648	1 847 018	115 583	1 697 381	20 227
山西	133 662	57 366	76 201	95	39 975	3 411	36 456	108
安徽	67 125	10 386	49 614	7 125	72 657	3 486	68 927	244
江西	33 996	5 532	25 025	3 439	41 586	3 906	37 253	427
河南	78 699	14 708	62 684	1 307	97 896	5 879	91 920	97
湖北	46 766	5 341	33 481	7 944	70 497	3 713	66 183	601
湖南	77 534	5 879	67 040	4 615	116 091	5 661	109 728	702
合计	437 782	99 212	314 045	24 525	438 702	26 056	410 467	2 179

资料来源：根据《中国交通年鉴》整理。

4. 交通设施与运输存在明显的内部差异

由于中部各省的区位条件不同，经济发展水平各异，使中部交通网络与运输形成较为明显的内部差异(表10—7)。

表10—7　中部地区交通设施与运输构成　　　　　　　　　　单位：%

		山西	安徽	江西	河南	湖北	湖南
铁路	通车里程比重	18.07	13.48	13.89	23.48	14.46	16.62
	货运量比重	57.82	10.47	5.58	14.82	5.38	5.93
	客运量比重	13.09	13.38	14.99	22.56	14.25	21.73
公路	通车里程比重	15.01	15.71	13.44	17.15	19.66	19.03
	高速公路里程比重	16.09	14.33	14.88	25.56	15.74	13.39
	货运量比重	24.26	15.80	7.97	19.96	10.66	21.35
	客运量比重	8.88	16.79	9.08	22.39	16.12	26.73
水运	港口泊位比重	0.96	19.40	24.69	0.86	30.46	23.61
	货运量比重	0.39	29.05	14.02	5.33	32.39	18.82
航空	机场数量比重	13.64	13.64	18.18	13.64	18.18	22.73
	客运量比重	10.83	8.60	11.03	14.27	23.86	31.39

资料来源：根据《中国交通年鉴》整理。

从交通设施来看，公路、航空和港口与铁路大致形成南北互补的格局。首先，铁路网在北

方地区比较密集,尤其以河南省最密,占中部地区铁路里程的23.5%,其次是山西省(18.1%),而安徽和江西两省最低。第二,公路网在南方地区比较密集,湖北和湖南两省占有较高的比重。但高速公路网的分布在河南省比较密集,其他五省相对均衡。第三,受自然条件的影响,港口泊位主要分布在湖北、湖南和江西及安徽四省,尤以湖北省最多,大致形成沿长江的分布格局。山西和河南两省的港口设施极少。第四,机场布局总体偏集于南方地区,其中湖南省的机场数量略多。

运输活动需要借助交通设施网络来实现。从运输活动的角度看,中部地区的运输构成也有较为明显的区域差异。第一,中部地区的客运量主要生成于湖南和河南两省。从具体交通方式来看,铁路和公路客运量主要集中在河南和湖南两省,其他四省的铁路客运量规模相当。山西和江西两省的公路客运量比重较低。航空客运量主要集中在湖南和湖北两省,安徽省的比重较低。第二,货物运量主要生成于山西和河南及安徽省。其中,铁路货运量主要集中在山西和河南省,前者所占比重高达57.8%;公路货运量以山西、湖南和河南省的比例为高;水路货运量主要集中在湖北、安徽和湖南省,其中湖北省占了32.4%。

5. 水利及防洪基础设施渐成体系

长江流域是全国防洪的重点地区,目前已形成以堤防为基础,分蓄滞洪区、防洪水库、河道整治相配套的防洪体系。长江中下游堤防包括干支流堤防和湖堤约3万公里,分蓄洪区有40处,可蓄滞洪水500亿立方米。此外,有水库4万多座,库容1 222亿立方米,其中大型水库152座,库容1 195亿立方米,其中的三峡水库对长江防洪具有关键作用。1998年以来,对阻碍行洪的洲滩民垸、重点两湖蓄洪垸和"三年两溃"民垸进行了"平垸行洪、退田还湖",建立了包含1 000多个报汛站的水情信息系统。目前长江干流防洪能力得到很大提高,可基本满足经济社会可持续发展的需求。

目前,黄河中下游已形成以水库、堤防、分滞洪区为主"上拦下排、两岸分滞"的防洪体系。上拦工程有三门峡和小浪底、伊河的陆浑、洛河的故县等水库,下排工程主要是黄河大堤、支流堤防和河道整治。三门峡水库用于敞开闸门泄洪,陆浑水库主要配合三门峡水库削减洪峰流量,故县水库配合以上水库减轻下游洪水威胁。临黄大堤一般高7~10米,最高达14米,顶宽7~15米。滞洪区主要有北金堤和大功两处,前者面积2 316平方公里,后者达2 040平方公里。小浪底水利枢纽的完工,极大地提高了黄河中下游的防洪能力。

淮河也初步形成了比较完整的防洪、除涝、灌溉、供水等工程体系。共有水库5 700多座,总库容近270亿立方米。重要堤防有洪汝河、沙颍河、涡河堤防等,中游淮北大堤为百年一遇标准。行蓄洪区主要分布在淮河干流自淮凤集至洪泽湖间的湖泊洼地,约4 000平方公里。另有各类水闸5 000多座,其中大中型水闸约600座,拦蓄河水,汛期可泄洪、排涝、分洪、御洪。

第二节 基础设施体系存在的问题

一、交通基础设施体系

1. 交通设施规模偏小,综合运输网络尚不完善

中部交通设施的总体规模仍然偏小,综合运输网络尚不完善,不但制约着中部地区的发展,而且也影响它在全国的功能以及全国交通网络的发展。

(1)公路等级偏低。三级以下公路较多,占公路总量的81.4%(表10—8)。公路网以纵向路线为主,横向公路较少,东西向公路交通联系未能形成。如表10—9所示,高速公路发展缓慢,2005年通车里程仅为10 476公里。沿江高速公路尚未贯通,影响着沿江开发轴线的形成与发展。总体上,中部地区的公路通车里程和路线密度均低于东部,部分城市尚未连通。在东部地区,辽、鲁、苏、浙、粤等省份已实现省会到地市全部由高速公路连接。

表10—8 2005年中部地区公路等级结构　　　　　　　　　单位:公里、%

	公路通车	等级公路 合计	高速公路	一级公路	二级公路	三级公路	四级公路	等外公路
山西	69 563	67 785	1 686	1 011	11 586	15 998	37 503	1 779
安徽	72 807	67 083	1 501	338	9 633	12 537	43 074	5 724
江西	62 300	43 523	1 559	565	8 555	6 193	26 652	18 777
河南	79 506	75 003	2 678	106	21 684	11 840	38 695	4 503
湖北	91 131	76 075	1 649	1 093	15 225	11 229	46 880	15 055
湖南	88 200	45 801	1 403	530	5 563	5 856	32 448	42 399
合计	463 507	375 270	10 476	3 643	72 246	63 653	225 252	88 237
内部构成	100.00	80.96	2.26	0.79	15.59	13.73	48.60	19.04
占全国比重	24.01	23.58	25.55	9.49	29.32	18.47	24.45	26.05

资料来源:根据《中国交通年鉴》整理。

表10—9 2005年我国铁路和高速公路分布　　单位:公里、公里/百平方公里

省份	铁路 里程	铁路 密度	高速公路 里程	高速公路 密度	省份	铁路 里程	铁路 密度	高速公路 里程	高速公路 密度	省份	铁路 里程	铁路 密度	高速公路 里程	高速公路 密度
北京	1 125	6.70	548	3.26	山西	3 154	2.10	1 686	1.12	贵州	1 986	1.17	577	0.34
天津	665	6.05	593	5.39	内蒙古	6 246	0.57	1 001	0.09	重庆	1 269	1.55	748	0.91
河北	4 652	2.45	2 135	1.12	吉林	3 562	1.98	542	0.30	四川	2 960	0.62	1 758	0.37
辽宁	4 171	2.78	1 773	1.18	黑龙江	5 655	1.23	958	0.21	云南	2 328	0.61	1 421	0.37

续表

省份	铁路里程	铁路密度	高速公路里程	高速公路密度	省份	铁路里程	铁路密度	高速公路里程	高速公路密度	省份	铁路里程	铁路密度	高速公路里程	高速公路密度
上海	269	4.64	560	9.66	河南	4 099	2.56	2 678	1.67	陕西	3 131	1.65	1 226	0.65
江苏	1 616	1.62	2 886	2.89	安徽	2 353	1.81	1 501	1.16	甘肃	2 300	0.51	1 006	0.22
浙江	1 292	1.29	1 866	1.87	江西	2 424	1.52	1 559	0.97	宁夏	792	1.20	670	1.02
山东	3 319	2.21	3 163	2.11	湖北	2 525	1.40	1649	0.92	新疆	2 761	0.17	541	0.03
福建	1 613	1.34	1 208	1.01	湖南	2 902	1.38	1 403	0.67	青海	1 092	0.15	171	0.02
广东	2 225	1.24	3 140	1.74						西藏	—	—	—	—
海南	2 222	6.54	625	1.84										
广西	2 729	1.19	1 411	0.61						全国	75 438	0.81	41 005	0.44

资料来源：根据《中国交通年鉴》整理。

(2) 铁路网总体规模仍然偏小，而且技术等级偏低。铁路线以单线为主，双线少，路网技术改造任务繁重。铁路网以纵向为主，横向铁路少，尤其是连通长江三角洲、武汉都市圈与成渝城市群的沿江铁路通道至今尚未形成。如表10—9所示，就铁路长度和密度而言，中部铁路网规模与全国中枢区位不称。

(3) 港口发展落后。部分航道仍为自然状态，维护设施落后。而且，港口功能单一，运量较低。2004年港口泊位占全国的10.1%，但外贸货物和集装箱较少，仅占全国的0.4%和0.7%，港口对中部经济发展的支撑能力还不强，区域"门户"尚未形成。

(4) 机场布局体系尚不完善。大型机场的实际客运量增长远高于规划时的预测判断，产生建设规模严重滞后的突出矛盾。2005年，武汉天河机场达474.4万人，饱和度为118.6%；长沙黄花机场达530.1万人，饱和度为117.8%。两个机场均提前饱和而超负荷运营，影响了业务增长、服务质量和安全水平。同时，支线机场较少，影响了地方经济，尤其是资源开发与旅游业发展。

2. 交通干线运力日趋紧张

中部是我国主要交通干线的交汇和途经地带，南北方和东西部的客货流均途经该区，给交通干线带来巨大压力。如表10—10所示，中部交通干线客货发送量都很高。其中，京广和津沪线的旅客发送量最高，远高于其他干线，但两者略呈下降趋势。其次是陇海、浙赣和京九线，后两者从20世纪80年代末始运量持续增长，前者在90年代末有所下降，目前呈增长态势。同蒲线和湘黔线运量的增长也很迅速。货物运输中，同蒲线规模最高，远高于其他干线；其次是京广、焦柳和陇海及津沪等铁路。同时，所有干线的货运规模均呈快速增长态势。这说明，中部交通干线运输压力较大，尤其纵向干线压力更大。庞大的运输规模和迅速增长的运输需求，无疑给中部交通干线继续加大运输压力。

表 10—10　中部地区交通干线运输　　　　　　　　　单位:万人、万吨

类型	交通线名称	旅客发送量 1988年	旅客发送量 1999年	旅客发送量 2005年	货物发送量 1988年	货物发送量 1999年	货物发送量 2005年
纵向干线	津沪线	11 360	9 585	10 892	3 715	4 190	5 405
	京广线	16 029	13 233	12 634	7 730	7 338	6 789
	京九线	—	2 220	4 461	—	737	3 747
	(太)焦柳线	1 977	1 477	1 492	5 805	6 805	8 637
	南北同蒲线	1 145	948	1 827	5 491	8 252	16 481
横向干线	陇海线	5 065	3 782	6 122	4 536	5 177	7 212
	石太线	1 232	968	577	3 445	3 202	5 120
	浙赣线	2 327	3 309	6 118	2 173	1 958	3 211
	湘黔线	—	1 108	1 579	—	1 420	2 294
	襄渝线	—	—	1 871	—	—	—

注:2005年浙赣线数据包括沪杭线数据。

干线公路交通压力也进一步加大。1995～2002年,主要公路通道的交通流增长迅速,部分路段呈现几倍至十几倍的增长。南京—合肥、漯河—郑州、黄石—黄梅、郑州—武汉、石家庄—郑州和合肥—武汉等路段交通流巨大,目前均已超过3万辆/日,其中前两者已超过4万辆/日。同时,杭州—南昌、湖州—合肥、永州—广州、石家庄—太原、南昌—长沙和南昌—福州等路段也已达到2万～3万辆/日。在交通流快速增长的压力下,部分路段开始超负荷运营,如永州—广州、杭州—南昌、阜阳—漯河、南昌—长沙、襄樊—常德、泰安—长治、北京—开封、南昌—深圳、黄山—南平、安庆—鹰潭、开封—黄石、太原—银川、衡阳—桂林、南京—黄山、合肥—武汉、长沙—贵阳、厦门—赣州和洛阳—襄樊等路段,通行能力已严重饱和。

3. 基础设施对国土开发轴线的支撑作用未能充分发挥

基础设施体系对国土开发轴线具有基本的支撑功能,但目前中部基础设施对开发轴线的培育未能发挥应有作用。长江连接着我国三大都市群,包括长江三角洲城市群、武汉都市圈和成渝城市群,对沟通东中西部的社会经济联系具有战略意义,是我国20世纪80年代以来国土开发所确定的一级开发轴线。但长期以来,沿江地区的基础设施建设相对滞后,沿江通道至今尚未形成。第一,沿江运输通道尚未形成规模,航道等级偏低,港口吞吐能力有限,江海联运尚未畅通,未能发挥"黄金水道"的应有航运功能。第二,沿江陆路交通建设严重滞后,长江中游与上游、下游的衔接地区包括宜昌—重庆和九江—铜陵段的交通建设尤其薄弱。目前,沿江高速公路和沿江铁路尚未贯通,前者处于建设中,后者一直尚未建设,在国家相关规划中也未有体现,这严重制约了沿江地带社会经济的发展和全国开发轴线的形成。

二、防洪与水利基础设施体系

1. 流域防洪建设尚须加强与完善

中部六省是我国大江大河的流经地区,长期以来洪涝灾害严重影响着社会经济发展。长江中游是洪水频发地带,淮河自古以来就是洪水易发区,河南是黄河泛滥区。目前,各大江河基本具有一定的防洪能力,如黄河下游为60年一遇,淮河中下游为40年一遇;长江中下游的荆江河段依靠堤防和分蓄洪区可防御40年一遇洪水,城陵矶、武汉、湖口等河段依靠堤防可分别防御10~15年、20~30年和20年一遇洪水,如果理想使用分蓄洪区,以上河段可基本防御1954年洪水。但与国外相比,中部地区的防洪标准总体上偏低(日本一级河流设防标准为100年,美国密西西比河为150~500年)。多数江河中游蓄洪区建设滞后。上世纪50年代以来,长江中下游湖泊水面消失了45%,损失蓄水能力560多亿立方米,洞庭湖和鄱阳湖尤为严重,造成"上游不拦、中游蓄不住、下游泄不及"的局面。中小河流和中小水库因标准低、病险多且灾害面大,成为防洪体系的薄弱环节。"两小"洪涝损失约占洪涝损失的60%~80%。此外,长江流域尚有2万公里的支流及湖泊堤防需加固,4万余座中小水库中有1/3为病险水库。同时,淮河中游行洪不畅,而且缺少战略性控制工程,平原洼地排水能力严重不足。

2. 城市防洪建设任重而道远

城市是人口和财产高度集中和人类活动高度频繁的地区,安全问题至关重要。沿河地区的城市洪涝灾害主要来自暴风雨洪水、山洪等造成的外洪和内涝。其中风险最大的是超过设防标准的洪水、防洪堤防漫溃,或上游大坝溃决等带来的毁灭性灾害。据统计,在历次较大的洪水灾害中,城市受淹损失占洪灾总损失的比重越来越大,一般达50%~80%。目前,我国有防洪任务的城市有639座,其中80%的城市不足50年一遇的防洪标准,近60%的城市不足20年一遇,还有部分中小城市至今不设防。中部地区河流众多,且多数城镇集中于江河湖沿岸(表10—11),并以江河为依托而发展,地面高程多在洪水位以下。加之水土资源组合不平衡,洪涝灾害频繁。1991年淮河发生特大洪水;1998年长江及其支流湘江等相继发生特大洪水,九江堤防决口,武汉等城市发生重大险情,都给城市交通、工业生产和居民正常生活造成惨重损失。1998年长江洪水以来,城市防洪建设有所加强。但目前仍有部分城市没有防洪工程,很多城市防洪设施不完善,防洪标准普遍偏低,防洪形势比较严峻。而随着城市化的加快,河湖沿线的人口和经济都将不断增长,城市防洪任重而道远。

表10—11 中部地区的沿河城市

水系	省会	地级城市	县级城市
黄河干流	郑州	三门峡、洛阳、开封	灵宝、孟州、巩义、偃师、卫辉
汾河水系	太原	临汾	古交、河津、霍州、介休、孝义、汾阳

续表

水系	省会	地级城市	县级城市
长江干流	武汉	宜昌、荆州、黄冈、鄂州、黄石、安庆、池州、铜陵、芜湖、马鞍山、九江、岳阳	枝江、石首、洪湖、武穴
汉江水系		十堰、襄樊	丹江口、老河口、宜城、钟祥、潜江、仙桃
赣江水系	南昌	赣州、吉安	瑞金、樟树、丰城
湘江水系	长沙	永州、衡阳、株洲、湘潭	常宁
沅江水系		常德	洪江
淮河水系		蚌埠、淮南	
海河水系		新乡、焦作、朔州	
湖泊水系		巢湖	明光（洪泽湖）

三、基础设施建设投资

1. 近年来中部地区基本建设投资占全国比重不断下降

投资是基础设施建设的基本保证。随着对基础设施建设的日益重视，中部地区的投资规模不断扩大，基础设施体系有了明显改善。但规模总量不能反映出中部在全国地位的变化，而基本建设投资占全国的比重更能说明这一点。如图 10—4 所示，中部基本建设投资占全国的比重大致呈现出"上升→下降→上升→下降"的发展趋势。其中 1953～1960 年为比重上升期，1961～1966 年为下降期，1967～1971 年为第二个上升期，1972～1975 年为第二个下降期。

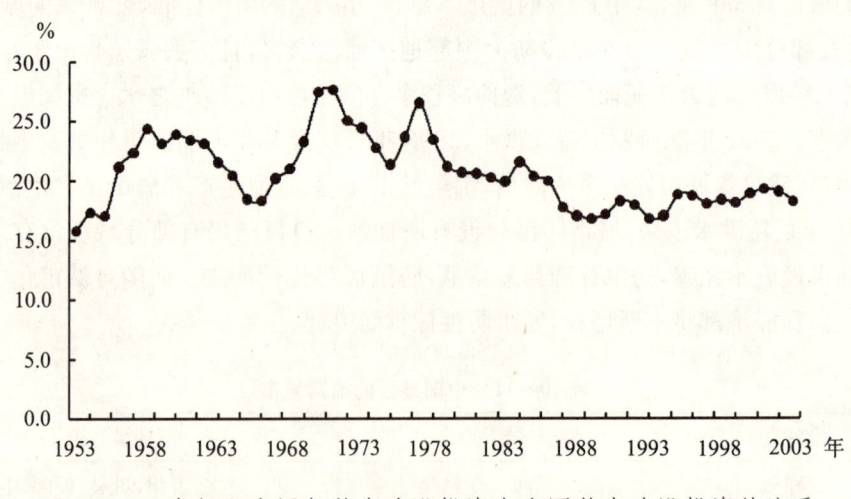

图 10—4 中部六省历年基本建设投资占全国基本建设投资的比重

1976~1978年投资比重又大致形成一个波峰,此后占全国的比重一直呈现持续降低的趋势。因此,虽然有波动,但改革开放之前中部基本建设投资占全国的比重较高;而改革开放以来,这个比重呈现不断下降趋势,并趋于平稳。

2. 基本建设投资水平偏低

如表10—12所示,从三大地带来看,上世纪90年代中期以来基本建设的投资存在明显的地域差异。其中,东部沿海地区的累计投资比重为54.05%,中部六省的累计投资比重为18.64%,西部地区为19.86%。如图10—5所示,从全国基本建设的投资密度来看,密度较高的省区主要集中在京津地区、长江三角洲和珠江三角洲等沿海地区。中部六省的投资密度远低于以上沿海地区,但高于全国水平(124亿元/百平方公里)。其中,河南省在中部最高,达317亿元/百平方公里,湖北省为284亿元/百平方公里,安徽为211亿元/百平方公里,山西省为165亿元/百平方公里,湖南省为153亿元/百平方公里,江西省达127亿元/百平方公里。

表10—12　1995～2003年全国基本建设累计投资　　　　　单位:亿元、%

省份	规模	比重	省份	规模	比重	省份	规模	比重
辽宁	4 062.65	3.67	黑龙江	3 374.09	3.05	四川	5 352.62	4.83
北京	3 628.01	3.27	吉林	2 361.05	2.13	重庆	2 706.69	2.44
天津	2 512.66	2.27	内蒙古	2 421.88	2.19	云南	2 736.11	2.47
河北	4 062.65	3.67	山西	2 478.86	2.24	贵州	1 573.80	1.42
山东	7 254.90	6.55	河南	5 069.95	4.58	陕西	2 723.13	2.46
江苏	7 455.44	6.73	安徽	2 741.11	2.47	甘肃	1 637.64	1.48
上海	6 686.77	6.03	湖北	5 104.79	4.61	青海	845.44	0.76
浙江	7 151.34	6.45	湖南	3 220.39	2.91	宁夏	711.19	0.64
福建	3 005.07	2.71	江西	2 034.25	1.84	新疆	3 221.38	2.91
广东	10 400.31	9.39				西藏	502.10	0.45
海南	1 255.40	1.13						
广西	2 408.91	2.17						
东部	59 884.12	54.05	中部	28 806.38	26.09	西部	22 010.10	19.86

从各省份的人均基本建设累积投资来看,区域差异仍然显著。上海、北京、天津三大直辖市的人均基本建设累积投资最高,均超过3亿元/万人,远高于全国平均水平(2.038亿元/万人);其次,西藏、青海、新疆等西北省区具有较高的人均基本建设累积投资水平,并超过了全国平均水平。中部省区的人均基本建设累积投资水平较低,仅湖北省和山西省相对较高;其中,湖北省的人均基本建设累积投资额为1.083亿元/万人,仅为全国平均水平的53.1%,山西省

为1.068亿元/万人,而河南、湖南、江西、安徽四省分别为0.659亿元/万人、0.618亿元/万人、0.603亿元/万人和0.549亿元/万人,远低于全国平均水平,在全国的排名均靠最后。这说明,中部地区的基本建设投资水平与该地区的人口分布规模不相称。

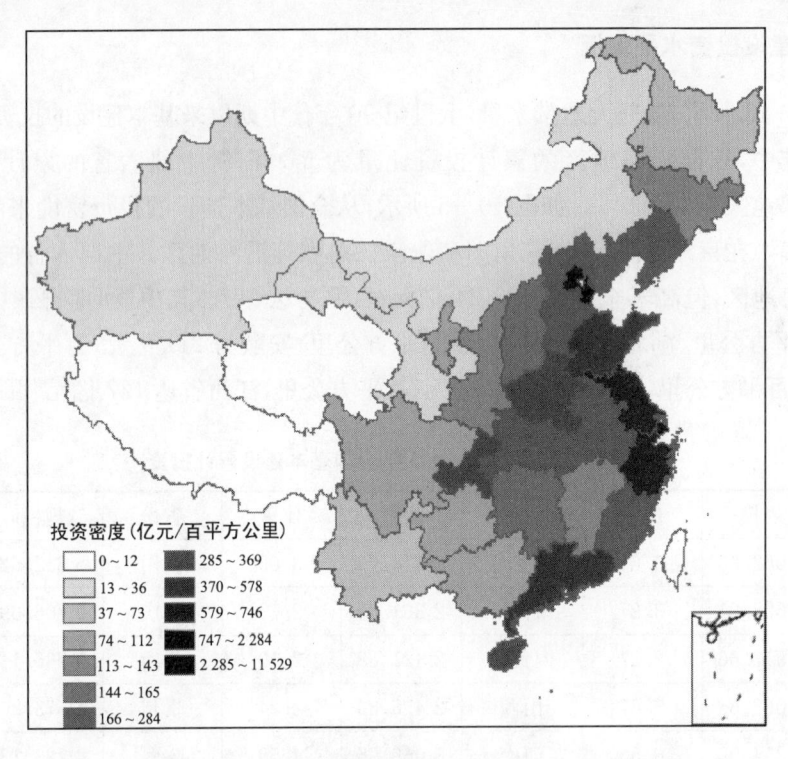

图10—5 1953~2003年全国基本建设累计投资密度差异

第三节 基础设施发展态势

一、区际过境交通流呈现继续增长态势

过境交通量大是中部运输体系的重要特征,而中部交通网络对集散全国客货流具有战略意义。未来一段时间内,全国社会经济的发展将促使区域合作不断加强和深入,继续强化各大经济区间的运输联系。在这种宏观背景下,中部地区的过境交通流将继续快速增长。据预测,2010年中部地区的过境铁路货流将达2.7万亿吨,2020年则进一步提高到3.4万亿吨;而随着我国南北和东西间联系的进一步增长,过境铁路客流也将进一步增长。同时,根据交通部规划院的预测(表10—13),2003~2020年期间,公路交通流将出现两倍以上的增长。快速增长的公路过境交通流,对纵向和横向公路干线尤其高速公路建设提出了更高需求。因而,全国社会经济的持续高速发展将进一步强化中部地区过境交通的功能,要求中部地区继续发挥中枢作用。为了有效组织区际货流,中部需要继续强化运输通道的建设。这是中部基础设施建设需要重视的问题。

表 10—13　未来中部地区干线公路车辆交通流　　　单位：辆标准车/日、%

通道名称	交通车流 2020年	增长率 2003~2020年	通道名称	交通车流 2020年	增长率 2003~2020年
北京—珠海	122 827	239.4	宁波—瑞丽	44 605	222.2
上海—成都	97 421	238.0	南京—黄山	38 932	225.5
南京—郑州	90 706	242.2	连云港—霍尔果斯	35 006	196.4
北京—福州	94 656	290.4	日照—兰考	38 175	235.4
上海—昆明	103 496	338.9	济南—深圳	35 612	234.4
北京—深圳	79 471	264.4	青岛—兰州	37 336	254.6
上海—西安	71 211	275.5	二连浩特—广州	26 249	232.9
北京—昆明	72 612	285.3	黄山—南平	25 524	274.7
青岛—银川	70 692	287.6	武汉—兰州	16 716	200.3
衡阳—桂林	51 116	228.5			

二、内外交通联系将不断强化

1. 对外交通联系将持续增强

交通流输入与输出的规模及变化趋势，反映了区际联系的密切程度，是建设交通走廊的重要依据。如表 10—14 所示，20 世纪 80 年代中期以来，中部与其他区域的货物交流呈持续增长态势，1985 年为 2.6 亿吨，2005 年达到 6.7 亿吨。1985 年中部地区通过铁路输向全国的货物为 1.8 亿吨，输入 0.8 亿吨，2005 年分别达到 5.59 亿和 1.7 亿吨。山西铁路货物调拨量最大，占中部地区的 55.5%；其中以煤炭调拨量为最大，占山西调拨量的 83%。其次，河南调拨量也较大，其中煤炭调拨量约占 60%。本研究根据发展趋势进行预测，2010 年和 2020 年将分别达 10.2 亿吨和 18.4 亿吨，中部地区对外经济联系将继续增长，这对区际联系通道建设提出了更高要求。

表 10—14　中部地区与全国其他地区的铁路货物交流　　　单位：万吨

	1985年 总量	输入	输出	1995年 总量	输入	输出	2005年 总量	输入	输出
山西	12 915	1 303	11 612	22 623	1 871	20 752	43 667	3 402	40 265
河南	4 084	2 090	1 994	5 761	2 303	3 458	8 396	3 870	4 526
湖北	2 734	1 623	1 111	3 495	1 836	1 659	4 830	2 526	2 304
湖南	2 204	986	1 218	4 160	1 722	2 438	6 355	3 398	2 957
江西	1 496	663	833	3 505	2 300	1 205	4 517	2 269	2 248
安徽	2 667	1 118	1 549	3 542	1 271	2 271	5 498	1 861	3 637
合计	26 100	7 783	18 317	43 086	11 303	31 783	73 263	17 326	55 937

资料来源：根据《中国交通年鉴》整理。

交通流的指向性可说明区域对外联系的主要方向,反映运输通道建设的必要性与方向。中部与各方向的货物交流均有增长,但增幅存在差异。如表10—15所示,北方和东部是主要联系方向,西部和南方的联系较弱。1985年中部地区对外调拨货物中,49%来自华北和东北,30%来自华东,三者合计占80%。1985～2005年,中部与东北、华南的铁路货物增长缓慢,比重逐年下降;与西南和西北的货物比重在20世纪80年代末缓慢下降,到90年代开始缓慢增长;与华北、华东的联系不断增强,2005年已占75.6%。其中,中部与华北、华东、东北和华南的铁路联系以调出为主,与西南和西北的联系以调入为主。这说明,中部与华北和华东地区联系紧密,并逐步增强,与南方和西部联系较弱。因此,建设北向和东联通道符合这种发展趋向。

表10—15 中部地区铁路货物输入输出方向及比重　　　　　　　　　单位:%

类型	年份	东北	华北	华东	华南	西南	西北	合计
输出	1985	13.4	41.7	29.0	8.3	4.1	3.5	100
	1995	7.6	44.6	31.6	11.2	2.8	2.1	100
	2005	4.1	48.2	34.9	7.6	3.4	1.7	100
输入	1985	12.6	21.7	32.4	14.6	10.8	8.0	100
	1995	12.0	17.6	37.6	13.3	9.8	9.7	100
	2005	7.0	13.4	38.3	12.5	12.8	16.0	100
合计	1985	13.1	35.7	30.1	10.2	6.1	4.8	100
	1995	8.7	37.5	33.2	11.8	4.7	4.1	100
	2005	4.8	40.0	35.7	8.8	5.7	5.1	100

资料来源:根据《中国交通年鉴》整理。

2. 内部交通量将呈现快速增长态势

交通运量的多寡是反映社会运输需求的主要标志。如图10—6所示,20世纪80年代以来中部地区运量增长明显。1990年客运量为21.97亿人次,2005年增加到43.9亿人次;1990年货运量为23.25亿吨,2005年达到43.8亿吨。根据社会经济发展趋势,中部地区仍将保持较高的发展速度,这将促进运量的继续增长。通过计算可以发现,中部地区货运量和GDP、客运量与人均GDP的相关系数很高,分别为0.969和0.98。根据GDP增长速度来预测,2010和2020年中部地区货运量将分别达到45亿吨和62亿吨,客运量分别达到53亿人次和74亿人次。另据交通部规划院预测,2010和2020年长江干线货运量分别达到8亿吨和11.3亿吨,湘江、信江、赣江、汉江等支流将达1.3亿吨和1.7亿吨。

如图10—7所示,1985～2005年中部地区内部的铁路货流呈现波动式增长,但2000年以来增长迅速。1985年内部铁路货流为19 706万吨,2005年增加到28 145万吨,运量增长旺盛。其中,54.6%的份额为各省内部交流。1985～2003年,各省内部交流量所占比例逐步降低,但近年来又呈增加趋势。同期,中部各省省际铁路货流增长平稳。1985 年为 5 314 万吨,2005 年提高到 12 767 万吨。中部内部铁路货流联系方向上,纵向联系大于横向联系,尤其是山西、河南与湖北的交流规模较大。随着区域合作的加强,中部省际交流将继续加强,但增长不会很快。

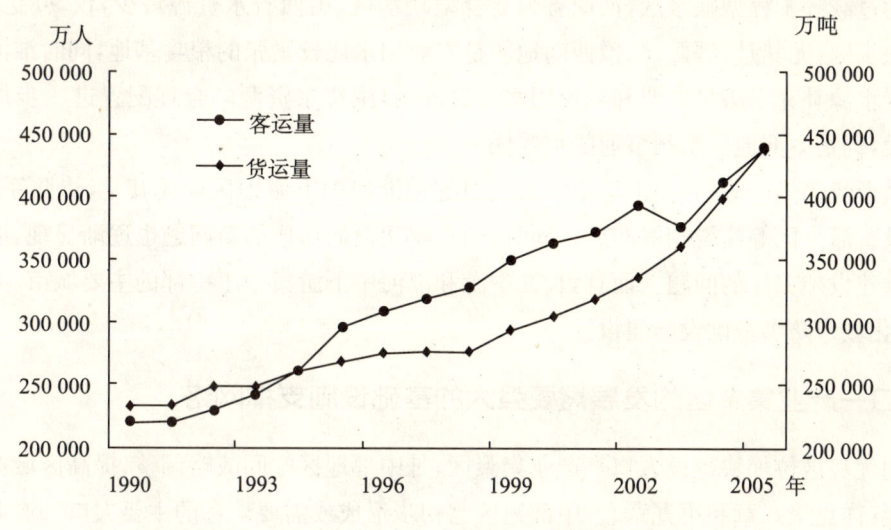

图 10—6 1990～2005 年中部地区客货运量增长情况

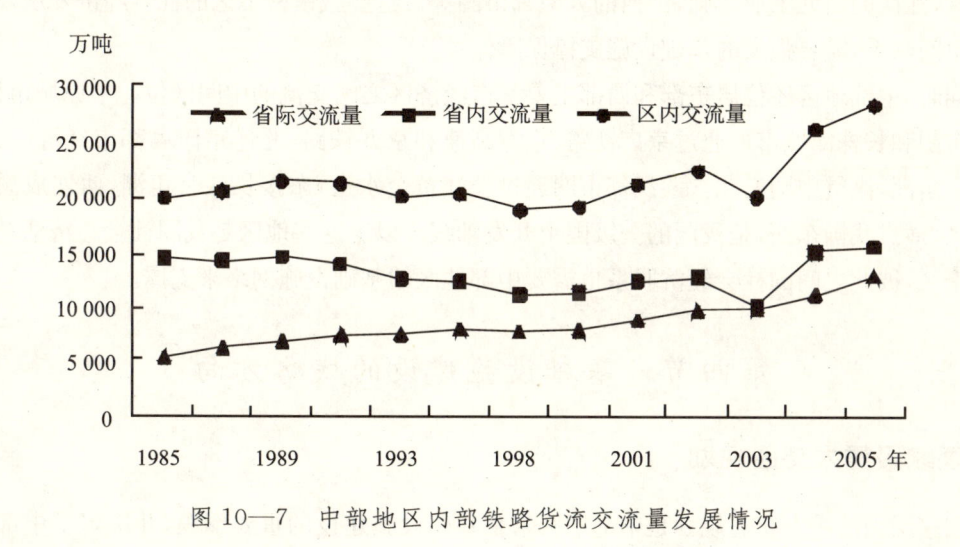

图 10—7 中部地区内部铁路货流交流量发展情况

三、水利和防洪设施建设仍需加强

从全国来看,我国水资源的时空分布不均匀,北方水资源占全国总量的 19%,而人口、耕地和 GDP 分别占全国的 46.5%、65%、47.5%,生产、生活和生态用水的需求量巨大,水资源供需矛盾突出；为此,我国实施南水北调战略,中线工程从丹江口水库引水[①],沿唐白河流域和黄淮海平原西侧北上,是解决北方水资源危机的重大水利设施。从中部地区来看,长江中游水域面积广阔,水资源丰富,多年平均水资源量占全国总量的23.5%,但水资源分布"南多北少",湖南和江西省水资源丰富,多年平均值分别为1 847亿立方米和1 478亿立方米,而湖北和安徽为过载—工程型缺水区,河南省为复合型缺水区,山西省水资源最少,仅90亿立方米,为严重缺水区；尤其是,鄂西北、豫西南地区是农业用水比较紧张的粮食基地,同时淮河流域也需要加强水源补充以满足农业和城市用水。这说明,围绕水资源的合理配置进一步加强水利设施建设,仍是中部地区水利事业的重要任务。

防洪形势仍然严峻,并突出集中在长江中游和淮河中下游地区。尤其是,堤防系统、干支流水库及蓄滞洪区等建设相对滞后。同时,因三峡建设而形成的新问题也逐渐显现,成为长江中游防洪建设须关注的问题。而且,长江中游和淮河中下游集中了中部的主要城市、人口和产业,须强化城市防洪基础设施建设。

四、人口—产业集聚区的发展需要强大的基础设施支撑网络

利用优势区位加快建设人口—产业集聚区,是中部地区空间战略调整、提高区域竞争力的重要内容(详见第八章和第九章)。中部地区已初步形成或需要培育的主要人口—产业集聚区或都市经济区包括：河南的中原城市群,湖北的武汉都市圈,安徽的皖江经济带,湖南的长株潭城市群,江西的昌九工业走廊,山西的太原都市圈等。这些城镇密集区的社会经济发展及相互间的空间联系,需要强大的基础设施支撑保障体系。

同时,中部地区还位居东部和西部主要都市经济区之间交流的中间区位。中原城市群、武汉都市圈和长株潭城市群通过京广铁路、京珠高速和京九铁路,北连京津冀都市经济区,南通珠江三角洲,纵贯中国南北。武汉都市圈通过长江黄金水道,东接长江三角洲,西连成渝都市经济区,横贯我国东西,是我国的一级国土开发轴线。以上这些地区是我国社会经济活动的重要集聚区,彼此之间的社会经济联系也需要中部地区的基础设施网络来支撑。

第四节 基础设施建设的战略方向

一、国家级重大交通规划

国家层面的重大交通规划是中部地区未来基础设施建设的重要纲领,并决定了中部地区综合交通运输网络的基本框架。我国铁道部、交通部和民航总局先后在2004年和2005年制定了铁路、公路、航空、内河的中长期建设与发展规划;2004年铁道部制定了《中长期铁路网规划》,其中有6条客运专线、9个煤炭基地、6条通道、6条双层集装箱运输通道途经中部地区;

---

① 抽水点位于河南省南阳市。

2005年民航总局制定了《全国民用航空运输机场2020年布局和"十一五"建设规划》,到2020年中部地区将有43个机场;2004年交通部制定了《国家高速公路网规划》,其中有3条北京放射线、4条纵向路线和13条横向路线均途经中部地区;2005年交通部制定了《全国内河航道与港口布局规划》,对长江中游、汉江、赣江、湘江、淮河等中部河流航道和港口进行了详尽规划。这些重大交通规划在一定程度上掌控着中部地区的未来交通基础设施建设,决定了其空间组织形式与骨架网络及空间格局。

二、交通设施网络建设

1. 干线铁路扩能改造是中部地区未来铁路建设的重点

中部是全国铁路网的中枢。加强铁路建设,不但支撑中部地区的发展,而且对全国铁路网的建设也具有战略意义。基于既有铁路网的特点,未来建设应重点突出干线铁路的扩能改造,提高运输能力和运输效率,改善技术结构,并适度建设部分新线,完善布局网络。第一,为了缓解干线铁路的运输压力,实现客货分离运营,提高运输效率,应积极推进客运专线的建设,为全国主要经济区的交流提供运输保障。在科学论证的前提下,部分繁忙路段可考虑建设客运专用线,缓解局部运输压力。第二,目前既有路线的运能仍然有限,应对重要干线进行技术升级,实施电气化改造。同时,建设部分铁路复线,如宁西铁路,提高运能。第三,基于路网完善和区域发展的需求,适度建设部分新线。重点建设沿江铁路,培育国土开发轴线;实施通海战略,构筑中部与长江三角洲、闽东南和珠江三角洲的通道;加强干线铁路尤其是京广与京九铁路的横向交通联系建设。

2. 高速公路的建设与扩能改造应得到高度关注

高速公路是快速高效的交通方式,目前已成为区域发展的重要支撑条件。加快高速公路建设是改善中部综合交通体系的重要途径。中部的高速公路建设,应坚持推进新线建设和既有干线扩能改造两个基本要点。首先,加快高速公路的新线建设。以国家高速公路网规划为主,并基于中部发展的实际需求,适度结合地方规划,加快建设高速公路。尤其加强重要区际和区内通道的建设,构筑大容量的运输通道,并适度建设部分联络线。其次,积极推进既有路线的升级改造。正确审视既有高速公路的建设标准和交通容量,并科学预测发展态势,对重要的、繁忙的既有路线进行扩能改造,提高建设标准,重点是连霍高速和京珠高速的中部段。但既有路线的升级改造,需重视同一路线的统一规划。

3. 重点发展长江干流航运,适度发展各支流航运

中部地区的港口是我国内河尤其是长江航运体系的重要组成部分,对构筑长江综合运输通道和培育一级开发轴线具有重要支撑作用。为了加快水运发展,中部地区应按"以长江干流为主,适度发展支流"的原则,合理确定各河流的发展方向和港口建设规模,充分挖掘黄金水道

专栏 10—2

国家与各省的高速公路规划规模比较

我国高速公路的规划大致分为两个层次,第一为国家层面的规划,主要指 2004 年交通部制定的《国家高速公路规划》,第二为省区层面的高速公路规划。《国家高速公路规划》方案提出,我国未来的高速公路建设规模大约为 8.5 万公里,连接所有省会城市及目前城镇人口超过 20 万的大中城市、重要的交通枢纽城市和主要的 4A 级旅游城市;依据《国家高速公路规划》方案,中部地区大约有 1.77 万~1.78 万公里的高速公路布局与建设规模。但是,随着各省高速公路规划的出台,地方政府都扩大了规划与建设的规模,部分省市的规划目标过大。如下表所示,中部六省的规划规模均远大于国家规划的布局规模,中部总体规划规模超出了国家规划方案的 75%,大约为 1.33 万~1.34 万公里;中部六省中,各省也均超出了国家规划方案的 60% 以上,其中安徽省超出了 107%,河南省超出了 90%。国家高速公路规划是基于全国的政治、经济和社会的战略需求而制定的,是全国高速公路规划和建设的宏观纲领;地方政府在服从于国家规划的基础上,结合各省实际需求,适度扩大规划与建设规模是科学的;但从现实规划方案看,地方规划都远超出了国家规划方案的目标。我国中央政府和主管部门应科学审视各省高速公路的规划与建设问题,并采取合理措施进行有效调控。

中部地区的国家规划与地方规划规模比较　　　　单位:公里

	2005 年现状	国家主干网规划规模 2020 年	各省规划规模 2020 年	地方规划比国家规划的增长幅度
河南	2 678	3 200~3 300	6 280	90%
山西	1 686	2 300~2 400	4 000	67%
湖南	1 403	3 300~3 400	5 615	66%
江西	1 559	2 800~2 900	4 650	60%
安徽	1 501	2 600~2 700	5 500	107%
湖北	1 649	3 100~3 200	5 000	60%
合计	10 476	17 700~17 800	31 045	75%

的航运潜力,构筑长江综合运输通道。首先,以长江干流为重点,加强航道和港口建设。尤其要突出武汉枢纽港和九江、芜湖和安庆等重要港口的统筹建设,打造长江中下游的门户港,适度发展沿江中小型港口。其次,积极发展长江支流的航运,重点包括湘江、汉江、赣江和洞庭湖区、鄱阳湖区等航区,合理建设长沙、南昌、襄樊等重要港口,适度发展沿线中小型港口。同时,适度发展其他支流的航运,包括淮河、黄河、长江等流域的支流,建设小港和码头。限制开发不

宜通航的区段,避免资源浪费。在开发过程中,尤其需要注意上下游港口之间的统筹规划和合理开发。

> 专栏10—3
>
> **长江航运的两个重要问题**
>
> 长江沿线地带是我国国土开发的一级轴线,其中航运是长江轴线崛起的重要支撑和保障。目前,长江中游的航运能力较低,存在突出问题。其根本问题可归结为以下两点。
>
> (1)江海联运难以实现。受净空高度影响,以南京大桥为代表的长江大桥日益成为长江航运尤其江海联运的重要障碍。长江中下游以南京大桥为界形成上下航区,以下航区航道水深达10米,可通行万吨级船舶,以上航区航道为6米,仅能通行5 000吨级船舶。万吨海轮仅能达到南京,便因南京大桥净空问题而无法继续航行,这限制了长江航运业的发展。为了解决该问题,长江航运的建设可考虑采取以下措施。第一,整治南京大桥及以上净空高度较低的长江大桥,提高大桥净空高度,防止对大型船舶桅杆高度的阻碍。第二,改造船舶,力求在江轮和海轮间发展适合江海联运的船型。第三,整治长江航道,提高航道水深,适应大型船舶吃水深度较高的需求。
>
> (2)三峡翻坝运输突出。随着三峡库区的蓄水和船闸使用,三峡水运担纲主角,2004年货运量达4 308万吨,是2003年的两倍,已接近三峡船闸年5 000万吨的设计通过能力,最多积压船只408艘。为缓解过闸压力,交通部门已认可三峡翻坝为永久运输方式,翻坝货物主要为滚装货物,并预留集装箱翻坝码头。但翻坝运输采取什么方案,尤其短距离内就面临三峡和葛洲坝两座船闸,翻坝运输方案的制订和采取时段都需要科学研究。

4. 加快大型机场的扩能改造,积极建设支线机场

航空运输是中部实现与外界及内部联系的快速交通方式,也是加快中部对外开放进程的重要保证。航空运输体系的构筑需突出四点。首先,重点突出大型机场的扩建改造,提高吞吐能力,保证枢纽机场的正常运转,主要包括武汉天河机场和长沙黄花机场。同时,对太原武宿机场、南昌昌北机场和郑州新郑机场进行适度扩能改造。其次,为了支撑地方经济发展和促进特色资源开发,应适度新建部分支线机场。重点结合旅游资源开发,建设旅游支线机场。第三,加快军用机场的民用化或军民合用,支持地方经济发展。同时,对曾运营过的机场,在科学预测客源潜力的基础上,确定复航时序。合理组织航空运输网络,通过轴辐网络,以枢纽机场为中心,整合周边支线机场,积极发展区域性航空网络,避免航线盲目设置和飞机随意购置的资源浪费。

三、水利防洪设施建设

1. 重点关注长江中游干支流的防洪建设

防洪基础设施的建设，重点包括堤防、水利枢纽和蓄洪区三部分。小浪底水利枢纽运营后，黄河中下游的防洪任务得到很大缓解，防洪重点转移到长江中游的干支流。目前，长江中游的防洪建设仍相对滞后，防洪设施总量与结构均存在一定的问题。未来，应积极关注长江中游干支流的防洪能力建设，以堤防为基础，三峡工程为骨干，支流水库、蓄滞洪区和河道整治相配套，平垸行洪与退田还湖相结合，工程措施与非工程措施并重，构筑综合防洪体系。

首先，采取水库调蓄、分蓄洪区工程与非工程相结合的防洪措施，使荆江河段达到防御40年一遇洪水的水平，其他河段满足防御1954年洪水要求。其次，确保鄱阳湖和洞庭湖与长江干流连通，实现洪水互为吞吐。须按"江湖两利"的原则，正确处理江湖关系，加强湖泊的分洪和蓄洪能力建设。第三，科学处理蓄泄关系，按"蓄泄兼筹，以泄为主"的方针，加快分蓄洪区建设。重点建设城陵矶100亿立方米洪水蓄滞洪区的建设，安排超额洪水的出路。第四，加强重点险段的河道整治，特别是受三峡工程蓄水后清水下泄影响严重的荆江河段河道整治。第五，加快长江支流的防洪建设，从根源上控制洪水。第六，依据国家防洪标准（GB50201—94）提高中部地区的城市防洪标准，即特别重要城市（$P_{城}>150$万）的防洪标准为200年一遇以上，重要城市（150万$>P_{城}>50$万）达100～200年一遇，中等城市（50万$>P_{城}>20$万）达50～100年一遇，小城市（$P_{城}<20$万）达20～50年一遇。

2. 进一步加强淮河流域的防洪建设

经多年努力，淮河流域防洪除涝能力虽有所提高，但由于各种原因，既定的总体工程建设任务仍尚未完成，防洪除涝标准仍然偏低。未来，要继续贯彻"蓄泄兼筹"的治淮方针，加强淮河流域防洪建设，提高防洪除涝能力。第一，根据各河道的情况，采取退堤、切滩、裁弯、疏浚、清障等措施对河道进行整治，提高行洪排涝的能力；扩大淮河干流正阳关以下行洪通道，整治和疏浚凤台段和蚌埠以下河道；加固淮北大堤，加高加固蒙洼、城西湖蓄洪区等堤防，治理奎濉河、汾泉河、洪汝河、涡河、沙颍河等淮北跨省骨干河道。第二，积极推动临淮岗洪水控制工程的建设，以配合现有水库、河道、堤防和行蓄洪区调控大洪水，确保淮北平原及重要工矿、城市和铁路线安全；加快燕山、白莲崖、出山店等水库的建设，使其成为重要的控制性工程。第三，继续加强蚌埠以上淮河干流中游的行蓄洪区建设，改善运用条件。第四，蚌埠和淮南要按50年一遇防洪标准，抓紧加固和新建防洪圈堤，治理内河，加强排涝设施建设，漯河、信阳、阜阳等城市均需加快防洪建设。通过以上途径提高淮河流域的防洪除涝标准，力争干流上游达10年一遇、中游主要保护区达100年一遇、下游达100年一遇以上标准，淮北跨省骨干河道和重要支流及平原、湖泊洼地达10～20年一遇，蚌埠、淮南等重要城市达50～100年一遇。

3. 加快建设关系国计民生的水利设施

围绕战略性需求，积极建设关系国计民生的水利设施，缓解南北地区和不同流域的水资源分布和供需不平衡的矛盾，重点满足人口—产业集聚区的用水需求，同时改善部分河流的航运条件。今后一个时期内，应重点围绕南水北调中线工程，加强以下水利设施的建设。第一，积极推进南水北调中线工程的建设，重点是水源区工程和输水工程，前者指丹江口水利枢纽，后者包括干渠和穿黄工程。在实现从丹江口水库引水向京津地区输送淡水的同时，满足沿线的中部地区的城市及工业用水需求，并兼顾部分地区的农业及其他用水。此外，加强水源地——丹江口水库的环境保护，关注中线调水工程沿线地区的环境保护和隔离设施。第二，加强引江济淮工程，满足淮河流域的农业用水和城市用水需求。第三，建设鄂、豫引丹灌渠，保障鄂西北、豫西南粮食基地的农业用水，并提高汉江中下游防洪标准，保障汉北平原及武汉的安全。

四、基础设施走廊建设

1. 突出强化沿江和京广轴线的基础设施建设

基础设施建设对区域乃至国土开发格局的构筑具有基本的支撑作用，尤其是综合性基础设施走廊更是重点国土发展轴线的基本组成部分。为了促进和支撑全国国土开发战略，中部地区应突出强化建设沿江和京广轴线的基础设施建设。

长江走廊连通长江三角、皖江经济带、昌九工业走廊、武汉都市圈、成渝都市圈等人口—产业集聚区。目前，这个走廊的基础设施相对滞后，沿江铁路和高速公路至今尚未连通，航运潜力远未发挥，2005年长江货运量仅为全国水路货运总量的19.3%，比重较低。另外，也处于洪水灾害的核心区域，防洪压力大。为了支撑国土开发沿江轴线的建设，加快东部和国际资本、技术和产业向中西部的流动，应加快长江走廊建设。重点是铁路，包括新建和旧线扩能改造，形成沪汉蓉客运专线、沪宁芜客运系统和沪汉铁路（长江南），并在适当时机将沪汉铁路延伸至万州，形成沿江铁路货运通道。此外，继续建设高速公路，构筑沪蓉和沪渝南北沿江高速公路通道；加强港口和集疏运建设，发挥黄金水道的功能；加强防洪设施建设，整治长江干流堤防和湖泊，使主要城市的防洪标准达200年一遇。

京广走廊是重要的纵向发展轴线，连接京津冀都市圈、中原城市群、武汉都市圈、长株潭城市群和珠江三角洲等人口—产业集聚区。目前，该走廊运输压力较大。京广南段客流密度达2 755万人，为全国客流最密集的线段，而且客货混跑，运输效率低。京珠高速为双向四车道，运输能力和技术标准较低，"瓶颈"效应显著。此外，与走廊连接的横向交通建设滞后，使走廊的辐射能力较弱。基于既有基础和未来需求，京广走廊应尽快实现基础设施的升级改造，提升干线运输能力，建设客运专线，提高运输效率。实施京珠高速的扩能改造，构筑连接各城市群和中心城市的快速通道；推进南水北调中线建设，加强沿线生态环境保护，保障生态安全；适时建设支线机场，提供快速航空服务；构建横向交通线，提高京广走廊的辐射能力。

2. 完善陇海与京九轴线的交通设施建设

陇海和京九轴线是中部地区重要的发展轴线（详见第八章），未来应积极完善两条轴线的交通设施建设，提高这两条走廊的基础设施支撑能力。

陇海走廊。该走廊东起连云港，中连中原城市群，西至新疆，是欧亚运输通道的重要部分。陇海铁路贯通东亚，衔接中亚和欧洲，运输需求旺盛。目前，陇海铁路和连霍高速运输压力巨大。后者仅为双向四车道，交通"瓶颈"约束明显。为了支撑沿线经济发展和中西部社会经济联系，保障国际运输通道的畅通，陇海走廊需要对既有基础设施进行升级改造。其中，加快陇海铁路的扩能改造是关键，如实施电气化改造，积极推进客运专线的建设。此外，也需要加快连霍高速的扩能改造，重点城市间建设快速通道，强化沿线的纵向交通建设，促进豫、晋沿线城市间的经济联系。

京九走廊。该走廊串联京津冀都市圈、昌九工业走廊和珠江三角洲，是中部地区东侧发展主轴。目前，京九走廊与周边地区的联络线较少，对沿线经济的促进和引导功能较弱。为了加强对区域发展的带动作用，京九走廊应加快京九铁路的电气化改造，提高技术装备水平。同时，推动沿线高速公路建设，构筑与京九铁路相平行的大容量快速通道；加强横向联络线建设，提高沿线地区的通达性和便捷性，引导产业布局，带动区域经济发展。

3. 积极加强沪昆、大湛等交通走廊建设，培育区域发展轴线

沪昆（上海—昆明）、大湛（大同—湛江）、宁西（南京—西安）等走廊是正在崛起的发展轴线，而青太卫（青岛—太原—中卫）是未来北方地区的重要交通走廊。这些走廊的基础设施建设对中部地区的发展也具有重要意义。

沪昆走廊。为中部地区南部的重要横向轴线，连通长江三角洲、昌九工业走廊、长株潭城市群，对强化西南、中部和长江三角洲的社会经济联系具有重要作用。现有基础设施和沿线经济发展较为落后。沪昆走廊应加强干线铁路（浙赣—湘黔铁路）的扩能改造和客运专线建设，修筑沪昆高速公路，强化走廊西段建设；加强旅游机场建设，促进旅游资源开发；加快沿线公路建设，引导产业布局。

大湛走廊。为中部地区西侧的纵向轴线，沟通太原都市圈、中原城市群和珠江三角洲，串连大同、太原、晋东南、河南等煤炭基地。现处于形成阶段，特别是南段尚未发育。目前铁路运输效率较低，局部压力较大，沿线高速公路尚未贯通。大湛走廊应加强洛湛（洛阳—湛江）铁路建设与贯通，繁忙路段进行扩能改造，加快沿线高速公路建设，构筑快速通道。

宁西走廊。穿越中部地区，连接长江三角洲和关中城市群，是贯通西北、中部与华东的新兴轴线。现有交通建设滞后，宁西铁路大部分为单线，局部为双线，沿线高速公路尚未贯通，运输压力大。宁西走廊应在适当时机进行宁西铁路的扩能改造，加快沿线高速公路建设和一般公路建设。

青太卫通道。我国北方横向通道较少。鲁、冀和晋三省虽有铁路连通，但运输压力大。而

晋、陕、宁和甘等省区间尚未有东西向铁路和高速公路连接。交通建设的重点是太原—中卫铁路建设，贯通胶济—石太—太卫—包兰铁路。同时，积极建设青太（青岛—太原）客运专线和沿线高速公路，加强纵向公路联络线建设。构筑青太卫通道，可加强东、中、西联系，带动沿线社会经济发展。

> **专栏10—4**
>
> **加强农村公路建设，建设社会主义新农村**
>
> 　　随着"三农"问题的日益突出，加强农村道路等基础设施建设，改善农村环境，成为农村持续发展和缩小城乡差别的有效措施。农村道路的建设，应按"政府主导，分层负责；统筹规划，分步实施；因地制宜，分类指导；建养并重，协调发展"的原则，加大政府投入，加快建设进程，为建设社会主义新农村提供支撑。农村道路建设标准，根据实际情况、自然条件等因地制宜，原则上在既有道路基础上改造后铺筑沥青（水泥）混凝土，宽度介于3.5～6.5米间。中部的农村道路，力争全面实现"油路到乡（镇）"，基本实现"油路到村（建制村）"，形成较高水平的农村公路网络。
>
> 　　尽管因地形地貌和基础道路的不同，农村公路的建设成本不一，但多处于25万～28万元/公里间。中部农村公路的投资，要建立国家和省（市）级政府的稳定投资渠道，形成公共财政框架下，政府为主、农村为辅、社会各界共同参与的多渠道投资机制。第一，国家成为农村道路的投资主体，将10万元/公里的投资标准提高到12万元/公里。第二，各级政府加大财政投入，省财政投入标准从1万～2万元/公里提高到3万～4万元/公里，市县两级财政应承担约12万元/公里的补助标准。第三，利用以工代赈资金及其他扶贫资金，加大贫困地区农村公路建设的力度；发挥农民投工投劳的建设方式。第四，积极探索农村公路的投融资渠道，推行"以路养路"，将干线公路缴纳的重点公路工程营业税及收费公路营业税等用于农村公路发展；利用冠名权、路边资源开发权等市场运作方式，鼓励企业等社会力量投资农村公路。

第五节　结论与建议

一、主要结论

1. 中部地区具有全国基础设施网络中枢的区位

中部六省地处我国腹心地区，是全国基础设施网络的中枢。具有全国意义的重大交通线大多经过中部地区，包括铁路、高速公路和国道，形成了众多综合运输走廊。而且，重大交通路线，尤其是横向和纵向交通线在中部地区交汇和衔接，部分城市发展成为重要的编组站、联运基地或交通枢纽，使中部地区很多城市成为我国综合交通枢纽。同时，基于全国交通网络中枢的区位,中部地区形成了规模庞大的区际过境交通流。其中,区际过境铁路客货流持续增长,公路过境交通流也将继续增加。因而,中部地区交通网络对集散全国客货流具有战略意义。

2. 中部地区的基础设施已经具有一定的规模,但内部差异较大

经过一百多年的建设与发展,中部地区的基础设施逐渐完善,目前已初步形成体系。综合交通设施体系已颇具规模,铁路、公路、航空、水运等交通设施的规模不断扩大,并在全国占有重要的地位。已形成"三纵三横"综合运输走廊。"三纵"自东向西依次为京广通道、京九通道、焦柳通道;"三横"自北向南依次为陇海通道、长江航道、浙赣—湘黔通道。这些综合运输走廊已成为全国重要的发展轴线。而且,中部地区的客货运输总量规模较为庞大,在全国占据较高的比重。同时,中部交通设施网络的空间分布与运输规模存在明显的内部差异。此外,长江、黄河、淮河等流域的防洪基础设施渐成体系,并不断完善。

3. 既有基础设施网络仍存在问题

虽然中部基础设施已颇具规模,但仍存在一些问题。表现为公路、铁路、港口、机场等交通设施规模与需求相比仍偏小,综合运输网络尚不完善,尤其是沿江铁路至今尚未建设,沿江高速公路也尚未贯通;干线运力紧张,尤其是纵向干线的运输压力巨大;基础设施对国土开发轴线的培育未能充分发挥作用,特别是沿江通道基础设施建设的滞后,制约了沿江轴线的发展;防洪建设任重而道远,流域防洪建设相对滞后,而且城市防洪任务严峻。此外,基础设施建设的投资力度减弱,占全国的比重近年来不断下降,投资规模与投资密度均偏低。这些问题不但制约着中部地区的发展,而且也影响了中部在全国功能的发挥和全国基础设施网络的发展。

4. 中部地区需要积极加强基础设施网络的建设

今后一个时期,中部地区面临着巨大的基础设施建设需求。我国区际联系不断加强,中部地区的过境交通流呈增长态势;中部地区对外联系不断强化,内部交通需求增长旺盛;对解决北方地区水资源问题具有重大作用的部分水利设施位于中部地区,同时本地城市化发展也要求加强防洪及水利设施建设;主要人口—产业集聚区的发展要求基础设施提供强大的支撑。因而,中部地区既面临内部基础设施的升级改造与新建需求,也承担着全国国土开发的支撑任务,需要积极加强基础设施体系建设。要积极推进干线铁路的扩能改造,适度建设部分新线;加快高速公路新线建设,对不能满足需要的既有干线进行扩能改造;重点发展长江干流航运,适度发展各支流航运;加快大型机场的扩能改造,积极建设支线机场。通过以上建设,构筑强大的综合交通设施网络。同时,需要进一步完善防洪设施体系,重点关注长江中游干支流的防洪建设,提高国土安全能力;围绕南水北调中线工程,加快建设关系国计民生的水利设施。

5. 重点人口—产业集聚区和开发轴线是中部地区基础设施建设的重点

重点人口—产业集聚区的基础设施建设是中部地区应高度关注的问题。为了培育区域乃

至全国的增长点,支撑未来产业和人口的进一步集聚,中部地区应重点加强武汉都市圈、长株潭城市群和中原城市群三大区域的基础设施体系建设,全力保障这些人口—产业集聚区的社会经济发展以及同全国其他主要集聚区的联系。同时,为了支撑全国国土开发的战略格局,中部地区应积极推动沿江、京广、沪昆、陇海、京九、大湛、宁西等基础设施走廊的建设与发展,提高中部在全国主要人口—产业集聚区空间联系上的支撑功能,引导沿线社会经济要素的布局与发展,培育和强化国土开发轴线。

二、针对关键问题的建议

1. 加大综合交通设施协调规划和空间布局管制的力度

从发展趋势看,基础设施对区域发展的引导作用越来越强,搞好基础设施的协调规划和布局,对构建合理的区域发展格局具有重要意义。目前,我国已进行了中长期铁路、高速公路、港口、农村道路等单项规划,且地方政府也纷纷制定各类规划。但这些规划在一定程度上缺乏协调和统筹布局。如果按单项规划实施,将在局部地区产生冲突,导致空间资源利用效率的降低和资源浪费。

因此,建议国家在两方面加大协调规划和空间布局管制的力度。一是围绕主要交通通道的建设和发展轴线的培育,重点加强铁路客运专线、高速公路、机场的协调规划和空间布局的衔接,构建综合交通优势,避免运输方式间的过度竞争和资源浪费。同时,以主要交通干线和运输走廊为轴线,加大沿线地区发展的引导力度和空间管制,营造高效的国土开发环境。二是在充分研究城镇密集区发展机制的基础上,合理规划轨道交通网络;这一规划须由交通、城市、区域、土地、规划方面的专家和部门共同研究制定,不能仅从交通领域出发进行规划。建议国家成立城市群规划委员会,负责制定总体规划和各类专项规划。

2. 严格控制高速公路的盲目规划建设

从基础设施规划建设的既有进程来看,比较混乱的是高速公路,已成为区域基础设施建设的突出问题。为了合理建设中部地区的高速公路网,满足国家和地方的社会经济发展需求,中部地区高速公路建设应注意以下几点。

第一,部分省份制定高速公路规划时,目标过大,远不符合其省情和实际需求,并成为地方政府追求的政绩。国家有关部门应充分重视这一问题。建议成立中部高速公路规划小组,对高速公路进行统一规划,包括国家规划路线和地方路线。

第二,高速公路建设须强调全国统一布局。随着地方高速公路规划的出台,各省重视了自身网络的构筑,忽视与周边省份的衔接与协调,造成部分路线在省界成为断头路。高速公路建设须强调区域协调,包括中部内部和周边省区的协调。

第三,为了保障国家重要基础设施的统一运营和管理,对于既有基础设施尤其战略基础设施的扩能改造,要制定统一的规划方案和建设标准。避免将扩能改造权力交由地方政府,避免不同改造方案的出台。

3. 适度倾斜的基础设施建设政策

基础设施建设是一种公益性事业,需要大量的资金做后盾。国家应承担一定的责任,适度加大对中部地区的投资。目前,我国在东、中、西三大地带的基础设施(包括高速公路、国道、农村道路等)建设上,存在不同的投资或补助标准。如交通部对纳入国家规划的高速公路建设补助标准,东部为300万元/公里,中部为500万元/公里,而西部为800万元/公里。中部地区的基础设施建设,不仅满足本区域的社会经济发展需求,更为重要的是为全国社会经济联系提供战略保障。鉴于中部地区的全国战略需求和中部崛起,国家对中部基础设施的建设,应采取适度倾斜的政策,使中部部分欠发达地区享受西部地区的资金补助政策。

同时,在中央及中部各省资金、财力有限的情况下,国家应出台相应的政策,鼓励地方制定合理的融资政策,调动各方面的积极性,多方面、多途径筹措资金,加速基础设施的建设与发展。

4. 积极引导产业沿交通线布局,构筑并完善开发轴线

区域发展需要选择具有发展潜力的点轴,而交通路线往往是区域发展轴的形成基础。各部门在制定相关行业发展规划和生产力要素布局时,应树立沿交通轴线布局生产力要素的理念,尤其是骨干铁路或高速公路等,培育区域发展的轴线,并沿交通线培育重点城镇,形成区域发展极,加快资源和生产力的空间集聚。

我国第一轮国土规划将沿海和长江作为一级开发轴线。新一轮国土规划纲要编制的前期研究再次将长江定位于一级开发轴线。未来一段时间内长江沿线地区仍是我国产业布局和发展的重点地区。中部地区应围绕着长江轴线,在加快综合性基础设施建设的基础上,强化沿线生产力要素的配置,促进长江开发轴线的崛起,支撑中部地区乃至全国的社会经济发展。

参 考 文 献

1. 陈航、张文尝:《中国交通地理》,科学出版社,2000年。
2. 陈航、张文尝、金凤君:《中国交通运输地理》,科学出版社,1993年。
3. 国务院发展研究中心:《中部崛起战略与对策》,经济科学出版社,2006年。
4. 陆大道等:《1997中国区域发展报告》,商务印书馆,1997年。
5. 陆大道等:《1999中国区域发展报告》,商务印书馆,2000年。
6. 陆大道等:《2000中国区域发展报告》,商务印书馆,2001年。
7. 陆大道等:《2002中国区域发展报告》,商务印书馆,2003年。
8. 陆大道等:《中国区域发展的理论与实践》,科学出版社,2003年。
9. 中国民用航空总局规划发展财务司:《2006从统计看民航》,中国民航出版社,2006年。

第十一章 重大生态与环境问题

中部地区生态与环境状况具有过渡性的特点,既存在着东部的环境污染问题,也存在西部地区生态退化的问题。本章主要从环境污染与治理、水土流失与治理、长江中游湿地保护与管理等方面分析中部地区生态环境的现状特征和发展变化,指出中部地区生态环境的独特性及其内部差异性。主要观点如下。

- 中部地区环境污染现状较为严重,"十五"期间还呈现日趋严重的趋势,污水与污染物排放量持续增长,大气污染物不断增加,环境污染与破坏事故频发,直接经济损失严重。各省"十五"规划中的环境污染治理目标多数未能完成,而且差距较大。
- 水土流失是中部地区比较突出的生态环境问题,20世纪80年代以来,中部地区水土流失面积有所减少,但近年来各省区水土流失治理速度明显放慢,治理难度不断加大,水土流失对经济社会发展造成严重的危害。
- 长江中游湿地分布范围广,面积大,所具有的多种生态系统服务功能,对维系长江中下游生态安全至关重要。但由于人类活动强度大,湿地也面临着面积锐减、富营养化加剧和水污染等水生态问题。1998年长江中游洪涝灾害以后,国家实施了"平垸行洪、退田还湖、移民建镇"工程等,对水生生物保护、湿地保护、水资源保护、饮用水安全、防洪等具有促进作用。
- 中部地区"崛起"将要面临着很大的生态环境风险,今后重点关注的问题与区域包括:黄河流域(以山西为主)的水土保持、大气治理、矿坑治理、水资源保护等;淮河流域(主要包括安徽、河南)土石山区的水土保持、水污染治理等;长江中游(主要包括湖北、湖南、江西)的水土保持、水环境治理、湿地保护与生物多样性保护等。

第一节 环境污染与治理

一、环境污染的现状

中部六省的能源、资源比较丰富,煤炭、有色金属、黑色金属等资源在全国具有很大优势,但由于无序开采、过度开采以及开采成本增加等原因,资源枯竭问题已经逐渐凸现。而且,在资源开采过程中,造成了大量环境问题,如大气、水、土壤、固体废弃物造成的污染以及地面塌陷、地质灾害、水土流失、水资源严重短缺等。部分流域和区域已成为我国生态环境最恶劣的区域。这里根据2005年的统计数据,分析中部六省的环境污染特征以及主要水系、湖泊和水库的水质状况。

1. 水环境安全形势总体非常严峻

水是生态环境最基础、最重要的因素。2005年,中部六省水环境污染比较严重,水环境状况与水环境安全形势总体非常严峻(表11—1)。

表11—1 2005年中部六省废水排放情况

水环境监测指标	山西	安徽	江西	河南	湖北	湖南	中部合计	中部占全国(%)
工业废水排放量(亿吨)	3.21	6.35	5.40	12.35	9.24	12.24	48.79	20.07
生活污水排放量(亿吨)	6.30	9.30	6.90	13.90	14.50	13.30	64.20	22.81
污水排放总量(亿吨)	9.51	15.65	12.30	26.25	23.74	25.54	112.99	21.54
工业废水COD排放量(万吨)	16.82	13.65	11.14	34.26	17.67	29.38	122.92	22.16
生活污水COD排放量(万吨)	21.90	30.70	34.60	37.80	43.90	60.10	229.00	26.64
COD排放总量(万吨)	38.72	44.35	45.74	72.06	61.57	89.48	351.92	24.88
工业废水氨氮排放量(万吨)	1.45	1.92	0.76	5.36	2.64	4.16	16.28	31.01
生活污水氨氮排放量(万吨)	2.80	3.40	2.70	5.00	5.10	5.90	24.90	25.59
氨氮排放总量(万吨)	4.25	5.32	3.46	10.36	7.74	10.06	41.18	27.49
工业废水排放达标量(亿吨)	2.85	6.18	4.97	11.35	8.09	10.99	44.44	20.04

资料来源:《中国环境年鉴》(2006)。

废水排放情况。2005年,中部六省废水排放总量为112.99亿吨,其中工业废水排放总量为48.79亿吨,生活污水排放总量为64.20亿吨,分别占全国总量的21.54%、20.07%和22.81%。各省的生活污水排放总量均高于工业废水排放总量。河南、湖南的工业废水排放总量超过了10亿吨,分别为12.35亿吨和12.24亿吨;河南、湖南与湖北的生活污水排放总量超过10亿吨,分别为13.9亿吨、13.3亿吨和14.5亿吨。中部各省废水排放总量在全国的位次分别为:河南(第6位)、湖南(第8位)、湖北(第9位)、安徽(第14位)、江西(第16位)、山西(第20位)。在工业废水排放达标控制方面,全国平均值为91.20%,而中部地区为91.08%,略低于全国。

COD排放情况。2005年,中部六省COD排放总量为351.92万吨,其中工业废水COD排放量为122.92万吨,生活污水COD排放量为229.00万吨,分别占全国总量的24.88%、22.16%和26.64%。各省的生活污水COD排放量均高于工业废水COD排放量。河南、湖南的工业废水COD排放量较高,分别为34.26万吨和29.38万吨;其次是湖北和山西,分别为17.67万吨和16.82万吨;江西与安徽相对较少,均不足15万吨。各省的生活污水COD排放量均超过了20万吨,其中湖南最多,达60.10万吨;湖北其次,为43.90万吨;河南、江西和安徽介于30万～40万吨之间；山西最少，仅21.90万吨。中部各省COD排放总量在全国的位次分别为：湖南（第4位）、河南（第7位）、湖北（第10位）、江西（第13位）、安徽（第14位）、山西（第17位）。

氨氮排放情况。2005年，中部六省氨氮排放总量为41.18万吨，其中工业废水氨氮排放量为16.28万吨，生活污水氨氮排放量为24.90万吨，分别占全国总量的27.51%、31.01%和25.62%。除了河南生活污水氨氮排放量略少于工业废水氨氮排放量，其他五省的生活污水氨氮排放量均远远高于工业废水氨氮排放量。河南、湖南的工业废水氨氮排放量较高，分别为5.36万吨和4.16万吨；其次是湖北和安徽，分别为2.64万吨和1.92万吨；山西和江西较少，分别为1.45万吨和0.76万吨。河南、湖南和湖北的生活污水氨氮排放量高，均超过了5万吨，其余三个省介于2.5万～3.5万吨之间。中部各省氨氮排放总量在全国的位次分别为：河南（第1位）、湖南（第2位）、湖北（第8位）、安徽（第13位）、山西（第16位）、江西（第18位）。

工业废水中其他污染物排放情况。2005年，中部六省工业废水中主要污染物排放情况如表11—2。汞、镉、六价铬、铅、砷和挥发酚6种污染物的排放量分别为1.75吨、24.56吨、28.77吨、115.51吨、130.46吨和616.13吨，分别占全国总排放量的64.94%、39.58%、27.24%、30.53%、28.79%和14.79%。相对而言，湖南的工业废水污染物排放最为严重，远远超出其他五省，其汞、镉、六价铬和铅四种污染物的排放量居全国之最，分别占全国的58.73%、32.09%、16.04%、24.37%，占中部地区的90.43%、81.08%、58.89%、79.82%。湖南的砷排放量仅次于甘肃，居全国第2位，占全国的20.62%和中部地区的71.65%。山西的挥发酚排放量仅次于黑龙江，居全国第2位，湖南则居第4位，分别占全国的7.38%和3.32%。

表11—2 2005年中部六省工业废水中污染物排放量

	汞（吨）	镉（吨）	六价铬（吨）	铅（吨）	砷（吨）	挥发酚（吨）
山西	0.017	0.687	0.441	0.620	0.475	307.658
安徽	…	0.195	0.614	2.561	6.094	44.994
江西	0.025	2.886	1.794	10.427	22.738	27.973
河南	0.091	0.283	4.406	4.418	1.564	25.474
湖北	0.034	0.595	4.570	5.282	6.118	71.597
湖南	1.578	19.915	16.942	92.198	93.471	138.430
中部合计	1.745	24.561	28.767	115.506	130.460	616.126
中部占全国（%）	64.940	39.580	27.240	30.530	28.790	14.790

资料来源：《中国环境年鉴》（2006）。

主要湖泊、水库水质。2005年，中部地区主要湖泊、水库的水质状况如表11—3。其中，巢湖的水质仍然很差，多年的治理投入并未使其得到根本性的好转，整个湖体仍处于中度富营养状态（其中，西半湖为中度富营养状态，东半湖为轻度富营养状态，西半湖污染程度明显重于东半湖),湖体水质总体为劣Ⅴ类。鄱阳湖和洞庭湖是中部地区乃至全国的重要淡水湖泊。其中,鄱阳湖的水质相对较好,为Ⅳ类;洞庭湖相对较差,为Ⅴ类。两个湖泊的主要污染指标均为总磷。武汉东湖是城市湖泊的典型代表,水质较差,为劣Ⅴ类。与湖泊相比,多数水库的水质相对较好(表11—3)。

表11—3　2005年中部六省主要湖泊、水库水质

湖泊、水库	主要污染指标	营养状态指数	营养状态级别	水质类别
安徽巢湖	总磷、总氮、高锰酸盐	61	中度富营养	劣Ⅴ
江西鄱阳湖	总磷	46	中营养	Ⅳ
湖南洞庭湖	总磷	66	中度富营养	Ⅴ
武汉市东湖	总氮、总磷	63	中度富营养	劣Ⅴ
湖北丹江口水库	…	32	中营养	Ⅲ
安徽董铺水库	…	43	中营养	Ⅲ

资料来源:《中国环境状况公报》(2005)。

水系断面水质。2005年,中部六省主要水系(长江及其支流、黄河及其支流、淮河及其支流、海河水系)水质状况见表11—4。从表中数据可见,长江水系主河道水质总体较好,多为Ⅱ类水质,但支流水质相对较差。黄河水系主河道水质相对较差,基本为Ⅳ类水质,其支流水质则更差,特别是汾河、渭河的水质均为劣Ⅴ类。淮河水系的污染程度是中部地区水系中最严重的,主要支流中很大一部分为劣Ⅴ类水质,仅有部分主河道和支流水质相对较好。

表11—4　2005年中部六省水系省界断面水质

水系	地区名称	河流名称	断面名称	上下游省份	水质
长江水系	滁州	滁河	汊河	安徽—江苏	劣Ⅴ
	南阳	白河	新甸铺	河南—湖北	Ⅴ
	南阳	唐河	梅湾	河南—湖北	Ⅲ
	重庆	长江	培石	重庆—湖北	Ⅱ
	岳阳	长江	城陵矶	湖南—湖北	Ⅱ
	九江	长江	姚港	江西—湖北	Ⅱ
	安庆	长江	皖河口	江西—安徽	Ⅱ
	十堰	汉江	羊尾	陕西—湖北	Ⅱ
黄河水系	渭南	渭河	潼关吊桥	陕西—河南、山西	劣Ⅴ
	运城	汾河	河津大桥	山西—陕西、山西	劣Ⅴ
	运城	涑水河	张留庄	山西—陕西、山西	劣Ⅴ
	三门峡	黄河	风陵渡大桥	陕西—山西、河南	Ⅳ
	菏泽	黄河	刘庄	河南—山东	Ⅳ
	济源	沁河	五龙口	山西—河南	Ⅳ

续表

水系	地区名称	河流名称	断面名称	上下游省份	水质
淮河水系	商丘	包河	马桥	河南—安徽	劣Ⅴ
	阜阳	颍河	界首	河南—安徽	劣Ⅴ
	阜阳	黑茨河	倪邱	河南—安徽	劣Ⅴ
	阜阳	泉河	临泉段下游	河南—安徽	劣Ⅴ
	亳州	惠济河	刘寨村后	河南—安徽	劣Ⅴ
	亳州	涡河	亳州	河南—安徽	劣Ⅴ
	宿州	濉河	泗县八里桥	安徽—江苏	劣Ⅴ
	宿州	新汴河	泗县公路桥	安徽—江苏	劣Ⅴ
	周口	涡河	鹿邑付桥	河南—安徽	Ⅴ
	商丘	大沙河	包公庙	河南—安徽	Ⅴ
	商丘	浍河	黄口	河南—安徽	Ⅴ
	驻马店	洪河	班台	河南—安徽	Ⅴ
	阜阳	洪河分洪道	陶老	河南—安徽	Ⅴ
	阜阳	淮河	王家坝	河南—安徽	Ⅴ
	淮北	沱河	小王桥	河南—安徽	Ⅳ
	淮北	东沙河	临涣集	河南—安徽	Ⅳ
	滁州	淮河	小柳巷	安徽—江苏	Ⅳ
	泗洪	新濉河	大屈	安徽—江苏	Ⅳ
	信阳	淮河	淮滨水文站	河南—安徽	Ⅲ
	六安	史河	红石咀	安徽—河南	Ⅱ
海河水系	长治	浊漳河	王家庄	晋—豫	Ⅲ

资料来源:《中国环境状况公报》(2005)。

2. 大气环境污染程度比较突出

大气环境是生态保护和环境治理的重要方面。长期以来,煤炭在山西、河南等地区的能源消费结构中占据着比较突出的地位,而且其开采和使用方式比较粗放,因而成为影响和制约区域大气环境的重要因素。2005年,中部六省大气环境特征见表11—5。

表11—5 2005年中部六省废气排放及处理情况

大气监测指标	山西	安徽	江西	河南	湖北	湖南	中部合计	中部占全国(%)
工业废气排放量(亿标 m^3)	15 142	6 960	4 379	15 498	9 404	6 014	57 397	21.34
工业 SO_2 排放量(万吨)	120.03	51.47	55.46	147.12	62.58	75.50	512.16	23.62
生活 SO_2 排放量(万吨)	31.60	5.60	5.80	15.30	9.20	16.40	83.90	22.02
SO_2 排放总量(万吨)	151.63	57.07	61.26	162.42	71.78	91.90	596.06	23.38

续表

大气监测指标	山西	安徽	江西	河南	湖北	湖南	中部合计	中部占全国(%)
工业烟尘排放量(万吨)	90.96	25.27	23.00	85.72	26.62	45.26	296.83	31.28
生活烟尘排放量(万吨)	21.20	4.50	1.60	7.10	6.40	8.60	49.40	21.15
烟尘排放总量(万吨)	112.16	29.77	24.60	92.82	33.02	53.86	346.23	29.28
工业烟尘去除量(万吨)	1 232.94	563.35	522.44	1 848.87	695.95	591.76	5 455.31	26.50
工业粉尘排放量(万吨)	69.47	46.23	35.00	70.43	33.81	76.87	331.81	36.42
工业粉尘去除量(万吨)	235.54	200.23	270.31	538.23	378.10	277.53	1 899.95	29.44

资料来源:《中国环境年鉴》(2006)。

工业废气排放量。2005年,中部六省工业废气排放总量为57 397亿标立方米,占全国总量的21.34%。其中,河南和山西排放量比较高,均超过15 000亿标立方米;江西最少,不足5 000亿标立方米。各省工业废气排放量在全国的位次分别为:河南(第5位)、山西(第6位)、湖北(第10位)、安徽(第14位)、湖南(第16位)、江西(第23位)。

SO_2 排放情况。2005年,中部六省 SO_2 排放总量为596.06万吨,其中工业 SO_2 排放量为512.16万吨,生活 SO_2 排放量为83.90万吨,分别占全国总量的23.38%、23.62%和22.02%。各省的工业 SO_2 排放量均超过了50万吨,其中河南和山西尤为突出,分别为147.12万吨和120.03万吨。在生活 SO_2 排放量方面,山西最高,达到31.60万吨,湖南和河南也都超过了15万吨,其余三省均不足10万吨。各省 SO_2 排放量在全国的位次分别为:河南(第2位)、山西(第3位)、湖南(第13位)、湖北(第16位)、江西(第17位)、安徽(第18位)。

烟尘排放情况。2005年,中部六省烟尘排放总量达346.23万吨,其中工业烟尘排放量达296.83万吨,生活烟尘排放量达49.40万吨,分别占全国总量的29.28%、31.28%和21.15%。各省的工业烟尘排放量均超过了23万吨,其中山西、河南和湖南排放量最高,分别为90.96万吨、85.72万吨和45.26万吨。山西的生活烟尘排放量最高,达21.2万吨,其他五省均在10万吨以下。各省烟尘排放量在全国的位次分别为:山西(第1位)、河南(第2位)、湖南(第10位)、湖北(第15位)、安徽(第16位)、江西(第19位)。

工业粉尘排放情况。2005年,中部六省工业粉尘排放总量为331.81万吨,占全国总量的36.42%;其中,湖南、河南和山西的排放量比较高,在70万吨左右,其他三省排放量在50万吨以下。各省工业粉尘排放量在全国的位次分别为:湖南(第1位)、河南(第3位)、山西(第4位)、安徽(第6位)、江西(第12位)、湖北(第14位),排名均比较靠前。

3. 工业固体废物污染不容忽视

固体废物不仅占用大量的地表空间,而且非常容易导致土壤污染、水污染和大气污染。如果处置不当甚至引发爆炸、火灾等灾害性事故。随着经济社会的迅速发展,工业生产和城市生活都产生了越来越多的固体废物,其中最主要的是各种工业固体废物。2005年,中部六省工业固体废物情况见表11—6。

表11—6 2005年中部六省工业固体废物产生、利用及排放情况

监测指标 (万吨)	山西	安徽	江西	河南	湖北	湖南	中部合计	中部占 全国(%)
产生量	11 183	4 196	6 178	7 007	3 692	3 366	35 622	26.49
综合利用量	5 003	3 357	4 244	1 899	2 748	2 385	19 636	24.88
贮存量	785	360	857	573	874	561	4 010	15.46
处置量	4 900	519	1 287	4 591	110	415	11 822	37.82
排放量	604.69	0.05	3.64	10.28	16.7	56.71	692	41.82

资料来源:《中国统计年鉴》(2006)。

中部六省的工业固体废物产生量、综合利用量、贮存量、处置量和排放量分别为35 622万吨、19 636万吨、4 010万吨、11 822万吨和692万吨,分别占全国总量的26.49%、24.88%、15.46%、37.82%和41.82%。各省之间在工业固体废物的产生、利用、贮存、处置与排放量等方面相差悬殊。其中以山西最为突出,工业固体废物产生量超过1.1亿吨,仅次于河北,列全国第二,占中部地区的31.39%、全国的8.32%;其工业固体废物排放量超过600万吨,占中部地区的87.38%、全国的36.54%,为全国之最。

4. 区域性环境问题异常严重

中部地区是我国重要的煤炭能源基地,特别是山西、河南和安徽等地区的煤炭开采面广量大,煤炭开采所导致的环境污染和地面塌陷等生态环境问题非常突出,山西省煤炭开采所导致的水污染与塌陷等灾害见专栏11—1。

二、环境污染变化过程

"十五"期间(2001~2005),随着经济社会的发展,中部六省的环境污染状况和特征有所变化。

1. 污水与污染物排放量持续增长,水环境继续恶化

"十五"期间,中部六省水环境主要监测指标的年际变化情况如表11—7。

废水排放情况。2001~2005年,中部六省废水排放总量逐年增长,2005年排放量比2001年增长了14.17%。不论是绝对量,还是增长速度,生活污水都明显高出工业废水。2005年生活污水排放量比2001年增长了19.15%。工业废水排放量总体趋势也是增加,但是增幅缓慢。虽然2005年工业废水排放量仍比2001年增加了8.21%,但是已经略低于2004年的排放量。除此之外,中部地区污水排放量占全国的比重总体上处于明显下降的过程。五年之中,

以 2002 年所占比重最高,而 2003 年则是一个转折点。

> 专栏 11—1
>
> **山西省煤炭开采导致的水污染与塌陷等灾害**
>
> 煤炭开采对水资源和水环境产生了很大的影响。以山西省太原市为例,该市煤炭储量丰富,含煤面积约 1 000 平方公里,总储量达 200 亿吨以上。煤层埋深在 0～350 米之间的储量占 60％左右,埋深在 350～600 米之间的占 20％左右,埋深在 600～900 米之间的占 17％。20 世纪 80～90 年代,吨煤排水量基本保持在 1.1～1.2 立方米,到 1997 年吨煤排水量上升到 1.6 立方米。矿坑水是采煤过程中所排出的矿坑充水,其特征为:酸性水,硬度偏大,毒化学成分高。长期大面积采煤导致采空区面积不断扩大,采空区导水裂隙带和地面塌陷范围随之扩大,使地表水与地下水、矿坑水发生直接联系,造成河川径流大量渗漏,径流量明显减少。
>
> 煤系底部的奥灰岩岩水(即岩溶水)是太原市工农业、城市生活的主要水源,是矿坑充水的间接水源。采煤改变了岩溶水的补、径、排关系,使岩溶水变成了矿坑水。这对煤矿附近的固定供水水源造成极大的威胁,特别是煤炭开采层位于岩溶水水位以下,发生断裂导水时,就有可能造成恶性突发水事故。
>
> 矿坑排水,也使西山岩溶水系统严重超采,而且导致山西旅游胜地——晋祠名泉"难老泉"枯竭、断流。矿坑水排出地表后,水中所含的各种有害物质直接进入河道,污染水体,加重了太原市的生命之河——汾河的水质污染。由于地表水已受到矿坑水的污染,地表水补给浅层孔隙水,导致浅层孔隙水水质间接受到污染,地下水的化学类型逐步过渡为硫酸重碳酸钙型水,矿化度大于 500 毫克/升,硫酸盐严重超标。
>
> 另外,大部分煤矸石不加处理直接堆放在山沟、山坡和滩地,长期露天堆放,释放出大量有害气体,严重影响矿区及周围的空气质量,并加重对地表水和地下水的污染。
>
> 采空塌陷灾害。煤炭开采导致的采空塌陷灾害也是比较突出的问题之一,广泛存在于山西、河南、安徽等地区的煤炭开采区域,而以山西最为突出。据张成梁(2006)的研究,山西含煤面积 6.2 万平方公里,约占其总面积的 40％。作为产煤大省,长期以来,大范围、高强度的煤炭开采使得该省成为我国采空塌陷灾害最严重的地区之一。煤炭生产过程中,对土地资源的破坏有采空区地表塌陷、地表挖损破坏和固体废弃物压占三种形式。1949～2004 年间山西煤炭开采累计破坏土地总面积 1 151.9 平方公里,其中采煤塌陷面积 1 113.8 平方公里,废弃物压占面积 15.1 平方公里,露天开采破坏面积 23.0 平方公里。

表 11—7 "十五"期间中部六省水环境年际变化

水环境监测指标	2001年 合计(万吨)	2001年 占全国(%)	2002年 合计(万吨)	2002年 占全国(%)	2003年 合计(万吨)	2003年 占全国(%)	2004年 合计(万吨)	2004年 占全国(%)	2005年 合计(万吨)	2005年 占全国(%)
工业废水	45.09	22.25	46.62	22.50	47.94	22.59	48.83	22.08	48.79	20.07
生活污水	53.94	23.43	56.36	24.26	57.24	23.17	60.71	23.24	64.27	22.84
污水总量	99.02	22.88	102.98	23.43	105.18	22.90	109.54	22.71	113.06	21.55
工业废水COD	132.20	21.76	124.00	21.23	114.81	22.43	116.80	22.92	122.90	22.16
生活污水COD	196.03	24.59	201.93	25.79	220.06	26.80	225.30	27.16	229.00	26.65
COD排放总量	328.23	23.37	325.93	23.84	334.88	25.12	342.10	25.55	351.90	24.89
工业废水氨氮	13.13	31.79	14.80	35.15	13.37	33.12	14.40	34.12	16.30	31.05
生活污水氨氮	19.69	23.47	22.60	26.07	23.06	25.85	23.90	26.32	24.90	25.59
氨氮排放总量	32.82	26.21	37.40	29.04	36.43	28.11	38.30	28.80	41.20	27.50

资料来源:《中国统计年鉴》(2002～2006)。

COD排放情况。2001～2005年,中部六省COD排放总体增长比较迅速,2005年比2001年增加了7.21%。工业废水中COD排放量呈现2003年之前下降而后反弹的变化过程,而生活污水中COD排放量则是持续增长趋势。除此之外,中部地区工业废水COD、生活污水COD以及二者之和占全国比重的时间变化特征是:以2004年为转折点,之前明显上升,而后出现下降趋势。

氨氮排放情况。2001～2005年,中部六省工业废水氨氮排放量、生活污水氨氮排放量以及氨氮排放总量均呈现出波动上升的变化趋势,但是其所占全国的比重则表现为先期上升,而后波动下降的趋势。

2. 大气污染物增长趋势难以扭转,污染日趋严重

"十五"期间,中部六省大气环境主要监测指标的年际变化情况如表11—8。

工业废气排放量。2001～2005年间,中部六省工业废气排放总量逐年增加,2005年比2001年增加了68.39%。中部地区占全国的比重则是先迅速增加,然后明显降低。

工业粉尘排放量。2001～2005年间,中部六省的工业粉尘排放总量急剧增加,2005年比2001年增加了25.25%。占全国的比重也是显著提高,由2001年的26.75%增加到2005年的36.42%。

SO_2排放量。2001～2005年间,中部六省SO_2排放量总体增加的趋势也非常显著,而且工业SO_2排放量的增长速度远远快于生活SO_2排放量的增长。2005年SO_2排放总量比2001年增加了45.35%;中部地区占全国的比重也是逐年增长,由2001年的21.06%增长到2005年的23.38%。

表 11—8 "十五"期间中部六省大气环境年际变化

大气环境监测指标	2001年 合计(亿m³)	2001年 占全国(%)	2002年 合计(万吨)	2002年 占全国(%)	2003年 合计(万吨)	2003年 占全国(%)	2004年 合计(万吨)	2004年 占全国(%)	2005年 合计(万吨)	2005年 占全国(%)
工业废气	34 085	21.19	38 408	21.92	44 736	22.49	50 725	21.34	57 397	21.34
工业粉尘	264.94	26.75	296.28	31.48	318.13	31.15	327.70	36.22	331.80	36.42
工业 SO_2	334.10	21.33	336.03	21.51	394.64	22.03	443.40	23.44	512.20	23.62
生活 SO_2	76.01	19.94	74.80	20.52	80.50	21.94	81.10	22.31	83.90	22.02
SO_2 总量	410.11	21.06	410.83	21.32	475.13	22.01	524.50	23.26	596.10	23.38
工业烟尘	252.42	29.62	243.45	30.27	260.40	30.78	273.70	30.87	296.90	31.29
生活烟尘	38.56	17.70	38.81	18.62	41.79	20.64	43.30	20.77	49.40	21.15
烟尘总量	290.98	27.20	282.27	27.87	302.19	28.82	317.00	28.95	346.30	29.29

资料来源：《中国统计年鉴》(2002~2006)。

烟尘排放量。2001~2005年间，中部六省烟尘排放量总体变化趋势也是显著增长，而且生活烟尘排放量的增加速度快于工业烟尘排放增加速度。2005年烟尘排放总量比2001年增加了19.01%；中部地区占全国的比重也是逐年增长，由2001年的27.20%增长到2005年的29.29%。

表 11—9 "十五"期间中部六省工业固体废物年际变化

工业固体废物监测指标	2001年 合计(万吨)	2001年 占全国(%)	2002年 合计(万吨)	2002年 占全国(%)	2003年 合计(万吨)	2003年 占全国(%)	2004年 合计(万吨)	2004年 占全国(%)	2005年 合计(万吨)	2005年 占全国(%)
产生量	23 943	26.95	27 222	28.80	29 289	29.16	32 133	26.77	35 622	26.49
综合利用量	11 817	24.99	13 044	26.06	15 010	26.78	17 294	25.51	19 636	25.50
贮存量	7 342	24.32	8 556	28.48	8 412	30.40	4 319	16.60	4 010	14.39
处置量	5 416	37.37	6 933	41.72	6 137	34.57	10 392	39.02	11 822	37.82
排放量	819	28.31	792	30.04	741	38.18	734	41.68	692	41.82

资料来源：《中国统计年鉴》(2002~2006)。

3. 固体废物处置率提高，排放量不断下降

"十五"期间，中部六省工业固体废物主要监测指标的年际变化情况见表11—9。由表中数据可见，2001~2005年中部六省工业固体废物的产生量持续快速增长，2005年比2001年增长了48.78%。同期，工业固体废物综合利用量和处置量总体上显著增加。2005年与2001年

相比,综合利用量提高了66.17%,处置量提高了118.28%,二者均显著高于产生量的增长速度。贮存量表现为先增长,然后迅速降低的趋势,排放量表现为持续降低的趋势。2005年与2001年相比,贮存量与排放量分别减少了45.38%和15.51%。

4. 环境污染与破坏事故频发,直接经济损失巨大

"十五"期间,中部地区各种环境污染与破坏事故频繁发生,导致巨大的直接经济损失(表11—10)。按《中国统计年鉴》数据,五年间中部地区各种环境污染与破坏事故共达2 373次,占全国的28.07%;造成的直接经济损失达5 477.2万元,占全国的8.15%。中部地区以及全国历年的各种环境污染与破坏事故中,均以水污染和大气污染占主导地位。例如,"十五"期间,中部地区的水污染和大气污染事故分别达1 311次和797次,分别占所有环境污染与破坏事故的55.25%和33.59%。环境污染与破坏事故的发生频率都表现出由增长转为下降的变化过程。2005年发生次数已经大大低于2001年。中部各省之间相比,湖南的环境污染与破坏事故最为频繁,五年中共发生了1 329次,占中部地区五年间总量的56.01%和全国五年间总量的15.72%;其所导致的直接经济损失累计达2 273.3万元,分别占中部地区五年间总量的41.51%和全国五年间总量的3.38%。

表11—10 "十五"期间中部六省环境污染与破坏事故

年份	环境污染与破坏事故次数(次)						直接经济损失(万元)
	全部	水污染	大气污染	固废污染	噪声与振动	其他	
2001	453	262	148	12	25	6	846.3
2002	621	334	199	44	38	6	1 302.4
2003	530	279	190	14	34	13	987.7
2004	443	245	155	13	23	7	1 485.4
2005	326	191	105	7	12	11	855.4
中部合计	2 373	1 311	797	90	132	43	5 477.2
中部占全国(%)	28.07	28.01	27.16	30.10	40.49	20.19	8.15

资料来源:《中国统计年鉴》(2002~2006)。

三、环境治理与效果

1. "十五"期间工业污染治理投资稳步增长,以大气和水环境治理为主

环境治理的工作重点是工业污染治理,2001~2005年期间,中部六省工业污染治理项目投资情况如表11—11。

"十五"期间,中部六省总共完成工业污染治理投资244.45亿元,约占全国投资总量的

18.09%。年度完成投资额表现为总体迅速增长的变化趋势,虽然2003年有所降低,但是2005年与2001年相比,完成投资额增长了178.46%。中部六省工业污染治理年度竣工的项目数量也表现为总体迅速增长的变化趋势。2005年比2001年增加了22.50%。"十五"期间中部六省总共竣工了11 033个项目,约占全国的21.21%。

表11—11 "十五"期间中部六省工业污染治理投资及其占全国比例*

年份	本年完成投资总额	治理废水	治理废气	治理固体废物	治理噪声	治理其他	本年竣工项目数
2001	291 525	98 403	161 695	19 860	1 156	10 411	1 987
2002	369 802	107 974	181 944	31 304	2 263	46 318	2 148
2003	354 909	108 517	191 505	28 180	1 691	25 017	2 067
2004	616 519	215 287	310 871	39 570	1 846	48 945	2 397
2005	811 788	279 619	369 965	63 033	2 359	96 811	2 434
中部合计	2 444 544	809 800	1 215 979	181 947	9 316	227 502	11 033
中部占全国(%)	18.09	17.19	20.84	18.00	13.11	12.08	21.21

* 本年竣工项目数的单位为"个",其他指标的单位为"万元",所有指标占全国比例的单位为"%"。

"十五"期间,中部六省工业污染治理投资以废气治理为主,而且完成投资额表现为持续增长的趋势,该类型投资额占年度投资总额的比例在45.57%(2005)到55.47%(2001)之间,远远超出其他方面的完成投资额。废水治理的完成投资额仅次于废气治理,完成的投资额也是持续增长趋势,其占年度投资总额的比例在29.20%(2002)到34.92%(2004)之间。这两方面完成的投资额占中部六省污染治理项目完成投资总额的78%以上,甚至在某些年份(2001)接近90%。其余的投资额则用于治理固体废物、治理噪声等。

2. 各省"十五"规划环境污染治理目标多数未能完成

"十五"期间,我国国民经济保持年均9.48%的高速持续增长,对能源的需求量持续增加。高能耗、高物耗、污染重的粗放型经济增长方式没有得到根本转变,全国"十五"环境保护计划未能全部实现(专栏11—2)。同期,中部六省的城市化和工业化发展速度也非常快,各种污染物的产生量总体迅速增加。虽然污染治理的投资力度也有所加强,但是相对于污染治理的需求而言仍显不足。各省"十五"规划环境治理目标未能全面实现。

江西省。"江西省'十五'生态建设和环境保护重点专项规划"提出了"2005年主要环境污染物的排放总量维持在2000年的水平"的目标。但是,事实上,2005年与2001年相比,工业废水排放量、工业废水中COD排放量、工业废水中氨氮排放量、生活污水排放量、生活污水中COD排放量、工业废气排放总量、工业SO_2排放量、生活SO_2排放量、工业烟尘排放量、工业粉尘排放量、工业固体废物产生量、工业固体废物排放量等多数指标均有所增长,有些指标甚至是大幅度增长。

湖南省。"湖南省生态建设与环境保护第十个五年计划"在工业污染控制方面制定的2005年具体目标如下：全省水域的国控和省控断面，全部达到地面水Ⅲ类水质标准，其中25%的断面达到Ⅱ类标准；全省COD、SO_2排放总量分别控制在62.8万吨和71.3万吨以内；工业废水处理率达到92%；工业废气处理率达到95%；工业固体废弃物综合利用率达到70%，危险废物安全处置率达100%。事实上，2005年湖南省COD排放量高达89.48万吨，SO_2排放总量达91.9万吨，工业废水排放达标率为89.74%，均未实现控制目标。

专栏11—2

我国"十五"环境保护计划完成情况

"十五"期间力图重点解决的一些深层次环境问题的进展还不够理想，粗放型经济增长方式还没有根本转变，环境保护的法制、体制、机制、投入、能力滞后，有法不依、执法不严、违法不纠的现象还比较普遍，环境污染和生态破坏问题突出。总体上看，环保"十五"计划的实施效果并不很理想，计划确定的各项指标中，未完成目标控制要求的主要是SO_2排放量和COD排放量，其中SO_2排放总量和工业SO_2排放量两项指标不仅没有下降，而且有所反弹。根据统计结果，2005年，全国SO_2排放量比2000年增加了27%；COD排放量仅比2000年减少了2%，未完成削减10%的控制目标。

自2002年末开始，高能耗、高物耗的火电、钢铁、建材、有色等行业出现过热发展的态势，年平均增长率都在15%以上，但污染治理进程相对缓慢，到2005年底，淮河、海河、辽河、太湖、巢湖、滇池治理项目的完成率分别只有70%、56%、43%、86%、53%和54%；"两控区"计划的256个项目中，只有54%的项目建成并投入运行。火电行业是SO_2排放的主要来源。2000年，我国火电装机容量2.38亿千瓦，消耗煤炭5.8亿吨，到2005年，火电装机容量达到5.08亿千瓦，超过规划约1亿千瓦，消耗煤炭11.1亿吨，增长了近1倍。能源消费的超常规增长和火电行业的快速发展是导致SO_2排放量增加的主要原因。

"十五"期间产业结构调整未达到预期目标。造纸工业是排放COD的重点行业，草浆造纸是污染水环境的主要原因。随着社会经济的发展，我国纸及纸制品需求强劲，产量增长迅速。造纸行业的快速发展，污染治理设施没有能够完全及时配套，造成占全国工业COD排放总量半数以上的造纸行业的排污总量没有得到有效控制，是全国COD控制目标没有完成的重要原因之一。除此之外，重点流域污染治理工程项目的完成情况不理想，污水处理设施的建设难以满足人口增长和经济发展的要求也是COD控制目标未能实现的重要原因。

资料来源：中国环境规划院："国家环境保护'十五'计划指标完成情况分析"，2006。

河南省。"河南省'十五'生态建设和环境保护规划"中制定的环境污染主要控制目标为：SO_2、烟尘、粉尘、COD和工业固体废弃物等主要污染物排放量要比2000年减少10%左右；废水中其他有毒有害污染物和废气中氧化物基本得到控制；危险废物得到安全处理。事实上，2005年与2001年相比，多项指标均未实现控制目标。例如，SO_2排放量增加了81.86%，工业烟尘排放量增加了33%，工业粉尘排放量仅减少了0.16%，COD排放量仅减少了5.18%。

湖北省。"湖北省环境保护'十五'计划纲要"中曾制定2005年主要污染物控制目标和工业污染防治目标，其具体落实情况如表11—12。从表中数据可见，SO_2、烟尘等大气污染控制目标和工业固体废物控制目标并未实现。

表11—12 湖北省"十五"计划污染控制目标落实情况

控制指标	"十五"计划2005年目标	2005年实际	达标情况
污染物总量控制指标			
SO_2排放量	50.4万吨以内	71.78万吨	×
烟尘排放量	32.7万吨	33.02万吨	×
工业粉尘排放量	36.9万吨	33.81万吨	√
废水中COD排放量	63.2万吨	61.57万吨	√
废水中六价铬排放量	6 936公斤	4 570公斤	√
废水中氨氮排放量	13.5万吨以内	7.74万吨	√
工业固体废物排放量	14.58万吨以内，危险废物零排放	16.70万吨	×
工业污染防治指标			
工业废气SO_2排放量	45.7万吨	62.58万吨	×
工业废气烟尘排放量	28.9万吨	26.62万吨	√
工业废水COD排放量	24万吨	17.67万吨	√
工业废水氨氮排放量	5万吨	2.64万吨	√
工业废水重复利用率	达到60%	70.9%	√
工业固废综合利用率	达到55%，危险废物实现零排放	73.3%	√

资料来源：《湖北省环境保护"十五"计划纲要》；《中国环境年鉴》(2006)。

山西省。根据"山西省人民政府批转山西省环境保护'十一五'规划的通知"，"十五"期间山西省主要环保目标的完成情况如表11—13。

安徽省。"十五"期间，安徽省粗放型经济增长方式没有得到根本转变，结构型污染严重，部分地区环境污染和生态破坏问题依然突出，严峻的环境形势仍然没有改变。全省环境保护"十五"计划主要污染物排放总量控制目标没有全部实现。其中，淮河、巢湖流域水污染仍然严重。"十五"期间，淮河干流氨氮超标率69.8%，颍河、涡河、奎河、黑茨河等6条支流氨氮超标率97.9%，巢湖湖区总体上处于中度富营养化。主要污染物排放总量仍居高不下。全省SO_2排放量不但没有削减，反而比2000年增加了20.2%，部分城市酸雨污染呈加重趋势。省辖8个城市15个饮用水源地部分监测项目超标，农村约有1 600万人饮用水安全存在问题。

表 11—13 山西省"十五"主要环保指标完成情况

控制指标	"十五"计划	2005 年实际完成情况
水环境质量		
地表水监测断面	消灭劣Ⅴ类	仍有 62.1%断面劣Ⅴ类,完成率 37.9%
饮用水源水质达标率	100%	达标率 82.8%
空气质量		
17 个主要城市空气质量	分别达Ⅱ、Ⅲ级标准	2 个城市达Ⅲ级,无城市达Ⅱ级,完成率<12%
污染物排放总量控制		
SO_2	<110 万吨	151.6 万吨,未完成,超出目标 37.8%
COD	<20 万吨	38.7 万吨,未完成,超出目标 93.5%
工业固废	<1000 万吨	604.7 万吨,完成率 139.5%
城市环保设施建设		
燃气普及率	85%	70.7%,未完成,完成率 83.2%
集中供热普及率	45%	46.6%,完成
污水处理率	50%	56.2%,完成
环保投资	190 亿元	231.9 亿元,实现目标,完成率 122.1%
生态保护		
自然保护区	建成 14 个	31 个,完成率 221.4%
生态保护示范区	建成 10 个	21 个,完成率 210.6%
生态功能保护区	建成 3 个	2 个,未完成,完成率 66.7%

第二节 水土流失与治理

一、水土流失的发展现状与变化

中部六省南北跨越 6 个多纬度,相距 1 800 多公里,东西距离也在 1 000 公里以上。为大陆性季风气候,南北差异悬殊,季节变化、垂直变化都非常明显;水文方面,分属黄河流域、长江流域、淮河流域等;地貌方面,具有黄土高原、黄淮海平原、江淮丘陵和长江中下游平原等,山地、丘陵广泛分布,地势差异巨大、地形起伏剧烈;秦岭、淮河和太行山等是我国基本的气候和自然地理分界线。决定了中部六省在多方面的空间差异性,特别是气温、降水、植被、土壤、水文等各个方面的差异(中部地区的自然基础详见第二章)。2005 年,中部六省总人口 3.52 亿,占全国的 26.92%,人口密度超过 342 人/平方公里;乡村人口 2.23 亿,约占中部总人口的

63.46%和全国乡村人口的29.97%。中部六省约有耕地面积30.57万平方公里,占中部总面积的29.76%和全国耕地面积的23.51%。自然地理与经济社会发展的基本特征决定了中部地区水土流失的广泛性、严重性与差异性。

1. 水土流失分布广泛,而且空间差异显著

中部六省是我国水土流失比较严重的区域,特别是黄河中游地区(山西)的水土流失强度在我国,甚至全球都是非常严重的。另外,湖北与湖南的众多山地丘陵区域以及江西、河南和安徽的局部地区水土流失也比较突出。中部六省的水土流失可以划分为四大类型区域(表11—14)。不同类型区域水土流失程度与危害不尽相同。西北黄土高原区土层深厚,流失程度非常严重,形成千沟万壑的地貌特征;北方土石山区和西南石质山区土层浅薄,虽然流失量不大,但是潜在的危害程度却非常高;南方红壤丘陵区虽然植被覆盖率较高,但是"远看青山在,近看水土流"的问题特别突出,而且降雨频率高、时间长、强度大,地形起伏剧烈的区域易发生重力侵蚀,崩岗、滑坡和泥石流等灾害严重。

表11—14 中部六省的水土流失类型区

	水土流失与水土保持分区
山西	兼有西北黄土高原区和北方土石山区
安徽	横跨北方土石山区和南方红壤丘陵区
江西	全部属于南方红壤丘陵区
河南	北方土石山区为主,西部局部为西北黄土高原区,南部局部为南方红壤丘陵区
湖北	横跨南方红壤丘陵区和西南石质山区,但以南方红壤丘陵区为主
湖南	横跨南方红壤丘陵区和西南石质山区,但以南方红壤丘陵区为主

资料来源:水利部:《中国水土保持公报》(2004)。

中部六省水土流失面积的变化情况见表11—15。2000年前后,中部六省水土流失程度在全国来说仍然是比较严重的。中部地区国土总面积占全国的比例不足11%,但是水土流失面积占全国的比重却高达15%以上。各省之间水土流失分布面积的差异也比较显著。以各省占中部六省水土流失总面积的比重来看,山西最高,大约占34%;其次是湖北,大约占22%;再次是湖南,大约占15%;江西、河南和安徽相对较少,分别在12%、11%和6%左右。以2000年前后数字分析水土流失面积占本省国土面积的比例,最高的是山西,由高到低依次为:山西(59%)、湖北(32%)、江西(20%)、湖南(19%)、河南(18%)、安徽(12%)。这反映出黄河中游区域(山西)的水土流失程度,远远高于长江流域(湖北、江西、湖南),而淮河流域(河南、安徽)则相对较低。

表 11—15 中部六省水土流失现状与变化

	国土面积(万 km²)	2000年前后(万 km²)	1995年前后(万 km²)	1985年前后(万 km²)
山西	15.66	9.29	9.29	10.77
安徽	14.02	1.70	1.88	2.89
江西	16.70	3.32	3.51	4.57
河南	16.56	2.98	3.01	6.48
湖北	18.60	6.01	6.08	6.85
湖南	21.18	4.05	4.04	4.72
中部合计	102.71	27.35	27.81	36.26
中部占全国(%)	10.81	15.28	16.85	22.49

资料来源：水利部、中国科学院、中国工程院：中国水土流失与生态安全综合科学考察(2005～2006)，2006年8月各专题考察组初审会，基础数据组报告。

2. 水土流失面积减少，但是形势依然严峻

对比表11—15中3个时间段面水土流失面积的变化能够发现：中部六省水土流失面积总量在不断减少，水土保持工作的成绩总体上比较突出。自20世纪80年代中期到2000年前后的大约15年间，中部地区水土流失面积共减少了8.91万平方公里，占全国的比重也已经由22.49%下降到了15.28%。但是，在取得成绩的同时，仍然存在着很多突出的问题。

首先，各省区水土流失治理速度明显放慢。与全国态势一样，中部六省水土流失治理速度表现出由快而慢的特征。20世纪80年代中期到90年代中期的10年间，中部各省水土流失面积迅速减少，治理速度普遍高出全国平均水平。以1995年前后与1985年前后两期的面积变化率分析，中部六省平均减少23.32%，远好于全国平均水平(7.82%)。各省减少程度由高到低依次是：河南(53.56%)、安徽(34.93%)、江西(23.10%)、湖南(14.34%)、山西(13.80%)、湖北(11.16%)。自20世纪90年代中期至2000年前后的5年间，水土流失治理速度普遍降低，甚至处于停滞不前的状态，个别省份甚至有所反弹。对比2000年前后与1995年前后的面积变化率，中部六省平均减少1.64%，已经明显低于全国平均水平(2.29%)。其中，安徽与江西成绩比较突出，水土流失面积仍较大幅度减少，湖北和河南则仅有少量减少，而山西和湖南则停滞不前，甚至有所反弹。

其次，水土流失治理的难度不断加大。从中部六省不同时期水土流失面积变化的地区比较可以看出，虽然地处黄土高原的山西一直是我国水土保持的重点地区，但中部地区水土保持工作所取得成绩却主要体现在地处黄淮海平原的河南和安徽以及长江中下游平原地区的江西省等地区。这些地区水土流失程度相对较低、治理成本也不高，或者适合于大范围实施生态修复措施。形成这个特征的主要原因是：国家财政在水土保持上的投入水平总体偏低、投入力度远远低于治理成本。只有那些问题不太严重、土壤侵蚀强度相对较低的区域容易被治愈，而且治理成果也易于巩固下来。在这种背景下，虽然多年治理取得了显著的成绩，但目前尚未治理

或尚未治愈的地区大都属于侵蚀程度较强、治理难度较大的区域。未来水土保持工作的形势严峻,将是水土流失治理的攻坚阶段。

3. 江河泥沙含量高,但不同流域相差悬殊

中部六省主要隶属于黄河、淮河和长江三大流域。其中,山西包括汾河、沁河和桑干河等流域,但以汾河流域为主;河南包括洛河、卫河、颍河、淮河、白河等流域,比较分散;安徽主要是淮河中下游和长江下游流域;湖北主要是长江中游干流和汉水流域;湖南和江西具有比较接近的特征,分别有洞庭湖流域(包括湘江、资江、沅江、澧水四大江河)和鄱阳湖流域(包括赣江、抚河、信江、饶河等江河)。

表 11—16　中部六省部分流域年均侵蚀产沙

流域名称			1981~1990年	1991~2000年	1981~2000年
黄河流域	汾河(河津)	泥沙(亿吨)	0.046	0.030	0.038
		径流(亿m³)	6.813	4.639	5.726
	洛河(状头)	泥沙(亿吨)	0.618	0.837	0.728
		径流(亿m³)	9.491	6.792	8.142
	沁河(武陟)	泥沙(亿吨)	0.025	0.009	0.017
		径流(亿m³)	5.579	3.376	4.478
桑干河流域(石匣里)		泥沙(亿吨)	0.050	0.026	0.038
		径流(亿m³)	2.176	1.739	1.958
淮河流域(息县)		泥沙(亿吨)	0.109	0.068	0.088
		径流(亿m³)	40.435	34.953	37.695
汉江流域(皇庄)		水保减沙(亿吨)	0.415	0.531	0.473
		库坝拦沙(亿吨)	0.737	0.659	0.698
		河流输沙(亿吨)	0.265	0.049	0.157
		径流(亿m³)	564.4	365.2	496.12
赣江流域(外洲)		水保减沙(亿吨)	0.313	0.451	0.291
		河流输沙(亿吨)	0.499	0.287	0.393
		径流(亿m³)	653.0	772.1	712.55

资料来源:水利部、中国科学院、中国工程院:中国水土流失与生态安全综合科学考察(2005~2006),2006年8月各专题考察组初审会,基础数据组报告(黄河流域缺乏水土保持、水库建设等的分区资料,仅反映侵蚀的基本变化特征;赣江流域未计水利工程拦沙量)。

不同流域之间径流量和泥沙量差异巨大,而且时间变化也比较显著(表11—16)。黄河流域水资源总量少,支流流域的年径流量普遍较低,但泥沙含量差异悬殊。洛河流域径流量与泥沙含量总体均较高,其次是汾河流域,而沁河流域则较低。桑干河是永定河的上游区域,流经山西省东北部。将其与汾河流域相比会发现,虽然桑干河流域年均径流量远远低于汾河流域,但是河流泥沙含量却相差无几。与黄河流域相比,淮河流域年降水量比较丰沛,除了上游山地丘陵区域侵蚀较强,大部分区域侵蚀模数并不高。因此,虽然淮河径流量远远高出黄河的众多支流,但是其含沙量并不高。汉江流域和赣江流域都是长江流域比较重要的支流,其径流量明显高出黄河流域和淮河流域,而且侵蚀量也比较高。汉江流域泥沙特征深受丹江口水库的影响,在不考虑其他工程影响下,估算出流域年平均侵蚀量为1.67亿吨。鄱阳湖和洞庭湖是中部六省的重要湖泊,其流域范围分别与江西省和湖南省的行政范围大体吻合。据推算,鄱阳湖水系(包括赣江、抚水、信江、饶河、修水)多年平均侵蚀模数为900~1 100吨/平方公里,侵蚀总量为1.616亿吨;洞庭湖水系(包括湘江、资水、沅江、澧水)多年平均侵蚀模数为934.7吨/平方公里左右,据此计算侵蚀总量大约为1.95亿吨。

4. 开发建设项目激增,人为水土流失加剧

除了坡地的不合理开发利用,数量日增的开发建设项目是人为水土流失加剧的另一重要原因。开发建设项目类型多种多样、数量繁多、空间分布不均匀,对地表扰动破坏剧烈、破坏特征复杂、破坏结果难以恢复。改革开放以来,虽然中部地区经济社会发展水平和速度不及东部沿海地区,但是中部六省是我国重要的煤炭、有色金属矿产、非金属矿产和水力等资源、能源产区,其丰富的自然资源构成东部地区经济飞速发展的重要基础和保障。特别是最近10年来,中部六省产业结构调整的步伐加快,地区经济呈加速发展趋势。公路、铁路、管线、渠道、输变电、火(风)力发电、矿产开采、水利水电、开发区建设、城镇建设以及冶金化工等各种开发建设项目数量激增,不可避免地加剧了区域水土流失的程度。例如,"京九"铁路赣南7县路段的里程总计262公里,施工期间共损坏生物设施面积313.22公顷,产生废弃沙石772.58万立方米;新干县—吉安市路段的里程总计114.97公里,施工期间共损坏生物设施面积127.4公顷,需要进行水土保持的路基开挖边坡、取土场和弃土场面积分别为4.70万平方米、16.45万平方米和1.03万平方米,危害严重。

表11—17 "十五"期间中部六省开发建设项目水土流失情况

	开发建设项目数量 (个)	扰动地表面积 (km²)	年均水土流失面积 (km²)	水土流失量 (万吨)
山西	1 789	2 448.57	1 220.53	3 171.2
安徽	1 836	1 204.82	607.14	3 146.1
江西	5 700	2 340.12	1 114.63	6 210.1
河南	936	1 907.02	957.74	1 891.6
湖北	1 141	1 400.92	774.01	2 496.2
湖南	2 418	2 635.80	1 362.89	8 033.7
中部地区合计	13 820	11 937.26	6 036.95	24 948.9
中部占全国(%)	17.99	21.59	22.06	26.36

资料来源:水利部、中国科学院、中国工程院:中国水土流失与生态安全综合科学考察(2005~2006),2006年8月各专题考察组初审会,开发建设组报告。

"十五"期间,中部六省开发建设项目水土流失情况见表11—17。中部地区各种开发建设项目数量占全国的比例接近18%,所扰动的地表面积占全国的比重达21.59%,实际导致的年均水土流失面积高达22.06%,均远远高出中部国土面积占全国的比重(10.81%);所导致的水土流失量占全国的比重则更是高达26.36%。从开发建设项目数量来看,以江西最多,其次是湖南。扰动地表面积和所导致的年均水土流失面积之间具有较高的相关性,大小排序相同,由高到低依次是:湖南＞山西＞江西＞河南＞湖北＞安徽。但是,扰动地表面积与所导致水土流失面积并非水土流失量的主要决定因素。水土流失量以湖南为最高,其次是江西,而且这两个省远远高于其他四省,山西与安徽比较接近,湖北与河南均比较低。

二、水土流失对经济社会发展的危害

1. 加剧土地资源退化,降低耕地生产力,威胁区域粮食安全

水土流失是加剧土地退化,导致耕地质量下降和数量减少的重要原因,在长期尺度上影响着区域粮食安全水平。中部六省是我国重要的农业经济区。2005年,中部地区以不足全国24%的耕地生产了全国30.53%的粮食、30.89%的棉花和40.71%的油料。其中,河南、湖南、安徽和湖北的农业大省地位尤其突出(详见第五章)。

中部六省近年来由于水土流失而导致的耕地质量退化和数量减损问题比较突出。水土流失带走大量的土壤黏粒、矿物质和有机质,土壤质地粗化、涵蓄水能力下降,使耕地成为跑土、跑水、跑肥严重的"三跑田"。同时,泥沙的就近堆积也往往埋压良田,进一步加剧对耕地的破坏作用。例如,洛阳市嵩县与汝阳县交界地区,由于土壤严重流失,造成基岩的大面积裸露,形成了22.5公里白沙坡。据洛阳市水土保持试验推广站监测,该白沙坡年均流失耕地13.33公顷以上,侵蚀模数高达9 000吨/平方公里·年。河南省鲁山县耐庄河小流域在20世纪70年代耕地面积有1 000公顷左右,而目前只有851.47公顷。30年间有150多公顷耕地被水冲、沙压或变成裸岩、石砾地,丧失了生产能力。江西每年水土流失量达1.65亿～2.2亿吨,折合流失土壤有机质326万吨,氮磷钾养分139.6万吨,远远超过全省一年的化肥总施用量。另外,江西耕地数量持续减少,自20世纪50年代末至2000年,共减少了近55万公顷。由于同期人口激增,2000年人均耕地已降至0.054公顷,接近联合国粮农组织规定的"人均耕地0.052公顷生存警戒线"。虽然耕地减少的原因众多,但水土流失却是绝对不容忽视的一个方面。

崩岗是我国南方一种特殊的水土流失类型,特指红土丘陵区厚层风化物在水力和重力的共同作用下,发生崩塌,形成特定地貌形态的土壤侵蚀现象。主要分布在南方风化层深厚的花岗岩、片麻岩出露地区。崩岗虽然在水土流失面积中所占比重不大,但产沙量高,危害十分严重。多数地方的土壤侵蚀模数只有几百到上千吨,如黄土高原地区多数地方超过5 000吨,但崩岗地区的侵蚀模数一般在2万吨以上,甚至超过10万吨,大大超出南方地区的土壤允许流失量,给当地和下游地区造成严重危害。崩岗区的群众概括其危害为"烂了山、冲了土、塞了

河、压了田、穷了人"。中部六省之中,江西、安徽、湖南和湖北均是我国崩岗比较严重的省区(表11—18),在洞庭湖、鄱阳湖水系的中上游分布比较集中,也非常典型。这四个省崩岗数量和面积占南方七省崩岗主要分布区的比重分别达到了34.88%和21.58%;其中江西尤其突出,崩岗发育程度仅次于广东。

表11—18 南方红壤区崩岗侵蚀

	安徽	江西	湖北	湖南	福建	广东	广西	中部四省	南方七省
个数(万)	0.11	4.81	0.24	2.58	0.88	10.79	2.78	7.74	22.19
面积(hm²)	356	20 675	537	3 739	2 603	82 760	6 598	25 307	117 268

资料来源:http://www.mwr.gov.cn,水利部网站。水利部、中国科学院、中国工程院:中国水土流失与生态安全综合科学考察(2005~2006)简报第二十三期。

2. 加剧水体淤积和污染,加重水旱灾害,威胁区域生态安全

水土流失导致大量泥沙从河流上游区域转移到中下游区域,导致河流、湖泊和水库的严重淤积,降低湖泊的天然调蓄作用。同时,有机物、重金属、化肥、农药等残留物质也伴随水土流失而大量进入江河湖库,污染水质,是引起水体面源污染和富营养化的重要原因。而且,水土流失破坏地表植被,改变下垫面形态,大大削弱地表涵养水源的能力,导致地表径流形成时间的缩短,加剧洪涝和旱灾的频率与危害程度。在长江流域,特别是两湖区域,水土流失造成血吸虫病疫区的扩展,加速湿地资源退化,破坏湖泊生态,破坏区域的生态平衡。可见,水土流失构成了区域生态安全的长期制约因素。

长江中下游河道多年来淤积大于冲刷,局部河段淤积速度非常突出,干流城陵矶到汉口的240公里河段,从20世纪60~80年代的20年间,河床升高0.42米,每年抬高2.1厘米,致使河流行水能力严重减弱,大大增加了防洪压力。近50年来,赣江主要支流河床淤高0.5~2.1米,抚河下游最大淤高4.57米,河流行水能力大大减弱。长江流域大中小型水库有5万余座,总库容达1 200亿立方米,但每年因泥沙淤积损失库容12亿立方米。在长江中下游湖泊分布区域,水土流失的淤积作用是除了围垦之外导致湖泊萎缩和数量减少的另一个主要原因。洞庭湖多年平均入湖泥沙1.29亿立方米,出湖泥沙则不足1/4,每年淤积在湖区的泥沙近1亿立方米,由于淤积,洞庭湖现已被分割成东、南、西三部分,湖容缩小,调节作用日渐减弱,西洞庭湖蓄洪能力基本消失,其余部分沼泽化现象明显。

3. 增加生产生活成本,加剧贫困,制约经济社会可持续发展

水土流失通过加剧土地退化、破坏地表植被、降低土壤肥力水平、造成耕地数量减损和质量下降、影响粮食产量提高等作用形式而提高了广大农村地区农民群众的生产与生活成本。同时,水土流失导致河流中下游水体的淤积,影响河流、湖泊的行洪调蓄能力和航运价值,特别

是众多水库的淤积则导致其维护成本的提高、使用寿命的降低,影响其发电、灌溉等经济效益的发挥。水土流失还会加重水旱灾害。严重的水土流失,如滑坡、泥石流、崩岗等,会损毁桥梁、道路、电缆、农田、房屋、家畜等,甚至威胁群众的生命财产安全,带来直接的经济损失。水土流失也会加剧水体污染和富营养化,破坏湿地生态平衡,降低生态系统服务价值,损失更是难以估量。

在我国,水土流失严重的区域,往往也是老少边穷地区,水土流失及区域的生态恶化与贫困问题相互影响、相互交织、相互作用,构成区域经济社会可持续发展的长期制约因素,也是建立和谐社会和建设社会主义新农村的重要障碍因素。例如:江西省水土流失面积在3.33万公顷以上的42个县(市、区)中有35个是贫困县;全省21个国定贫困县中有19个县水土流失面积在3.33万公顷以上,其中12个县市超过6.67万公顷。根据《江西省2005年统计年鉴》分析,全省12个水土流失面积超过6.67万公顷的县市,2004年人均GDP只有4 000元,仅为全省平均值的40%;人均财政收入283.96元,仅为全省平均值的34.7%;人均粮食产量385公斤,比全省平均水平低36公斤;农民人均纯收入仅为1 857元,比全省平均水平低1 096元。水土流失危害与贫困之间的关系在江西省兴国县表现最为突出。1980年,兴国县水土流失面积1 899.1平方公里,占县域面积的59%。在水土流失面积中,强度以上侵蚀区达669.33平方公里,占总流失面积的35.2%。年均流失泥沙量1.10×10^7吨,被带走的有机质和氮、磷、钾养分达55.2万吨,远远超出当年的施肥量。全县贫困人口达27.88万人,占总人口的51.7%,农民人均纯收入不足70元。1952~1979年的28年间,发生水旱灾害58次,频率达2.07次/年。

三、水土流失治理的经验、模式与效果

1. 以小流域为单元,坚持综合治理和长期治理

"以小流域为单元,坚持综合治理和长期治理",这是长期以来我国水土保持不断取得进展的最宝贵经验之一。以小流域为基本单元,从流域的水文、地貌、土壤、植被、气候以及经济社会发展特征等出发,对山、水、田、林、草、路、电、村等进行综合规划和整治,合理安排和运用林草植被措施、水利工程措施和田间耕作措施,形成科学的措施体系、空间布局和计划安排,以促进小流域防洪减灾和水资源优化配置的有机结合以及坡耕地改造和坡面水系建设的有机结合,从而最大限度促进区域生态、经济与社会效益的统一。这是"小流域综合治理"的精髓,体现了水土保持工作的综合性和系统性特征,反映了流域综合管理的思想和理念,而且非常符合经济社会可持续发展的要求。中部六省在不同水土流失区探索了若干小流域综合治理的有效模式(专栏11—3)。

2. 推广"四荒"等治理政策,提高群众积极性

"四荒(荒山、荒沟、荒丘、荒滩)"治理政策是深化改革开放、在建立市场经济体制过程中水土保持工作的重要创新和发展,是通过产权制度改革促进和激发群众水土保持积极性的代表

性政策。《水土保持法》第 26 条对"四荒"治理进行了明确的规定,宗旨是通过产权制度改革鼓励和促进单位、集体、个人承包治理"四荒"资源,并保护其合法权益。《水土保持法实施条例》又对其作了进一步的补充。而且,各省区市也大胆创新机制,纷纷制定了"四荒"治理相关的配套政策措施。这些地方政策在内容上更注重具体的细节问题及其可操作性,例如确定户包小流域、"四荒"拍卖和承包、租赁治理和投工承诺治理等的一系列具体做法,大大调动了企事业单位、个体户和广大农民群众投入水土流失治理的积极性,使群众和社会自筹资金成为水土保持投入的重要组成部分,促进了我国水土保持工作的发展。

中部地区,特别是山西、河南等省份在推行、推广"四荒"治理政策的过程中发挥了非常积极的带动作用(专栏 11—4)。

专栏 11—3

中部六省的小流域综合治理试点

1. 大别山区夏店河小流域试点

大别山区主要岩石有花岗岩、片麻岩、片岩等,物理分化强烈,风化物多为粗砂,抗冲能力极弱。丘陵山地面积大,有林地面积较小,并多以马尾松纯林为主,疏残林和荒山面积大,地面植被覆盖度较低。水土流失分布的面积广,林地、坡耕地、荒山都存在,大部分地区表土层已被流失,出露母质层,造成了石砾化荒山以及石质山面积不断扩大,植被难以恢复。大别山区有 3 个小流域试点,即湖北省大悟县夏店河小流域、安徽省太湖县长岭冲小流域、湖北省黄陂县韩家河小流域。以夏店河小流域为例,其石砾化荒山以及石质山地面积占流域总面积的 22.35%。治理模式是:<25°的坡耕地建设基本农田,推广先进的农业耕作技术,提高粮食单产;>25°的陡坡耕地进行退耕,修筑水平台地或水平沟,发展经济果木林,水平台宽度为 1 米,水平沟的规格为 0.5 米宽、0.5 米深;经济果木林品种有板栗、茶叶、油桐、李子、桃等;荒山荒坡采取挖水平沟或修水平阶方式工程整地造林,整地规格为水平沟 0.5 米宽、0.5 米深,水平台阶宽 1 米,营造乔灌混交林,乔木树种有栎类、枫树、杉木、刺槐等,灌木树种有胡枝子、紫穗槐等;原有林地和疏林地进行封禁治理;进行小型水利水保工程、交通、能源等基础建设。

2. 红壤丘陵区东港小流域试点

红壤丘陵区自然条件优越,土地资源丰富,植被覆盖较好,但由于土地利用结构不合理,土地资源的潜力未得到充分发挥,土地资源存在浪费甚至破坏的现象。江西省新建县东港小流域探索出了水土保持城郊型小流域开发治理模式,建成了集旅游、休憩和水果生产基地于一体的多功能的生态经济型小流域,成为赣中红壤丘陵区农业综合开发的样板工程。该流域坡耕地 387.7 公顷,坡度<10°,土层深厚,采取顺坡耕作,经济效益

差,存在中度水土流失。坡度20°左右的山地620公顷,大部分为马尾松残林,几乎没有经济效益,但具备发展用材林的立地条件。治理模式是根据地形和立地条件划分为三大区。①基本农田区。主要分布在河道两岸和沟垄上,采取修造水平梯田和修建水利工程,改善灌溉条件,推广农业新技术,提高粮食单产。②经果林开发区。主要分布在流域浅丘缓坡地带,以坡耕地为主,还有部分灌丛荒山。全部采取水平梯地整地,挖大穴(1米×1米×1米),并且每个穴内施土渣肥做基肥,根据当地市场需求发展桃、李、葡萄、梨、柑橘、脐橙等水果和板栗、大枣等干果,建成果品生产基地。同时在果树苗期套种花生、蔬菜等。③封山造林育林区。主要分布在流域周边地区的低山和小部分丘顶、缓丘弃耕后的荒坡。低山坡度约20°,土层薄(5~10厘米),保存部分次生林,大部分为荒草坡。治理措施是对保存有母树的山地采取全封山的办法,禁止砍柴放牧;对荒山草坡采取挖大穴(0.6米×0.6米×0.6米)、鱼鳞坑整地措施,营造杉木、湿地松、栎类、枫香等针阔混交林;对有侵蚀沟的荒山,采取工程措施与植物措施相结合,在沟头进行水平竹节沟整地,在沟口修建谷坊,再营造乔灌混交林。

专栏11—4

水土保持中的"四荒"治理政策

1. 山西省吕梁地区拍卖"四荒"资源,加快水土流失治理

吕梁地区有"四荒"面积440.8万亩,涉及13县,90%在山区,80%属于黄土丘陵沟壑区,60%以上为剧烈侵蚀区。在20世纪80年代"户包小流域"治理经验的基础上,1992年8月,吕梁出台了《关于拍卖荒山、荒沟、荒丘、荒滩使用权,加速小流域治理的意见》,10多年来,多种形式参与"四荒"治理的农户达14.15万户,其中购买形式占95.59%,承包形式占2.37%,租赁形式占1.96%。涉及面积27.44万公顷,占"四荒"总面积的85%,有500亩以上的大户460个,其中500~1 000亩的大户369个,1 000~5 000亩的大户69个,5 000~10 000亩的大户15个,万亩以上的7个。截至2004年,治理面积达15.22万公顷,占到承包治理面积的55%,其中基本农田2.21万公顷,经济林6.29万公顷,水保林6.72万公顷。

2. 河南省洛阳市"四荒"资源治理开发

洛阳市位于河南省西部,总面积1.520 8万平方公里,总人口610万,其中农业人口465万;跨黄河、淮河、长江3大流域,地形特征是"五山四丘一分川"。全市水土流失面积10 444平方公里,占全市总面积的68.7%。全市有"四荒"资源2 168.5平方公里,占全市面积的14.2%和水土流失面积的20.7%,土壤侵蚀模数一般在4 000吨/平方公里·年

> 以上。1996年以来,以承包、拍卖、租赁、股份合作等形式推行"四荒"资源治理,截至2004年,全市治理开发"四荒"面积达333.35平方公里,以承包和拍卖形式为主,分别达205.80平方公里、84.33平方公里。涉及农户6 529户,其中承包2 799户,拍卖2 934户,租赁91户,股份合作705户。已经完成治理面积234平方公里,其中基本农田24平方公里,水保林163.8平方公里,建骨干工程14座,淤地坝32座,小型水保工程520处,治理程度达70%;投入资金3 852.8万元,其中承包者投入2 702.8万元,占总投资的71.1%,国家补助1 150万元(主要用于国债、退耕还林、生态项目资金、黄河生态工程等)。通过"四荒"治理,挖掘了土地生产潜力,培植了新的经济增长点,开辟了群众脱贫致富的新路子,弥补了国家投资的不足。

3. 因地制宜、因时制宜,充分发挥科技的作用

通过长期的探索和实践,我国逐渐形成了技术措施、政策措施与管理措施相结合,因地制宜、因时制宜,尊重科学、重视技术,分层次、分区域,多部门协作等为特点的水土保持工作方式。具体表现在:突出"预防为主,保护优先,防治并重,治管结合"的方针;注重建立多元化、多渠道、多层次的水土保持投入机制,调动全社会的积极性;由注重防治农业生产导致的水土流失,逐渐发展为同时注重农业生产及工业化过程中大规模开发建设活动所导致的水土流失;密切结合经济社会发展与人民生活水平提高对水土流失治理的新要求,强调反对掠夺式的自然资源开采和对短期效益的盲目追求;树立人与自然和谐共处的理念,重视大自然自身的力量,强调生态修复技术,坚持恢复和优化水土资源、建设和保护基本农田、发展生态农业的基本原则,灵活运用各种有效的技术和经验模式,将改善生态、支撑经济社会可持续发展作为主线贯穿到水土保持工作中。

中部六省在对黄土高原区、北方土石山区和红壤丘陵区等不同水土流失区进行治理的过程中,很多地方因地、因时,从实际出发,重视科技,通过多种措施综合治理,取得了良好的效果,并树立了众多水土治理模式(专栏11—5)。

专栏11—5

科技在水土流失综合治理中的作用

1. 豫西清水河小流域水土流失治理中的主要技术应用

清水河小流域位于豫西伏牛山北坡,淮河一级支流沙颍河上游,总面积37.44平方公里,是暖温带南缘与北亚热带交接的过渡性气候带,是淮河流域主要暴雨中心之一。流域地形起伏变化大,沟壑密度达5.78公里/平方公里,>25°坡地区域占总面积的71.7%。

该流域水土流失十分严重,1986年被列入淮河流域水土保持综合治理开发试点,1993年通过项目验收,2000年被财政部、水利部命名为"全国第一批'十百千'示范小流域"。其治理技术可以概括为:对位配置工程措施、植物措施、蓄水保土耕作措施,建立"排蓄兼顾、以排为主、拦沙淤地、沟河并治"的治理模式。具体而言,在流域上部进行疏林补密,发挥生态自身修复能力,发展水土保持林(草);中部改造坡耕地,治理"四荒",建造水平梯田,种植经济林;坡脚建设基本农田;同时,重点配套排水系统,在沟道中配置沟头防护、谷坊、淤地坝、堰坝等。

该流域主要应用径流调控理论和技术,将自然状态下无序的坡面漫流、片流、沟流和壤中流通过小流域水土保持拦、蓄、泄、引、排、灌、提等综合治理与防护措施,对径流实施有效调控,形成一个完整有序的小流域径流聚散体系,从而达到充分利用地表径流,变害为利,同时减轻地表冲刷和减少水土流失量,最终使小流域形成一个有机的生态平衡系统。

2. 江西南丰县里陈小流域依靠生态农业技术措施促进水土保持产业化发展

里陈小流域位于南丰县东部,面积12.34平方公里,1991年植被覆盖度仅10%,水土流失面积7.09平方公里,其中强度以上流失面积占77.4%,里陈水库淤积严重。当地群众以建立水土保持基地为依托,大力发展水土保持产业,大面积种植南丰蜜橘,并适当种植李、桃等,在果园内套种蔬菜、花生、西瓜等农作物,既增加了经济收入,又提高了土壤肥力。在治理过程中,采取"山顶松冠戴帽、山坡果树缠腰、山下基本农田、库边山脚养猪羊、水面养鹅鸭、水域养鱼"的立体开发布局。这样充分利用了各种生物生长的"空间差"、"时间差",最大限度地发挥水、肥、光和热的潜力,提高经济效益。

经过十几年的治理,取得了良好的生态效益、经济效益和社会效益:流域内植被覆盖度提高到了62%,土壤侵蚀面积减少为0.76平方公里,土壤侵蚀量减少1.7万吨/年,侵蚀模数小于500吨/平方公里·年,里陈水库恢复了正常的调蓄功能和灌溉作用;治理开发区内26个农户,1991年人均纯收入980元,高出邻村10.9%,1995年提高为1529元,2001年为3060元,2004年为3739元,均高于全县农户人均纯收入;该成功典型带动了全县农民治理水土流失的积极性、主动性,促进了全县水土保持事业的发展。

第三节 长江中游湿地保护与管理

长江中下游地区河流、湖泊、水网密布,是我国湖泊湿地分布最为集中的地区之一,也是世界生物多样性最集中的地区之一以及世界自然基金会所列的全球200个重要生态区之一。湖南、湖北、江西和安徽四省均有湿地分布。湿地生态系统对调蓄洪水、减轻水灾以及确保国家防洪安全具有不可替代的作用。

1998年长江中游地区发生了严重的洪涝灾害,仅湖南、湖北与江西三省的直接经济损失就达1 000亿元,并呈现出"中流量、高水位"的特点。1998年洪水后,国家出台了灾后重建、整治水患的"32字"方针,即"封山育林、退耕还林;退田还湖、平垸行洪;以工代赈、移民建镇;加固干堤、疏浚河道",在长江中游地区开始大规模的退田还湖与湿地恢复。因而,要提高长江中下游的防洪抗灾能力,必须恢复湖泊湿地,增加湿地面积,提高洪水调蓄能力。

一、长江中游湿地概况

1. 长江中游湿地范围广,地位重要

长江中游自湖北宜昌至江西湖口,长约948公里,流域面积68万平方公里。次一级支流包括清江、汉江、洞庭湖水系的湘江、资江、沅江和澧水,鄱阳湖水系的赣江、抚河、信江、饶河、修水等。长江中游湿地主要分布在长江中游平原湖区,面积约7.74万平方公里,是我国最主要的湿地生态区之一。

长江中游的湿地类型可以划分为河流湿地、湖泊湿地和人工湿地三大类。按其地貌特征划分为三大系统:①河流域洪泛平原系统,包括河床、河漫滩、江心洲、洲滩和洲垸五个微地貌单元;②湖泊与圩垸系统,包括湖泊、湖垸、沼泽3个地貌单元;③人工湿地系统,包括沟渠、塘堰、养鱼池、水库等。

2. 长江中游湿地具有多种功能,对维系长江中下游生态安全至关重要

湿地生态系统是人类赖以生存与发展的生命支撑系统,为人类提供动植物产品与水资源,提供调蓄洪水、净化水质、维持生物多样性等生态服务功能(详见专栏11—6)。

二、长江中游湿地面临的问题

长江中游湿地受着高强度的人类活动对湿地生态系统的冲击。这些冲击直接破坏了长江中游地区的江湖复合生态系统的独特性和完整性,破坏了水系的自然水文过程,威胁着核心物种及其栖息地所依赖的生物链的基础,进而对"生命网络"构成威胁。

1. 湿地面积锐减,功能退化

历史上,湖泊围垦曾导致湿地减少。新中国成立以来,长江中下游地区有1/3的湖泊被围垦,总面积达1.3万平方公里,相当于鄱阳湖、洞庭湖、太湖、洪泽湖和巢湖五大淡水湖总面积的1.3倍。因围垦消失的湖泊有1 000多个,围垦使蓄水容积减少500亿立方米,相当于两个半三峡工程(表11—19)。因此,长江中游地区湿地面积减少、洪水调蓄能力下降是加剧长江中游洪涝灾害的重要原因。

专栏 11—6

长江中游湿地生态系统的服务功能

供给功能。为人类提供了生物资源、水资源、土地资源和旅游资源。长江中游的洞庭湖、鄱阳湖、洪湖等天然湿地具有很高的生产力，同时为工农业用水和居民生活用水提供水源。

支持功能。土壤形成、养分循环、初级生产力。

调节功能。湿地可以调节气候，调节径流，削减洪峰，净化水质。长江中游湖泊湿地对江河调节作用很大，如江汉平原湖群在丰水年份，一般可以承接 150 亿立方米以上的来水。洞庭湖接纳四水和长江部分洪水，通过湖泊调蓄，再从城陵矶泻入长江。1998 年长江发生全流域特大洪水，洞庭湖的调蓄洪量达 170.2 亿立方米。由于湿地的理化与生物特征，对污染物具有较强的净化功能。另外，湿地还可以减缓水流，利于悬浮物质沉降。

文化功能。美学、教育、文化。

表 11—19　长江中下游湖泊湿地面积的变迁

湖　区	20 世纪 50 年代湖泊面积（km²）	20 世纪 80 年代湖泊面积（km²）	缩小比例（%）
洞庭湖湖群	4 350.0	2 691.0	38.1
江汉湖群	4 707.5	2 656.5	43.5
鄱阳湖湖群	5 050.0	3 210.0	36.4

近年来，三峡工程运行也对长江中下游湿地造成影响。例如，三峡工程下泄河水含沙量降低，加剧了坝下河道冲刷，降低了鄱阳湖口和洞庭湖口等河段的水位，使这两湖冬季水位连年降低。又如，三峡工程蓄水后，减少了长江流入洞庭湖入湖水量，加快了洞庭湖的沼泽化，并导致洲滩退化。

2. 闸坝导致江湖阻隔，湖泊富营养化问题日趋严重

分布于长江中下游湖泊属于河迹型湖泊，历史上这些湖泊大多与长江干流相通，江湖间物质和能量交换自由进行，构成长江流域独特的复合生态系统。然而，长江防洪大堤把长江改造成一条"人工水渠"，长江干流上大大小小的闸口将两岸的湖泊、沼泽与长江分隔，江湖之间物质能量的交换中断。目前只有洞庭湖、鄱阳湖和石臼湖等少量湖泊与长江相通，洪湖、黄盖湖、涨渡湖等众多湖泊已经失去了与长江的天然联系，湖泊面积大幅度减少（表 11—20）。

表 11—20　长江中游部分湖泊与长江阻隔情况

湖泊名称	江湖阻隔年份	1949 年通江湖泊面积（km²）	1977 年尚存内湖面积（km²）
洪湖	1959	734	353
黄盖湖	1959	438	缺数据
大同湖	1959	235	41
大沙湖	1959	199	9
汊湖	1951	680	51
官湖	1967	167	缺数据
东西湖	1958	445	22
武湖	1966	289	14
涨渡湖	1954	309	30
白潭湖	1953	204	1
网湖	1966	334	59

资料来源：杨桂山等：《长江保护与发展报告 2007》，2007 年。

这种江湖阻隔还极大地改变了江湖之间原有的水文过程、生物过程和地球化学过程，一些江湖洄游性的鱼类不能顺利完成其生命演化史，包括一些处在顶级生物链的鱼类和哺乳类。它们不能完成江湖洄游，致使江湖中肉食性和草食性鱼类数量失调。而且湖泊中的亲鱼不能在冬季返回长江干流，长江中的亲鱼不能到湖泊中产卵，造成长江干流鱼汛减少，水生生物资源的数量减少和种质下降，最终使河湖生态系统遭到严重破坏。

长江中下游部分阻隔湖泊营养水平高，水华爆发事件时有发生。据研究，水华爆发至少要满足三个条件：一是水体的营养水平，特别是氮、磷等负荷过高；二是水体的流速，一般属于低流速或静水；三是水温，夏季发生的几率较大。因而，造成流速降低或静水环境的闸坝等水工程，对水华发生往往会有直接影响。

3. 酷渔滥捕导致水生生态系统退化

湖泊湿地资源的过度利用。目前在该地区人们对湿地的过度利用，甚至掠夺式利用是司空见惯的。"电打鱼"、"斩秋湖"、"迷魂阵"等已经对天然渔业资源造成了毁灭性的伤害，酷渔滥捕严重威胁了水禽与水生生物的生物链的基础。近年来无计划的渔业捕捞问题严重，网眼越来越密，商品鱼的个头和年龄越来越小，天然捕捞产量也比 20 世纪 60～70 年代大幅下降。不仅如此，非专业渔民与外地渔民加入到当地的渔业捕捞行业，对该地区已严重退化的渔业资源来说，更是雪上加霜。

洪湖鱼类已从 40 年前的近 100 种下降到目前的 50 多种。四大家鱼、赤眼鳟、鳗鲡等逐年减少，甚至面临绝迹；长江中的中华鲟、白鲟、达氏鲟、江豚、白鳍豚变得更加稀有；鳜鱼、银鱼等经济鱼类种群数量也急剧下降，已经不具有商业捕捞价值。

白鳍豚分布于长江中下游以及支流和湖泊。据估计，1980 年白鳍豚的数量约为 400 头，到1993年锐减到150头,现仅存几十头,只能在长江干流发现少量白鳍豚的个体,被世界自然保护联盟(IUCN)列为极度濒危的物种。另外,长江中江豚的数量也在迅速减少,存在着步白暨豚后尘的危险。

4. 水体污染导致湿地生态环境恶化

在长江中游地区,大量工业废水未经处理就排入湿地,严重污染了河湖水体。加之大量挟带农药和化肥的农业退水的排入,使湿地水质恶化到令人担忧的程度,对湿地生物多样性造成严重破坏。例如,江汉平原湖泊湿地的生产性大开发,导致周边农田农药、化肥、污水未经处理直排入湖泊水体,平原湖泊遭受污染。人类活动已引起湖泊湿地重金属(如 Cu、Pb、Zn、Hg、Cd 等)和持续性有机污染物增高(如杀虫剂六氯苯、DDT 及其降解物)。湖泊沉积物、鱼类等水生生物成为重金属、持续性有机污染物的储存"仓库",通过食物链对人体、生态环境、公共健康造成极大的危害。

三、长江中游湿地保护行动与效果

1. 退田还湖工程实施顺利,已经取得了部分效果

1998年的特大洪涝灾害给长江中游带来了惨重损失和沉痛教训,多年来围湖造田的弊端深刻显露。大规模的围湖垦殖使得湖泊面积锐减,湿地对洪水的调蓄能力大大降低。为此,国家在长江中游水土资源管理领域引进新的理念,从"与水争地"到"为水让路",实施"平垸行洪、退田还湖、移民建镇"等生态恢复工程。

7年来,中央专项用于移民建镇的国债投资已达101.03亿元。其中,划拨湖北省22.63亿元,湖南省25.89亿元,江西省35.32亿元,安徽省17.19亿元。共安排移民62万户、242万人。在长江流域恢复水面2 900平方公里,增加蓄洪容积130亿立方米。其中鄱阳湖、洞庭湖还湖面积分别达到880平方公里和600平方公里(表11—21),实现了千百年来从围湖造田、与湖争地到大规模退田还湖的历史性转变。

表 11—21 长江中游平垸行洪、退田还湖面积与增加蓄洪容积

地 区	平垸行洪、退田还湖面积(km²)	增加蓄洪容积(亿 m³)
长江干流区	1 420	53.0
鄱阳湖区	880	50.5
洞庭湖区	600	26.5
合计	2 900	130.0

资料来源:蔡其华:《健康长江——保护与发展》,2006年。

2. 湿地自然保护区发展迅速，保护能力有待提高

近年来，长江中下游湿地类型保护区建设得到了较快发展，形成了各类国家级、省级与县级湿地类型自然保护区。其中有 7 个国家级自然保护区，对珍稀水禽、麋鹿、扬子鳄、白暨豚等珍稀物种及其栖息地进行保护（表 11—22）。另外，江西南矶山自然保护区、湖北沉湖自然保护区、洪湖自然保护区等已申报国家级自然保护区，并通过了国家环保总局的专家认证。另外，还有 40 多个省级和县级湿地类型自然保护区。目前，省级和县级自然保护区的保护能力还比较差，尚不能对许多自然湿地实现有效保护，保护区的管理能力亟待提高。

表 11—22　长江中下游国家级湿地类型自然保护区

地区	自然保护区名称	行政区	面积(hm^2)	保护对象
江西	江西鄱阳湖自然保护区	永修、星子、新建	22 400	水禽及其越冬地
安徽	安徽升金湖自然保护区	东至县、贵池市	33 400	白头鹤等珍稀水禽和湿地生境
安徽	安徽扬子鳄自然保护区	南陵县	43 333	野生扬子鳄及栖息地
湖北	湖北天鹅洲麋鹿自然保护区	石首市	1 567	麋鹿及其生境（环保）
湖北	湖北长江天鹅洲白暨豚自然保护区	石首市	15 250	白暨豚及其生境（农业）
湖北	湖北长江新螺段白暨豚自然保护区	洪湖、蒲圻、嘉鱼交界	20 300	白暨豚及其生境（农业）
湖南	湖南东洞庭湖自然保护区	岳阳市	190 000	白鹤等珍稀水禽湿地生态系统

3. 开展闸坝生态调度和江湖联系试点

建立闸口生态调度，重建阻隔湖泊的江湖联系，有利于湖泊及长江的水生生物保护、湿地保护和水资源保护，有利于长江流域渔业经济和湿地产业的可持续发展，并为人类提供安全饮用水保障。长江流域大规模的闸口生态调度，可分散流域性大洪水的压力，有利于长江流域防洪安全的建设。

2004 年 6 月以来，湖北省等在闸口生态调度的机制、技术和政策等方面取得了进展，并在湖北省的涨渡湖、洪湖、天鹅"的理念已得到政府部门和社会各界的认同。世界自然基金会（WWF）与合作伙伴在长江中下游重建江湖联系的试点如图 11—1 所示。

此外，水利部门与地方政府开始建立江湖联系等水生态修复工作。例如，武汉开展了城市河流与湖泊的水环境治理和生态恢复，通过"六湖联通"等重建汉江、长江与武汉市的后官湖、龙阳湖、三角湖、墨水湖、北太子湖、南太子湖的水循环，增强了淡水生态系统的美学休闲功能，取得了良好的效果。

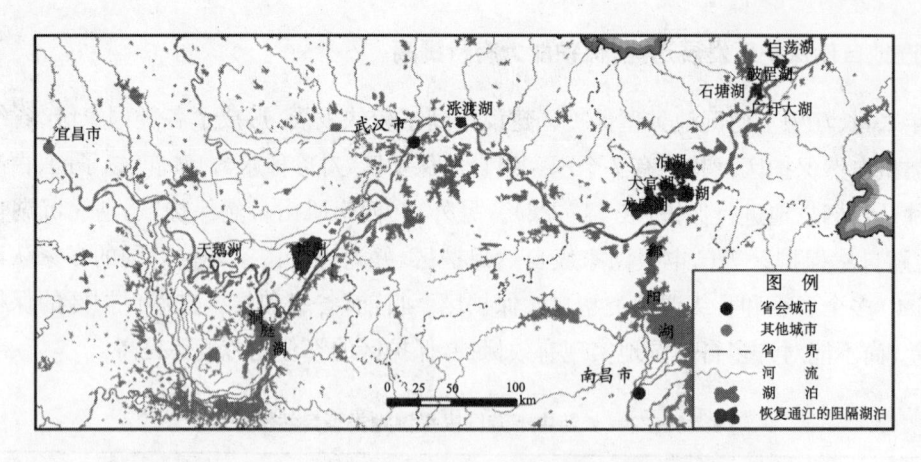

图 11—1　长江中下游重建江湖联系的试点湖泊分布

资料来源：世界自然基金会武汉项目办公室，2005 年。

第四节　结论与建议

本章分析了中部地区的环境污染与治理、水土流失与治理、长江中游湿地保护与管理等重要的生态与环境问题，从中部地区在全国的地位及其内部的差异性等方面，揭示了上述生态与环境问题的现状特征、发展趋势、危害程度以及治理的经验和成效等。

一、中部地区崛起的生态与环境风险

中部地区为实现"崛起"而将要面临着很大的生态环境问题和风险。

环境污染方面。首先，将不得不面对持续恶化的水环境污染压力。"十一五"期间，包括工业废水和生活污水以及其中的 COD、氨、氮、重金属等污染物，都将呈现不断增加的总体发展趋势。淮河流域、黄河流域、长江流域以及主要湖泊、水库等水体水环境保护的压力将继续增大。这种不断增大的压力将同时加重黄河流域资源性缺水的程度以及长江流域和淮河流域水质性缺水的程度，而且对水生态的影响也很可能会进一步恶化。其次，"十一五"确立的经济社会发展目标以及"中部崛起"的宏伟蓝图将进一步刺激能源需求的逐渐增加，而以高能耗、高物耗、重污染为基本特征的粗放型增长模式仍将难以在较短时期内得到根本性的转变。由于煤炭仍将保持其在能源消费中的突出地位，各种金属、非金属矿产，以及水力资源等的开发力度和用量将继续增加，废气、粉尘、烟尘和 SO_2 的排放量总体上仍将有增无减，因而中部地区大气污染的压力也将继续增大。第三，大规模煤炭、矿产等资源、能源开采导致的区域性环境污染和地面塌陷问题，以及其他的环境污染和破坏事故也将呈现不断增长的总体发展趋势，所造成的危害和经济损失也将有可能更趋严重。

生态保护方面。随着经济社会发展进程的加快，城市化和工业化所影响的空间范围将不

断扩展、影响程度不断增强,这将使中部地区所面临的生态保护压力不断加重。而且,由于中部六省在自然地理和经济社会方面存在着显著的空间差异性,各省未来所面临的生态问题也将表现出明显的区域差异性和复杂性特征。例如,中部地区的黄河流域部分,主要是山西省,不仅要继续面对水资源不足的压力,而且也将不得不面对由于大规模煤炭开采和使用等而逐渐加重的水土流失和水生态恶化等问题。南方红壤丘陵区虽然通过植树造林等手段大大提高了植被覆盖度,但是"林下水土流失"、崩岗、滑坡、泥石流等问题仍然比较普遍和严重,而且治理难度大,将是未来时期区域水土流失治理的重点任务;长江中游区域将不得不面对气候变化、三峡工程等因素所导致的湿地保护和水生态保护压力等问题。

二、生态与环境治理的重点

中部地区未来生态与环境治理的重点问题与重点区域包括三个部分。

山西省为主的黄河流域部分。以保水为主要目标的水土保持工作;以控制 SO_2 排放量、减轻大气污染程度(抑制大气污染继续恶化)为主要目标的大气环境治理工作;以通过矿坑水处理为主要手段,以降低煤炭开采对水资源污染程度为主要目标的水资源保护和水环境治理工作;以减少煤炭采空塌陷事故、降低其危害与破坏程度为主要目标的环境治理工作。

安徽、河南等为主的淮河流域部分。保水与保土兼重的土石山区水土保持工作;以控制废水和污染物排放量、进一步加强淮河污染治理为主要目标的水环境治理工作。

湖北、湖南和江西等为主的长江中游流域部分。以治理"林下水土流失"和降低崩岗、滑坡、泥石流危害程度为主要目标的水土保持工作;以降低废水和 COD 等污染物排放量,改善湖泊、河流水质为主要目标的水环境保护与治理工作;以保护和恢复湿地、重建江湖联系、促进生物多样性为主要目标的长江中游湿地生态保护工作。

三、生态与环境治理的对策建议

"十一五"期间,中部六省的经济社会将进一步快速发展,工业化和城市化过程将进一步促进能源和资源的开发利用,主要污染物总量控制目标与环境容量之间的矛盾将更加突出,环境安全问题将日益凸现。而人民群众对环境质量和环境安全的要求将进一步提高。因此,中部地区重点流域与区域污染防治的任务将更加艰巨。针对这些问题,我们提出如下对策和建议。

• 环境保护与治理方面。推动经济增长方式的转变,发展循环经济,坚持资源、能源节约,提高能源、资源的使用效率,降低污染物排放量的增长速度,促进区域环境安全水平。

强化政府职能,明晰事权,依法履行政府职能部门公共职责,调动和发挥地方政府保护环境的主导作用;推进信息化、公开化、社会化程度,加强社会监督和市场化手段,通过经济手段等多种途径促进环境污染的综合防治。

尊重客观规律,重视科学技术,利用现代科技手段综合促进环境污染的监测与防治,从源头做起,从敏感区域和重大问题出发,加强环境影响评价、环境标准和执法监督,努力改善重点区域和流域的环境质量。

因地制宜,突出重点,提高对污染源的监控力度,多种机制共同促进各种污染物的达标排放,强化企业新建、改建和扩建项目的环境影响评价,提高其环保要求,在还旧账的同时减少新账的产生。针对不同地区的具体问题,制定环境保护和治理的重点任务与目标。

• 水土保持方面。强调和推动流域综合管理手段的推广应用,从而促进各级政府以及不同部门之间的协调、协作,集中、整合水土流失治理方面的各种资源和力量,全面加强水土保持的综合性,尤其是处理好林业部门退耕还林工程与水行政主管部门水土保持工程之间的关系。

全面推动水土流失治理的市场化和产业化步伐,鼓励、激励大户治理以及普遍的群众参与,解决由于农村税费改革"两工"取消所带来的水土保持投资机制问题。

在建设和谐社会和社会主义新农村形势下,综合强调水土保持工作"生态效益、经济效益与社会效益相统一"的基本原则,更多地考虑群众的脱贫致富和基本的经济利益问题,特别是要通过水土流失治理促进老少边穷地区的脱贫。

针对经济社会发展和生态环境保护过程中流域上下游矛盾突出的问题,水土保持工作应该从理论和实践两个方面全面推动生态补偿机制的实现,针对典型问题和典型区域,开展多种试点工作,理论研究和试点实践相结合。

• 长江中游湿地保护方面。长江中游湿地保护的总体目标就是保护该区域特有的物种、自然群落、生境以及生态和自然过程。以国家湿地保护工程为契机,切实保护退田还湖成果。将还湖湿地纳入国家自然湿地的保护范畴,采取严格的保护措施,确保"双退"还湖湿地不复垦、面积不减少,功能不下降。"单退"堤垸加强蓄洪区建设与管理,确保洪水期的蓄洪能力,减少蓄洪可能产生的经济损失,保证蓄洪后的有效补偿。对生物多样性特别丰富的地区,应尽快建立湿地类型保护区或实施退耕还湿地工程,进行抢救性保护。

重建江湖联系,提高长江与通江湖泊的服务功能。恢复江湖联系不仅能重建水生生物的洄游通道,增加蓄滞洪能力,增加湿地面积,恢复江湖复合生态系统,同时,也能促进广大群众选择湿地型产业,减轻对环境的压力,促进长江产业带的调整。湿地保护与恢复必须考虑开展恢复江湖联系。

建立闸口生态调度,重建阻隔湖泊的江湖联系,有利于湖泊及长江的水生生物保护、湿地保护和水资源保护,有利于长江流域渔业经济和湿地产业的可持续发展,并为人类提供安全饮用水保障。长江流域大规模的闸口生态调度,可分散流域性大洪水的压力,贡献于长江流域防洪安全的建设。

参 考 文 献

1. 蔡其华:《健康长江——保护与发展》,长江出版社,2006年。
2. 蔡述明:"长江湿地保护与利用",载《湿地——人与自然的和谐家园》,中国林业出版社,2005年。
3. 第宝锋、宁堆虎、鲁胜力:"中国水土流失与贫困的关系分析",《水土保持通报》,2006年第3期。
4. 国家环境保护总局自然生态保护司等:《中国自然保护区》,环境科学出版社,2006年。
5. 郭润林、张卫新、员占英:"采煤对水资源环境影响分析",《山西水利》,2001年第5期。
6. 胡玉法:"长江流域水土保持试点小流域治理特色",《人民长江》,2000年第1期。

7. 黄河上中游管理局:"黄土高原水土保持工程建设管理的实践与探索",中国计划出版社,2005年。
8. 江西省生态环境现状调查协调组办公室:《江西省生态环境现状调查报告》,2002年。
9. 彭珂珊:"水土流失对洪涝灾害和经济发展的影响再探",《河北水利科技》,2000年第4期。
10. 世界自然基金会(周杨明、于秀波、李利锋编译):《河流管理创新理念与案例》,科学出版社,2006年。
11. 苏秋克、蒋敬业、姜益善等:"武汉城市湖泊环境地球化学研究——以东湖为例",《安全与环境工程》,2003年第3期。
12. 吴义泉、郑海金:"江西省水土流失与贫困之间的关系",《中国水土保持》,2006年第9期。
13. 杨桂山、翁立达、李利锋:《长江保护与发展报告2007》,长江出版社,2007年。
14. 于秀波:"湿地保护与国家生态安全",载《湿地——人与自然的和谐家园》,中国林业出版社,2005年。
15. 张成梁:"山西采煤造成的土地荒漠化及趋势分析",《中国水土保持科学》,2006年第5期。
16. 中华人民共和国水利部、中国科学院、世界银行编:《中国水土保持探索与实践:小流域可持续发展研讨会论文集(上册)》,中国水利水电出版社,2005年。

后　　记

区域发展问题是经济地理学重要的研究对象。自 20 世纪 90 年代中期以来,在陆大道院士的带领下,中国科学院"中国区域发展问题研究组"对我国区域发展态势与问题进行了连续跟踪研究。在本书之前,已经编制出版了五期《中国区域发展报告》,在相关政府部门和社会上产生了较为广泛的影响,成为人们期待的有关中国区域发展问题的研究报告。与此同时,在中国科学院知识创新工程的支持下,针对国家重大战略需求,研究组的主要成员与同事们一起,开展了针对沿海地区、西部地区和东北地区发展问题的研究,出版了《沿海地区人地关系协调发展战略》、《中国西部开发重点区域规划前期研究》、《东北地区振兴与可持续发展战略研究》等著作。这些研究项目的实施,为地理学者近年来参与国家重大区域规划工作奠定了重要基础。

在国家实施西部大开发和振兴东北等老工业基地战略后,中部六省以及部分在京学者对加快中部地区发展的呼声不断高涨。2004 年,温家宝总理在政府工作报告中,首次提出要促进中部地区的崛起。同年 12 月,中央经济工作会议提到促进中部地区崛起。2005 年 3 月,温家宝总理在政府工作报告中再次提出,抓紧研究制定促进中部地区崛起的规划和措施。这些信号表明,中部崛起将成为我国区域协调发展战略的重要内容。尽管我们并不认同所谓的"中部塌陷",也不认为中部地区在整体上是一个问题区域,但是面对即将出台的新战略,我们感觉有必要对中部地区发展的基础、态势与问题进行科学的分析。这样的研究,一方面有助于正确认识中部地区的发展状态,另一方面也可以为正确实施中部崛起战略提供科学依据。在这个背景下,2005 年初,我们向中国科学院资源环境科学与技术局建议开展有关中部地区发展问题的研究。年底,"中部地区发展的资源环境基础及空间格局研究"作为中国科学院知识创新工程重要方向项目获得批准立项。

2006 年,在进行实地调研之前,我们进行了大量室内研究和资料收集工作,并邀请资深专家和有关领导作报告、提建议。先后为项目组讲座的专家和领导包括:陆大道院士、卢中原研究员(国务院发展研究中心副主任)、刘晓民处长(国家发改委地区经济司)、毛汉英研究员、杨勤业研究员、张文尝研究员等。这些讲座为我们开拓了视野,也帮助我们明确了研究重点。2006 年秋,在刘晓民处长的帮助下和中部各省发改委的大力支持下,项目组分两组到河南、湖北、湖南和安徽、江西、山西进行调研,走访了各省的发改委和相关部门以及 1~2 个重要城市,获得了大量的资料和数据。在这里,我代表项目组对上述专家和领导以及中部各省有关部门和地市的领导表示衷心的感谢! 没有他们的指导和帮助,我们难以顺利完成这个研究项目。

2007 年初,项目组在京郊红螺园集中总结,对形成的初步观点进行深入讨论,完善了详细编写提纲。到 5 月份，多数章节完成了初稿。之后，由于忙于组织"第二届全球经济地理学大会"和其他一些原因，全书的统稿工作拖到冬天才启动，使本报告的出版日期比原计划推迟了数月。在书稿交付出版之际，我非常感谢项目组各位同事的支持！这是一次非常愉快的合作，也是地理资源所同事之间"网络式"团队合作关系的又一次体现。正是这种团队精神，使我们不断保持着竞争力。此外，感谢国务院发展研究中心刘勇研究员应邀承担"产业发展"一章的编写工作。刘勇是长期关心和研究中部地区的知名学者，他的参与是我们的荣幸。最后，特别感谢国家促进中部地区崛起工作办公室范恒山副主任在百忙中为本书作序。

《2007 中国区域发展报告》各章编写分工如下：

序一		陆大道
序二		范恒山
第一章	绪论	陆大道
第二章	资源环境基础	吴绍洪、刘彦随、戴尔阜、尹云鹤、杨勤业
第三章	总体发展态势	刘卫东、刘慧
第四章	产业发展现状与战略方向	刘勇、李宪
第五章	农业发展的基础与战略方向	刘彦随、彭留英
第六章	能源原材料工业发展态势与方向	郭腾云、胡智勇
第七章	人口与城镇化发展	陈田
第八章	空间重组的战略方向	马丽、刘卫东、张晓平、刘毅
第九章	主要人口—产业集聚区	张晓平、刘卫东
第十章	基础设施发展态势与战略方向	金凤君、王成金
第十一章	重大生态与环境问题	于秀波、侯西勇

刘卫东负责全书的组织、设计和统稿工作。

此外，王志辉负责交付出版社之前书稿的排版工作和部分制图工作。武巍、王开泳、叶奇、楚波、宋周莺、戴荔珠、陈力、李莉、王丽娟、卢艳霞等参加了实地调研和相关研究。对他们的工作，在这里一并致谢！

刘卫东

2008 年 3 月